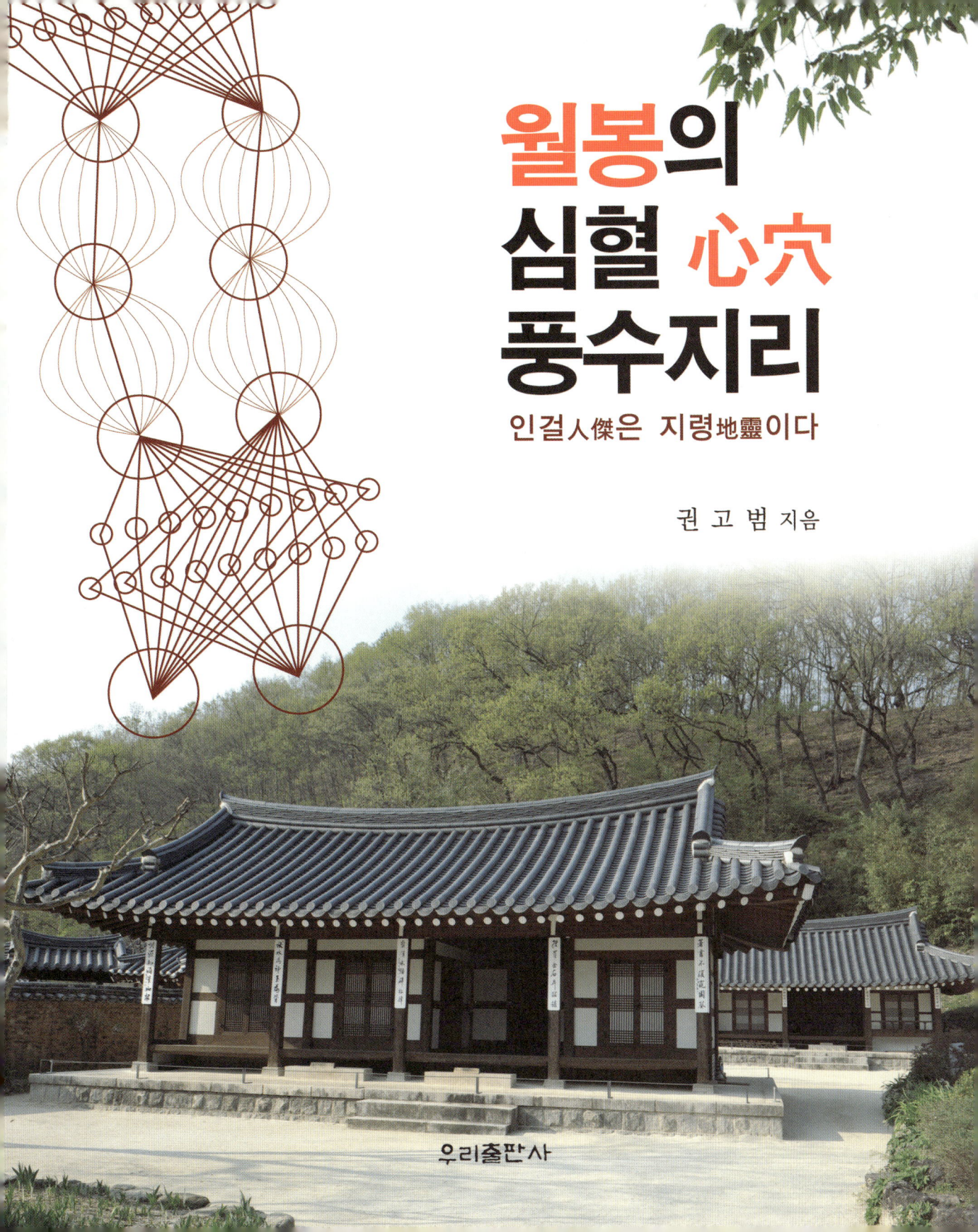
월봉의
심혈 心穴
풍수지리
인걸人傑은 지령地靈이다

권고범 지음

우리출판사

월봉의 심혈 心穴 풍수지리

인걸人傑은 지령地靈이다

강릉 선교장

서序

　세상은 언제부턴가 천도天道의 원칙에서 벗어나 착한 사람이 일찍 죽거나 궁핍하게 살고, 나쁜 이가 오히려 오랫동안 영화를 누리며 잘 살기도 한다. 과연 이래서야 무엇으로 천리天理와 인간사人間事를 징험徵驗하고 하늘을 어찌 믿을 수 있을까만 사실, 우리네 주변은 이런 경우가 허다하다. 그러기에 답답한 길흉과 궁달窮達의 원인을 자신의 팔자나 땅에다 돌리고, 그 미래를 가늠하는데 많은 사람들이 호기심을 갖게 된다.

　요즈음 명당풍수지리明堂風水地理가 세간의 이목을 끌고 있는 것도 이런 이유에서다. 하지만 명당이란, 이름으로 유명한 곳을 뜻하는 것이 아니라 밝고 따뜻하고 포근한 땅, 좋은 생기生氣가 충만한 땅을 가리킨다. 명당을 사람으로 치자면 젖꼭지를 중심으로 한 어머니의 가슴쯤에 해당된다. 본디 아기가 잠드는 곳이 어머니의 아늑한 품인만큼, 명당 역시 아늑하고 따뜻한 것이 기본적인 성격이다. 그러나 세상사람 아무나 명당혈자리 특히, 그 중심의 핵核이 되는 지점을 정확히 짚어낼 수 있는 것은 아니다. 사실, 명당과 인연을 맺고 있는 극소수 사람들은 물론이요 명당의 위치쯤은 알고 있더라도 명당의 중심, 어머니의 젖꼭지에 해당하는 이른바 혈자리를 정확히 모르고 있는 사람들이 대부분이기 때문이다.

　자고로 혈자리란 하늘과 땅과 인간의 파동波動이 일맥一脈으로 합쳐지는 삼라만상의 심장과도 같은 자리다. 그러기에 아무리 명당이라고 해도 명당으로서의 영험을 제대로 취하려면 혈의 구성이 어떻게 생성되고 그 자리가 어디인지를 정확히 알아야 되며, 또 그 혈자리를 어떻게 운용해야 할지를 확실하게 알아야 한다.

　그래서 풍수사風水師의 능력이 필요하고 그에 대한 판단 또한 부수되어야 하겠지만, 유감스럽게도 오늘날은 아직까지 그만한 재혈裁穴 능력자가 안 나타나고 있다는 것이 안타까울 다름이다. 옛 선인先人들의 경이로운 점혈點穴과 지혜로운 풍수가 단절된 채 일반적인 학설에만 의존해 명당풍수지리에 있어 가장 중요한 핵심인 혈자리가 도외시된다는 것은 풍수분야에 종사하는 사람은 물론 모든 국민에게도 아쉬운 일이 아닐 수 없다.

풍수의 기원은 기원전 4~5세기경 중국의 전국시대 말기로 거슬러 올라가, 중국 고대 천지부모사상天地父母思想에다 음양이론이 복합되면서 보다 구체적으로 이론이 정립되었다는 것이 보편적인 시각이다. 아울러 풍수지리학문은 고대시대부터 우리 조상들의 경험과 지혜가 농축된 생활과학이요 자연과학으로 면면히 이어온 자생풍수, 도가道家풍수가 있다. 우리 역사에서 풍수를 문헌기록으로 체계화시킨 분은 고려시대 도선국사道詵國師인데, 그의 비보풍수裨補風水는 조선조를 거쳐 현재까지도 여전히 그 오묘한 이치를 자랑하고 있지만, 불행하게도 그 신묘한 재혈법裁穴法은 근대에 이르러 전통이 끊어진 것으로 보인다.

이에 필자는 감히 나름의 심안心眼으로 그 전통의 맥을 되살려 만인에게 공개하고, 풍수의 핵核을 바로잡음으로써 '인걸人傑은 지령地靈이라'는 만고불변의 법칙을 여기에 다시 한 번 기리고자 한다. 아울러 풍수지리는 어디까지나 효孝를 근간으로 하고 있는 만큼 조상과의 일체파동一體波動과 그 역학적 의미 또한 명당의 혈심穴心과 정확히 특정되어 있다는 사실을 첨언한다.

설사 명당혈明堂穴이 경제적으로 부富에 귀속될 수밖에 없는 우울한 현실이라고 할지라도, 혈자리가 없는 명당의 가치는 그만큼 부에 반비례하게끔 마련이다. 적어도 풍수지리학 자연법에 있어서는 정확한 혈장穴場 내 효孝가 부富와 흥興을 낳고 그러지 못한 효孝가 궁窮과 망亡을 잉태하기 때문이다.

| 추천사 - 대한불교조계종 대종사 여산 암도 |

마음의 눈으로 명당혈자리心穴를 찾는 월봉거사

천삼라天森羅 지만상地萬像이 기작용氣作用이요
모든 생명은 기氣의 연장이고
생기生氣는 지혈地穴이 근원根源이며
인걸人傑은 지령地靈이다.

월봉거사는 내가 만난 지는 얼마 되지 않지만 많은 지사地師 가운데서 아주 특별한 분이다. 나도 절집에서 오래 산 덕분에 많은 지관들을 만나고 지리에 관심이 있어서 반풍수半風水는 되는데, 풍수지리학문이 자연과학이라고 말은 하지만 명당혈 생성원리와 공간에너지 흐름의 원리를 현대 물리학 개념에 접목시켜 과학적으로 설명하는 이를 보지 못했다.

그런데 월봉거사는 각고의 수련을 통해 본인 몸의 챠크라가 열려 모든 생명의 근원인 생기 에너지 파동을 온몸으로 느껴서, 땅의 혈자리를 위성사진이나 지적도 그림만 갖고도 한 치의 오차 없이 시공을 초월하여 접혈하는 것을 보고 깜짝 놀랐다. 또한 명당혈의 생성원리와 자연 에너지 흐름의 법칙을 과학적인 접근을 통해 명쾌히 설명하는 것을 보고 또 한 번 놀랐다.

아울러 월봉거사는 지하에 있는 명당혈 자리뿐만 아니라 지혈地穴 상공에 층층이 일정 간격으로 공중혈空中穴이 존재한다는 사실을 최초로 알아냈고, 이를 실제 활용하는 사례와 현대 고층화된 건축에서 응용범위가 무궁함을 밝히고 있어 경이로울 따름이다. 이것은 심안心眼이 확연히 열리지 않고는 과학적 기술만을 가지고 될 일이 아니다.

 오늘날 많은 사람들이 제정신을 차리지 못하는 것은 집터나 잠자리가 불편하고 일하는 곳이나 직장의 지기地氣가 잘못된 탓이라고 볼 수 있다. 인성교육이나 국민성 개조는 무엇보다도 명당혈자리에서 생명을 창조하고 생활해야 한다는 것을 나는 월봉거사와 함께 굳게 믿는다.

 아무쪼록 월봉거사의 심혈心穴풍수지리학 자연법이론과 기법이 세상에 많이 전파됨으로써 온 국민이 건강하고 행복해지기를 바라는 마음으로 이 추천사를 쓴다.

2013년 5월

大韓佛敎 曹溪宗 元老
如山 岩虔

머리말

　사람은 왜 잘 살거나 못 살고 병이 드는지, 기업들은 왜 성공하거나 망하는지, 어떤 곳에서 훌륭한 인물이 나오는지, 공장, 점포의 흥망은 어디서 나오는지 등등 우리네 삶의 전반은 알다가도 모를 의문투성이로 점철되어 있는 것이 사실이다.
　이에 대한 일차원적인 대답은 바로 풍수지리학 자연법自然法에 있다는 것이 필자의 확고한 생각이다. 그런 풍수지리가 내재하고 있는 이 세상 삼라만상엔 각각 나름의 이치가 존재한다. 무한한 우주에 수많은 행성들이 떠돌아다니지만 정교한 시계바늘처럼 한 치의 충돌 없이 우주의 운동법칙에 따라 규칙적으로 이동하는 것도 이에 다름 아니다. 현세現世에 우리가 살고 있는 이 땅도 마찬가지다.
　특히 풍수지리학에 있어 최고의 존귀함을 인정받고 있는 명당의 혈자리에 대한 이치와 원리는 분명히 존재한다. 혈이 어떻게 생기고 어떤 순서로 혈이 맺히는지, 혈의 구성은 어떻게 이루어지는 등에 대한 이치와 원리가 틀림없이 있음에도 불구하고, 안타깝게도 아직까지 그에 대한 명확한 답이 없어 왔다는 것은 풍수를 연구하는 모든 사람들에게 또한 불행이 아니었나 싶다. 옛 고서古書는 물론 현존하는 어떠한 문헌에서도 그에 대한 확실한 설명이 없다는 것은 풍수지리를 공부하는 사람들이나 오늘을 영위하고 있는 수많은 사람들로 하여금 고의적으로 진실을 외면토록 하는 또 하나의 불편함을 안겨주기 때문이다.
　기존의 풍수지리에 관한 서적을 살펴보면 대개가 중국의 고서古書를 그대로 답습하고 있는데다, 대부분의 풍수사들도 그와 같은 문헌에만 의존해온 나머지 지금은 감히 옛 선인들의 영험과 같은 비기秘技의 맥이 끊어졌다고 해도 과언은 아니다. 과거 중국의 고서에 얽매이거나 명당에 대한 완벽한 체험적 증험證驗이 없이 무작정 어쭙잖은 지식과 머리로만 명당을 찾다보니, 정작 정곡正鵠의 혈자리는 비켜둔 채 파장이 큰 암반수가 흐르는 자리나 엉뚱한 자리를 소위 명당 터로 잡아주고 있는 것이 오늘의 현실이다.

명당의 혈자리는 생기生氣 충만한 심장과 같은 공간이다. 지기地氣와 천기天氣의 융합이 자연발생적으로 일어나는 신묘한 지점이 곧 명당의 심장부, 혈자리다. 세간의 행태를 보면 이른바 엘로드L-Rod나 추, 관룡자(觀龍子, 尋龍尺) 등을 이용하여 혈자리를 찾는다고 하는데, 필자의 견해로는 그 어떤 도구를 사용하더라도 자신의 자리를 쉽게 노출하는 혈자리는 이 세상 그 어느 곳에도 없다.

명당의 혈을 제대로 짚으려면 챠크라chakra를 매개하는 심안心眼이 열려야 한다.

사람의 신체를 둘러싸고 있는 일종의 기氣의 회로랄 수 있는, 소위 천지일체통天地一切通을 발현해주는 챠크라부터 열려야만 가능하다는 것이다. 이를테면 우리의 옛 선조, 도승道僧들은 부단한 자기수련을 통해 챠크라를 자연스럽게 열 수 있게 되었고, 그러다 보니 아무런 도구 없이도 대자연의 존귀한 혈자리를 정확히 짚어낼 수 있었던 것이다. 이는 또한 필자가 실제 체험을 통해 증득한 엄연한 사실로서, 어떠한 서술적 논리로도 해설이 거의 불가하다.

필자는 오래 전부터 용인龍仁 선산先山에 들어가 풍수지리학 자연법을 공부하는 한편 성명쌍수를 닦으며 천지에 대한 수련에 일로매진, 어느 순간부터 체내體內의 챠크라가 열림을 스스로 인지하게 되었다. 실제로 마음의 눈으로 살펴 본 바, 명당의 혈자리가 확연히 드러나기 시작했다. 불초 자찬自讚의 우遇를 범하는 것인지는 몰라도 소위 심안心眼이 열리기 시작했다는 것이다. 비근한 예로, 일부러 불이 없는 깜깜한 곳으로 찾아가 혈자리를 보겠다고 마음을 내고 둘러보면 그 즉시 그 자리에서 혈자리가 명확히 드러났다.

이후 필자는 하산下山하여 전국의 유명 음택陰, 양택陽宅 터를 찾아다니며 현지답사를 시작했다. 고색창연한 우리의 문화유산들을 두 발로 직접 답사하면서 수많은 옛 도승들이며 도인, 선사들이 재혈裁穴했던 유적들을 일일이 기록으로 남기기 시작했다.

그러나 나름의 심안心眼으로 누구도 해내지 못했던 명당의 혈자리를 찾아낼 수 있다는 자만과 자부심은 어느 순간부터 큰 사이클을 그리며 무너져 내리기도 했는데, 그로 인한 실의와 절망은 드디어 그 모든 것이 결국 마음의 작용임을 깨닫게 해주었다. 새로운 원리를 터득했다가 다시 실망하기를 수십 차례, 그런 시행착오를 반복하며 수년여 동안 답사연구를 거듭한 끝에 결국 명당의 혈 도면에 어떤 규칙성이 있다는 것을 알게 되었다. 혈을 맺는 규칙성과 공식 등 여러 가지 이치들이 명명백백 드러났던 것이다.

아울러 천년고찰에서는 의상대사와 자장율사, 도선국사, 원효대사 및 사명대사의 그 마음자리로 시공을 초월해 합일, 그들과 일심으로 계합契合됨을 온몸으로 느끼게 되면서부터 풍수지리 자연법의 본디 이치를 완벽히 깨달았다.

특히 유네스코UNESCO에 등재된 세계문화유산을 설명하고 해석함에 있어 그 기본이 풍수지리학 자연법에 있음을 알게 되었고, 그 문화유산들이 유구한 세월을 견디며 오늘날까지 변함없이 유지되어오는 근원이 무엇인지 또한 보다 명확히 알게 되었다는 것은 커다란 수확이었다. 해인사 장경판전과 첨성대의 비밀에서부터 하회마을과 양동마을의 문화재, 불국사와 석굴암 및 해외의 영국의 스톤헨지, 이탈리아의 피사의 사탑, 이집트의 피라미드, 인도의 타지마할, 캄보디아의 앙크로와트, 인네시아의 보르부드로 유적 등이 갖고 있는 본디 자연법의 이치까지 누구보다도 자신 있게 설명할 수 있게 되었다는 것도 그 중 하나다. 심지어 항공(위성)사진이나 손으로 그린 도면상에서도 풍수지리학의 모든 정보가 입력되어 있음을 절감하게 되었고, 따라서 어떤 대상을 보더라도 한 치의 오차 없이 명당의 혈자리를 도면으로 옮길 수 있게 되었다. 그 결과물로 미국 백악관, 애플사옥과 애플캠퍼스2, 중국 인민대회당의 명당혈자리 도면을 그려 설명하였다.

특히, 명당의 혈자리가 땅에만 맺혀 있는 것이 아니라 공중, 허공에도 맺혀 있다는 사실을 본 서적을 통해 사상 최초로 발표할 수 있게 되었다는 것도 나름 대단한 자긍심을 갖게 하는 대목이다.

오늘날은 동서양을 막론하고 모두 다 양택陽宅이 고층화 되는 실정이고 보면, 차제에 필자의 풍수이론이 바람에 아무런 영향을 받지 않는 공중空中의 혈자리를 찾아 활용하는 현대인들의 지혜로운 삶에도 큰 보탬이 될 것으로 확신한다.

이 모든 것은 어디까지나 챠크라를 통한 심안心眼의 작용으로, 부단한 수련과 정진의 산물임을 스스로 자부한다. 어찌 보면 자화자찬과 같은 허장성세와 자가당착적 과시로 비쳐질 수도 있겠지만, 필자는 차제에 본서를 빌어 필자 나름의 독특한 능력을 온 세상으로부터 인정받기를 소구訴求한다.

때문에 이 책에서는 상기와 같은 필자의 실제적 증험證驗을 통한 풍수지리학 자연법의 원리를 가능한 한 알기 쉽고 누구나가 공감 가능하도록 담아내려고 노력했다. 아울러 감히 천기누설天機漏泄을 운운하기에 앞서 본문에다 어떤 도구도 없이 마음의 눈(心眼)으로 명당의 혈자리 도면을 그려 상세히 설명하고 있는 바, 이를 통하여 보다 올바른 풍수지리학 자연법을 터득함으로써 우리나라 국민뿐 아니라 세계 각국의 모든 인류가 보다 평화롭고 건강한 삶을 영위하는데 도움이 되길 바란다.

차제에 수년간 가장家長이 없는 일가一家를 위해 헌신해준 내자內子를 비롯하여 도면제작에 적극 참여해주신 삼영이엔지 권영묵 사장, 답사에 물심양면 큰 도움을 주신 통도사 세봉스님 및 송광사 대경스님, 안동의 고故 정진호 선생, 그리고 그동안 은혜를 베풀어주신 모든 지인知人 분들께 진심으로 감사의 말씀을 드린다. 선뜻 출판을 허락해 준 무구스님을 비롯한 우리출판사 가족들에게도 고마운 마음 전한다. 특히 김동숙 전무님, 신용산 편집장님과 편집 디자인을 담당한 선유경님께 특별히 고마움을 표한다.

또한 문헌과는 별개로 오직 열린 심안心眼으로만 우리 문화유산의 혈자리를 기막히게 정확히 재혈裁穴해 놓으신 옛 선인先人들의 영험靈驗함에 삼가 이 책을 바친다.

2013년 5월
월봉月峰 권고범權高凡
수원 영통에서 쓰다.

| 목차 |

서 序
추천사
머리말

풍수지리학 자연법의 원리

01. 명당 혈의 생성원리를 제대로 알면 혈이 보인다 … 23

02. 기맥과 좌향은 공간에너지의 핵심이다 … 34

03. 기맥, 단맥, 수맥은 생사의 파장이다 … 36

04. 풍수지리학을 터득하려면 챠크라가 열려야 한다 … 40

05. 혈자리에 양택을 배치하는데 놀라운 비법이 있다 … 45

06. 양택 내부의 가상 배치는 음양법이다 … 54

07. 음택의 올바른 장법은 이것이다 … 58

08. 동기감응, 친자감응은 과학이다 … 61

09. 동물은 명당혈심을 꾀고 있다 … 64

10. 태교 풍수지리, 인걸은 지령이다 … 67

11. 풍수지리는 생명을 살리는 생명학이다 … 70

12. 부자는 왜 3대를 못 가는가? … 73

13. 인공적으로 기를 모을 수 있다 … 76

명문가 인물들의 생가터

1. 의인 인물을 낳는 터

01. 매헌 윤봉길 의사 생가 / 예산 … 83
02. 유관순 열사 생가 / 병천 … 88
03. 김대건 신부 생가 / 당진 … 91
04. 백야 김좌진 장군 생가 / 홍성 … 94
05. 고헌 박상진 의사 생가 / 울산 … 98
06. 백산 안희제 생가 / 의령 … 103
07. 석오 이동녕 생가 / 목천 … 107
08. 일우 김한종 생가 / 예산 … 110
09. 소태산 대종사 생가 / 영광 … 113
10. 김수환 추기경 생가 / 군위 … 116
11. 영랑 김윤식 생가 / 강진 … 120
12. 고불 맹사성 고택 / 아산 … 126
13. 명성황후 생가 / 여주 … 131
14. 반기문 유엔사무총장 생가 / 음성 … 134
15. 화서 이항로 생가 / 양평 … 138
16. 퇴계 이황 태실 / 안동 … 142
17. 의성 김씨 종택 / 안동 … 146
18. 인촌 김성수 생가 / 고창 … 150
19. 서백당 / 경주 … 156
20. 임청각 / 안동 … 160
21. 오죽헌 / 강릉 … 167

2. 대한민국 대통령의 생가 터
  01. 윤보선 대통령 생가 / 아산 … 177
  02. 박정희 대통령 생가 / 구미 … 182
  03. 최규하 대통령 생가 / 원주 … 187
  04. 전두환 대통령 생가 / 합천 … 190
  05. 노태우 대통령 생가 / 달성 … 193
  06. 김영삼 대통령 생가 / 거제 … 197
  07. 김대중 대통령 생가 / 신안 … 201
  08. 노무현 대통령 생가 / 김해 … 204
  09. 이명박 대통령 고향집 / 포항 … 208
  10. 박근혜 대통령 생가 / 대구 … 211

한국 재벌가의 생가 터
  01. 삼성그룹 창업주 이병철 회장 생가 / 의령 … 217
  02. LG그룹 창업주 구인회 회장 생가 / 진주 … 224
  03. GS그룹 창업주 허창수 회장 생가 / 진주 … 229
  04. 효성그룹 창업주 조홍제 회장 생가 / 함안 … 233

한국 명문가의 양택
  01. 선교장 / 강릉 … 241
  02. 명재고택 / 논산 … 250
  03. 교동 최씨 고택 / 경주 … 256
  04. 운조루 / 구례 … 266
  05. 남파고택 / 나주 … 273

06. 몽심재 / 남원 … 278
07. 삼가헌 / 달성 … 284
08. 독락당 / 안강 … 290
09. 은농재 / 논산 … 296
10. 선병국 가옥 / 보은 … 301
11. 육영수 생가 / 옥천 … 307
12. 하회마을 양진당 / 안동 … 314
13. 점필제 고택 / 고령 … 320
14. 송소고택 / 청송 … 325
15. 성천댁 / 청송 … 333
16. 여경구 가옥 / 남양주 … 337
17. 향단 / 경주 … 341
18. 일두고택 / 함양 … 345
19. 김동수 가옥 / 정읍 … 350
20. 정온선생 가옥 / 거창 … 358
21. 이하복 가옥 / 서천 … 364

한국의 천년고찰

01. 통도사 / 양산 … 371
02. 해인사 / 합천 … 380
03. 송광사 / 순천 … 390
04. 불국사 / 경주 … 399
05. 석굴암 / 경주 … 408
06. 부석사 / 영주 … 413

명문사학 서원

  01. 도동서원 / 달성 … 423

  02. 도산서원 / 안동 … 428

  03. 병산서원 / 안동 … 437

  04. 필암서원 / 장성 … 442

한국의 옛 다리

  01. 진천 농다리 / 진천 … 451

  02. 고막천 석교 / 함평 … 456

  03. 주남 돌다리 / 창원 … 461

유네스코 세계문화유산

  01. 스톤헨지 / 영국 … 467

  02. 앙크로와트 / 캄보디아 … 471

  03. 보로부드로 사원 / 인도네시아 … 476

  04. 타지마할 / 인도 … 479

  05. 피사의 사탑 / 이탈리아 … 483

현대건축물

01. 금산초등학교 / 춘천 … 491
02. 삼계초등학교 / 임실 … 495
03. 명동성당 / 서울 … 500
04. 여의도 순복음교회 / 서울 … 505
05. 삼성그룹 서초동 사옥 / 서울 … 510
06. 백악관 / 워싱톤 … 514
07. 인민대회당 / 베이징 … 520
08. 나로우주센터 / 고흥 … 523
09. 애플 본사와 신사옥「애플캠퍼스2」/ 캘리포니아 … 530

에필로그 … 536

풍수지리학 자연법의 원리

- 명당 혈의 생성원리를 제대로 알면 혈이 보인다
- 기맥과 좌향은 공간에너지의 핵심이다
- 기맥, 단맥, 수맥은 생사의 파장이다
- 풍수지리학을 터득하려면 챠크라가 열려야 한다
- 혈자리에 양택을 배치하는데 놀라운 비법이 있다
- 양택 내부의 가상 배치는 음양법이다
- 음택의 올바른 장법은 이것이다
- 동기감응, 친자감응은 과학이다
- 동물은 명당 혈심을 꾀고 있다
- 태교 풍수지리, 인걸은 지령이다
- 풍수지리는 생명을 살리는 생명학이다
- 부자는 왜 3대를 못 가는가?
- 인공적으로 기를 모을 수 있다

"풍수지리학 자연법의 핵심은 한 치 오차 없는 혈심(穴心, 혈 배꼽자리)과
중심기맥선을 파악하는 것이다."

명당 혈穴의 생성원리를 제대로 알면 혈穴이 보인다

우리는 흔히 화산이 폭발하면서 새로운 용맥龍脈 즉, 새로운 산줄기가 생성될 때 우주에너지와 이 땅에 존재하는 기氣의 회로가 연결된다고 알고 있다. 이때 개개의 산봉우리들은 서로가 피라미드 역할을 함으로써 팔방八方으로 에너지를 방사하며 산맥을 타고 흘러내린다.

하늘天과 지상地에서 여덟 개에 한 개가 더해진 기맥선氣脈線이 흐르면서 횡횡橫으로는 큰 지하수가 흐르고 보국保國을 갖춘 곳 즉, 지상에서는 팔방八方의 산봉우리에서 에너지를 받는 곳에서는 지하에 아홉 개의 기맥선이 모이면서 기氣 충돌을 일으키는데, 이때 임계치臨界値를 넘게 되면 우주와 땅 사이에 새로운 기氣 네트워크가 형성되면서 이른바 혈자리가 생성된다.

우주와 지구의 땅에 맺힌 혈자리 간에는 이른바 기의 통로氣通路가 생성되는데, 이는 마치 어머니와 태아 간의 에너지 공급로인 탯줄과도 같다고 할 것이다. 이때 에너지의 운동모습은 마치 블랙홀과 같은 모습을 보임으로써 끊임없는 기氣의 순환이 일어나는 것임을 보여준다.

이를 보다 상세히 기술해보면 다음과 같다. 하늘天 우주에서 지수화풍地水火風의 네 가지 기운이 하강할 때 땅속地 마그마에서는 지상으로 지수화풍 네 가지의 기운이 상승하는데, 이때 상하 두 기氣의 융합이 일어나는 곳이 바로 혈자리인 것이다.

하늘과 땅에서 모인 기운이 여덟 개의 기맥氣脈을 형성하고, 그 여덟 개의 기운이 형성되면 기氣의 융합에 의해 그들 중간에 가운데 5번방 새로운 기맥선이 새로 생기게 되어 모두 구방九方의 기맥선이 만들어 진다.

사방四方에서 에너지가 모이면 새로운 화火가 생성되듯이 팔방八方에서 에너지가 모이면 새로운 화火가 기氣로 변하게 되고, 중심용맥龍脈 5번 기맥선이

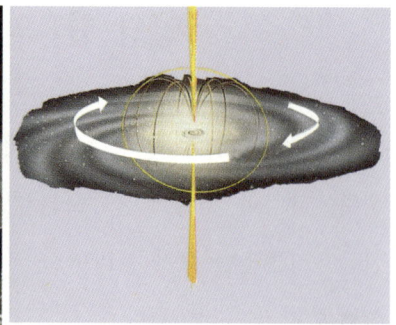

불랙홀 모습

태풍의 눈과 우주에너지 운동 모습

자연적으로 발생하게 되어 흐르게 된다.

　이렇게 아홉 개의 기맥선이 흐르다가 지하수를 만나게 되면 스파크가 일어나서 기氣의 융합이 일어나게 되는데, 이때 바로 위 지상에서는 여덟 개의 봉우리에서 공간에너지를 갈무리시켜주는 이른바 보국保國을 갖춘 곳으로 에너지가 뭉치게 되고 기氣의 융합이 일어난다. 이곳이 바로 혈자리이다.

　따라서 명당의 혈자리는 땅속과 지상 공간에너지의 융합을 통해 큰 기체

대혈장 절개면상에 9개 기맥선 모습
혈핵장 내의 9개 기맥선 중에 5번방 중심기맥선의 기운 강도는 타 기맥선보다 9배 이상 강하다. 따라서 음택의 경우 반드시 지상에서 혈 배꼽자리를 한 치 오차 없이 점혈해야 하고 다음으로 올바른 좌향에 맞추어 5번 기맥선방 깊이까지만 내광작업을 하고 그곳에 고인을 모시게 되면 옛 선사들이 말하는 금시발복도 가능한 것이다.

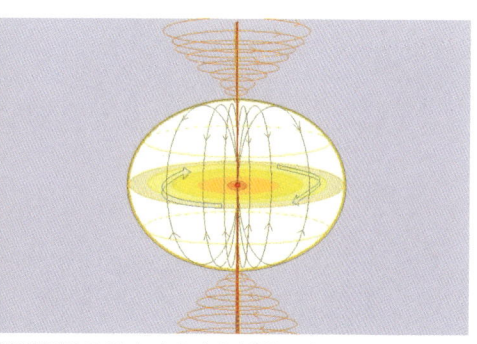

자연스럽게 형성된 보텍스 흐름
〈사진.「살아있는 에너지」〉

천기에너지가 하강하는 모습과 일치

명당혈자리의 천기, 지기 에너지 운동 모습

氣體로 태어남과 동시에 우주의 중첩重疊 에너지와 기氣의 회로가 생성, 하나의 살아있는 생기生氣 블랙홀이 만들어지는 것이다.

이때 또 하나의 중요한 발견은 생기 블랙홀이 일정 높이로 연달아 생기게 된다는 것이고, 따라서 공중에도 얼마든지 공중혈空中穴이 생성된다는 것이다.

지구는 우주의 행성이고 그 원천은 우주의 빅뱅을 통해 생성되어 왔기 때문에 어디까지나 같은 기운은 동조同調를 하게끔 되어 있다. 그러기에 지구의 땅속 마그마에서 올라오는 지기地氣와 하늘 우주로부터 내려오는 천기天氣가 끊임없이 순환하는 것이다. 바로 그와 같은 기류氣流의 순환이 이루어지는 정점이 곧 명당의 혈자리다.

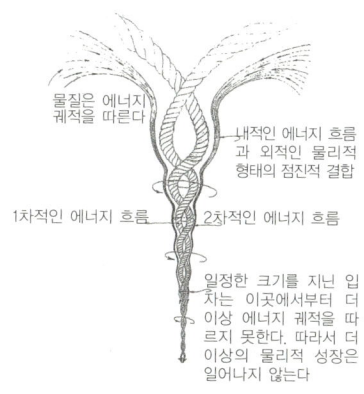

에너지 운동 형태. 혈심 배꼽자리에 서면 건강한 사람은 백회로 그 기운을 느낄 수 있다. 〈그림.「살아있는 에너지」〉

우주의 에너지 운동 모습은 바로 우리가 흔히 목격

풍수지리학 자연법의 원리 | 25

하는 태풍의 모습과 비슷하기도 하고 토네이도 모습과 같은 모습으로 보텍스Vortex라고 한다. 이는 곧 생기生氣라는 것이 우주의 블랙홀과 같은 모습으로 부단히 하강하고 상승하는 것임을 말해준다.

기맥선은 한 쌍으로 아홉 개가 흐르다가 보국保國을 갖춘 곳에서는 전부 합쳐지게 되는데, 대명당의 혈자리는 이때 만들어진다. 자연이란 본디 음양법陰陽法에 의해서 태초太初를 이뤘듯이 음과 양의 기맥은 항상 같이 일렬로 움직이는데, 모두 18개의 기맥선이 나선형운동을 하며 포물선을 그리며 내려가기도 하고 지그재그 형상을 그리며 교차 되어 흐르게끔 마련이다.

그림에서 보듯이 음양陰陽의 혈 중 음의 혈에서 아홉 개의 기맥선이 뻗어내려 아홉 개의 소혈小穴이 생기는데, 이들 개개의 소혈小穴이 땅속을 통과할 때는 땅속의 에너지를 모아서 흐르게 된다. 빅터의 에너지 발생포처럼 마치 강물이 회전하면 보텍스가 축기縮氣되는 것과 유사한 모습이다.

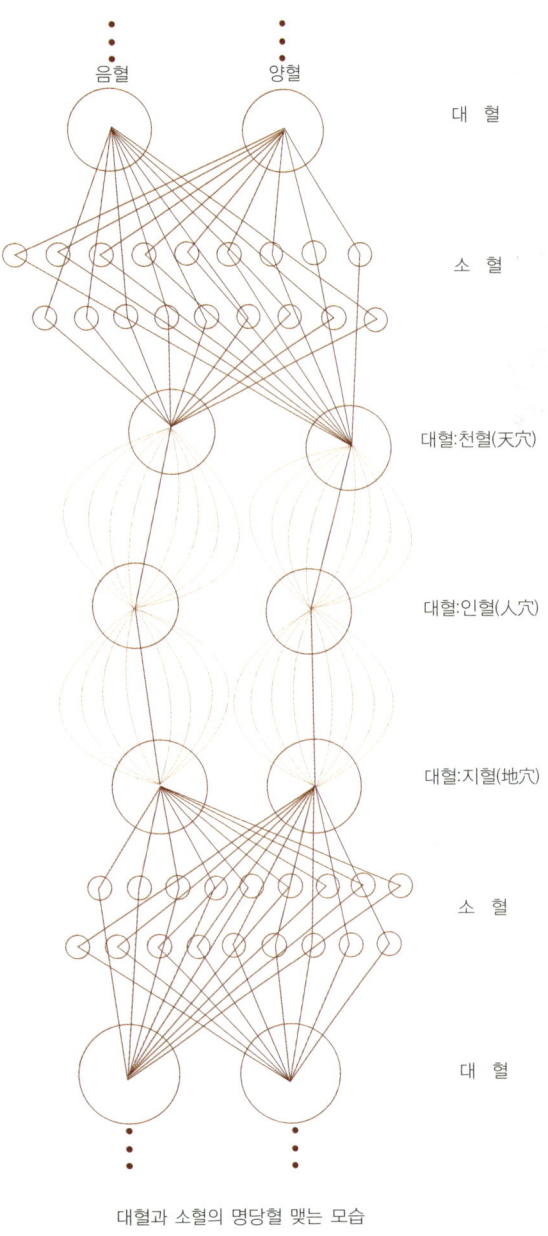

대혈과 소혈의 명당혈 맺는 모습

아홉 개의 소혈小穴은 조건을 갖춘 곳 즉, 보국保國을 갖춘 곳에 이르러 횡으로 생성되는데, 이 혈자리는 우주 에너지를 받아내는 일종의 탯줄 역할을 하게 되어 축기縮氣가 되고 이들이 다시 흘러 모이게 되면 음의 대혈大穴이 만들어지는 것이다.

마찬가지로 양陽의 혈에서도 아홉 개의 기맥선이 흘러 소혈小穴 아홉 개를 맺은 후 다시 흘러 양의 대혈大穴이 맺혀진다. 대혈과 소혈의 명당 혈이 맺는 순서는 그림에서처럼 일정한 법칙이 정해져 있다.

완벽한 보국保國을 갖춘 곳에서는 대혈大穴이 연달아 음·양으로 세 개가 맺히게 되는데, 이들을 일러 상단에 있는 혈을 천혈天穴, 중단에 있는 혈을 인혈人穴, 그리고 하단에 있는 혈을 지혈地穴이라고 부른다.

음양법陰陽法에 따라서 음·양의 기맥이 나란히 흐르다가 충분한 보텍스 에너지가 모인 곳에 이르러서야 음·양의 천혈天穴과 인혈人穴, 지혈地穴을 맺게 되는 것이다. 대혈大穴에서 소혈小穴을 만드는 이유는, 계속해서 세 번 대혈大穴을 맺으면서 에너지를 발산하고 나면 자체 생기 에너지가 고갈되어 자연스럽게 9개 기맥선이 더 넓게 사인파 곡선운동을 하며 보텍스를 생성하여 9개의 소혈小穴을 형성한다. 일종의 축기 과정으로 볼 수 있는데 9개 소혈小穴에서 9개 기맥선이 내려와 합쳐지면서 다시 대혈大穴을 만드는 것이다.

높은 산등에 맺힌 대혈장大穴場의 지름은 비교적 작은 대신 에너지 밀도가 높고, 지상의 대혈장大穴場의 지름은 비교적 넓은 대신 에너지 밀도가 낮다. 필자가 측정한 가장 큰 대혈大穴로는 지름의 크기가 145미터로 세계 3대 불교 유적지인 인도네시아 보로부드로 불교사원이 있는 곳이다.

소혈小穴 한 개의 지름은 보통 3~3.5m(혈핵장), 6~6.5m(확장시)로 통상적으로 이들은 모두 아홉 개가 횡으로 연달아 맺히게 되는데, 혈장이 확장될 때 9개 혈장이 접선으로 붙게 되는데 이들 아홉 개 소혈小穴의 혈장穴場 총 지름은 그

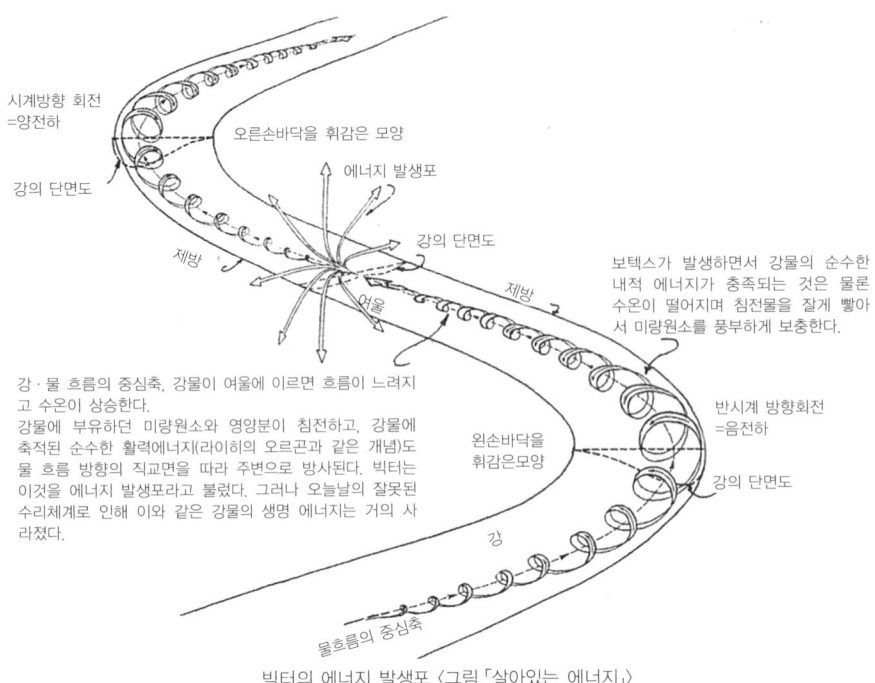

빅터의 에너지 발생포 〈그림.「살아있는 에너지」〉

거리만 해도 무려 60m~70m에 이른다.

그럼 여기서 세계의 풍수지리학문에 있어 사상 최초로 공중의 혈자리 생성논리에 대하여 논하고자 한다. 이는 필자가 수없는 성공과 실패를 반복하면서 연구 노력한 결과를 세계적으로 처음 발표하는 것으로서, 실제 몸으로도 직접 체득한 영적靈的 성과이기도 하다.

강물이 흘러가는 동안에 '에너지와 활력'을 지속적으로 재생산하는 동시에 그것을 주변으로 공급하는 것이 강江의 가장 중요한 생산 기능인데, 필자는 강물의 흐름을 통한 에너지 보텍스 발생 과정을 보면서 결국 땅속과 공중의 기맥선의 흐름을 통한 지하와 공중에 명당혈 맺는 과정이 동일한 것을 알게 되었다.

『살아 있는 에너지』에서 빅터샤우버거의 에너지 발생포 과정을 인용하면

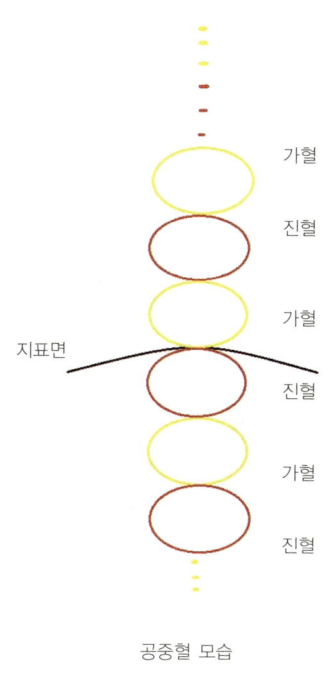

공중혈 모습

서 기맥선의 흐름과 혈 맺는 과정을 고찰해보자.

강물이 중심축을 따라 사인파 나선 운동을 하며 지그재그로 흘러가면서 보텍스가 발생하면서 강물의 순수한 내적 에너지가 축기되고, 강물이 흘러 여울-강물이 얕고 세차게 흐르는 곳-에 이르면 강물에 축적된 순수한 활력에너지-라이히의 오르곤과 같은 개념-가 물 흐름 방향의 직교면을 따라 주변으로 방사한다. 빅터샤우버거는 이것을 에너지 발생포라고 불렀다

여울은 강물이 흘러가는 동안에 생산해 놓은 비물질 에너지-동양 개념으로 기氣-로 빌헬름 라이히Wilhelm Reich가 말한 '오르곤orgone' 에너지로서 생명체에게 생명을 불어 넣어주는 에너지다.[1]

한편 땅속에는 용맥을 따라 흐르는 기맥선과 땅속 마그마와 우주별과 연결된 공중 기맥선이 존재한다. 기맥은 9개의 기맥선으로 사인파 곡선운동-DNA 나선형 운동과 같은 형태-을 수행하고 개별 기맥선은 다시 9개의 맥선으로 구성되어 그 역시 사인파 곡선운동을 한다. 9개 기맥선이 사인파 곡선운동을 하며 보텍스가 발생되고 축기가 된 상태에서 합쳐지면 대혈大穴이 생성되는 것이다.

---

[1] 「살아있는 에너지」 p.234

 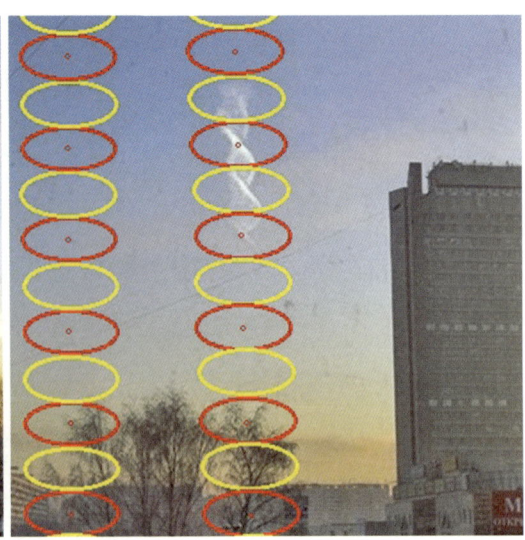

모스크바 상공에 포착된 꽈배기, DNA형상의 구름 　　필자가 심안으로 꽈배기 구름 사진을 보고 공중혈의 실제 모습을 그린 사진

　　공중혈空中穴 역시 대혈大穴의 경우 지구 마그마에서 올라오는 지기地氣와 우주 태양 별에서 내려오는 천기天氣가 만나 9개 기맥선이 크게 벌어져 포물선을 그리며, 사인파 나선운동을 하면서 공중에 있는 생기 에너지를 축기하여 한곳에 모이면서 공중혈을 맺는다. 이것은 마치 강물이 지그재그로 흐르면서 에너지를 축기한 후에 여울에서 에너지 발생포를 생성하는 것과 동일한 것이다.

　　하나의 공중혈은 럭비공 형태로 생성하며 사방으로 생기 에너지를 방사하고, 다시 축기를 위해 9개 기맥선이 크게 포물선을 그리며 사인파 나선운동을 하면서 공중에 있는 에너지를 축기하여 한곳으로 모이면서 계속해서 또 다른 공중혈을 맺는다. 결국 땅속이나 공중의 혈 맺는 원리는 공간상의 차이일 뿐 같은 것이다. 따라서 땅속에만 혈이 생성되는 것이 아니라 공중에도 끊임없이 공중혈이 맺혀지게 되는 것이다.

　　2012년 12월 24일 크리스마스이브에 모스크바 상공에 나타난 꽈배기 형태의, DNA 모습의 구름사진을 아마추어 작가가 촬영하여 인터넷사이트에 올

수중 공중혈자리에서 무리지어 놀고 있는 물고기 떼

공중혈 배꼽자리에 지은 까치둥지

려 화제가 된 적이 있었다. 필자는 그 사진을 심안의 눈으로 본 순간 바로 그것이 천기와 지기가 연결된 보텍스 에너지의 나선형 흐름 속에 공중혈자리가 줄줄이 맺힌 것이란 것을 알 수 있었다. 마침 구름이 흘러가다가 우주에너지 운동 흐름에 빨려 들어가 사진상에 사인파 나선운동을 하는 순간이 포착된 것이었다. 이와 똑같이 미국 세노나에는 보텍스가 강한 곳에 서있는 나무를 보면 나뭇가지가 소용돌이 모습을 나타내고 있는 것을 목격할 수 있다.

그런데 본능이 살아있는 지상의 동물들은 놀랍게도 새끼를 낳을 때는 반드시 본능적으로 명당혈明堂穴의 배꼽자리에 새끼를 낳아서 기르고, 주로 공중에서 생활하는 까치와 같은 새들도 반드시 공중혈空中穴의 배꼽자리에 둥지를 틀고 새끼를 낳고 있다. 또한 철새나 물고기들도 휴식을 취하며 놀 때와 장거리를 이동할 때는 기맥선의 공간에너지와 공중혈의 기운을 받으며 이동하기 때문에 거의 지칠 줄을 모른다.

현대사회에서는 아파트나 빌딩 등 주로 고층화된 주거와 사무시설이 무수

아파트 공중가혈과 공중진혈 모습

현대자동차 본사 사옥의 공중혈 모습

히 지어지고 있는데, 이때도 땅속의 혈자리만큼이나 공중의 혈자리를 잘 활용하는 것도 긴요하다.

고층빌딩에 입주한 기업의 경우 공중혈의 중심이 되는 혈의 배꼽자리에 CEO실이나 설계개발, 기획, 전략수립팀 등 기업의 핵심 부서를 배치시킨다면 공중혈의 기운을 받아 세계적인 기업이 될 수 있으리라 믿어 의심치 않는다. 또한 TV, 라디오방송이나 종교집회, 대중공연을 기획을 하는 사람은 공중혈자리에 스피커를 설치하게 되면 양명한 명당혈 생기 파동이 관객 귀에 그대로 전달되어 더 큰 감동을 증폭시켜주기에 해당 공연이나 행사가 성공할 수 있다고 필자는 확신한다.

또한 음반을 녹음제작하는 경우 공중혈 배꼽자리에 CD제작기계를 놓고 녹음하게되면 우주 생기에너지 정보가 그대로 녹아들어가게 되어 이 CD를 듣는 고객들은 몸과 마음을 치유하는 음악으로 거듭나게 될 것이다.

공중혈자리에서 거주하는 사람은 일반 공간에서 거주하는 사람과는 비교가 되지 않을 정도로 유사 이래 인류가 쌓아온 지혜로운 지식정보의 장場으로 접근할 수가 있어 언제 어디서든지 기가 막힌 아이디어와 창조적인 사고를 발휘할 수가 있다. 명당혈의 배꼽자리가 삼라만상의 모든 기氣의 네트워크와 연결되어 있기 때문이다. 대기업 사옥의 경우 명당혈자리의 정혈자리에 세웠다 할지라도 지상 공중혈자리를 정확히 찾지 못한 경우가 대부분인데, 핵심 부서를 바로 이곳 공중혈 배꼽자리에 배치하는 기업은 언제나 승승장구하는 기업이 될 것임을 필자는 확신한다.

이곳 공중혈자리는 지수화풍地水火風의 기운이 완벽한 조화를 이루는 원초적 생기로 이루어진 블랙홀이요, 새로운 창조의 시공간의 근원이 되는 곳이다. 그래서 이곳은 새로운 생명이 끊임없이 잉태되고 새로운 창조물이 끊임없이 만들어지는 창조의 공간이며, 삼라만상 우주 전체와 기氣의 네트워크로 연결된 생기의 저장고이면서 인류의 모든 지식이 이곳에 녹아있는 지식의 저장고이기도 하다. 그래서 옛 선인들은 한결같이 이런 곳에서 수련을 하였고 당대에 증득하였던 것이다. 또한 선인들은 이곳을 차지한 사람만이 인간이 누릴 수 있는 최고의 행복 조건인 오복五福이 보장된 장소라고 생각하였던 것이다. 이 어찌 귀하고 보배롭지 아니한가? 명당의 혈자리는 지하의 땅속뿐만 아니라 공중에도 일정 간격으로 층층이 있으므로 이를 보다 정확히 측정하고 활용하는 지혜가 필요하다.

국내외의 프로 축구나 야구, 골프 경기를 보면 선수들이 어느날은 최상의 컨디션을 발휘하여 승리를 하는 반면 어느날은 컨디션이 나빠 경기력이 현저히 떨어지는 경우를 자주 보게 된다. 경기 당일 선수들의 컨디션에 결정적으로 영향을 주는 것 중의 하나가 충분한 수면인데 이는 잠자리 터의 지기에 가장 큰 영향을 받을 수밖에 없다. 따라서 원정 경기가 많은 선수들일수록 생기 충만한 명당 혈자리에서 숙면을 취하도록 조처하는 것이 무엇보다 중요하다. 그럴 때 최상의 몸상태로 자신의 능력을 최대치로 발휘할 것임을 필자는 확신한다. 스포츠분야에서도 풍수지리학 자연법의 활용 가치는 무궁무진한 것이다.

기맥과 좌향坐向은 공간에너지 space energy 의 핵심이다

태초에 지각이 변동하고 화산이 폭발하여 오늘날 산의 모습이 형성되었다. 산의 흐름을 용맥龍脈이라고 하는데, 기맥선이라는 것은 바로 이 용맥을 따라 흐르되 바람을 제일 싫어한다. 보통 기맥선은 바람을 피해 좌우左右로 용맥 측면을 타고 흐르는데, 중심용맥을 타고 흐르는 경우는 극히 드물다.

기맥선은 모두 아홉 개를 기본으로 한 다발이 되어 흐르고, 그들이 합쳐져 대혈大穴을 맺은 후 다시 계속 뻗어나가 다시 아홉 개의 소혈小穴을 맺는다. 음·양의 기맥선은 지그재그로 흘러 보국保國을 갖춘 곳에서 소혈小穴과 대혈大穴을 맺고 또 계속해서 흐르는데, 이들이 용진처龍盡處, 맥진처脈盡處에 이르면 마지막 혈을 맺고 더 이상 흐르지 않고 공간에너지만 강물처럼 앞으로 흘러간다.

음택陰宅과 양택陽宅의 좌향은 바로 이 공간에너지 흐름에 맞추는 것이다. 5번 기맥선이 되는 핵심적인 중심기맥선에 가장 강력한 에너지가 존재하므로 양택의 좌향은 주로 이곳을 중심으로 결정되는 것이 보통이다.

공간에너지는 사방四方과 팔방八方으로만 흐르는데, 지축이 약 23.5도쯤 기울어져 있어 여기에도 약간의 보정이 필요하다. 이 또한 규칙성이 있다. 진혈眞穴 배꼽자리에 침반針盤을 놓고 측정해보면 실제로 사방팔방 중 일정한 한 방

패철

명당 혈자리 좌향에 맞춘
해인사 대적광전 안산 전경

명당 혈자리 좌향에 맞춘
진천 농다리 교각 안산 전경

향으로만 공간에너지가 흐르고 있음을 알 수 있다.

어느 정도 기감氣感이 있는 사람이라면 이 정도는 곧바로 인지認知가 가능하다. 천년고찰이나 도승道僧이 잡아준 양택을 답사해보면 정확히 위와 같은 원리와 일치하고 있음을 알 수 있다. 때문에 좌향은 중심기맥선과 공간에너지 흐름이 지평선 너머로 넘어가는 바로 그 지점을 향해 배치하는 것이다.

풍수지리학 자연법의 원리 | 35

기맥氣脈, 단맥短脈, 수맥水脈은 생사生死의 파장波長이다

하나의 기맥은 9개의 기맥선 다발형식으로 구성되어 있으며 기맥선 자체는 마이너스(-)와 플러스(+) 기운을 갖추어 항상 안정된 상태이고 생기에너지가 존재한다. 반면에 단맥은 말 그대로 마이너스 (-) 기운과 플러스(+) 기운이 따로따로 흐르는 맥선을 말한다.

모두 아홉 개의 기맥선이 모여 대혈大穴을 맺게 되는데, 이때 마이너스(-) 단맥과 플러스(+) 단맥이 마치 바둑판처럼 혈자리를 보호하듯 에워싸고 땅속에서 흐르고 있다.

마이너스(-)와 마이너스(-), 플러스(+)와 플러스(+)가 겹쳐진 곳은 매우 위험한 지점이지만, 마이너스(-)와 플러스(+)가 겹쳐진 곳은 문제가 없다. 그러나 마이너스(-)와 마이너스(-), 플러스(+)와 플러스(+)가 겹쳐진 이곳에 큰 지하수가 겹쳐지면 치명적인 영향을 받게 된다.

단맥은 혈자리의 혈핵장穴核場 사방으로 두 겹이 흐르며 혈장穴場을 보호하고 있는데, 실제로 혈장이 최대로 확장될 때는 노랑색 원까지 확장이 되었다

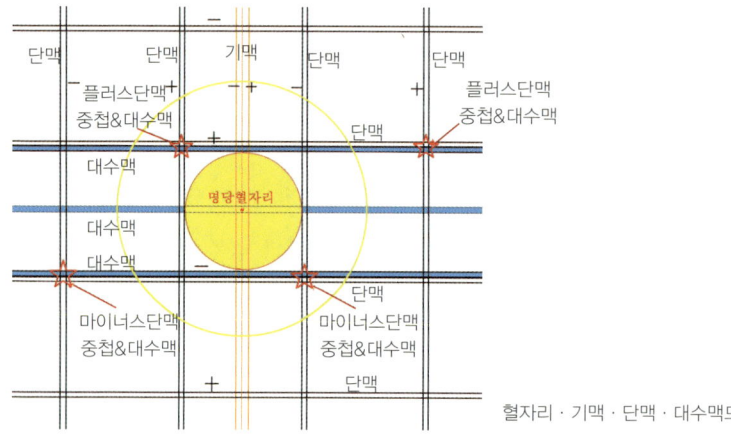

혈자리 · 기맥 · 단맥 · 대수맥도

가 다시 줄어든다. 단맥은 플러스(+) 또는 마이너스(-) 기운을 개별로 띠고 있다. 기맥선은 플러스(+)와 마이너스(-)가 마치 전선처럼 나란히 배열되어 있어 안정된 반면, 단맥은 언제나 불안정한 상태이다. 따라서 단맥이 마이너스(-)와 마이너스(-)로 교차되는 경우에는 강력한 음기陰氣가 형성되어 자체적으로 안정화 되려고 지상에 있는 플러스(+) 생체에너지를 빨아들이게 되어 있다. 반대로 플러스(+)와 플러스(+)가 교차되는 경우에도 지상의 마이너스(-) 생체에너지를 빨아들인다.

특히 대수맥大水脈과 함께 존재하는 경우에는 돋보기 역할을 하게 됨으로써 증폭되어 만일 그 위에서 일을 하거나 누워 자는 경우에는 건강에 치명적인 영향을 준다. 필자가 암이나 풍風, 불치병 환자 등이 누워 자는 침대 위치를 조사 연구해본 결과, 한 사람도 예외 없이 단맥의 마이너스(-)와 마이너스(-)가 교차되는 곳에 발병發病 부위를 대고 누워 있었다. 물론 대수맥大水脈이 함께 흐르는 곳이었다. 이런 곳에서 자다보면 해당 부위의 생체에너지가 고갈되고 그 부위의 면역력이 급격히 떨어져서 조상으로부터 물려받은 암癌의 유전자가 더욱 활성화됨으로써 암이 발생하게 되는 것이다. 임신이 되지 않거나 유산되는 경우 또는 기형아가 태어나는 경우도 모두 산모가 그런 자리에서 기거하기 때문이다.

그렇다면 사람들은 왜 그런 자리만 골라서 기거하는가? 조상과 자손의 공유되는 유전인자의 DNA 정보는 시공을 초월하여 같이 공유된다. 또한 세대 간의 양자 사이에 동시에 에너지의 공명이 일어난다. 이는 조상의 선영에 에너지의 장이 형성되면 에너지 파장이 공진되면서 에너지가 후손에게 공급되는 것이다. 사람은 각자가 갖고 있는 파동波動이 다른데, 각자의 몸에는 DNA가 있고 그것이 바로 수신기受信機의 역할을 하여 각자 DNA가 일치하는 조상의 산소로부터 파동을 받아 조상의 산소와 똑같은 자리에서 기거하게 되는 것이다. 조상의 산소만 보면 그 후손에게 무슨 병이 있는지 알 수 있는 것도 이와 같은 원리 때문이다. 반대로 후손의 잠자리나 근무처 자리, 거실의 경우에서도 주로 앉는 자리를 보면 본인에게 영향을 주고 있는 조상 산소의 지기 또한 알 수 있는 것이다.

자고로 명당 혈자리는 생기生氣가 둘러싸고 있으며 단맥과 수맥은 존재하지 않는다. 조상이 명당의 혈자리에 모셔져 있으면 후손들은 본능적으로 명당의 혈자리에만 마음이 끌리고, 따라서 자연적으로 그런 곳으로 찾아들어 거주하게끔 되어 있다. 다시 말해 지금 이 순간 여러분이 기거하고 있는 잠자리는 여러분의 조상이 모셔져 있는 곳과 동일한 지기地氣를 가진 곳이나 마찬가지라는 말이다. 불치병에 걸린 사람이 조상의 산소를 명당의 혈자리에 이장해 모시고 잠자리를 바꿔 본 결과 감쪽같이 회복된 사례를 흔히 보게 되는 것도 그 때문이다.

어쨌든 마이너스(-)와 마이너스(-) 단맥, 플러스(+)와 플러스(+) 단맥이 교차하는 자리만 피해서 기거하면 어떤 암이나 불치병에도 걸리지 않는다고 확신한다.

1936년 독일의 의학박사이자 수맥연구가인 구스타프 프라이헤르 폰폴 Gustav Freiherr von Pohl은 무려 48명의 암 환자가 발생한 마을을 25년 동안 역학조사한 결과를 『지전류地電流』라는 책으로 발표했다. 여기서의 지전류란 곧 단맥을 의미하는 것이다. 지전류는 암이나 각종 고질병痼疾病의 근원으로, 암환자의 침대에 있는 지전류의 도면을 그려, 지전류가 교차되는 곳에 누워있는 사람은 예외 없이 암이나 고질병에 걸렸다고 발표한 것이다. 구스타프는 또 암은 유전이 아니라 오로지 잠자리에 의해서 발생한다고 주장했다.

독일에서는 집을 지으려면 반드시 집터에 대하여 수맥전문가의 진단을 받고, 수맥이 없다는 증명서를 첨부해야만 건축허가를 내어 준다고 하는데, 참으로 현명한 조치가 아닐 수 없다.

    단맥短脈과 대수맥大水脈은 항상 동행하는 습성을 갖고 있으므로 수맥을 피하면 단맥도 피하는 셈이 된다. 우리나라도 나날이 암과 고질병이 급증하고 있는 바, 하루빨리 독일처럼 그와 같은 제도를 도입하는 날이 오길 기대한다.

풍수지리학을 터득하려면 챠크라chakra가 열려야 한다

우리의 몸에는 일곱 개의 챠크라가 있다. 챠크라는 산스크리트어로 바퀴 혹은 원형을 의미한다. 요가yoga에서는 우리 몸속에는 생명 에너지의 중심통로가 일곱 개가 존재하는데, 이 생명 에너지들이 원형처럼 휘돌면서 각 챠크라를 일깨워서 궁극적으로는 영적인 각성覺性을 가져오게 한다고 보고 있다. 챠크라를 인간과 자연, 우주와 기氣의 교환통로로 보는 것이다.

풍수지리학 자연법을 터득하여 자유자재로 구사하려면 아즈나6 챠크라ajna6 cakra와 사하스라라7 챠크라Sahasrara7 cakra가 열려야만 한다. 아즈나6 챠크라는 소위 제3의 눈이라는 인당印堂을 말하고, 사하스라라7 챠크라는 송과선松果腺에 영향을 주는 백회百會를 말한다.

명당의 혈자리는 우주별과 지구 중심에 있는 마그마와 일대일 1:1 로 연결된 기氣의 다발 끈으로 연계連繫하는, 층층이 열린 기체氣體 덩어리라고 볼 수 있다. 그러기에 혈자리의 모습은 블랙홀의 모습이다. 혈자리는 지기地氣와 천

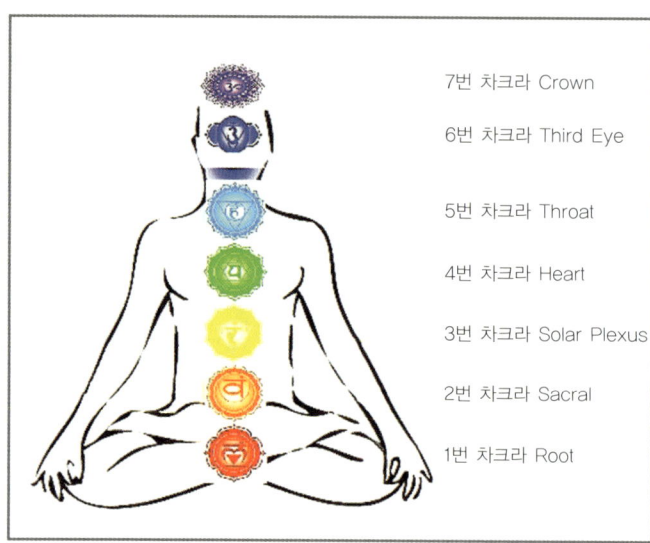

7개의 챠크라 모습

기天氣가 꽈배기처럼 뒤틀리면서 합쳐지고 융합이 일어난다. 이런 기운을 정확히 감지하는 통로가 바로 우리 몸에 있으니, 그것이 곧 제6의 챠크라인 인당印堂과 제7의 챠크라인 백회百會다.

우리 몸의 챠크라를 여는 방법은 여러 가지 방법이 있는데, 그중에서도 대표적인 것이 호흡수련을 포함한 참선수행이라고 하겠다. 참선參禪이란 모든 생각을 끊고 무심無心의 상태로 돌입하는 것을 말한다. 무심해지면 자신의 혜안慧眼을 가로막고 있던 장벽이 스르르 거치고, 자연을 있는 그대로 관조하게 된다.

평범한 인간은 1초에 무려 세 가지의 생각이 교차하며 일어난다고 한다. 그 세 가지의 장벽이 우리 본연의 마음, 이른바 '참마음'을 가리고 있기 때문에 원래 자연의 모습을 제대로 보지 못한다는 것이다. 우리가 배운 지식이나 사고 등은 자연 본연에 대하여 그 원리 등을 제대로 설명해주지 못하고 있다. 그러기에 참선을 통해 무심해지는 수련을 하게 되면 생각이라는 그 자체의 일어나는 횟수가 점점 줄어들게 된다.

우리는 단 3초만 무심해져도 자연의 세계를 들여다 볼 수가 있다. 우리 몸의 챠크라가 열리면 우리 몸과 우주성운 사이에 기의 회로가 연결되며, 우리 인체는 각각의 성운마다 기의 회로 접점이 정해져 있다. 그래서 자연의 혈자리를 보고자 할 때는 우주성운과 내 몸 사이에 기의 회로를 연결한 상태에서 바라보아야 하며, 바로 그때 자연의 혈자리를 손쉽게 찾을 수 있는 것이다.

정신세계 힐링 전문가 김지호 선생에 따르면, 태초에 내 몸에 존재했던 우주 본연의 참마음인 사랑과 자비의 신성한 빛을 잠에서 깨우고 끌어내기 위해서는 '내' 가슴 깊숙이 내재해 있는 사랑과 자비의 샘물氣運을 용천혈湧泉穴을 통해 우주로 조건 없이 흘려보내는 수련을 끊임없이 해야 하며, 그럴 때 본래 우주 자체였던 우리의 몸과 마음이 우주 삼라만상과 동조를 이루어 우주와 우리 몸의 '기氣의 회로'가 자연스럽게 열리게 된다고 한다.

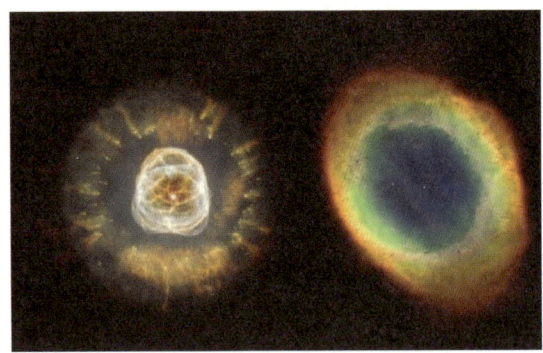
에스키모성운과 고리성운

여기서 우주와 '나'가 하나라는 관계형성 즉, 통일장統一場 수련을 할 때는 피부호흡을 병행하여 실시한다고 한다. 그리하면 우리 몸에 닫혀있던 기氣의 회로인 챠크라가 보다 활성화되어 자연스럽게 열리게 되고, 자연의 모든 종류의 기氣와 교통하게 됨으로써 마음만 내면 대자연의 기운과 정보를 얼마든지 감지할 수 있게 된다고 한다.

우리에게는 저 옛날, 득도得道한 후 전국을 돌며 만행萬行하던 어떤 노스님이 적선적덕積善積德을 베풀고 있는 사람을 보고 그의 묘墓 자리와 집터자리를 잡아주니, 이후부터 그의 가문이 크게 번창하고 잘 살게 되었다는 일화가 많이 전해진다. 하지만 그 노스님이 언제 풍수지리를 배운 바 있겠는가. 아마도 무심해지면 직관이 열리고 마음의 눈으로 자연을 있는 그대로 직시할 수 있기 때문이었는지 모르겠다. 이는 필자의 실제 경험으로도 충분히 헤아릴 수 있는 부분이기도 하다.

풍수지리학 자연법을 터득하기 위해서는 필수적으로 수련장소가 제일 중요하다. 앞서 기술한 참선수행이나 복식호흡 수련, 피부호흡 수련 등은 모두 명당혈明堂穴의 배꼽자리穴心에서 수련해야만 빠른 시간 내에 목표를 달성할 수 있다. 실제로 명당의 혈자리라고 해도 명당의 혈심穴心(배꼽자리)은 겨우 주먹

한 개 크기에 비견되는데, 이곳은 천기天氣와 지기地氣가 서로 부딪혀 기氣의 융합이 일어나는 지점으로 에너지의 강도가 주위의 혈장穴場보다 무려 아홉 배나 강한 기운이 존재하는 곳이다.

그렇기 때문에 우리가 도道를 닦기 위해 수련을 할 때 혈심穴心에서 하게 되면 우리 몸의 기氣의 순환이 더욱 활성화됨으로써 무심 상태와 삼매에 손쉽게 들게 되며, 우리 몸에 기氣의 회로가 뻥 뚫리게 되고 이런 상태가 되면 우리 몸의 모든 챠크라가 보다 자연스럽게 열리게 된다. 풍수지리는 자연을 무심 상태에서 관조하며 자연의 기운을 보다 정확히 읽는 것으로서, 진정 일행삼매一行三昧에 들어갈 때만이 자연의 혈자리를 제대로 볼 수 있게 되는 것이다. 필자는 이 같은 방식을 심혈풍수지리心穴風水地理라고 명명하였다.

기존 제도권의 풍수지리학파에서는 혈에너지 기운을 감지하기 위하여 엘로드, 추나 관룡자觀龍子, 尋龍尺 등의 도구를 이용하여 측정하는데, 이들로서는 정확한 혈심穴心을 찾을 수 없다고 단언한다. 왜냐하면 자연은 '내'가 무심無心 상태로 돌입할 때만 보여주는 것을 허락하기 때문이다. 여기서 필자는 '볼 수 있다'는 뉘앙스를 던졌는데, 사실은 마음의 눈으로 보는 것이지 인체의 눈目으로 보는 것은 아니다.

이렇듯 우리 몸의 챠크라가 모두 열리게 되면 머리끝에서부터 발끝까지 모든 자연을 세세히 읽을 수 있다.

풍수를 제대로 배우려면 기존의 제도권에서 형기形氣와 이기理氣, 형국론풍수形局論風水 등을 기본적으로 익히고 부단한 성명쌍수性命雙修를 닦는 몸과 마음 수련을 통해 우리 몸의 챠크라를 열어 심안心眼을 열고 풍수지리학 자연법을 보다 확실하게 터득해야만 한다. 그런 상태가 되면 사진이나 그림만 보고도 시공을 초월하여 정확히 명당의 혈자리, 배꼽자리까지도 측정이 가능해진다.

어떤 도구를 들고 혈자리를 측정할 때는 대상을 직접 마음의 눈으로 살펴보겠다는 생각보다는 자기 손에 도구가 들려져있다는 생각이 더 마음을 지배한다. 그렇기 때문에 생각을 끊고 초연히 무심해질 수 없는 것이다. 무심한 상태에서 자연을 제대로 읽었다고 확신이 든 다음에야 이를 재검증하거나 의뢰인에게 보여주기 위해서 도구를 이용하여야 할 것이다.

일반적으로 엘로드를 들고 측정하는데도 특별한 방법이 있는데, 음양법을 활용해야 한다는 것이다. 자신의 몸을 음양의 상태로 순간적으로 바꿔야만 원하는 바를 올바르게 측정할 수가 있다. 기맥선이나 명당의 혈장穴場 범위 등 양陽의 성질을 측정하려면 자신의 몸을 순간적으로 음陰의 상태로 모드를 바꿔 측정해야 하고, 수맥이나 지전류地電流, 단맥 등과 같은 음陰 성질의 것을 측정하려면 순간적으로 양陽의 상태로 자기 몸의 모드를 바꿔서 측정해야만 보다 정확한 측정이 가능하다.

차제에, 필자가 직접 답사하여 이 책에 게재한 모든 명당의 혈 도면들은 어떤 도구도 사용하지 않고 오로지 마음의 눈으로만 측정해서 그린 것임을 밝힌다. 따라서 이 책에 게재한 도면들 중에는 실제 답사를 통해 그린 도면도 많지만 일부는 사진이나 그림만 보고 그린 도면도 일부 있다. 실제 현장 접근이 불가능한 경우에 해당된다. 그렇다고 해서, 사진만 보고 측정했다고 해서 필자가 그린 명당의 혈 도면에 이상이 있다고는 보지 않는다. 필자가 그려놓은 명당혈明堂穴의 도면은 감히 말하지만 한 치의 오차도 없다고 단언한다. 마음의 눈으로 자연을 볼 때는 터럭만큼의 오차가 없기 때문이다.

필자는 심혈풍수지리학회心穴風水地理學會를 결성하여 마음의 눈으로 자연을 바라볼 수 있도록, 뜻을 같이하는 도반道伴들과 함께 풍수지리학 자연법을 전수, 온 세계에 전파함으로써 인류의 생명을 살리는데 이바지 할 수 있게 되기를 희구한다.

혈자리에 양택陽宅을 배치하는데 놀라운 비법이 있다

양택陽宅, 즉 집터의 관하여 기술한 세계에서 가장 오래된 경전으로는 중국 둔황석굴敦煌石窟에서 발굴된 『황제택경黃帝宅經』을 들 수 있다.

이 고전에서는 우리가 살고 있는 양택과 조상을 모신 산소자리 가운데 어느 것이 더 중요한가를 설명하는 대목이 있는데, 그 내용은 대략 다음과 같다.

"조상의 산소자리가 흉하지만 집이 명당의 혈자리에 있으면 그 자손은 관록官祿이 있고, 조상의 산소자리를 명당의 혈자리에 모셨다고 할지라도 집이 흉하면 자손에게 먹을 것과 입을 것이 모자라게 된다. 또한 조상의 산소자리와 집이 모두 다 명당의 혈자리에 있으면 자손이 번영하고, 조상의 산소자리와 집이 다 같이 흉하면 자손이 집을 떠나고 절손絕孫한다."

墓凶吉宅子孫官祿 墓吉宅凶子孫衣食不足 墓宅俱吉子孫榮華 墓宅俱凶子孫離鄕絕種

우리가 인생의 길흉화복을 결정하는데 있어 가장 중요한 두 가지가 바로 조상의 묏자리와 집터라는 것이다. 실제로 필자가 풍수지리리학 자연법을 이해하고 전국의 음택陰宅과 양택陽宅을 고루 답사한 결과 위와 같은 내용이 틀림없다는 사실을 알게 되었다.

그렇다면 어떻게 하면 우리가 기거하는 양택陽宅을 생기 충만한 명당의 혈자리에 배치할까. 양택陽宅을 설계하고 가상家相을 배치하고자 할 때 첫 번째로 가장 최우선으로 고려해야할 사항이 명당의 혈자리가 어디에 있는지 정확히 측정하는 일이다. 다음으로 명당의 혈자리를 발견했다면 그 혈장穴場의 경계지점을 정확히 파악해 보아야 한다. 일반적으로 혈자리가 있다고 해도 혈장穴場의 경계지점을 잘못 측정하여 혈장穴場의 많은 부분이 집밖으로 벗어나는 경우가 비일비재하기 때문이다. 심안心眼이 확연히 열리지 않은 풍수사가 재혈裁穴할 경우 이런 경우가 다반사다.

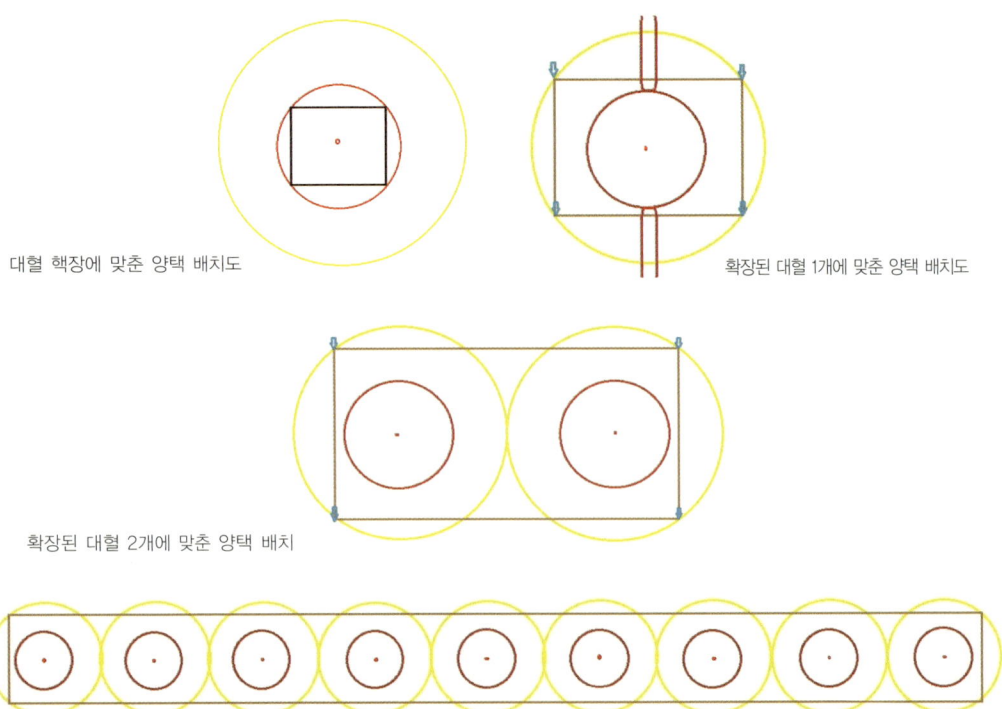

대혈 핵장에 맞춘 양택 배치도

확장된 대혈 1개에 맞춘 양택 배치도

확장된 대혈 2개에 맞춘 양택 배치

확장된 소혈 9개에 맞춘 양택 배치도

그럼 지금부터 혈장穴場의 크기 변화 과정을 살펴보자. 혈장穴場의 크기는 새벽에 가장 작아지고 오후 해질녘쯤에는 거의 두 배로 직경이 커진다. 이는 태양의 에너지(천기)를 명당의 혈자리가 흡입하기 때문이다. 낮에는 생기生氣가 공간에 충만한데, 이때 땅속의 혈자리는 마치 사람이 호흡을 하듯 태양의 에너지(천기)를 혈장穴場으로 빨아들여 본래의 혈장穴場보다 두 배 정도가 커지게 된다. 바로 이럴 때 음·양의 대혈大穴이 원의 접점으로 만나게 되는 것이다.

반대로 해가 지고 나면 대기 중에는 생기生氣 에너지가 적어지고, 땅속 명당혈明堂穴 자리에서는 낮에 축기된 에너지를 대기로 방출하기 시작해 본래의 혈장穴場 크기로 줄어든다.

이와 같이 명당의 혈자리는 마치 인간이 호흡을 하듯 커졌다 줄어듦을 반복하며 동動과 정靜을 반복하는 것이다. 여기서 동動이란 혈장穴場이 확장과 축소를 거듭하면서 계속 움직이는 상태의 혈장 모습을 나타내며, 정靜이란 태양이 지고 난 후 혈장穴場이 대기 중으로 생기生氣를 내뿜어 밤 12시 이후 본래의 크기로 줄어들어 더 이상 움직이지 않는 모습을 나타낸다. 이때의 혈장穴場 모습을 가리켜 혈핵장穴核場이라고 부른다. 결국 혈장穴場은 동動과 정靜의 상태를 하루 주기로 반복적으로 보이는 셈이다. 때문에 양택陽宅을 짓고자 할 때는 혈장穴場 크기의 변화를 아예 묶어두는 지혜가 필요하다. 그렇지 않으면 밤에는 혈장穴場이 줄어들어 낮에 혈장이 확장되었던 지역이 되레 물구덩이가 되기 때문이다.

여기에 혈장穴場의 변동을 묶어두는 비법이 있다. 오후 해질녘에 혈장穴場이 최대로 확장된 상태에서 땅에 혈장의 원을 그려놓고 원주 상에 네 개의 점을 찍고 선으로 연결한다. 그러면 혈장穴場 내 네 점을 연결한 선이 나중에는 집의 벽체가 됨으로써 밤에 혈장 내에서 내뿜는 생기生氣 전부를 집안에 가둬두는 역할을 하게 된다. 이로써 집 내부의 공간상에는 생기生氣로 꽉 들어차게 되고, 혈장穴場의 크기 또한 변화 없이 동動→정靜의 상태로 안정되는 것이다. 한밤에 혈장穴場에서 내뿜는 생기生氣의 양이 모두 내부공간을 채울 수 있는 크기로 네 개의 점을 연결해 이를 벽체로 막아 버렸기 때문이다. 대표적인 예가 해인사 장경판전의 법보전이다.

명당의 혈자리는 아홉 개의 기맥선이 합쳐져 만들어진 대명당의 대혈大穴과 아홉 개의 기맥선이 뻗어내려 아홉 개의 소혈小穴들이 횡으로 맺어진 소명당小明堂 소혈小穴이 있다. 양택陽宅의 가상家相을 배치하고자 할 때의 핵심은 바로 대혈자리와 소혈자리 그리고 중심의 기맥선에 맞추는 것이다. 대혈大穴은 아홉 개의 기맥선이 합쳐져 만들어져 있기 때문에 그 기운의 크기를 산술로

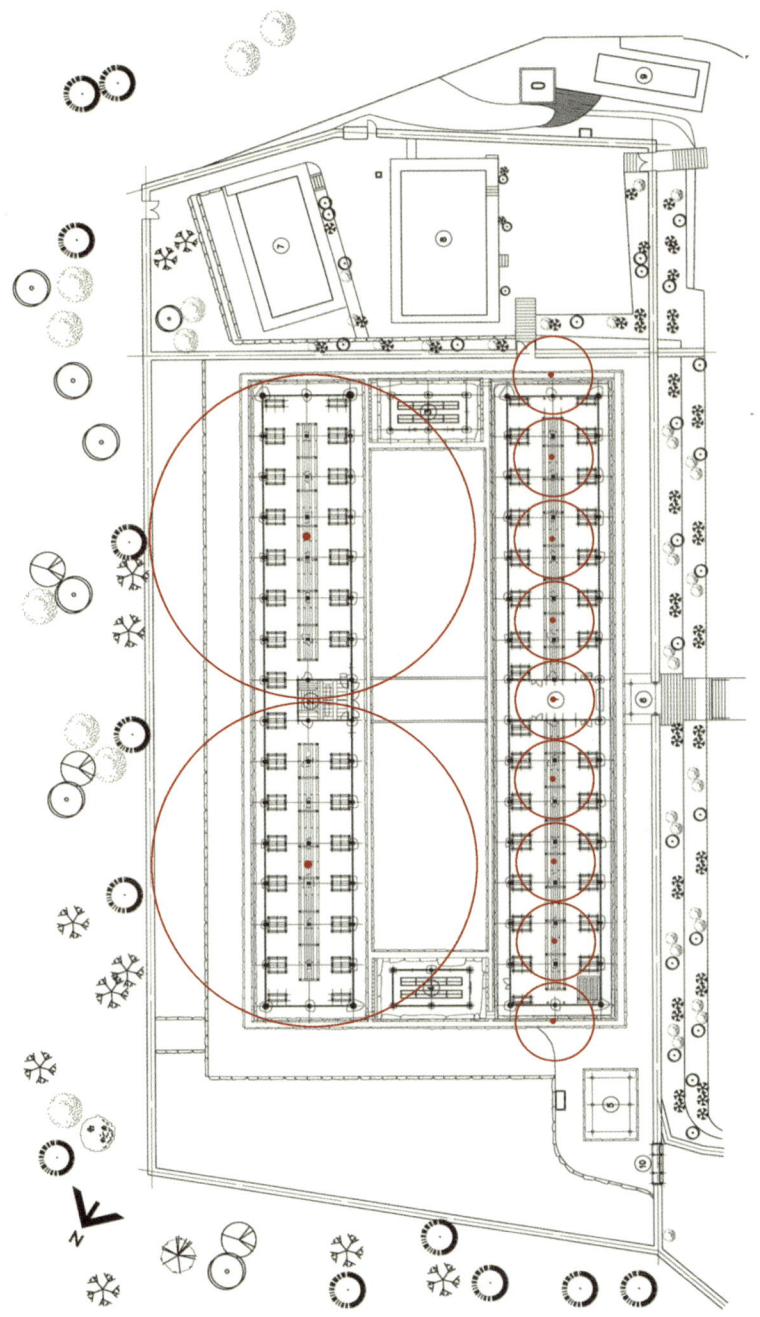

해인사 장경판전 명당혈 도면 〈도면,「해인사 장경판전 실측조사보고서」〉
☞ 음양의 대혈과 소혈 9개에 한 치 오차 없이 맞추어 지은 장경판전은 양택 배치의 극치를 보여주고 있다.

해인사 장경판전 전경 〈사진, 「법보종찰 해인사」〉

표현하자면 소혈小穴 아홉 개가 합쳐진 힘과 동일하다.

그러므로 대혈大穴이 존재하는 곳에다 사람이 주로 거주하는 공간을 배치하여야 한다. 주택의 경우 안방 또는 그 주택의 중심에 해당하는 거실 부분을 배치해야 한다. 기업체의 경우에는 기업체의 장長과 직원들의 사무실 자리를 혈자리에 배치해야 하고, 식당 등의 경우에는 일차적으로 주방이 혈자리에 배치되는 것이 좋다. 종교 집회시설인 성당, 법당, 교회 그리고 연구소 등은 반드시 대혈자리에 배치해야 한다. 온 마음을 몰입하여 기도하거나 연구하거나 수련, 수도하는 경우에는 대혈자리에서 행하는 경우 단기간에 반드시 성과가 나오고 목적한 바가 이루어진다.

다음으로 중심기맥선中心氣脈線(5번째 기맥선)의 기운이 가장 세기 때문에 혈자리에 배치를 하지 못한 나머지 중요한 방이나 대문, 중문 등은 5번째 기맥선에 맞추어 배치하는 것이 좋다.

소혈小穴은 아홉 개가 일정 간격으로 횡으로 맺혀있는데, 가급적이면 이를 활용하여 혈의 중심에 주요 공간을 배치해야 한다. 대표적인 사례로 해인사

장경판전인 수다라장전修多羅藏殿과 임청각臨淸閣의 정침正寢 건물, 구례 운조루雲鳥樓의 대문 행랑채 등을 들 수 있고, 박사博士마을로 유명한 춘천 서면의 금산초등학교와 임실군 삼계초등학교의 경우에도 교실건물을 소혈小穴 아홉 개 자리에 정확히 맞추어 건축한 훌륭한 사례로 꼽을 수 있다.

다음 두 번째로 양택 배치에 있어 중요한 것은 양택의 올바른 좌향坐向을 결정하여야 한다. 올바른 좌향이란 기맥선의 흐름과 공간에너지의 흐름을 일치시키는 것이다. 앞에서 언급했지만 다시 한 번 기술하면 다음과 같다. 기맥선은 반드시 9개 기맥선이 한 다발이 되어 용맥龍脈 흐름에 근사하여 흐르고, 보국을 갖춘 곳에서 9개 기맥선이 합쳐지면 그곳에 대명당 혈자리를 만들고 축기를 위해 다시 뻗어 내려가 일정간격으로 소혈小穴 9개가 맺게 된다. 이 같은 기맥선의 흐름과 혈맺기를 반복하며 좌우로 움직이며 앞으로 나가는데 일반적으로 수구水口쪽을 향해 내달린다.

명당혈 배꼽자리에 나침반을 놓고 보면 사방팔방 중에 한 방향으로 공간에너지가 흐름을 알 수 있다. 물론 지축이 23.5도 기울어져 있어 일부 분금을 맞추어야 하는데 이 또한 규칙이 있다. 그렇게 하여 기맥선과 공간에너지 흐름에 맞추어 양택의 좌향을 결정하여야 한다. 주가 되는 양택 좌향은 공간에너지 흐름에 맞추어 결정되지만 주건물 주위에 또 다른 건물을 배치하는 경우 또 하나 고려할 사항이 있는데 납기納氣이다. 납기는 명당혈자리에서 발산한 생기에너지가 수구水口를 따라 흐르는데 이를 집안으로 끌어들여 집 앞마당에서 갈무리되도록 조치하는 것이다. 따라서 우선수의 경우 주건물 청룡방에 건물을 배치하고, 좌선수의 경우 주건물 백호방에 건물을 배치하는 것이다.

대문 배치방법은 주건물 앞에 남은 혈자리가 있는 경우 정혈자리에 대문을 배치함이 근본이다. 만약 혈자리가 없다면 5번 중심기맥선에 맞추어 배치하여야 하고 그것이 공간 사정상 불가능한 경우 납기를 받아들이는 방향으로 대문을 내게 되면 가장 바람직한 방법이 될 것이다.

다음 세 번째로 양택 배치에 있어 중요한 것은 명당 혈장을 파괴하지 말고 지반을 고르는 일이다. 명당혈자리에는 반드시 럭비공 모양의 혈토穴土로 생기가 응축된 흙이 있는데 절대로 이 부분을 파내거나, 우물을 파거나, 관정 구멍을 내거나 하면 안 된다. 만약 실수로 그런 조치를 하였다면 명당 혈장이 오염되고 생기가 누설된다. 혈토는 수십만 년 동안 지기와 천기가 응축된 흙으로 자동차에 비유하면 배터리와 비슷하다. 지대가 낮다면 홍수 시 물의 침범을 막기 위해 흙을 복토復土해야 한다.

결국 양택을 배치하는데 있어 핵심사항은 정확한 혈장과 중심기맥선을 측정하고 혈장 내에 양택의 주요공간을 배치하고 공간에너지 흐름에 맞추어 좌향을 맞추고 납기를 고려한 대문을 결정해야 한다. 아울러 혈장이 파괴되지 않도록 주의하여야 한다.

2013년 6월 13일 미국 콜로라도 스프링스 인근 야산 주택가에 산불이 번져 360여 채의 집이 불에 탔는데 두 채의 집만이 화마를 피해 멀쩡한 일이 있었다. 로이터통신이 운 좋은 집이란 기사와 함께 사진을 보도하였는데 필자 또한 사진을 보고 깜짝 놀라지 않을 수 없었다. 화마가 피해간 두 채의 집이 풍수지리학 자연법에 맞추어 한 치 오차 없이 (음)천혈과 (음)인혈 정혈자리에 맞추어 지어져 있었기 때문이다.

이와 비슷한 사례가 2008년 캘리포니아 산불 당시에도 있었는데, 주위의 집들이 모두 불탔는데도 단 두 채만이 화마를 피한 사례였다. 당시 사진을 보니 그 역시 명당혈자리에 맞추어 지은 집만 아무런 피해가 없었다.

정확히 명당혈자리에 맞추어 지은 집은 마치 돔텐트처럼 명당혈의 기체氣體가 집을 감싸 안고 있기 때문에 불길이 번져온다 할지라도 불길이 지붕을 넘어 갈지언정 기체가 보호하여 집에는 불이 붙지 않는 것이다. 우리나라에

명당혈자리 정혈처에 배치되었기에 콜로라도 산불에서 화마를 피한 운좋은 집 〈사진. 로이터통신/뉴시스〉

서도 비슷한 사례가 있다. 2005년 4월, 산불로 인해 낙산사가 전소되다시피 했지만 낙산사 천왕문이 화마를 피한 것 또한 이에 해당한다.

또 한 사례가 있다.

2013년 4월 20일 중국 쓰촨성 야한시 루산현에서 발생한 진도 7.0의 강진에도 멀쩡한 청나라 시대의 목조 가옥이 화제가 되기도 했는데, 지진 진앙인 루산현은 지진으로 기둥이 온전한 건물이 없을 만큼 초토화 됐지만 청나라 때 지어진 100여년 된 이 집은 기와 몇 조각이 떨어진 것 외에는 피해가 없었다고 언론에서 보도했다. 필자가 이 가옥 사진을 보고 놀라움을 금치 못했다. 그 이유는 이 가옥이 풍수지리학 자연법에 한 치 오차 없이 정혈자리에 배치되어 있었기 때문이다. 대명당혈 배꼽자리에 안채 중앙을 정확히 일치시켜 집안 전체가 혈장 내에 포함시켜 강진에도 끄덕없이 버티고 있었던 것이다.

중국 쓰촨성 야안시 루산현에서 발생한 7.0강진에도 멀쩡한 청나라 시대의 목조가옥

동서양을 막론하고 풍수지리학 자연법을 제대로 활용하여 양택을 짓는다면 그 집에 사는 사람은 인간이 누릴 수 있는 오복五福을 누릴 뿐만 아니라 화재, 지진 등 자연재해로부터도 안전이 보장된 양택이 되는 것이니 그 어찌 놀라운 학문이 아닌가.

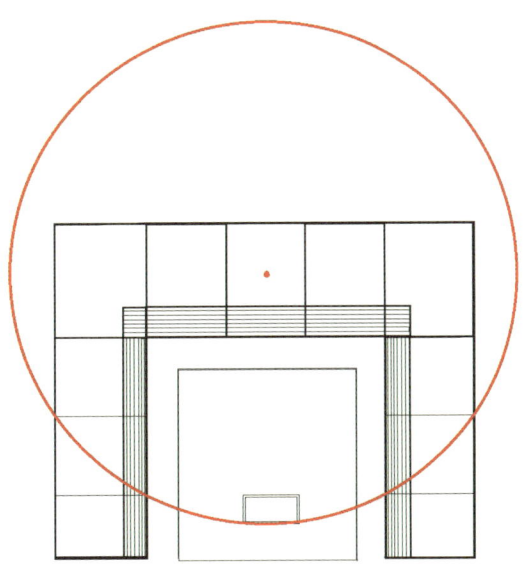

쓰촨성 야한시 루산현 목조가옥 명당혈도면

풍수지리학 자연법의 원리 | 53

양택陽宅 내부의 가상家相 배치는 음양법이다

양택陽宅 내부 배치의 기본은 음양법陰陽法에 있다. 삼라만상은 모두가 음양법에 의해 창조되고 개별적인 내부의 구조도 모두 음양법을 따르고 있다. 음陰과 양陽은 각각 개별적으로 존재하면서도 동시에 음 쪽에 양이 내재하기도 하고, 양 쪽에 음이 내재하기도 한다.

명당의 혈자리에 양택陽宅을 짓는다고 가정해보자. 먼저 대혈大穴의 경우 음의 대혈大穴과 양의 대혈大穴 두 개가 반드시 나란히 존재하게끔 마련이다. 만일 양택陽宅을 크게 짓기를 원한다면 음·양의 대혈자리에 모두에 맞추어 지을 수 있고, 평지의 경우에는 보통 대혈大穴의 지름이 15~30m 정도에 이르므로 개인주택은 그중 한 개의 대혈大穴에만 맞추어 지어도 훌륭하다.

그리고 양택陽宅 내부의 가상家相 배치는 음과 양의 조화를 꾀하는데 있음을 알아야 한다. 양의 성격을 지닌 대상은 음의 위치에 배치하고 음의 성격을 가진 대상은 양의 위치에 배치하는 것이다.

다음 그림에서처럼 대혈大穴의 배꼽자리를 중심으로 크게 네 부분으로 구분한다. 그림을 기준으로 우측이 음이고 좌측이 양이다. 그러나 음양법은 어디까지나 음 속에 양이 있고 양 속에 음이 혼재해 있음이 원칙이다.

여기에 원칙이 있다. 메인호스트main host, 이를테면 집주인이나 부모, 기업체의 경우 대표 등과 같은 자리는 안쪽에 배치하고, 기타 자녀들이나 직원과 같이 그에 소속하는 사람들의 자리는 앞쪽에 배치하는 것이 일반적이다.

음양법을 기준으로 보자면 양이 되는 아버지의 방은 음에 맞추고, 음의 성격을 갖는 어머니의 방은 양에 맞춘다는 것이다. 따라서 양의 성격을 갖는 아들의 방은 음에 맞추고 음이 되는 딸의 방은 양에 맞추어야 한다. 또, 불을 다루는 곳이라고 하여 양의 성질을 가진 부엌은 음에 맞추고, 물이 있기에 음의

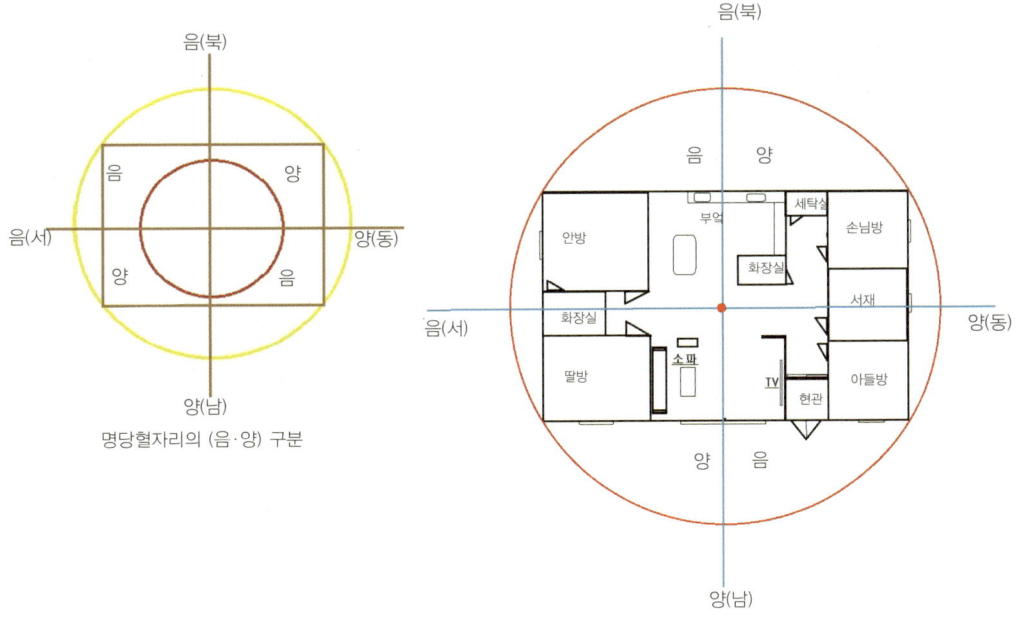

명당혈자리의 (음·양) 구분

(음·양) 법에 따른 양택 내부 가상배치도 예시

성질을 갖는다는 화장실 같은 경우엔 양에 맞춘다. 기업체 사무실의 경우에는 혈장穴場 내의 기맥선에 맞추되 '품品'자에 맞추어서 사무실 책상을 배치한다. 공간 배치의 원칙은 기맥선의 흐름에 맞추어야 한다.

    땅속에서는 생기生氣가 빛의 속도 이상으로 흐르기 때문에 만일 기맥선의 흐름에 역행하여 배치하면 거주하는 사람의 사고思考에 큰 혼란을 야기한다. 따라서 잠자는 방향 역시 기맥선 흐름에 일치시켜 자야 한다. 증득 목표로 수도하거나 불치병을 낫기 위한 치유목적일 경우에는 명당혈 배꼽자리에 가상을 배치하여야 한다.

    내부 동선의 흐름은 좌회전 흐름에 맞추어야 한다는 것이 원칙이다. 본디 지구가 좌회전으로 자전自轉하기 때문에 모든 지상의 모든 움직임 또한 좌회전을 할 때가 가장 자연스런 법이다

좌회전하며 올라가는 나팔꽃 덩굴

좌회전 계단

우회전 계단

　　하나의 예로 나팔꽃과 같은 줄기식물이 성장하는 모습을 보면 모두가 좌회전을 하면서 올라간다. 따라서 공간 내의 이동 동선은 좌회전으로 설계하여야 한다. 다층 건물의 경우에는 으레 계단을 설치해야 하는데, 이 역시 좌회전을 하면서 올라가도록 계단을 설치해야 한다. 육상, 빙상트랙을 살펴보더라도 모든 선수들이 좌회전을 하면서 뛰는 것을 볼 수 있다.

　　실제로 어느 육상단체에서 우회전 트랙을 따라서 경기를 해보니 성적이 뚝 떨어지고 선수들끼리의 충돌이 많았다는 조사도 있다. 야구경기장에서 주

육상트랙

야구장

자가 달리는 모습 역시 좌회전으로 달리고 있음을 볼 수 있다.

   인간은 대자연 속에서 자연과 더불어 살아가는 구성원으로서, 우리 인간들도 대자연의 에너지 흐름에 맞춰 순응할 때야말로 가장 자연스럽고 편안하고 안전한 것이다. 이것이 바로 풍수지리학 자연법風水地理學 自然法이다.

음택陰宅의 올바른 장법葬法은 이것이다

음택 조성시 중요한 세 가지가 있는데 첫째 점혈點穴의 정확성이요, 둘째 중심기맥선과 공간에너지 흐름에 좌향을 맞추는 것이요, 셋째 천광穿壙의 깊이를 맞추는 것이다.

첫째, 점혈의 정확성을 강조한 분으로 성리학의 대가이자 풍수의 달인이었던 주자朱子는 무덤에서의 혈은 침을 놓는 혈자리와 같이 터럭만큼의 오차가 있어서는 안 된다고 강조했다. '호리지차 화복천리毫釐之差 禍福千里'란 이를 두고 하는 말일 것이다. 심안心眼이 열린 풍수사는 명당혈자리가 맺히는 풍수지리학 자연법의 원리를 알고 있기에 한 치 오차 없이 명당혈자리를 점혈할 수 있다.

명당혈자리의 모습은 마치 블랙홀처럼 지기地氣와 천기天氣가 뭉쳐 기氣의 융합이 일어나면서 위아래로 에너지를 발산하고 기맥선을 따라 생기맥이 흐른다. 심안으로 보면 혈의 모습은 공간상의 일정한 크기의 둥근 돔 형상으로 에너지 기체가 둘러싸여 있고 혈 중심 배꼽자리로 천기가 꽈배기를 틀면서 하강하는 모습을 볼 수 있다. 그 느낌은 아래로 갈수록 강하게 느껴지며 마치 태양이 이글거리며 여러 가닥이 꽈배기 형태로 혈 중심 배꼽자리를 향해 내려옴을 볼 수 있다.

이는 우리 몸의 제6의 챠크라 인당이 열리면 영안靈眼으로 이것을 볼 수 있다. 혈장이 둥근 돔 모습 중심점을 향해 내려와 지상의 땅과 일치하는 점이 혈중심 배꼽자리인데, 바로 그 자리에 서면 마치 기氣 터널 중심에 들어간 느낌이 오고 강한 천기를 느낄 수 있다. 이곳은 우리 몸의 제7의 챠크라(송과선과 연관된 백회)가 열려야 제대로 느낄 수 있다. 바로 그 자리가 명당혈 배꼽자리로 이곳을 정확히 찾아갈 때 바른 점혈을 했다고 할 것이다. 여기서 많은 풍수사

혈장 내 중심에 흐르는 9개 기맥선 모습

들이 이 혈심穴心을 찾기 위해 엘로드, 추, 관용자 등을 사용하여 점혈을 시도하지만 절대로 지상에서 그 자리를 접근할 수가 없다. 왜냐하면 명당 혈심에서 블랙홀 형성 및 빅뱅을 통해 에너지가 뿜어 나오기 때문에 혈심으로 엘로드가 움직이지 않고 혈장 외곽 지점을 가리키게 되기 때문이다. 이곳은 물이 감싸고 도는 곳으로 대단히 위험한 곳이다.

둘째 올바른 점혈이 되었다면 다음으로 혈심穴心에 나침반을 놓고 중심기맥선과 공간에너지가 사방팔방 중 어디로 흐르는지 확인하면 된다. 앞에서 언급했지만 공간에너지 방향은 8개 방위 중 한곳으로만 흐르게 되어 있다. 심안이 열린 풍수사는 혈심 자리에 서서 앞을 향해 좌우로 확인해보면 나침판이 없어도 제6의 챠크라를 통해 올바른 좌향을 알 수 있다. 점혈과 좌향이 결정되면 줄을 그어 표시한다.

셋째, 천광穿壙 깊이를 맞추는 것이 중요하다. 위 사진은 실제 도로공사 현장에서 명당 혈장이 절개된 절단면을 보여 주고 있다. 사진을 확대해 절단면을 들여다보면 9개의 기맥선 다발을 볼 수 있고 중심 5번방 기맥선이 타 기맥선보다 9배로 가장 기운이 왕성한 것을 느낄 수 있다. 바로 이 지점까지 수작업을 통해 파 내려가서 원통형 5번 기맥선 방을 드러내고 이곳에 고인을 모시는 것이 지상 최고의 장법葬法인 것이다. 이런 장법을 실행할 때에 금시발복도 가능한 것이다. 심안이 열리지 않으면 이 또한 정확한 천광 깊이를 맞출 수가 없는 것이다.

 5번 중심기맥선 깊이를 맞추지 못하고 그 위에 모시거나 더 깊이 파서 그 아래에 모시게 되면 올바른 기운을 타는 곳에 모신 것이 아니다.

 풍수 고전 『금낭경』 기감편 제1항에 '장자葬者는 승생기야乘生氣也' 라 하였다. 고인을 모실 때 생기生氣를 타야 한다는 말로 올바른 천광 깊이의 중요성을 강조하고 있는 것이다.

 보충하여 언급할 내용은 묘지 조성시 자연 지형지세를 유지하는 것이다. 묘지 조성을 할 때 가장 바람직한 방법은 명당 혈장의 지형지세를 건드리지 않고 고인을 모실 광중을 최소 크기로 천광하여 고인을 모시고 나서 천광시 나온 흙으로 매우고 봉분 흙은 외부에서 가져와 조성하는 것이다. 천광시 넓게 파다 보면 혈장의 상처가 크고 후에 그곳으로 빗물이 들어갈 우려가 있으며, 혈장 주변 흙을 긁어모아 봉분을 만드는 경우 혈장을 에워싸고 있는 생토를 건드리게 되어 나중에 빗물이 혈장 내로 스며들어가 혈토층을 부식시킬 염려가 있다. 따라서 혈장의 지형지세는 절대 건들면 안 되는 것이다.

동기감응, 친자감응은 과학이다

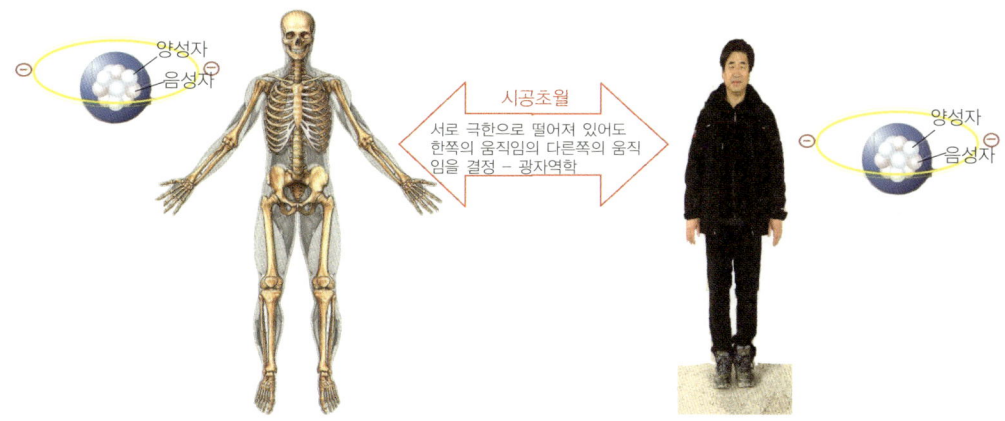

　양자물리학자 죤 앨리스는 입자 가속기 프로젝트에 참가한 영국의 물리학자로, 2011년 10월22일 KBS스페셜 '다르마' 제3편 '환생과 빅뱅' 편에서 다음과 같이 언급하고 있다.
　"하나의 광자를 두 개의 입자로 나누면 각 입자는 같은 입자에서 나왔기 때문에 움직임이 서로 연결되어 있고 서로 극한으로 떨어져 있어도 시공을 초월하여 한쪽에서의 움직임이 다른 쪽의 움직임을 결정한다."
　예를 들어 이곳에서 이 광자를 관찰하면 저곳에 있는 광자의 상태가 어떤지 예측할 수 있는데 양자물리학자들이 실험을 통해 이곳과 저곳의 연관성을 증명했다는 것이다. 필자는 이 프로그램을 시청하면서 미시세계의 광자역학 개념이 수천 년 전부터 풍수지리학에서 이야기하고 있는 동기감응, 친자감응을 100% 설명하고 있다고 본다. 현대 양자물리학에서는 존재하는 모든 물체는 각각 특성을 가진 기氣가 있고 각기 고유의 파장(주파수)을 발산하고 있으며, 같은 특성을 갖는 물체의 파장끼리는 진동수가 같기 때문에 시공을 초월하여 서로 만나 공진共振한다고 정의하고 있다. 물리학자들의 물질에너지에 대한 이 같은 정의는 우리 인간에게도 예외일 수가 없다. 왜냐하면 우리 인간의 육신 역시 물질원소가 모여서 이루어진 하나의 물체이기 때문이다.

부모, 조상의 에너지와 자손 에너지의 관계 작용을 예로부터 전해 내려오는 풍수용어에서는 친자감응親子感應이나 동기감응同氣感應이라는 용어를 사용하여 다소 추상적으로 표현하고 있지만, 현대적 용어로 표현하자면 '친자親子'란 부모와 자손은 그 '유전인자가 동일하다'는 뜻이고 '동기同氣'란 물질에너지가 동일하다는 뜻이며, '감응'이란 두 에너지가 서로 만나 교감交感되어 공진共振한다는 뜻이 된다.[2]

실제 최근 예를 들어보면 병원에서 어느 당뇨, 고지혈증 환자가 검사를 위해 혈액을 뽑아 시료를 보관하고 있었는데 나중에 이 환자의 병이 회복되어 혈액검사를 해보니 정상으로 판정된 후, 그 환자의 과거 보관되었던 혈액을 검사해 보니 회복된 현재의 혈액과 동일하게 변화되었다고 한다. 이 역시 시공을 초월하여 동기감응 결과임을 증명하고 있는 것이다.

인류는 세상을 살아가면서 각자 성공과 실패, 좌절 또는 수많은 질병에 시달리게 되는데, 그 근본 원인이 조상 산소가 모셔진 바로 그 자리의 지기특성에 따라 결정된다는 것이다. 즉 조상 유골이 받는 파동 특성이 후손에게 시공을 초월하여 24시간 내내 전달되는 것이다. 조상 선영을 명당혈자리에 모신 후손은 한 명도 예외 없이 시공을 초월하여 양명한 생기파동을 받고 명당혈자리 집에 거주하고 사업장 역시 혈자리를 선택해 번성을 누리는 것이다. 반면에 조상 산소를 무맥지無脈地이고 수맥이 흐르는 곳에 모신 후손은 한 사람도 예외 없이 하는 일마다 사업이 실패하고 자손의 대가 끊기고 암, 중풍, 간

---

1) 이익중, 「명당과 조상과 자손」 p.27

질, 정신병 등의 고질병에 시달리고 있는 것이다. 비록 후손이 명당혈자리에서 산다고 할지라도 본인 몸의 파동과 지기파동이 불일치하여 그곳을 벗어나려고 발버둥치는 것이다.

필자가 전국을 답사하면서 실증적으로 확인하였던바 재현성과 반복성이 100%인 것을 확인하였다. 어찌 이것이 과학이 아니란 말인가. 우리가 살면서 하는 일마다 실패하면 조상 탓으로 돌리는 말을 많이 하지만, 사실 확인을 해보면 100% 조상 산소를 흉지에 모시고 있음이 틀림없었다. 반면에 우리가 하는 일마다 잘되고 성공하는 경우 조상의 음덕임에도 불구하고 본인이 잘나서 그렇다고 착각하며 살고 있다. 그래서 그 착각과 자만 속에서 살다보면 선업善業보다는 악업惡業을 많이 쌓게 되고 죽어서는 본인 육신 내에 기억된 악업 파동과 일치되는 마이너스 흉지 터에 들어가는 것이 우주의 엄정한 질서인 것이다. 그래서 부자 3대 못 간다는 말이 나온 것이다. 결국 사업실패를 성공으로 바꾸기 위해서, 고질병을 회복하여 건강한 삶은 영위하기 위해서는 우리 몸의 파동을 결정하는 근원 소스코드source code 를 바꾸어야 하는데, 이것은 조상 산소를 생기가 뭉친 명당혈자리로 이장하는 방법이 최선이라 하겠다.

실제로 우리 주위에는 명당혈자리가 널려 있음에도 불구하고 그것을 정확히 볼 줄 아는 풍수사가 너무나 귀하다. 학교에서, 학원에서 수년 간 배워 학위를 딴다할지라도 명당혈자리를 정확히 찾는다는 것은 절대로 불가능하다. 특히 평지에서 혈자리를 찾는 것은 더욱 불가능하다. 몸과 마음수련을 통해 혜안慧眼이 열리고 심안心眼이 열려 자연과 내가 한마음자리로 일치할 때 비로소 자유자재로 자연의 보고인 명당혈자리를 볼 수 있는 것이다.

본인이 죄업을 짓지 않고 참다운 풍수사로 거듭나고자 한다면 참다운 스승을 구해야 하며, 몸과 마음수련을 통해 자기 몸의 7개의 챠크라를 여는 수련을 게을리하지 말아야 할 것이다.

동물은 명당 혈심穴心을 꾀고 있다

공중혈심에 둥지를 튼 까치집

『자경문自警文』에는 "새도 쉬려고 할 때는 반드시 숲을 고른다. 하물며 사람이 어찌 땅을 고르지 않는가?" 鳥之將息 心擇其林 人之居處 豈不擇地乎也라는 말이 있다. 인간의 시각에서 보면 미물인 새들도 명당혈자리를 찾아 잠을 자고 둥지를 정혈자리에 틀고 새끼를 키우는데, 만물의 영장이라는 인간은 문명이 발달하면서 인간본연의 본능이 상실하여 그렇게 못하고 있으니 참으로 한심한 일인 것이다.

여기에 실제 필자가 목격한 사진을 올리고 설명하고자 한다. 필자는 인간이 거주하는 양택陽宅을 위주로 전국을 답사하는 과정에서 매우 흥미로운 점을 발견했다. 산이나 들 혹은 인간들이 거주하는 양택陽宅 근처에서 여기저기 심심찮게 틀어놓은 동물의 둥지들이 눈에 들어왔던 것이다. 호기심에 측정을 해보니 동물들이 새끼를 낳는 둥지가 하나같이 예외 없이 명당혈明堂穴의 배꼽

공중혈 배꼽자리에 둥지를 짓고 건강하게 새끼를 키우는 새의 모습
〈사진. 아이엠스톡〉

혈심 배꼽자리에 산란중인 꿩의 둥지

혈심 배꼽자리에 있는 멧돼지 둥지

공중혈 배꼽자리에 둥지를 갖춘 딱새가족
〈사진. '임영섭〉

자리에 있다는 사실에 감탄을 금할 수가 없었다.

경북 달성達成에서 음택 답사 중에 우연히 산란 중인 꿩의 둥지를 발견, 사진을 찍고 자세히 살펴 보니 정확히 소혈小穴의 배꼽자리에 둥지를 틀고 알을 낳고 있음을 알 수 있었다. 의령군에서는 멧 돼지 둥지를 보게 되었는데, 이곳에서도 멧돼지들 이 소혈小穴의 배꼽자리에 억새풀을 꺾어다 둥지를 만들고 거기에서 새끼를 낳고 기르다가 방금 떠난 자리였다. 또 청송靑松의 송소고택松韶古宅에서는 문 간채 우측 끝에 은행나무가 있는데 그 나무 위에 까치집이 지어져 있었다. 은행나무 밑은 소혈小穴 배꼽자리였고 그 은행나무 상단의 까치집이 바로 공중혈空中穴 배꼽자리였던 것이다.

철 구조물 내에 둥지를 틀고 새끼를 키우는 딱

명당혈 배꼽자리에서 짝짓기하는 쇠물닭 모습
(사진. 임영섭)

새 가족 역시 공중혈 배꼽자리를 꾀차고 있었다. 또다른 사진은 쇠물닭 암수 한 쌍이 짝짓기하는 사진인데 놀랍게도 거사(?)를 치루는 그 장소가 명당혈 배꼽자리였다.

이 같은 사실에서 보면 동물들은 짝짓기를 하거나 새끼를 낳을 때, 휴식을 취할 때에 자신을 보호할 가장 안전한 자리를 본능적으로 찾게 되는데, 이럴 때 그들은 명당혈의 배꼽자리를 찾아 그곳에서 새끼를 낳고 키우며 생활한다는 사실을 알 수 있다.

우리 인간도 구석기와 신석기, 청동기 시대까지의 옛 유적지를 답사해보면, 가장 양명陽明하고 생기生氣가 뭉친 곳에다 거주지와 무덤(고인돌)을 선정했었다는 사실을 목격하게 된다. 이는 적어도 당시까지만 해도 우리네 인간들도 저들 동물들처럼 자연적 본능이 살아 있었다는 반증이 아닐까 싶다.

그러나 문명이 발달한 오늘날, 만물의 영장이라는 인간이 거주하는 곳은 대부분이 물구덩이 흉지가 압도적으로 많은 반면, 새들을 비롯한 여타 동물들의 둥지는 하나같이 모두 명당의 혈자리를 점占하고 있으니 참으로 아이러니하다.

태교胎敎 풍수지리, 인걸人傑은 지령地靈이다

판관대가 있던 혈자리(율곡 이이가 잉태된 곳)

『태교신기胎敎新記』는 1800년(정조 24) 실학자 유희(柳僖, 1773~1837)의 어머니 사주당師朱堂 이씨李氏가 태교에 관하여 쓴 책으로 총 10장으로 구성되어 있다.

임신 이전과 이후의 몸과 마음을 어떻게 관리하느냐에 대한 내용으로 그때까지의 한국과 중국의 여러 태교에 관한 내용을 자신의 경험과 결부시켜 집대성한 책으로 특히, 제1장 2절에서는 풍수지리학과 관련하여 다음과 같이 언급한다.

"아버지가 낳고(受胎) 어머니가 기르며(養胎) 스승이 가르치는 것은 인간 본연의 가치로 한마디로 모두가 훌륭하다. 그러나 훌륭한 의사는 병이 생기기 이전에 치료하고 훌륭한 교육자는 태어나기 이전에 가르친다. 그러므로 스승

오죽헌 몽룡실

퇴계태실

경주 최부잣집 산실

이 10년 가르치는 것은 어머니가 열 달을 뱃속에서 기르는 것만 못하고, 어머니가 열 달을 기르는 것은 아버지가 하루 낳아주심만 못한 것이다."

여기에서 아버지가 하루 아이를 낳아주심이 어머니가 열 달을 회임懷妊해 기르는 것보다 중요하고, 스승이 10년을 가르치는 것보다 더 중요하다고 이야기하였는데, 그렇다면 이때의 하루 낳아주심이란 무엇을 의미하는 것일까?

여기서 하루 낳아주심이란 부부간에 아이를 갖기 위한 잠자리의 시간과 장소, 자세姿勢에 관한 것으로, 그중에서도 가장 중요한 합궁合宮하는 장소를 의미한다.[3] 풍수지리학 자연법 측면에서 보자면 합궁合宮하는 장소로는 명당의 혈자리에서 합궁을 해야 하며 특히 명당혈심明堂穴心(배꼽자리)이 위치한 방에서 부부관계를 갖는 것이 중요하다. 또한 해산하는 산실 역시 명문가 집안에서는

---
[3] 「김두규 교수의 풍수 강의」 p.243

양명한 생기가 뭉친 명당혈자리에 배치하여 어떤 사기邪氣도 접근하지 못하도록 조치하였던 것이다.

명당혈明堂穴의 배꼽자리는 실제로 명당 혈장穴場 내의 기운보다 무려 아홉 배 이상이나 강하게 지기地氣와 천기天氣가 융합하는 장소로, 우주 탄생이 일어나는 블랙홀이요 빅뱅이 이루어지는 공간이며 창조의 시발점이 되는 공간이다. 때문에 이곳은 어떤 사기邪氣도 있을 수가 없으며, 인간 본연의 생기生氣인 지수화풍地水火風의 기운이 완벽한 조화를 이뤄내는 공간인 것이다. 이런 공간에서 합궁合宮해 태어난 사람들이 실제로는 세계를 움직이고 세상을 위해 큰 업적을 남긴 걸출한 위인들이다.

필자는 이렇듯 '인걸人傑은 지령地靈이다'란 말을 검증하기 위하여 지난 수년 간 전국을 답사하며 얻은 결과를 잠시 뒤 걸출한 인물들의 생가生家 터의 명당혈明堂穴 도면을 이용해 증명하려고 한다. 여러분도 진정 훌륭한 자손 낳기를 원한다면 일찍이 사주당師朱堂 이씨李氏가 설파한 상기 내용을 명심하고 실천해야 할 것이다.

풍수지리는 생명을 살리는 생명학生命學이다

생기生氣 에너지가 충만한 명당혈明堂穴자리와 기맥선氣脈線은 우리 인간의 본래 구성요소인 지수화풍地水火風의 네 가지 요소 기운이 가장 균형적으로 존재하는 곳이다.

우리 인간은 상기上記 지수화풍 네 가지의 기운 중 어느 기운 하나라도 부족하게 되면 몸의 컨디션이 좋지 않아지고 종국에는 질병이 발병하게 된다. 이때 혈자리에서 요양을 하거나 머물게 되면 몸 상태가 곧바로 정상으로 돌아온다.

미국 NASA의 우주비행사들이 우주 유영游泳 후 지상으로 내려와 생기 보텍스 에너지가 강하게 흐르는 미국 서부 애리주나주의 중심에 위치한 도시 세도나의 명당혈明堂穴 자리에서 약 7일 정도를 머물게 하는데, 그네들이 풍수지리의 원리를 익히 알고 있기 때문인지는 몰라도 어쨌든 그런 방법이 우주비행사들의 컨디션을 회복시켜주는 데 최고의 방법이라는 데는 이견이 없는 것으로 알려져 있다. 인디언들은 세도나를 '영원한 생명을 주는 지구 어머니의 에너지가 나오는 땅' 이라 부르고 있다 한다.

뿐만 아니라 100살 이상 장수하면서 어떠한 잔병도 없이 어느 날 조용히 잠자리에서 운명을 달리 하는 소위 고천명考天命을 누리는 노인들은 한 명도 예외 없이 명당혈明堂穴의 배꼽자리에서 기거했던 사람들이란 사실은, 그만큼 혈자리가 인간생명의 근원이란 사실을 반증하고도 남음이 있는 것이다. 최근 암환자들이 급증하고 있는 사례는 서구화된 음식이나 행태도 한 몫을 하고 있지만 그보다는 실제로 잠자리가 무엇보다도 중요함을 암시하는 대목이다. 독일의 과학자 구스타프Gustav Freiherr von Pohl 박사도 1936년 보고서를 통해서 암이나 풍風의 근본원인이 누워자는 침대자리에 흐르는 지전류(地電流, 短脈)

보텍스로 뭉쳐 생기를 발하는 세도나에 있는 쉬네블리힐 전경 〈사진.「명상여행사」〉

에 있다고 25년간의 연구결과를 발표했다.

그렇다면 인간에게는 왜 고질병痼疾病이 발생하는가? 그것은 조상의 산소가 흉지에 모셔져 있기 때문이다. 사람마다에게는 고유의 파장(波長, 周波數)이 있는데 이것을 결정하는 결정적인 인자因子가 바로 조상이 묻혀있는 산소 위치이다. 좋은 명당의 혈자리에 있으면 후손은 그와 같은 플러스 파동을 24시간 쉼이 없이 받게 되고, 따라서 조상의 산소와 비슷한 명당의 혈자리만 마음에 들어 하게 된다. 조상과 후손은 DNA가 같아서 동조同調하기 때문이다. 결국 후손은 조상과 같은 명당자리에 기거하게 됨으로써 건강과 지혜를 보장받아 이른바 오복을 누리게 되는 것이다.

반면에 생기맥이 흐르지 않은 흉지 터에 조상을 모시면, 모시는 바로 그 순간부터 그 후손들은 마이너스 파동을 받아 후손 몸의 주파수 파장이 마이너스로 바뀌고, 그러므로 해서 그와 똑같은 파장이 있는 장소만 맘에 들게 되고 결국 잠자리마저 자기 몸의 파장과 일치하는 곳으로 이동하여 자게 된다.

그렇다면 화장火葬을 하게 되면 어떻게 되나? 화장을 하더라도 양명陽明한 명당혈明堂穴 자리에 모시게 되면 그 기운과 자연스럽게 동조를 이루게 된다. 반면에 화장을 해서 수목장樹木葬을 한다든지 아무 곳에나 뿌리게 되면 유분이 머무는 자리의 파동이 후손에게 전달된다. 특히 수목장樹木葬은 보통 나무가 잘 자라는 곳, 약 100년 이상 된 소나무 등의 나무 밑에 모시는 것이 일반적인데, 나무가 잘 자란다는 것은 곧 그곳이 물구덩이라는 뜻과 같다.

만일 화장을 했다고 해도 도처에 깔려있는 명당의 혈자리에 모셔야 한다. 불치병에 걸린 사람이 환자 본인에게 직접적으로 영향을 주는 조상 산소를 명당혈자리에 이장하고 나면 병의 근원 소스코드가 사라지게 되면서 인간본연의 신체 회복능력 발현으로 건강이 회복되는 경우가 많이 있다.

몸이 아픈 동물들은 명당혈자리에 주둥이를 박고 휴식을 취하면서 원기를 회복하는 경우가 많이 있고 물고기조차도 물속 명당혈자리에서 휴식을 취하고 있는 것이다. 삼라만상의 생명을 갖고 있는 인간을 포함한 모든 동식물들은 명당혈 생기에너지를 받아 건강한 삶을 영위하기에 풍수지리학 자연법은 생명학이라 말할 수 있다. 그런 이유로 해서 김지하 시인은 자신의 저서 『생명학』에서 풍수지리학문을 제일 중요한 학문으로 강조하고 있는 것이다.

필자는 명당혈자리의 가치가 상상할 수 없을 정도로 큼을 알고 있기에 이 자리에서 부연 설명하고자 한다. 환자나 임산부가 가는 병원의 경우 반드시 풍수지리학 자연법을 활용하여 명당혈자리에 배치해야 한다. 특히 수술실이나 중환자실의 경우 필히 명당혈자리에 맞추어 배치해야 하고 그렇게 하면 정말로 많은 인명을 살릴 수 있음을 확신하는 바이다.

부자는 왜 3대를 못 가는가?

'적덕지가 필유여경積德之家 必有餘慶'이라는 말이 있다. 덕을 쌓은 집안에는 반드시 좋은 일이 있다는 것이다. 또한 오직 적선적덕積善積德을 베푼 사람만이 명당의 혈자리 주인이 된다는 사실이 우주의 마음이다.

조상의 산소를 명당혈자리의 정혈正穴에 모시고 나면 조상 산소 유골遺骨에서 받은 플러스(+)파동이 후손에게 그 즉시 시공을 초월해 전달된다. 사람에게는 각자 나름의 파동이 있는데, 사람은 자신의 파동과 일치되는 터(자리)를 본능적으로 찾아가게끔 마련이다. 본인이 플러스(+)파동이면 플러스(+)파동이 있는 터로 마음이 끌리게 되고, 본인이 마이너스(-)파동이면 마이너스(-)파동이 존재하는 자리로 마음이 끌리게 된다. 따라서 본인의 잠자리나 사무실 책상자리, 심지어 식당에 가서 자리를 잡을 때도 본인의 파동과 일치되는 곳을 찾게 되는 것이다.

심지어는 아파트 청약을 통해 컴퓨터로 동이나 호수를 배정받을 때도 본인의 파동과 일치되는 동이나 호수로 결정된다. 이는 곧 눈으로 보이지 않는 파동 즉, 기氣의 세상이 사람의 운명을 결정짓는다는 것에 다름이 아니니 무서운 사실이다.

조상을 명당혈자리에 모신 후손은 예외 없이 명당혈자리 집터에 살고 있고 사업장 또한 그러하다. 명당의 혈자리는 오복을 보장해주는 곳으로, 그곳에서 잉태되고 자란 사람은 반드시 큰 인물이 되게끔 마련이다. '인걸人傑은 지령地靈'이란 말이 여기서 나왔다.

여기서 경주慶州 최崔부잣집을 예로 들어보자면 - 뒤에서 경주 교동 최씨 고택에 관해 상세 기술하니 참고 요망 - 선조先祖가 후손들에게 올바른 철학을 선포하고 이를 몸에 배도록 교육시키는 일을 게을리하지 않고 실천한다면, 적선적덕을 쌓는 일이고 그 인연으로 선조들을 명당혈자리에 모시게 되니 그 집안의 번영은 대대로 보장받고 후대로 계속 이어질 수가 있다.

하지만 현세現世에서는 그와 같은 철학이 거의 없는 것이 보통이라서 2대에 걸쳐 크게 일궈놓은 가업家業이 3대손에서 단절되는 경우가 대부분이다. 올바른 철학을 정립하지 않은 채 가업家業을 크게 일으킨다면 경우에 따라서 악업惡業을 짓게끔 되어있다. 일반적으로 본인이 하는 일마다 성공하게 되면 분명히 조상의 음덕임에도 불구하고 본인이 뛰어나서 성공하고 있다고 자만심과 욕심으로 가득 차 선업보다는 악업을 많이 짓게 된다. 이런 악업惡業이 계속 몸에 쌓이다 보면 본인의 DNA속에 모든 악업惡業 정보가 입력되고, 나아가서는 자신을 중심으로 한 삼라만상 모든 공간 속에도 그와 같은 정보가 낱낱이 입력된다.

그러나 그런 와중에서도 후손은 태어나고 그 후손은 최고의 보살핌을 받으며 성장한다. 본인이 수명을 다해 죽게 되면 본인의 몸속에 있는 DNA의 정보 결과에 따라 자신이 묻히게 될 자리가 결정된다. 생전에 선업善業을 많이 지었으면 플러스(+)파동이 나오는 명당의 혈자리로 들어가고, 악업惡業을 많이 지었으면 마이너스(-)파동이 나오는 흉지 터로 들어가게 되는 것이 우주 대자연의 이치다. 부자가 천국에 들어갈 확률은 낙타가 바늘구멍 들어가는 것보다 어렵다는 옛말이 있는데, 여기서 말하는 천국은 곧 명당의 혈자리를 의미한다.

일반적으로 선업善業보다 악업惡業을 많이 쌓은 대부분의 2세손은 흉지로 들어간다. 2세손이 흉한 터로 들어가게 되면 그 즉시 3세손의 몸은 마이너스(-)파동으로 바뀌게 된다. 이때 3세손의 얼굴을 보면 누구나가 바로 직감할 수 있는데, 얼굴이 굳고 광채가 없어져 어둡다는 특징을 보여준다. 생활태도 역시 극히 폐쇄적이며 비관적이고 모든 세상일에 비판적인 성격이 됨으로써 매사 긍정보다는 부정을 선호하게 된다. 그렇게 되면 선업善業 보다는 악업惡業

에 더 깊숙이 빠져들게 되지만, 정작 본인만은 이런 모든 상황을 감지하지 못한다. 왜냐하면 본인 몸의 파동이 마이너스(-)파동이기 때문이다.

마이너스(-)파동을 가진 사람은 사욕과 탐욕이 많아 실제로 일확천금을 벌 수 있다는 허황된 사고를 갖고 있는 사람들이 대부분이다. 그리고 마이너스(-)파동을 가진 사람의 공통된 점은 우선 그들끼리 '끼리끼리' 논다는 점이다. 마이너스(-)파동을 가진 사람은 같은 마이너스(-)파동의 사람과 어울리기를 좋아하고, 또 그만큼 속임수에 쉽게 빠져드는 습성을 갖고 있다. 플러스(+)파동을 가진 사람은 마이너스(-)파동 가진 사람의 감언이설에 절대 넘어가지 않지만, 마이너스(-)파동을 가진 사람은 여느 사람의 유혹에도 쉽사리 넘어간다. 그 결과 3대손에 와서 2대 선조들이 일궈놓은 재산을 순식간에 탕진하게 되는 것이다.

만일 3세손이 죽으면 그 사람은 필히 명당의 혈자리에 못 들어간다는 것은 우주자연의 절대적인 이치다. 흔히 부자가 3대를 못 간다는 말이 나오게 된 연유가 바로 여기에 기인한다. 실제로 오늘날의 대한민국 재벌을 보면, 재벌이 되어 제대로 1세를 유지하는 기업조차 흔치 않다.

필자가 재벌기업들의 흥망성쇠를 확인해보기 위해 선대 묘들을 답사해보니, 실제로 한 치의 오차도 없이 위의 내용과 일치하고 있음을 확인했다. 통상적으로 2대 이상을 명당의 정혈자리에 모신 후손들이 재벌이 되었고, 이후에라도 부모를 흉지에 모신 경우엔 수년 이내에 내리막을 걷는다는 사실을 분명히 확인했다.

인공적으로 기氣를 모을 수 있다

풍수지리학 자연법에서는 하늘로부터 하강하는 천기天氣와 땅속 마그마로부터 분출되어 올라오는 지기地氣, 그리고 모든 살아있는 동식물이 지니고 있는 본연의 기氣와 인간에게서 나오는 인기人氣 등 모든 기氣가 동시에 존재한다. 사실, 지하 공간을 수水의 바다라고 한다면 지상의 공간은 기氣의 바다라고 할 수 있다.

땅속의 기운 분포를 보면 수水가 2라면 기氣는 1쯤에 불과하다. 단, 명당의 혈자리에 있어서는 기氣가 2이고 수水가 1이다. 반면에 지상공간의 기운 분포를 살펴보면 기氣가 2이고 수水가 1쯤에 해당한다. 결국 지상은 기氣의 바다이고 지하는 수水의 바다라는 말이 맞는다는 것이다.

풍수지리학 자연법의 궁극적인 목적은 양명陽明한 생기生氣가 용솟음치는 명당의 혈자리를 찾는 것이고, 그곳에 인간이 거주하는 양택陽宅을 짓거나 고인이 된 조상을 모시는 음택陰宅을 조성하는데 있다.

일본의 전기통신대학 사사키시게미佐佐木時 명예교수는 오랜 세월 동안 우리 눈에 보이지 않는 기氣에 대하여 연구한 세계적인 학자로, 명당의 혈자리처럼 인공적으로 기운을 집기集氣하는데 성공했다. 바로 제로자장이론(磁場理論, Zero magnetic field theory)을 응용해서다. 사사키 교수는 세계적으로 유명한 명당의 혈자리를 직접 답사하면서 측정해 보니 모두가 제로(0)자장 상태라는 사실을 알게 되었다. 이에 그는 제로자장이론을 발표하고 이를 무유도코일을 이용해 인공적으로 공간에너지space energy를 모으는데 성공했던 것이다.4) 지상 공간에 흐르고 있는 생기生氣를 밀도 있게 집기執氣해보면 실제로 명당의 혈자

---

4) 사사키 시게미 『보이지 않는 것을 과학한다』 p.60

리 기운과 같이 수맥水脈이 소거되고 유해파가 중화되어 생기生氣 충만한 공간이 된다는 것이다.

   필자는 사사끼 교수의 책을 읽은 후 곧바로 공간에너지를 집기集氣하는 방법을 연구하기 시작했다. 왜냐하면 우리가 사는 양택 공간 모두가 명당의 혈자리는 아니기 때문이다. 생기生氣가 없고 수기水氣, 사기邪氣가 많은 공간에 거주하는 사람은 갖가지 질병에 노출되어 고통을 받게 되며, 심하면 암이나 고질병이 걸리고 임신부의 경우엔 태아 건강에 치명적인 영향을 줄 수 있기 때문이다.

   필자는 고려와 조선시대 임금들이 궁녀들과 합궁合宮하는 장소에는 반드시 고려청자를 방 주위에다 갖다 놓고 잤다는 이야기를 듣고 박물관을 방문하여 고려청자를 관찰해 보았다. 800년이 된 고려청자에서 생기生氣가 뿜어 나오는데, 나도 모르게 나가자빠질 정도로 강력한 기운이 나오고 있었다. 결국 고려청자가 여느 명당의 혈자리와 똑같이 우주별의 중첩에너지와 공진共振하여 360° 공간으로 에너지를 발산한다는 사실을 알았고, 고려시대와 조선시대 왕들의 숙소에 왜 청자를 놓아 두었는지 그 연유를 이해할 수 있게 되었다. 왕의 침소寢所 공간을 제로자장화(0磁場化) 시킴으로써 생기生氣가 충만하도록 조치했던 것이다.

   그렇다면 공간에너지를 집기集氣하는 방법으로는 무엇이 있을까. 현재 필자가 알아본 방법으로는 두 가지를 들 수 있다. 첫째는 고려청자와 비슷한 기운이 나오는 현대의 도자기를 이용하는 방법이다. 고려청자를 재현하려면 우주의 기운과 상통하는 명인名人이 어느 특정한 날에 명당의 혈토穴土를 섞어 빚고, 명당의 혈자리 가마터에서 구어야만 재현할 수가 있는데, 아직까지는 어떤 고려청자 생산지를 가 보아도 그에 준하는 것은 발견하지 못했다. 하지만 꾸준히 찾아보면 진품眞品 청자보다는 못하지만 우주별의 중첩에너지와 공

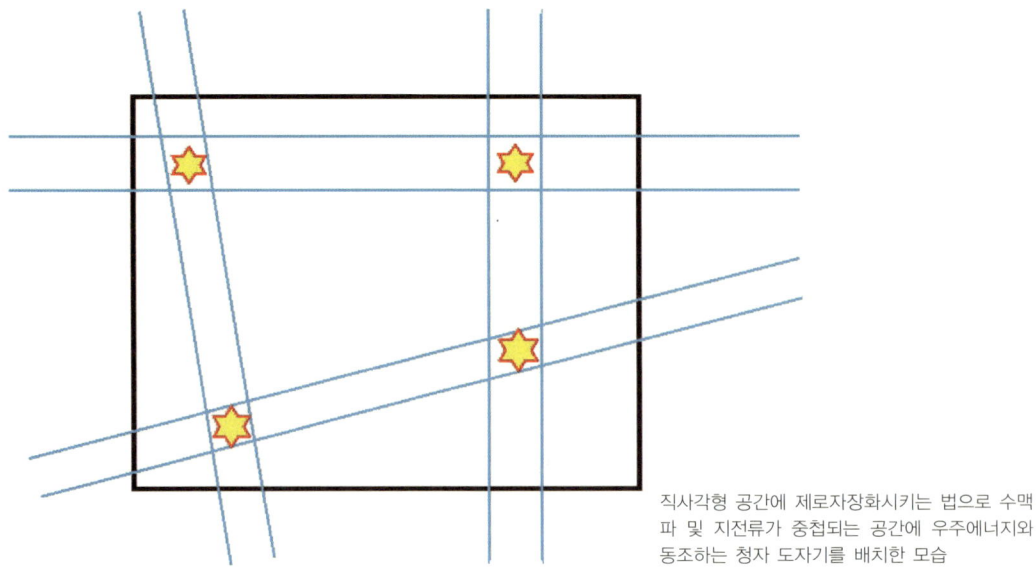

직사각형 공간에 제로자장화시키는 법으로 수맥파 및 지전류가 중첩되는 공간에 우주에너지와 동조하는 청자 도자기를 배치한 모습

진하여 생기生氣가 뿜어져 나오는 (+)파동 제품은 얼마든지 찾을 수 있을 것으로 확신한다.

어느 공간에 인공적으로 기氣를 집기하기 위해서는 먼저 해당 공간의 수맥파, 단맥(지전류)도면을 그리고 최소한 유해파가 중첩되는 자리에 (+)파동이 나오는 청자도자기를 위치 시켜야 한다. 그러면 순간적으로 도자기가 놓인 그 지역이 제로자장화가 되어 공간에너지가 집기集氣되는 것이다. 즉 인공적으로 블랙홀을 만들어 강한 보텍스를 발생시켜 생기生氣를 집안의 공간 안으로 끌어들이는 것이다.

실제로 수맥파동水脈波動 때문에 잠을 못자거나 악몽을 자주 꾸는 사람이 있는 집에다 이러한 방법을 적용해 보니, 어느 때보다도 잠을 편안하게 잘 수 있는 등 효과가 매우 탁월했다. 이 같은 방법은 기운이 없는 곳에 기를 모으는 법으로 최고로 강력한 비보풍수법이다.

둘째, 기氣가 나오는 사진이나 그림, 글씨 등을 이용하는 방법이다. 명당혈자리 사진이나 차크라가 열려 우주 성운기운을 운용할 수 있는 사람이 쓴 글씨나 그림은 당해 작가와 우주가 상통한 하나의 결과물이기에 그 신묘한 상통의 힘이 그림이나 글씨 안에 새겨지게 되는 것이다. 그러므로 그런 것들을 공간에너지가 흐르는 곳에 걸어두면 첫째 방법보다는 약하지만 그 또한 생기生氣를 집기集氣할 수 있는 방안이 될 수 있는 것이다. 이 같은 방식은 낮에 거울을 이용해 햇빛을 반사시켜 일정 공간을 환하게 비추는 것과 같은 방식으로 햇빛 대신에 공간에너지를 반사시키는 방법이다.

그러나 공간 기맥선에 맞추어 걸어두면 적어도 180°의 공간으로 에너지가 방사되지만, 공간 기맥선氣脈線이 아닌 곳에 걸어두면 그 기운이 그림 넓이만큼만 방사되므로 유의할 일이다. 이와 같은 방법은 명당의 혈자리보다는 못하지만 일반적으로 우리가 생활하는 양택陽宅 공간에 생기生氣가 부족한 경우에는 보통 비보풍수裨補風水차원에서 적용할 수가 있다.

일본의 경우 양택陽宅 풍수지리학문이 우리보다 10배는 더 발달한 것으로 알려져 있다. 일본에서는 거의 모든 양택陽宅에 있어 생기生氣가 부족할 경우에는 이와 같이 인위적으로 공간에너지를 집기集氣하는 것이 보편화 되어 있다. 대개는 시중의 가게에서 판매되고 있는 비산활성탄이란 것을 집안에 배치한다고 하는데, 이를 한 공간 안의 구석구석에 놓아둠으로써 공간에너지를 집기集氣하는 것이다.

반면 우리나라의 경우에는 대부분 편협한 종교의식을 바탕으로 이런 방식을 미신이라고 치부하는 경향이 많기에 안타까울 뿐이다. 선진국이랄 수 있는 일본이나 영국 등지에서도 이를 과학적으로 인정하고 보편타당하게 받아들이고 있는데 말이다.

필자는 요즈음 소위 말하는 인테리어 풍수도 극히 지엽적인 비보풍수裨補風

木의 한 방법이라고 생각한다. 여기에는 가구나 거울은 어느 곳에다 배치하는지 또는 색상은 어떻게 배열하는지 등의 여러 가지 방법론이 뒤따르는데, 이와 같은 것이 실제로 생기生氣가 발생하는 것은 아니기 때문이다.

따라서 필자는 명당의 혈자리가 아닌 경우에는 위에서 피력한대로 양택의 경우 공간에너지를 집기集氣하는 방법을 적극 활용하는 비보풍수裨補風水가 최상의 방법이 아닌가 싶다.

명문가 인물들의 생가 터

의인義人 인물을 낳는 터

- 매헌 윤봉길 의사 생가 / 예산
- 유관순 열사 생가 / 병천
- 김대건 신부 생가 / 당진
- 백야 김좌진 장군 생가 / 홍성
- 고헌 박상진 의사 생가 / 울산
- 백산 안희제 생가 / 의령
- 석오 이동녕 생가 / 목천
- 일우 김한종 생가 / 예산
- 원불교 소태산 대종사 생가 / 영광
- 김수환 추기경 생가 / 군위
- 영랑 김윤식 생가 / 강진
- 고불 맹사성 고택 / 아산
- 명성황후 생가 / 여주
- 반기문 유엔 사무총장 생가 / 음성
- 화서 이항로 생가 / 양평
- 퇴계 이황 태실 / 안동
- 의성 김씨 종택 / 안동
- 인촌 김성수 생가 / 고창
- 서백당 / 경주
- 임청각 / 안동
- 오죽헌 / 강릉

"잉태지, 탄생지, 성장지가 명당혈자리인 경우
그곳에서는 예외 없이 의인과 걸출한 인물을 낳는다."

매헌梅軒 윤봉길尹奉吉 의사義士 생가·예산

윤봉길(1908~1932) 의사는 1908년 충남 예산군 덕산면 시량리 178번지 도중도島中島 광현당光顯堂에서 윤황과 모친 김원상 사이에서 장남으로 태어났다. 1918년 덕산보통학교에 입학하였으나 그 이듬해에 식민지 교육을 받지 않겠다고 학교를 자퇴하고, 이후 최병천 서당書堂과 성주록의 서당 오치서숙烏峙書塾 등지에서 수학하였으며, 15세 때 배용순 여사와 결혼했다.

그는 1926년부터 우리가 일제의 식민지가 된 것을 한탄하며 농촌계몽운동에 나섬과 아울러 부흥원과 월진회, 수암체육회 등으로 단결운동을 동시에 펼치기도 했다. 하지만 이와 같은 일련의 운동으로는 일제를 타도하는데 역부족이라고 느끼고, 1930년 3월 '장부출가생불환丈夫出家生不環'이라는 비장한 유서를 남기고 중국 상해임시정부로 망명길에 올랐다.

그리고 망명 2년 후 백범 김구 선생의 한인애국단에 입단, 1932년 상해 홍커우공원에서 폭탄 의거를 결행하고, 동년 12월 일본 가나자와(金澤)에서 총살로 순국함으로써 25세의 짧은 일생을 마감했다. 1962년 건국훈장 대한민국장이 추서되었다.

과연 이와 같이 대의大義를 위해 자신의 목숨마저 내어 놓을 수 있는 용기는 어디서 나올까, 필자는 분명 생가의 집터에 그 해답이 있을 것이라 확신한다.

매헌梅軒 윤봉길의 생가인 광현당光顯堂과, 한국을 구해내는 집이라는 뜻을 가진 저한당狙韓堂은 풍수지리 측면에서 보면 완벽한 대명당의 혈자리에 정확히 가상家相은 배치한 훌륭한 양택이다.

도중도島中島는 윤 의사의 조부祖父 윤진영이 이곳 '내건너'에 정착하여 가문의 터전으로 삼았는데, 사방으로 냇물이 흐르는 지세로 보아 '조선반도 속

광현당 안방 명당혈 배꼽자리

광현당 안채

부흥원 명당혈 배꼽자리

부흥원

저한당 사랑채

84 | 월봉의 심혈 풍수지리

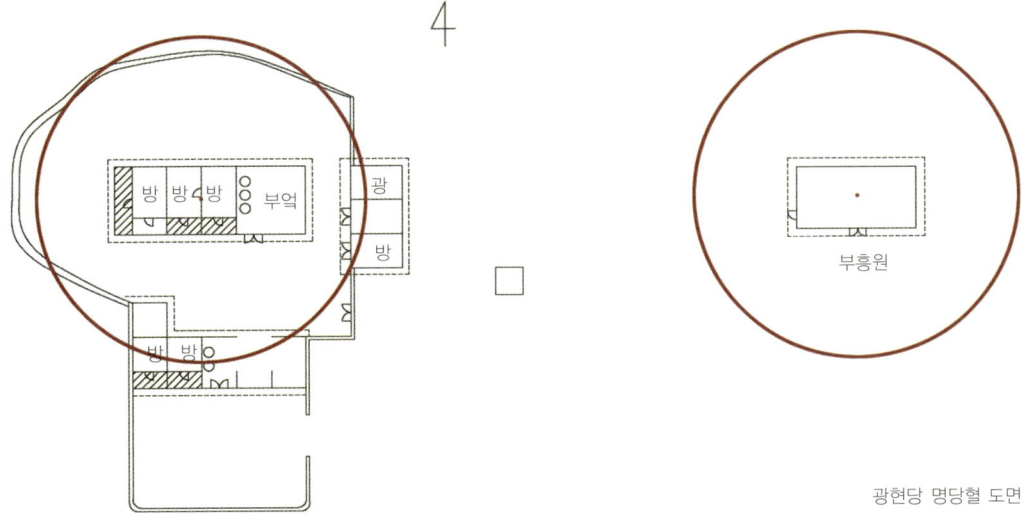

광현당 명당혈 도면

위성사진으로 본 광현당 명당도

의 섬'이라서 이곳은 일본인이 절대 침입을 못한다는 뜻으로 윤봉길이 직접 지명을 붙인 곳으로 유명하다.

　윤봉길이 태어난 생가인 광현당과 농촌계몽운동을 했던 부흥원 자리는 한 치의 오차도 없이 대명당혈자리에 위치해 있다. 양 천혈의 대명당혈자리에는 광현당의 안채를 정혈자리에 배치했는데, 안방의 중심을 바로 대명당의 배꼽

의인 인물을 낳는 터 | 85

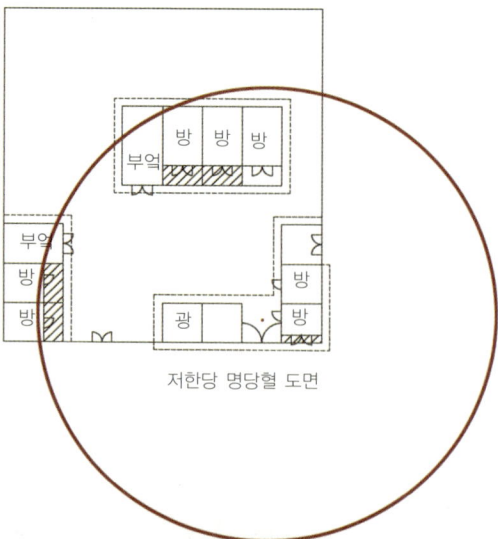

저한당 명당혈 도면

위성사진으로 본 저한당 명당도

자리에 맞추어 놓았다. 그리고 음 천혈의 대명당혈자리에는 부흥원을 정혈자리에 배치했다. 혈의 직경이 무려 20m나 되는 대혈자리다.

윤봉길이 4세 때부터 이사하여 살던 집인 저한당은 대명당의 정혈자리에 사랑채를 배치했다. 대명당혈의 배꼽자리가 사랑채의 대문 칸 중심에 위치한 것이 돋보인다. 광현당과 저한당의 좌향은 모두 기맥선과 공간에너지의 흐름에 맞추어 자좌오향子坐午向으로 되어 있다.

매헌의 처절한 조국애와 자신의 소중한 목숨마저 대의를 위해 초개처럼 버릴 수 있는 기개와 용기는 분명히 그가 대명당의 혈자리에서 태어나고 양명한 정기를 받고 생활했기 때문이다. 명당의 혈자리에서 잉태되고 자란 사람은 필히 세상을 구하는 의인義人이 된다는 사실은 윤봉길 의사의 생가를 답사하면서 더욱 확신을 갖게 한다. 지금도 이곳 그의 동상 앞에 서면 윤 의사의 힘찬 음성이 귀를 울린다.

"조국을 사랑하는 2,000만 동포들이여, 결연히 일어나라. 인류의 자유와 세계의 평화, 그리고 조국의 독립을 위해 이제 횃불을 들자. 조국은 영원하며 민족은 무궁하노니 이제부터라도 힘을 키우자. 그리고 모두 다 싸우자!"

유관순柳寬順 열사烈士 생가·병천

유관순 열사 생가

충남 천안시 동남구 병천면 용두리 338-1. 이곳은 유관순(1902~1920) 열사가 태어난 곳이다. 유관순은 아버지 유중권과 어머니 이소제 사이에서 4남매 중 둘째 딸로 태어났다.

그녀는 어려서부터 성품이 활달하고 의협심이 강해 부정불의에 대하여 용감했으며, 불쌍한 이웃에게 사랑과 동정을 아끼지 않는 적극적인 성격의 소유자였다. 유관순은 1916년 감리교 선교사 엘리스 샤프Alice H. Sharp의 권유로 이화학당 보통과에 입학했다가 1918년 이화학당 고등과에 입학했다. 그러나 프라이Lulu E. Frey 교장의 만류에도 불구하고 학교 담을 넘어 3·1만세운동에 참가하고, 얼마 후 학교에 임시휴교령이 내려지자 고향인 천안으로 내려가 오

안방 혈 배꼽자리

유관순 열사 생가와 매봉교회

늘날의 병천인 아우내에서 독립만세운동을 주도했다.

　이때 일본 헌병대의 발포로 부모들이 사망하고, 본인은 체포되어 검사국으로 이송되었으며, 이후 공주지방법원에서 징역 5년형을 선고받고 1920년 서대문 형무소에서 모진 고문 끝에 순국했다. 1962년 정부가 대한민국 건국 공로훈장을 추서했다.

　유관순 열사의 생가는 비록 작은 초가집이지만, 풍수지리학 자연법 측면에서 명당의 혈자리에 한 치의 오차도 없이 배치되고 가택家宅의 좌향 역시 완벽한 배치를 이루고 있다. 이 생가는 매봉산에서 음·양의 기맥이 하강하여 완벽한 보국保國을 갖춘 산진처山盡處에 음·양의 천혈과 인혈, 지혈이 맺혀 있는 곳에 위치해 있다.

　양의 천혈자리에 안방의 중심을 정확히 배치함으로써 집안 전체에 생기生氣가 충만하도록 배치했다. 이와 같은 대명당의 혈 배꼽자리에서 잉태되고 자라났기에 유관순은 의인의 기질을 갖추게 되었던 것이다.

　생가의 우측인 음의 천혈자리에는 매봉교회가 정혈처에 배치되어 있다.

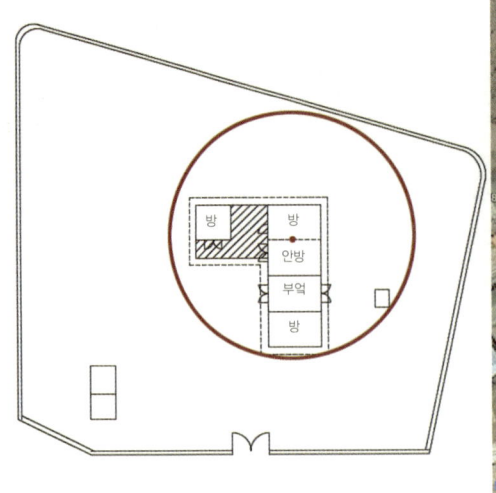
유관순열사 생가의 명당혈 도면

유관순 열사 생가 명당혈도

　인혈과 지혈자리는 생가의 아래 주차장과 논바닥에 맺혀져 있다. 집의 좌향은 자좌오향子坐午向으로 공간에너지의 흐름과 기맥의 흐름이 정확히 일치하도록 배치해 놓고 있다.

　이처럼 생가가 완벽한 것은 아마도 유관순의 선친이 적선적덕積善積德을 행한 끝에 어느 걸출한 지관의 도움을 받아 집을 건축했음이 분명하다 하겠다. 왜냐하면 천년고찰千年古刹의 그것처럼 매우 정확한 혈자리에다 공간 에너지 흐름에 맞추어 좌향까지 확실한 지점을 잡아 배치했기 때문이다.

　명당의 혈자리에서 태어나고 자란 사람이 나라가 어려울 때 분연히 떨쳐 일어나 나라를 구하는 걸출한 의인義人이 된다는 사실을 유관순 열사의 생가를 통해 또 다시 확인할 수가 있다.

김대건金大建 신부神父 생가·당진

생가 안채

생가 안채 명당 혈 배꼽자리

　김대건(1821~1846) 신부는 우리나라 최초의 신부이며 천주교 103위位 성인聖人 가운데 한 사람이다. 증조부 김진후가 10년 동안의 옥고 끝에 1814년 순교했고, 아버지 김제준도 1839년 기해박해 때 순교하는 등 독실한 가톨릭 집안에서 태어났다.

　그의 나이 7세 때 경기도 용인군 내사면으로 이사함에 따라 그곳에서 성장했으며, 15세 때는 마카오에서 신학을 수학했고 천주교 조선교구 주교였던

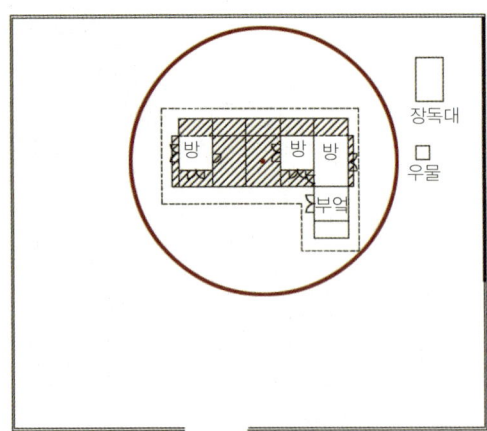

김대건 신부 생가 명당혈 도면

페레올Ferreol의 집전 하에 신품성사神品聖事를 받고 우리나라 최초로 신부가 되었다.

이후 서울로 돌아와 활발한 포교활동을 펼쳤으나 1846년 체포되어 새남터에서 순교했다. 1857년 로마 교황청에서 가경자可敬者로, 1925년에는 시복諡福이 되어 복자위福者位에 올라 교황 비오 11세Pius XI에 의해 선포되었다. 1984년에는 교황 요한 바오로 2세Joannes Paulus II에 의해서 다시 성인품聖人品에 올랐다.

김대건 신부가 태어난 당진시 우강면의 생가는 야트막한 야산을 배경으로 남서쪽 방향으로 비교적 양지바른 곳에 자리를 잡고 있는데, 현재 이곳은 솔메성지로 추앙되어 깔끔하게 단장되어 있는 상태다.

필자가 이곳 생가를 방문해 전체적인 지세를 살펴보니 사방이 평야이고 군데군데 낮은 야산과 구릉이 있는 지형임에도 불구하고 강력한 생기生氣 에너지를 느낄 수 있었다.

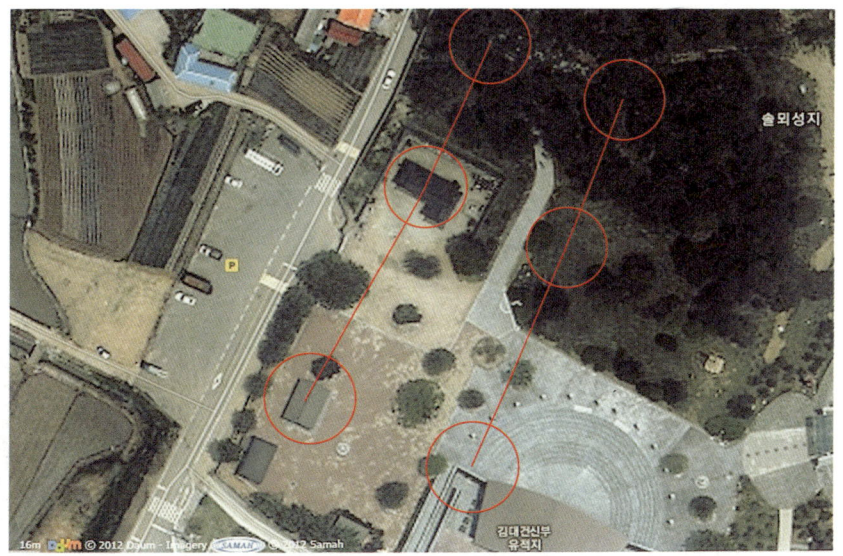

위성사진으로 본 (음·양) 천, 인, 지혈도

전면 5칸, 측면 2칸의 구조에 부엌이 'ㄱ자' 모양으로 1.5칸이 딸린 한옥인데, 생가를 중심으로 천혈과 인혈, 지혈의 대명당 혈자리가 맺혀 있다. 먼저 음과 양의 천혈자리는 생가 뒤의 소나무 숲 사이에 나란히 맺혀 있다.

다음 음의 인혈자리에는 안채가 한 치 오차 없이 정혈자리에 배치되어 있다. 안채의 좌측으로는 명당수明堂水가 샘솟는 우물이 있다. 양의 인혈자리는 안채의 좌측 잔디밭에 나란히 맺혀져 있고, 음·양 지혈陰陽地穴은 안채 앞의 광장에 맺혀 있다. 안채 좌향은 간좌곤향艮坐坤向으로 기맥에 맞춰 배치됐다.

김대건 신부의 생가에서 보듯이 명당의 혈자리에서 태어나고 자란 사람만이 대의大義를 갖춘 큰 인물(성인)이 된다는 사실을 이 생가 터가 다시 한 번 입증해주고 있는 셈이다.

의인 인물을 낳는 터 | 93

백야白冶 김좌진金佐鎭 장군 생가 • 홍성

김좌진 장군 생가 안채

안채 명당혈 배꼽자리

　　김좌진(1889~1930)은 충남 홍성에서 김형규의 2남으로 태어났으며, 본관은 안동이고 자는 명여明汝, 호는 백야白冶로서 일제 강점기 시대의 대표적인 독립운동가다. 백야는 부유한 명문대가 출신으로 15세 때 가노家奴를 해방할 정도로 진취적인 개화사상이 강했다. 1905년 서울로 올라와 육군무관학교에 입학, 을사조약 체결 이후 국권회복의 신념으로 애국지사들과 교류하면서 국운

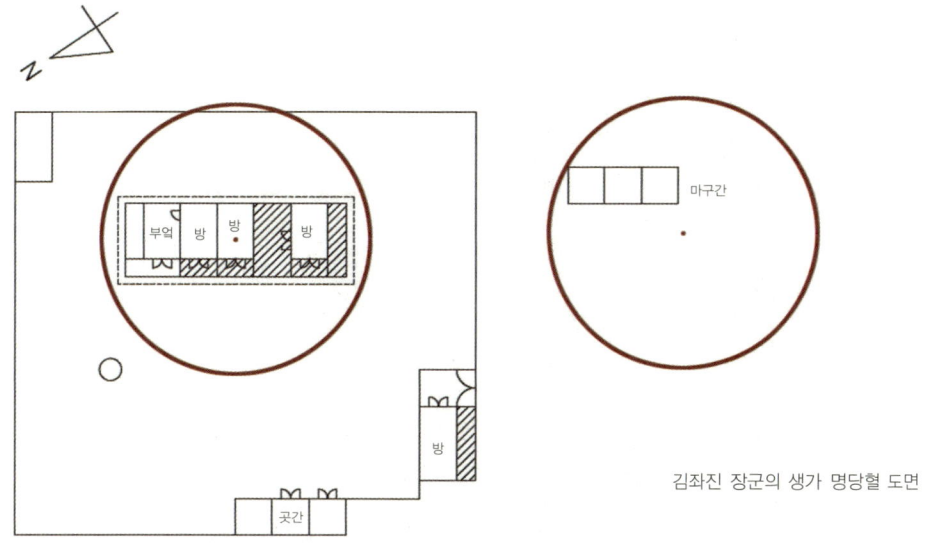

김좌진 장군의 생가 명당혈 도면

을 바로잡을 것을 결심했다.

1911년에는 광복회에서 활동하다가 1917년 만주 부사령副司令에 임명되면서부터는 만주에서 활동하기도 했던 그는, 1918년의 무오戊午 독립선언서에 민족지도자 39명 중의 한 사람으로 서명하기도 했다. 또 그 이듬해 대한민국 임시정부 휘하에 북로군정서가 조직된 뒤, 그 조직의 총사령관이 되어 1,600

위성사진으로 본 김좌진 장군 생가 (음·양) 천, 인, 지혈도

명 규모의 독립군을 훈련시켰다. 1920년 10월에는 청산리 80리 계곡으로 유인해온 일본군을 맞이하여 참모총장 나중소(1866~1928)와 연성대장 이범석(1900~1972) 등과 함께 백운평과 천수평 등지에서 3회의 격전을 전개, 일본군 3,300명을 일시에 섬멸하는 소위 '청산리 대첩'으로 불리는 대승을 거두기도 했다.

1930년 고려공산청년회 김일성의 감언이설에 빠진 박상실의 흉탄에 맞아 순국, 1962년 건국훈장 대한민국장이 추서됐다.5)

충남 홍성군 길산면 행산리에 위치한 백야 김좌진 장군의 생가는 집의 뒷산으로부터 음·양의 기맥이 내려와 완벽한 보국保國을 갖춘 곳에 음·양의 천혈, 인혈, 지혈이 맺힌 곳에 위치하고 있다. 생가는 음·양의 천혈과 인혈, 지혈 중 가운데 자리인 인혈자리에 맞추어서 지어졌다.

음의 인혈자리에 한 치의 오차 없이 안채가 배치되어 있고 특히, 음의 인혈 배꼽자리에 안방을 배치함으로써 가장 이상적인 가상家相을 보이고 있다. 양의 인혈자리는 마구간 앞에 나란히 위치해 있다. 현재 생가의 좌향은 진좌술향辰坐戌向인데, 보다 올바른 좌향을 따져보자면 묘좌유향卯坐酉向이 정석이다.

김좌진 장군은 어려서부터 의협심이 특출하게 강하여 불의를 보면 참지 못하고 불쌍한 이웃을 보면 자신의 옷마저 벗어주는 성품을 가졌던 것으로 알려졌다. 이후 성장해서는 대한민국 독립운동사 최대의 성과라고 평가받고 있는 청산리전투의 총사령관으로서 나라에 큰 공을 세운 참다운 의인이다. 바로 이런 인걸人傑이 잉태되고 자란 이 생가 터는 대명당의 혈자리에 한 치의 오차 없이 안채가 배치되어 있다는 것이다. 이렇듯 명당의 혈자리는 의인義人을 만들고 위대한 인물을 만들어낸다. 이 어찌 위대하다고 하지 않을 수 있겠는가.

5) 「고헌 박상진 의사의 발자취를 찾아서」. 울산매일신문사

고헌固軒 박상진朴尙鎭 의사義士 생가·울산

고헌 박상진 의사 생가 전경

　고헌固軒 박상진(1884~1921)은 항일투쟁사에 있어 대표적인 독립운동단체인 대한광복회를 조직하고 이끌었던 총사령관으로, 암울한 시기에 조국을 구하겠다는 일념으로 모든 부귀영화를 초개처럼 버리고 항일투쟁을 전개했던 위대한 위인이다.
　박상진은 당시 판사등용시험에 합격한 뒤 평양법원에 발령까지 받아 출세가 보장되어 있었으나, 일제하에서 법관으로 출세한다는 것은 동포를 억압하고 수탈하는 것임을 자각하고 독립운동가의 길을 택했다. 그러나 1919년 내부자의 밀고로 관헌에 체포되어 옥고를 치르다가 1921년, 안타깝게도 38세의 젊은 나이에 사형집행으로 순국했다.

안채

안채 명당혈 배꼽자리

그는 평생 두 사람과 의형제를 맺었다고 하는데, 청산리전투의 영웅 김좌진과 경북 영덕의 평민의병장 신돌석이 바로 그들이다.

1963년 정부는 그에게 건국독립훈장 독립장을 추서했다. 그는 순국하기 직전 다음과 같은 절명시絶命詩를 남겼다.

    다시 태어나기 어려운 이 세상에
    다행히 사내로 태어났으나
    아무 일도 이루지 못하고 가니
    청산青山이 조롱하고 녹수綠水가 찡그리누나.[6]

박상진의 조부祖父 박용복은 경주와 울산에 걸쳐 많은 땅을 소유한 만석지

---

[6] 「고헌 박상진 의사의 발자취를 찾아서」, 울산매일신문사

사랑채 명당혈 배꼽자리

사랑채

대문채

기 부호였는데, 당시 명사名士에 의뢰하여 울산의 신산인 무룡산舞龍山 아래 중심용맥을 타고 내려온 진혈眞穴 자리에 홍문관 교리 박시룡과 승정원 승지 박시규 두 아들을 위해 나란히 집을 지어 주었다.

   안채와 사랑채, 행랑채를 '三자형' 집으로 구성한 큰 아들의 집은 둘째 아들 집보다 안채와 사랑채, 행랑채를 각각 한 칸씩 더 크게 지어주었다고 한다. 이 두 고택은 풍수지리학 자연법 측면에서 고찰해보면 정말로 자연법을 100% 활용한 집으로 감탄이 절로 나올 따름이다. 대한민국 전국을 돌며 수많

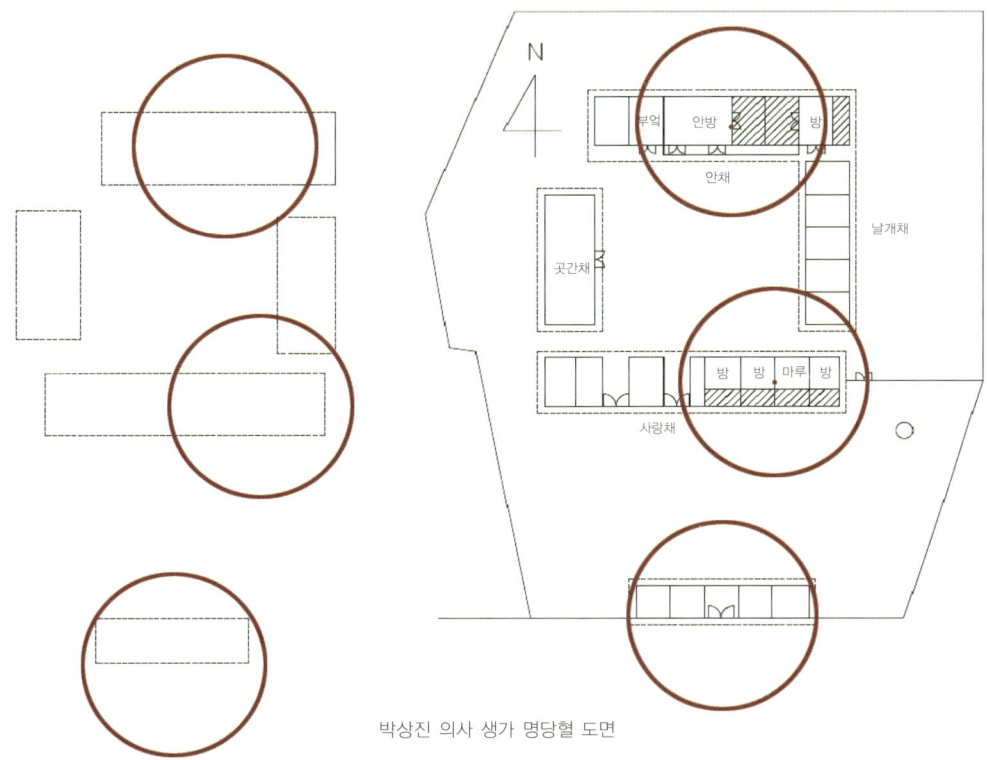

박상진 의사 생가 명당혈 도면

박상진 의사 생가의
(음·양) 천, 인, 지혈도

의인 인물을 낳는 터 | 101

은 고택들을 답사해보았지만 음·양의 천혈과 인혈 지혈자리 여섯 개를 한 치의 흐트러짐 없이 정혈에 가상家相을 배치한 양택陽宅은 이 집이 유일한 것으로 보인다.

무룡산에서 두 개의 용맥이 생가 쪽으로 내려오는데, 각각의 음·양 기맥이 바람을 피해가며 용맥을 타고 내려와 음·양의 천혈과 인혈, 지혈을 따로따로 나란히 맺음으로써 모두 12개의 대혈을 맺고 있다. 이 두 개 음·양의 천혈, 인혈, 지혈 중에서 우측의 양의 천혈, 인혈, 지혈자리에 맞추어서는 작은 아들 즉, 박상진 친부親父의 집을 짓고, 좌측 양의 천혈과 인혈, 지혈자리에 맞추어서는 박상진의 백부伯父가 되는 큰아들의 집을 지었다. 즉, 양의 천혈자리에 안채를, 인혈자리에 사랑채를, 지혈자리에 문간채를 한 치 오차 없이 두 개의 라인에 딱 맞추어서 각각 두 채를 나란히 배치한 것이다.

박의사 생가의 좌향은 자좌오향子坐午向으로 분금마저 일치되게 정확히 자연의 기氣 흐름에 맞추어 지어졌다. 박상진 의사가 잉태되고 태어나 100일까지는 아랫집의 대혈자리에서 자랐으며, 생후 100일 이후부터는 큰집의 대혈자리에서 자랐다고 한다. 그의 백부 박시룡이 아들이 없자 동생인 박시규에게서 태어난 박상진을 출생 백일 만에 양자로 입적했기 때문이다.

박상진의 잉태 터는 남의 손에 넘어갔다가 현재 울산광역시에서 매입, 기념관을 건립 중에 있다. 필자는 이곳 생가를 답사하면서 훌륭한 인물은 역시 명당의 혈자리에서만 나온다는 사실을 다시 한 번 절감했는데, 양택陽宅을 공부하는 사람이라면 반드시 이 고헌생가固軒生家를 방문해서 한 번 감상해보라고 권하고 싶다.

백산白山 안희제安熙濟 생가 • 의령

안희제 선생 생가 안채와 사랑채 전경

　위대한 독립투사이자 교육자인 백산 안희제(1885~1943) 선생은 경남 의령군 부림면 입산리 속칭 설뫼마을에서 태어났다. 일제 강점기에 근대화운동에 앞장섰던 실업가이면서 조국의 광복운동에 헌신했던 그는 국권회복을 위해 정신적 경제적 자강自强을 이루어야 한다는 생각에서 교육과 민족기업 육성에 힘써왔다. 대한민국 임시정부와 연계, 독립운동자금을 조달하는 한편 언론과 종교운동을 통해 독립사상을 고취하기도 한 인물이다.
　백산은 근대학교 설립운동에 착수하여 부산과 의령 등지에다 여러 학교를 세우는 한편 대동청년당을 조직하여 국권회복운동에도 참여했다. 이후 백산

안채

안채 대명당혈 배꼽자리

상회를 경영하여 무역업에 종사하면서 3.1운동에도 헌신적으로 참여했음은 물론 기미육영회己未育英會를 조직해 청년교육에 앞장섰으며, 중외일보를 인수해 민족언론활동에도 선구자적인 역할을 다했다. 백산은 혹독한 옥고로부터 9개월 만에 풀려나지만 이미 건강을 해친 상태였고, 이후에도 감시와 연행이 지속적으로 반복된 끝에 1943년 59세를 일기로 생애를 마감했다.

백산의 생가는 단순하게 배치된 일반 농가형의 가옥으로 안채와 사랑채 그리고 부속사附屬舍 등으로 이루어져 있다. 안채는 여섯 칸 크기의 팔작지붕 건물로 비교적 높게 지어졌는데, 앞뒤로 발달한 툇간과 매우 잘 어울리게 지어져 있다. 동향東向으로는 마루와 방, 대청, 부엌 등을 배치하고 다시 남향南向으로는 한 칸 마루를 배치하여 사랑방 구실을 하도록 만들었다.

백산 생가가 있는 마을 앞에는 유곡천이 감싸면서 흐르고, 뒤쪽으로는 반월형 모양의 장백산이 둘러싼 전형적인 배산임수背山臨水형의 전통마을이다. 이 마을은 탐진 안씨耽津安氏가 1600년 초, 한 고승의 예언에 따라 길지吉地로 알려진 입산立山으로 이주한 이래, 무려 10대에 걸쳐 천석지기 종가宗家의 부자

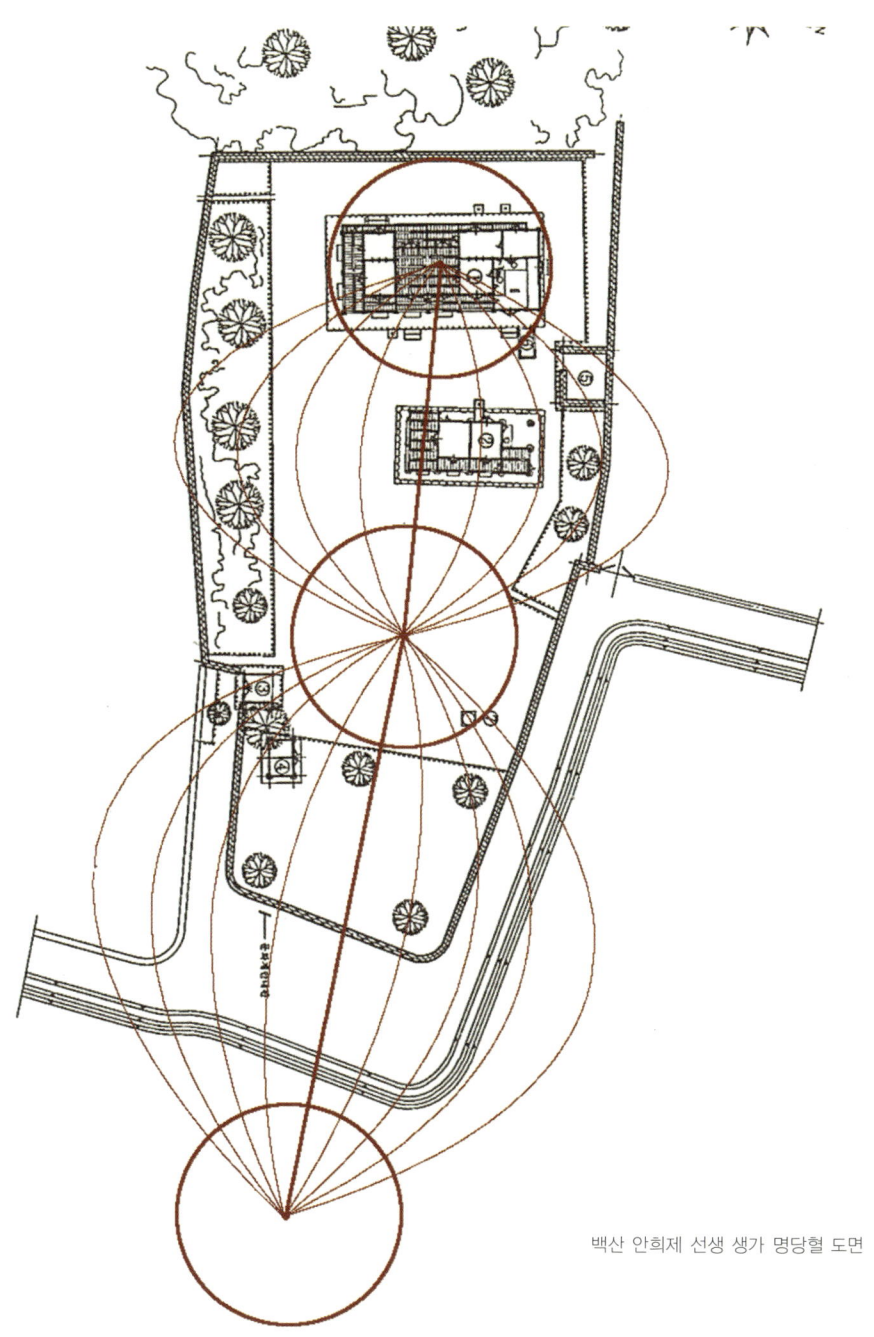

백산 안희제 선생 생가 명당혈 도면

의인 인물을 낳는 터 105

집안으로 대를 이어온 탐진 안씨의 집성촌이다.

　백산의 생가는 주산主山인 장백산으로부터 중심용맥을 타고 하강한 산진처山盡處에 자리를 잡고 있다. 중심용맥을 따라 바람을 피하면서 내려온 음·양의 기맥이 완벽한 보국保國 조건을 갖춘 곳에서 음·양의 천혈, 인혈, 지혈을 맺고 있는데, 양의 천혈이 맺힌 곳에 안채를 정혈자리에 배치했다. 양의 인혈자리는 사랑채 앞마당 중심에 맺혀 있고, 양의 지혈자리는 집 앞의 논바닥에 맺혀 있다.

　백산은 이 나라가 망국의 어려움에 처하자 분연히 일어나 나라를 구하기 위해 자신의 모든 것을 바쳐 독립운동을 전개한 의인義人이요 애국자 중의 한 사람이다. 필자가 안채로 들어가 고인을 참배하고 천혈의 배꼽자리에 서서 보니 여전히 강력한 생기生氣가 집안 전체를 감싸고 있다는 느낌이 왔다. 역시 '인걸人傑은 지령地靈'이란 말이 허언은 아니라는 생각이다.

석오石吾 이동녕李東寧 생가 • 목천

이동녕 선생 생가 전경

충남 천안시 목천읍 동이東里에 있는 이곳은 평생을 독립운동에 몸 바친 석오 이동녕(1869~1940) 선생이 태어난 곳이다. 이동녕 선생의 본관은 연안延安이고 영해군수 이병옥과 어머니 광주 안씨安氏 사이에 장남으로 태어났다. 향리鄕里의 서당에서 전통교육을 받고 10세 때부터는 충북 청원군 문의면 후곡리, 조부 이석구의 집에서 소년시절을 보냈다. 이후 상해 대한민국 임시정부의 국무총리와 대통령 대리, 주석과 국무위원장 및 국무위원으로 평생 조국의 독립을 위해 헌신했던 큰 인물이다.

필자가 석오 선생의 생가를 답사해 보니, 집 앞에 그가 친필로 썼다는 '山溜穿石산류천석' 이란 글씨가 눈에 들어온다. '산에서 흐르는 물이 바위를 뚫는다' 는 뜻으로 무엇이든 열심히 정성을 다하면 어떤 일이라도 할 수가 있다는

안채 모습

대청마루 중앙지점이 대명당혈 배꼽자리

의미인데, 그의 의지가 역력히 나타나 보이는 듯하다.

석오의 생가 터를 풍수지리학 자연법 측면에서 살펴보자면, 주산主山에서 음·양의 기맥이 하강하여 완전한 보국保國을 갖춘 산진처山盡處에 음·양의 천혈, 인혈, 지혈이 맺혀 있는데, 음의 천혈 정혈자리에 집의 안채가 배치되어 있다. 대청마루는 모두 3칸으로 되어 있는데, 가운데 칸의 대들보 아래 중앙이 바로 음의 천혈 배꼽자리다. 생가의 좌측으로는 양의 천혈자리가 맺혀 있고, 생가의 앞 바깥마당과 주차장에는 음·양의 인혈과 지혈이 맺혀 있다.

생가의 좌향은 묘좌유향卯坐酉向으로 기맥선과 공간에너지의 흐름에 정확히 일치시켜 배치했다. 나라의 독립을 위해 평생 애썼던 석오 선생의 생가 역시 한 치의 오차가 없는 명당의 혈자리였다. 생가 앞에 있는 석오기념관 입구

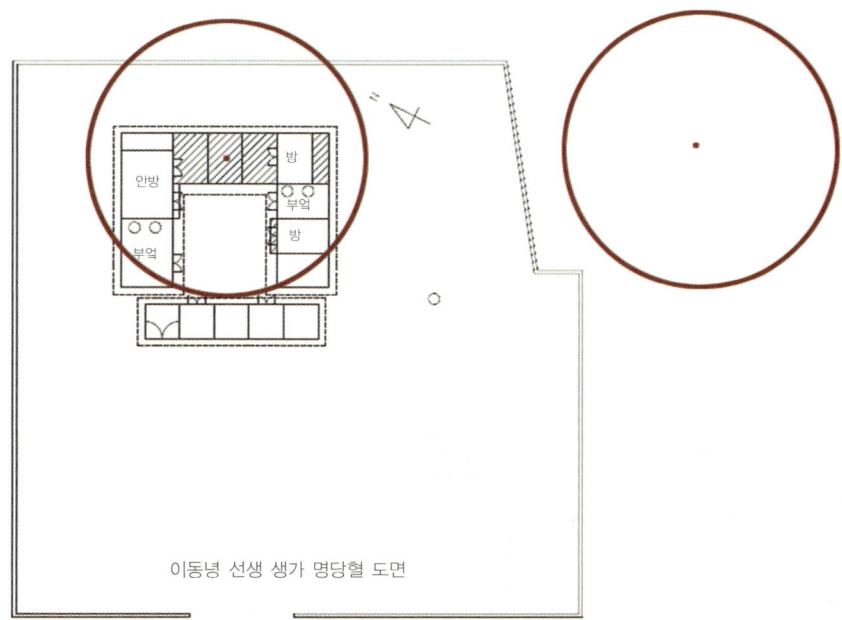

이동녕 선생 생가 명당혈 도면

에는 석오의 친필로 '大義대의'라는 글씨가 힘찬 모습으로 쓰여 있는데, 거기에는 당신의 당당한 의지와 기백이 완전히 녹아 들어있는 듯하다.

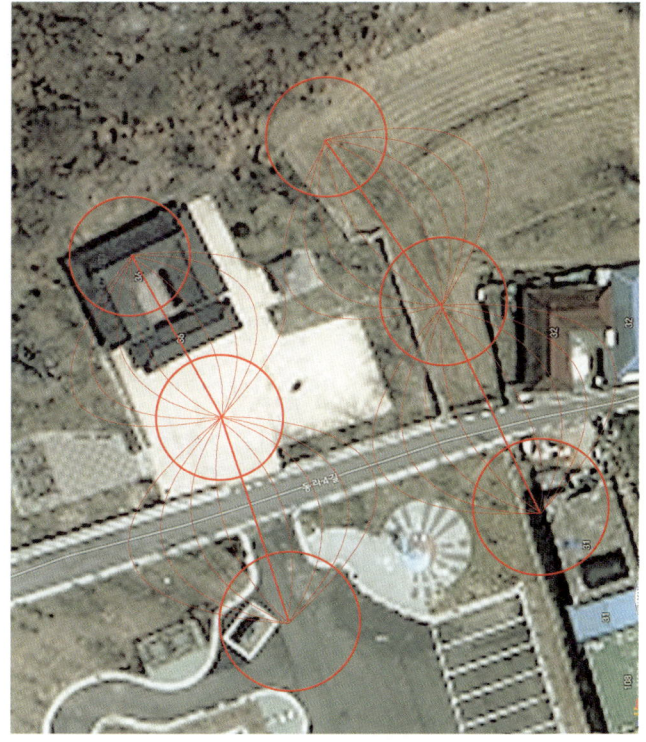

위성사진으로 본 이동녕 선생 생가 (음·양) 천, 인, 지혈도

의인 인물을 낳는 터 | 109

일우一宇 김한종金漢鍾 생가 • 예산

안채와 사랑채 전경

일우 김한종(1883~1921) 의사義士는 충남 예산군 광시면 신흥리 70번지에서 사대부 집안인 김재정의 독자로 태어났다. 청산리전투의 영웅 김좌진과 영덕의 평민의병장 신돌석이 박상진과 형제의 의를 맺은 의형제였다면, 일우는 박상진과 '피보다 더 진한 동지애'로 뭉쳤던 아주 각별한 사이였다.7)

일우의 생가는 안채와 사랑채가 '二자 형태'로 되어 있는데, 집 뒤의 주산主山 매봉으로부터 중심용맥을 따라 내려온 음·양의 기맥이 생가의 뒷산에 와서 음·양의 천혈과 인혈을 맺고 좌선룡左旋龍하면서 내려와 음·양의 지혈이 나란히 맺힌 곳에 위치해 있다. 음의 지혈 대명당 정혈자리에는 사랑채가

---

7) 「고헌 박상진 의사의 발자취를 찾아서」, 울산매일신문사

. 사랑채

사랑방 대명당혈 배꼽자리

배치되어 있고, 양의 지혈 대명당 자리는 안채 좌측의 창고건물에 맺혀 있다.

이 집은 전형적인 사신사四神砂가 완벽한 국局을 형성하고 있는 훌륭한 가옥이다. 이 마을 안산에 백월산 쌍봉雙峰이 의연한 자태를 뽐내고 있어 이 마을에서 의인이 많이 나왔음에 틀림없어 보인다..

김한종의 가문은 대대로 학행이 뛰어나고 특히 충효를 세습하는 전통 있는 명문가 집안이었다. 그의 부친 김재정은 성리학을 공부하여 천문지리까지 달통한 유학자로서 서당을 차려 제자들에게 항일구국사상을 고취시킨 인물이다. 이런 환경에서 자란 그 역시 성품이 매우 강직하고 과감했으며 불의를 참지 못하는 의인이었다. 대한광복회 충청지부장이었던 그는 국권회복을 쟁취하겠다는 구국의 일념으로 어려운 조국을 위해, 대의를 위해 일하다가 대한광

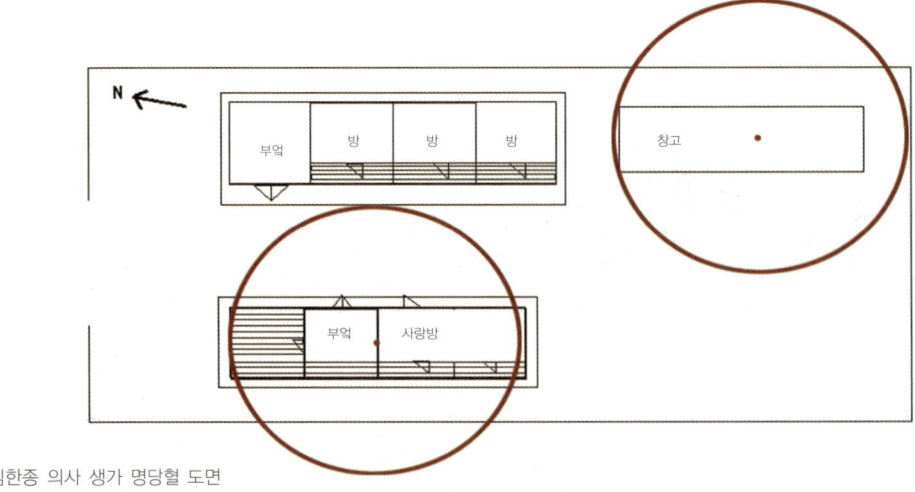

김한종 의사 생가 명당혈 도면

위성사진으로 본 김한종 의사 생가 명당혈도

복회 총사령인 박상진과 한 날 한 시에 순국한 나라의 의인이요 애국자다.

그의 생가를 보면 명당의 혈자리에서 잉태되고 자란 사람은 반드시 큰 그릇을 갖춘 인물이 되고 나라가 위태로울 때 구국하는 의인義人을 낳는다는 사실을 증명하는 충의忠義 어린 가옥이라는 사실을 알 수 있다. 아무쪼록 많은 사람들이 이곳을 방문하여 그의 얼과 숭고한 정신을 본받기를 바란다. 지금은 김한종의 손자가 생가 앞에 기념관을 지어놓고 내방객들을 맞고 있다.

원불교 소태산少太山 대종사大宗師 생가•영광

소태산 대종사 생가

　소태산 대종사(1891~1943)는 전북 익산시에 총본산을 두고 창건한 원불교의 교주로서, 속세명俗世名은 박중빈朴重彬이며 본관은 밀양이다. 1891년 전남 영광군 백수면 길용리 영촌永村에서 아버지 박성삼과 어머니 유정천 사이에서 3남으로 태어났다.

　그는 어릴 때부터 영민하고 여간 범상치가 않았으며 신의가 있고 탐구적인 소년이었는데, 7세 때에 청명한 하늘을 보고 우주와 자연현상 등에 대한 의문을 품기 시작했으며 이후부터는 인간의 생사와 존재에 대한 문제로까지 확장시켜 나아갔다. 11세 때 시향제時享祭에 참여했다가 산신山神의 권능에 대하여 이야기를 듣고는 자신의 의문을 풀어줄 대상인 산신을 만나겠다며 무려 4년 동안이나 '마당바위'에서 산상기도山上祈禱를 올렸다고 전해진다. 이후 25세 때

의인 인물을 낳는 터 | 113

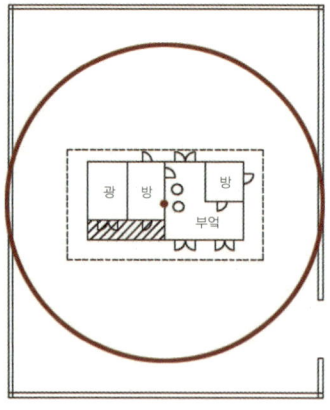
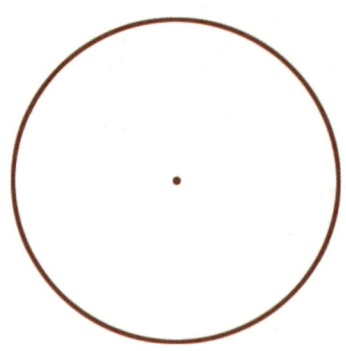

소태산 대종사 생가의 명당 혈도면

위성사진으로 본 소태산 대종사 생가
(음·양) 천, 인, 지혈도

부터는 이런 생각마저 끊어버리고 모든 것을 떠나 삼매三昧의 경지로 들어가는 일체돈망一切頓忘의 대정大靜에 들었다가 그 이듬해 1916년 4월 어느 날 새벽에 대각大覺을 이루었다. 원불교에서는 이날을 '개교일開敎日'로 정하고 있다.

소태산 대종사는 이때부터 대각의 안목으로 당시의 사회현상과 인류의 장래를 관조한 뒤 '물질을 개벽하여 정신을 개벽하자'는 표어를 내걸고 인류의 정신구원을 위한 원불교를 창시하고 종교운동을 시작했다.

소태산이 태어난 생가 터를 풍수지리학 자연법 측면에서 보면 지기地氣와 천기天氣가 만나서 강력한 생기生氣가 뭉쳐진 대명당의 혈자리이다. 생가의 뒤에 있는 주산主山으로부터 3개의 용맥이 분지分枝하여 내려오는데, 그중 가운데 중심의 용맥이 힘차게 생가를 향해 하강하고 있으며, 이 용맥을 타고 바람을 피해 내려와 산진처山盡處 생가에 이르러서는 음·양의 천혈, 인혈, 지혈을 맺고 있다.

소태산의 생가는 음의 천혈이 맺힌 바로 그 지점 정혈처에 정확히 맞춰져 배치되었다. 양의 천혈은 생가의 좌측에 맺혀 있고 음·양의 인혈과 지혈은 생가 앞마당과 밭에 맺혀 있다. 이 집은 집안에 우물을 파지 않았는데, 생가에서는 약간 떨어져 있지만 음의 인혈에서 명당수明堂水가 솟는 곳이 있으므로 그곳에 우물을 파서 사용하였다. 따라서 생가 터의 지기地氣가 쉽사리 누설되지 않기에 지금도 생가를 방문해 보면 아주 충만한 생기生氣가 생가를 감싸고 있음을 확인할 수 있다.

성철性澈 대종사나 만해萬海 스님, 김수환金壽煥 추기경을 비롯하여 소태산 대종사에 이르기까지 일련의 대각大覺을 이룬 종교지도자들이 태어난 생가 터 모두가 하나같이 대명당의 혈자리라는 사실을 보면, 아무래도 훌륭한 인물은 명당의 혈자리에서 태어난다는 만고불변의 법칙이 확증되는 것이라고 볼 수 있다.

김수환金壽煥 추기경樞機卿 생가 • 군위

복원된 생가

안방 중앙이 대명당혈 배꼽자리

　　김수환(1922~2009) 추기경의 세례명은 스테파노Stephanos이며 독실한 카톨릭 집안의 막내로 출생하였다. 1951년 사제서품을 받았으며, 1969년 교황 바오로 6세Paulus VI에 의해 한국 최초의 추기경이 된 인물로서 대한민국 종교계에 큰 등불을 밝힌 성직자다.

경북 군위군 군위읍 용대리 238번지에 위치한 이 집은 어머니 서중하가 김수환을 잉태한 후 10여 개월을 조리하면서 보냈던 집이다. 서중하는 해산일을 며칠 안 남기고 친정집으로 가서 해산했다고 전해진다. 가정형편이 어려운데다 6남 2녀의 막내로 태어날 막둥이를 생각해보니 동네사람들에게 창피하기도 한 바, 친정집인 대구로 가서 해산하였는데, 김수환은 5세가 될 때까지 외갓집에서 자랐다고 한다.

다섯 살에 본가本家로 돌아온 김수환은 군위보통학교를 마치고 소신학교小神學校에 입학하기 전까지인 13세까지 이 집에서 생활했다고 하니, 실제적으로는 이 집이 그의 생가 터임에 다름 아니라고 할 것이다.

김수환은 동성상고를 졸업한 후 도쿄 조치대학上智大學 철학과에 수학 중 제2차 세계대전이 발발하자 귀국한다. 이후 가톨릭대학을 졸업하고 독일의 뮌스터대학University of Münster에서 신학사회학을 연구하고 1951년 사제서품을 받았다.

김수환의 생가는 비록 43㎡ 정도의 작은 초가집이지만, 풍수지리학 자연법 측면에서 보면 완벽하게 명당의 혈자리에 맞추어 가상家相을 배치한 것을 볼 수 있다. 이 마을 용대리로 내려온 산줄기는 팔공산의 한 줄기로, 주산主山인 박타산에서 내려온 용맥이다. 생가의 뒷산에 올라가 보면 힘차게 위이기복逶迤起伏하며 용맥이 달려오다가 고개를 쳐들고 동쪽을 바라보며 멈추게 되는데, 바로 이곳에 음·양의 천혈과 인혈, 지혈이 맺혀 있다. 음·양의 천혈과 인혈자리는 생가의 위쪽 능선상에 맺혀 있다.

김수환의 생가는 음의 지혈자리 정혈처에 정확하게 배치되어 있다. 게다가 음의 지혈 배꼽자리에 안방의 중심을 정확히 배치시켜 놓았다. 그는 이렇듯 대명당의 혈 배꼽자리의 강한 생기生氣를 받고 잉태된 후 태아 시기와 유년시절을 모두 이 방에서 보냈던 것이다. 이와 같은 환경에서 산천정기를 받고

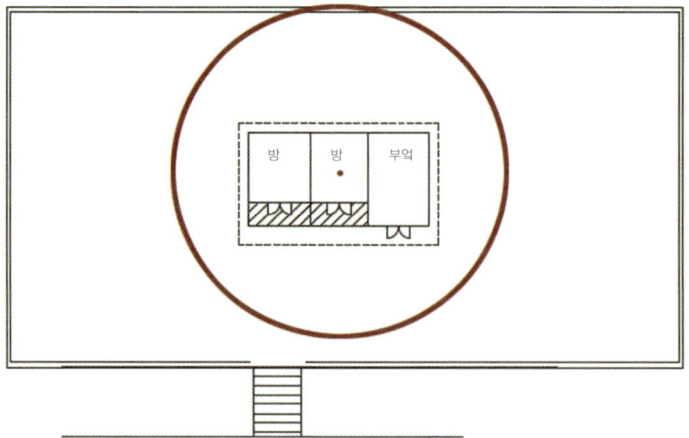

김수환 추기경 생가의 명당혈 도면

위성사진으로 바라본 김수환 추기경 생가 (음·양) 명당혈도

자란 사람은 반드시 큰 인물로 성장한다는 사실을 다시 한 번 일깨워주는 대목이다.

한편, 양의 지혈은 생가의 좌측 공터에 맺혀 있다. 생가 터에서 보면 사신사四神砂가 완벽하고 집 앞으로는 우선수右旋水가 감싸며 환포環抱하고 있으며, 안산案山 쪽에서 동천東川 물줄기가 내려와 집 앞 좌측에서 합수合水되어 돌아 흐르고 있다. 이 집의 좌향 역시 유좌묘향酉坐卯向으로 기맥의 흐름과 공간에너지의 흐름이 정확하게 일치하고 있다.

이와 같이 명당의 혈자리에서 잉태되고 자라난 성직자들은 반드시 당대에 득도得道를 하거나 최고의 경지에 올라 큰 인물이 된다는 사실을 김수환 추기경 생가는 우리에게 명확히 보여준다.

영랑永郎 김윤식金允植 생가 • 강진

영랑 생가 전경

문간채 대명당혈 배꼽자리

　이 가옥은 현대문학사에 있어서 큰 자취를 남긴 시인 영랑 김윤식 (1903~1950)이 태어난 곳으로 현재는 본채와 사랑채, 문간채 등으로 구성되어 있다. 시詩 '모란이 피기까지'로 유명한 영랑은 우리나라 근대 서정시의 발전에 큰 족적을 남긴 시인이자 민족 우파 진영에서 활동했던 정치지도자로도 유명하다. 1903년 이곳에서 부친 김종호의 5남매 중 장남으로 태어난 영랑은 1920년 일본으로 건너가 아오야마학원(靑山學院) 중학부에 입학하여 용아龍兒 박용철과 친교를 맺은 후 일시 귀국했다가, 1922년 다시 일본으로 건너가 동同

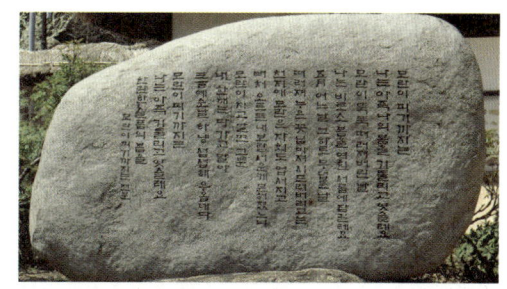

학원의 영문과에 입학했다. 그러나 간토대지진(關東大地震)으로 학업을 중단하고 귀국하여 창작활동을 시작했다.

이후 1930년 박용철과 정지용, 정인보 등과 함께 '시문학詩文學'을 창간해 30여 편의 주옥같은 작품을 발표하기도 했고, 1934년에는 그 유명한 '모란이 피기까지'를 발표했으며 1935년에는 '영랑시집'을 발간했다. 1950년 한국전쟁 때 큰 부상을 당한 후 같은 해 9월 서울의 자택에서 47세를 일기로 타계했다.[8]

영랑의 생가는 전남 강진읍의 진산 기슭에 남향으로 자리를 잡고 있다. 집은 '一자형' 안채와 사랑채가 지형地形에 맞추어져 각기 방향을 달리하며 옆으로 적절히 배치된 구성을 보인다. 이 집은 풍수지리학 자연법 측면에서 생기生氣가 가장 밀집된 곳, 즉 대명당의 혈자리에 맞추어 정확하게 배치했는데, 이는 음·양을 확실하게 이용한 집이었음을 말해준다.

이 집은 원래가 절터였는데 영랑의 조부祖父가 이 터를 구입해서 터에 맞추어 집을 지었다고 전한다. 그래선지 과거에는 집안에 탑 두 개가 있었다고 전해진다. 풍수지리에 밝은 사찰 자리여서 그런지, 이 집은 풍수지리학 자연법에 있어 한 치의 오차도 없이 천혈과 인혈, 지혈 등에 맞추어 안채와 사랑채, 문간채, 대문채 등이 모두 정확하게 배치되어 있음을 볼 수 있다.

---

[8] 「가옥과 민속 마을 II」 p.165

영랑 생가의 안채

안방 대명당혈 배꼽자리

강진읍 보은산報恩山의 용맥이 힘차게 남쪽을 향해 하강하면서 두 개의 용맥이 동향으로 틀어 완만한 구릉에 도달하는데, 이 용맥을 타고 바람을 피해 음·양 두 개의 기맥이 완벽한 보국保國을 갖춘 이 집에 와서 음·양의 천혈과 인혈, 지혈을 각각 나란히 맺고 있다. 즉, 12개의 대명당혈자리가 생가를 포함하여 주위에 맺혀져 있다. 안채 라인은 우측 음·양의 천혈, 인혈, 지혈 중에서도 양의 천혈, 인혈, 지혈에 맞춰져서 배치됐다.

반면, 사랑채 라인은 좌측 음·양의 천혈, 인혈, 지혈 중에서 음의 천혈, 인혈, 지혈에 맞춰 배치했는데, 참으로 놀랍고 지혜로운 배치가 아닐 수 없다. 왜냐하면 안채에 기거하는 사람이 대부분 여성이므로 음에 해당하기에, 땅의 지기地氣가 양의 성질 갖는 양혈陽穴에 맞춰 양의 기운을 받음으로써 음·양의 조화를 이루도록 음양법에 맞춰 가상家相을 배치한 것이다. 양의 천혈이 맺힌

사랑채

사랑방 중앙지점이 대명당혈 배꼽자리

곳에 안채가 배치되어 있고, 특히 양의 천혈 배꼽자리에다 안방을 정확히 배치했다.

반면, 사랑채는 대부분 양에 해당하는 남성이 기거하므로 땅의 지기地氣가 음의 성질을 갖는 음혈陰穴에 맞춰 음의 기운을 받아 음·양의 조화를 이루도록 건물을 배치했던 것이다.

양의 인혈이 맺힌 곳에는 문간채가 정확히 배치되어 있는데, 인혈의 배꼽자리는 문간채의 세 번째 칸에 자리를 잡고 있다. 또 양의 지혈이 맺힌 곳에는 대문채가 정확히 배치되어 있음을 알 수 있다.

또한 음의 천혈이 맺힌 곳에 시비詩碑가 세워져있고 음의 인혈이 맺힌 곳에

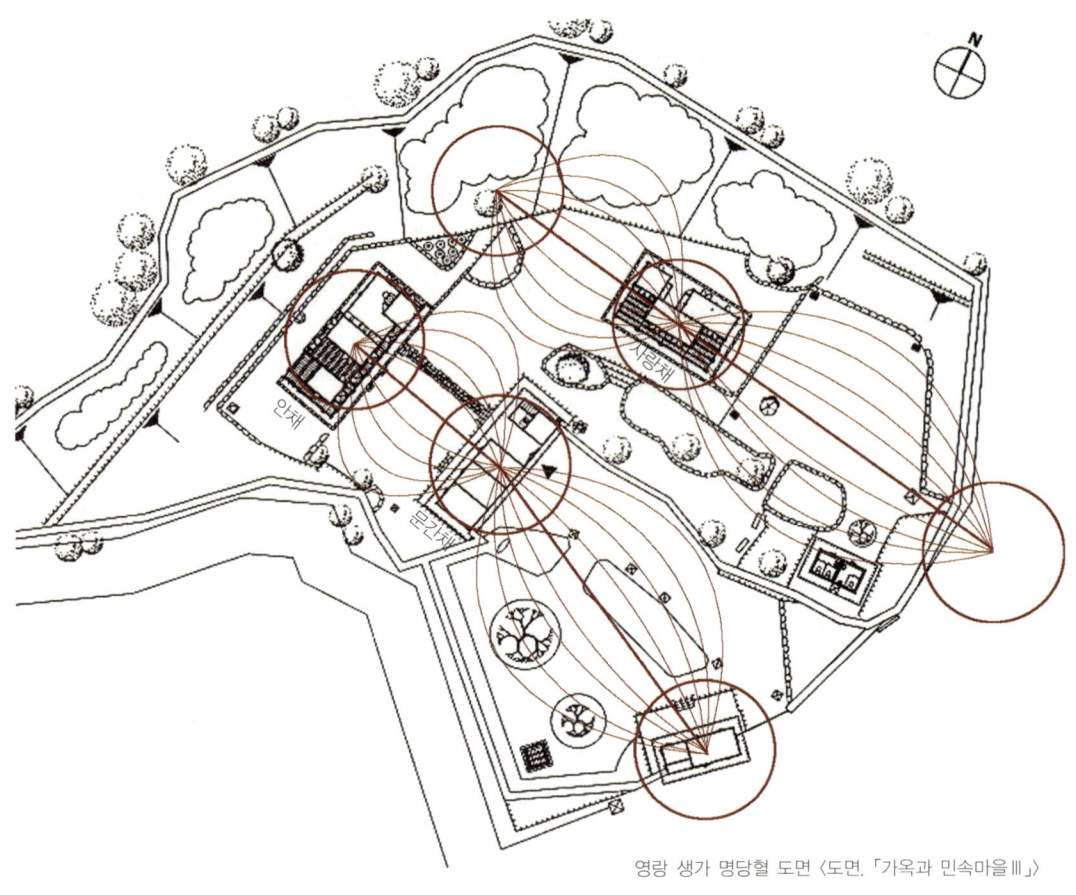

영랑 생가 명당혈 도면 〈도면, 「가옥과 민속마을Ⅲ」〉

는 사랑채가 정확히 배치되어 있으며, 음의 인혈 배꼽자리에는 사랑방의 중앙中央을 정확히 맞추고 있다. 음의 지혈은 사랑채 아래 도로 위에 맺혀 있다.

 이와 같이 대명당의 혈자리에서 태어나고 자란 사람은 불세출의 위인뿐만 아니라 출중한 예술가도 될 수 있다는 사실을 이 집이 분명히 증명해주고 있다. 서양의 작가 니체Friedrich Nietzsche 역시 이와 같은 명당의 혈자리에서 태어나고 자랐기에, 그리고 그곳에서 정기를 받으며 부단히 작품 저술활동을 해왔기에 세계적인 명작이 나올 수 있었다고 스스로 밝히고 있다. 명당의 혈자

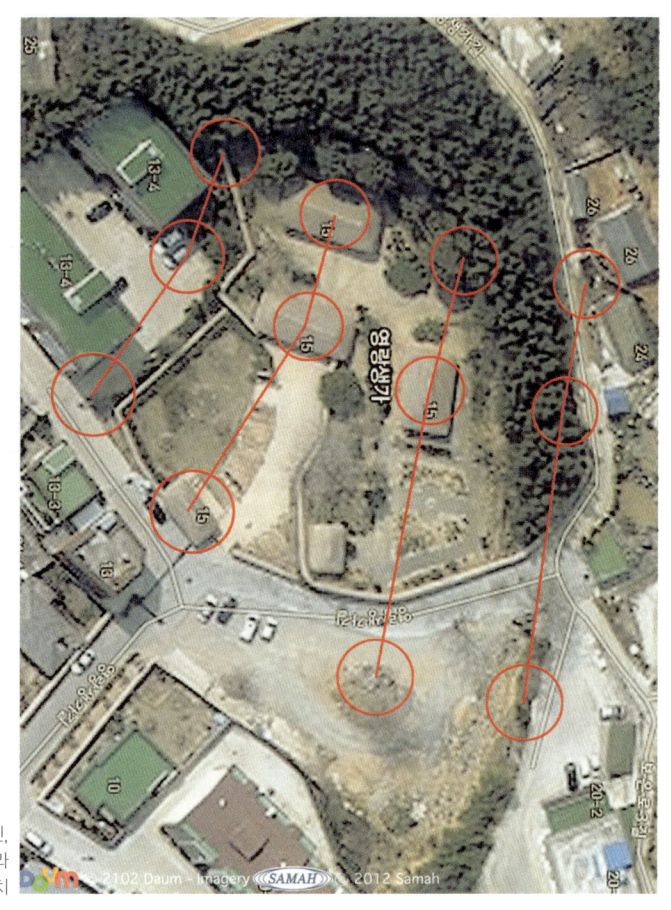

위성사진으로 본 영랑 생가는 (음·양) 천, 인, 지혈이 쌍으로 2개, 총 12개 혈자리 중 안채라인은 양혈, 사랑채라인은 음혈에 맞춰 가상 배치

리에서 작품을 구상하거나 집필을 하게 되면 삼라만상과 시공을 초월하여 하나로 연결된 자리이므로 자신도 모르는 사이 창조적인 아이디어와 발상이 나오고 더불어 태초 이래 인류가 축적했던 모든 지혜의 장場으로 들어가게 됨으로써 명작이 나오게 되는 것이다. 앞으로 우리나라에서도 노벨문학상을 받을 수 있는 인물이 나오길 꿈꾼다면 부디 명당의 혈자리에서 작품 활동을 해보기를 권하고 싶다. 보장이 확실하리라 믿어 의심치 않는다.

고불古佛 맹사성孟思誠 고택 • 아산

맹사성 고택과 사당

충남 아산시 배방면 중리에 있는 조선 초기의 명정승 고불 맹사성(1360~1438)의 옛집인 이 고택古宅은, 한국에서 가장 오래된 민가주택民家住宅으로 약 700년의 역사를 자랑한다. 고려 말기의 명장 최영 장군이 살았던 집이라고 알려져 있으며, 원래 1330년 최영의 부친인 최원직이 건축했다고 한다. 맹사성의 조부祖父가 최영과 친분이 두터운 사이여서 이 집을 이어받아 살게 되었다고 하는데, 이후 고불은 최영의 손녀사위가 된다.

맹사성 고택을 풍수지리학 자연법 측면에서 보면 자연의 에너지 흐름에 순응하여 정혈자리에 배치한 최고의 고택으로 꼽힌다. 설화산雪華山에서 힘차게 위이기복逶迤起伏하여 하강한 용맥이 고택 가까이 와서 완만하게 구릉을 형성했는데, 이를 따라온 음·양의 기맥이 천혈과 인혈, 지혈을 맺는 곳에 이 집이 자리를 잡고 있다.

음의 천혈자리에 이 집이 한 치의 오차 없이 정혈처에 자리하고 있다. 음의 천혈 배꼽자리에는 이 집의 대청마루 중심이 정확히 일치하고 있다. 양의 천혈자리는 사당과 은행나무 사이의 화단에 맺혀 있다.

음의 천혈자리에서 아홉 개의 기맥선이 포물선을 그리며 내려와 합친 곳에 음의 인혈이 맺혀있는데, 이곳에는 맹사성의 후손이 거주하는 주택이 정혈자리에 배치되어 있음을 볼 수 있다. 아울러 양의 천혈자리에서 아홉 개의 기맥선이 포물선을 그리며 내려와 합친 곳에는 양의 인혈이 맺혀 있는데, 여기에도 대문채가 한 치의 오차 없이 정혈자리에 배치되어 있음을 알 수 있다.

음·양의 인혈자리로부터 각각 아홉 개의 기맥선이 포물선을 그리며 내려와 합친 곳에는 음·양의 지혈이 나란히 맺혀 있는데, 그것은 이 고택 아래 민가 공터에 맺혀 있다.

이 집의 좌향을 올바른 혈자리로 보자면 오좌자향午坐子向이지만, 아쉽게도 현재의 좌향은 미좌축향未坐丑向으로 되어 있다. 아마도 여러 번 개축을 하면서 좌향이 틀어진 것으로 생각된다.

맹사성의 잉태에 따른 일화가 있는데, 하루는 그의 어머니가 꿈을 꾸었다고 한다. 꿈의 내용인즉 맹사성의 어머니가 치마폭으로 태양을 받는 꿈이었다. 이를 시아버지한테 고하니까 시아버지는 그 사실을 아무한테도 절대 말하지 말라고 당부했다. 그리고는 그 즉시 한양으로 과거 공부하러 간 아들 맹희도에게 부친이 위독하다는 거짓 전갈을 인편을 통해 보내어 아들을 불러 내렸다.

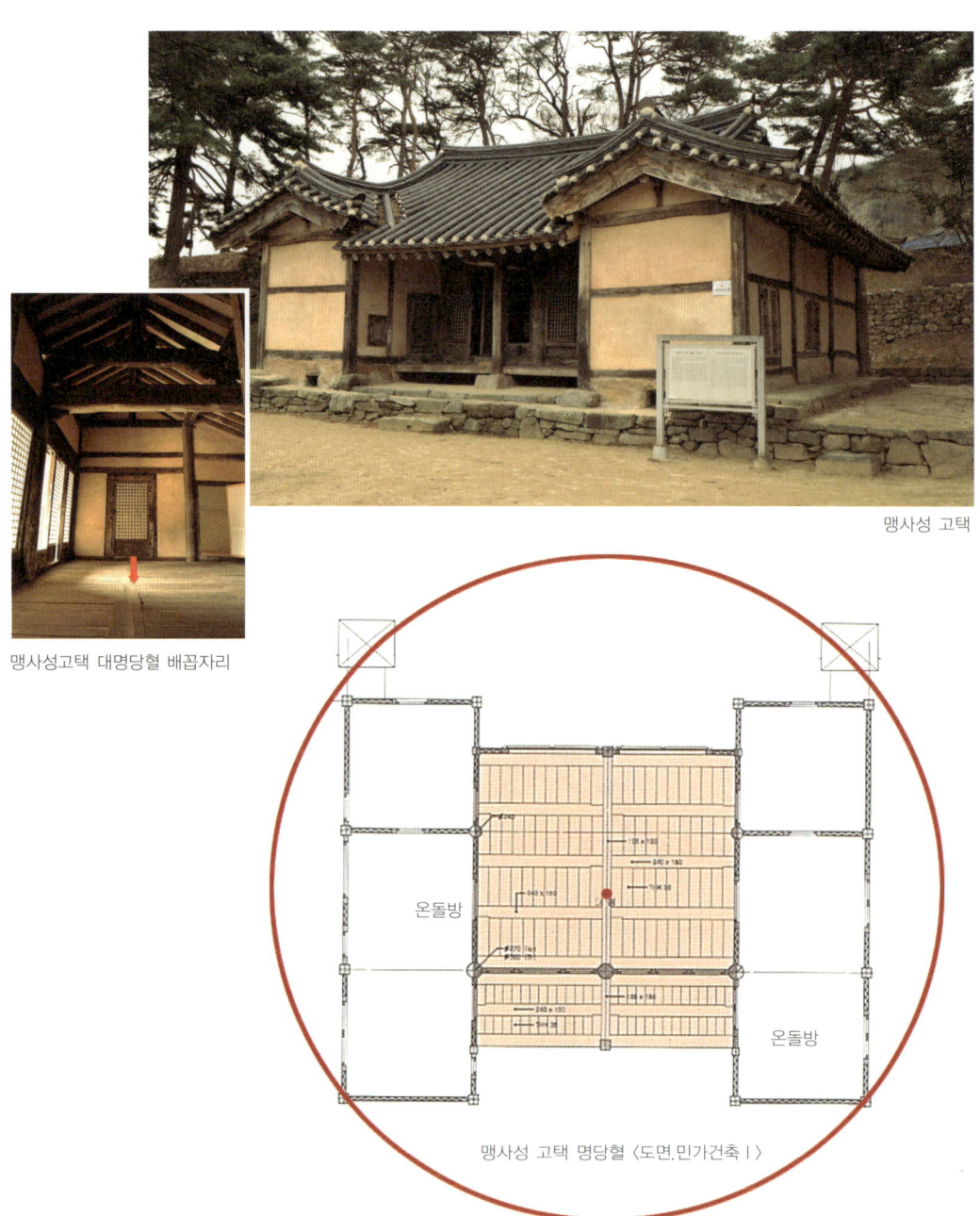

맹사성 고택

맹사성고택 대명당혈 배꼽자리

맹사성 고택 명당혈 〈도면.민가건축Ⅰ〉

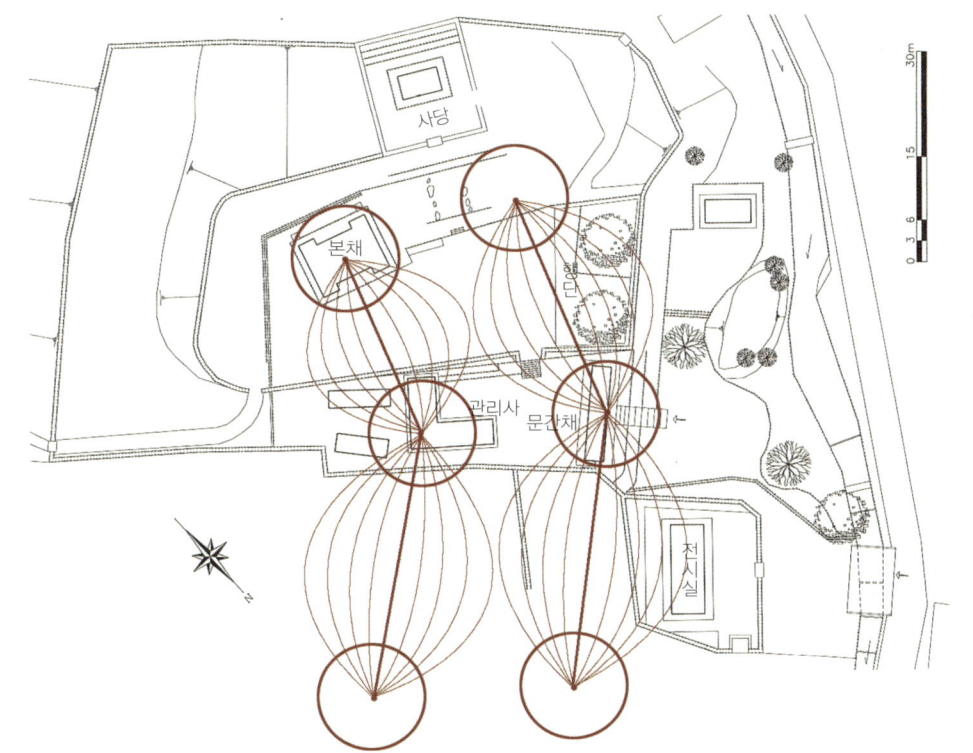

맹사성 고택 (음·양) 천, 인, 지혈 도면 〈도면, 「민가건축Ⅰ」〉

위성사진으로 본
맹사성 고택
(음·양) 천, 인, 지혈도

의인 인물을 낳는 터 | 129

맹희도가 급히 고향으로 내려와 보니 아버지는 그새 자신의 병이 다 나았노라 말하면서, 이왕 내려온 것 며칠 쉬었다가 가라고 천연스레 말하는 것이었다. 맹희도가 며칠 집에서 머무르는 동안 그의 부인이 수태를 하게 되었는데, 이후 그녀의 몸에서 태어난 이가 맹사성이었다는 것이다.

결국 맹사성은 좋은 태몽에 대명당혈자리에서 정기를 받고 잉태되어 태어나서 큰 인물이 되었다는 이야기다.9) 이후에 그가 온 나라의 청백리로 추앙받은 인물로 성장하게 된 큰 요인 중의 하나가 바로 '인걸人傑은 지령地靈'에 있지 않은가 싶다.

---

9) 정경연 「정경영의 부자되는 양택 풍수」 p.29

명성황후明成皇后 생가 • 여주

명성황후 생가 정면 광경

    경기도 여주읍 능현리에 소재하고 있는 이 집은 조선 제26대 고종황제의 비 명성황후(1851~1895)가 태어나서 8세까지 살았던 집으로, 원래는 1687년 인현황후의 아버지인 민유중의 묘를 관리하기 위한 묘막墓幕으로 건립된 집이었다고 한다.

    명성황후는 어려서부터 글 읽기를 좋아하고 기억력이 뛰어났으며 성격이 매우 강직했는데, 여기에다 옳고 그른 것을 분명하게 밝히는 분별력도 뛰어났고 일단의 과단성도 갖추고 있었다. 조상을 섬기면서 근본을 중하게 여겼으며 일가친척들과의 우애 또한 두터웠다. 명성황후는 영주군수 등을 지낸 민치록의 딸로 16세에 왕비로 책봉되고 1895년 을미사변으로 일본 낭인들에 의해 시해될 때까지 개화의 소용돌이 속에서 45세 나이로 파란만장한 인생을 마친 비운의 여인이다.

안채

　　명성황후의 생가를 풍수지리학 자연법 측면에서 보자면 완벽하게 명당의 혈자리에 가상家相을 배치해 놓은 가옥이다. 생가의 뒷산으로부터 음·양의 기맥이 하강하여 음·양의 천혈, 인혈, 지혈이 맺혀지는 바로 그 지점에 명성황후의 생가가 있다.

　　먼저 양의 천혈이 맺힌 곳에 생가의 안채를 정혈처에 배치하였다. 양의 천혈 배꼽자리에는 안채의 중앙이랄 수 있는 대청마루를 정확히 배치했다. 그렇게 배치함으로써 안채 전체가 명당의 혈장穴場 안에 포함되어 생기生氣가 충만하도록 배려했던 것이다.

　　또한 음·양의 측면에서 보자면 여자는 음인데다 안채는 여자들의 공간이기 때문에 일부러 안채를 양혈陽穴에 배치함으로써 음·양 기운의 조화를 고려한 조치라고도 볼 수 있다.

　　양의 인혈자리는 행랑채 대문의 좌측 입구 앞에 맺혀 있다. 1995년 행랑채를 복원하면서 정혈자리에서 약간 벗어나 복원한 것으로 보인다. 양의 지혈자리는 명성황후기념관 앞 광장에 맺혀 있다. 한편 음의 천혈, 인혈, 지혈의 혈

마루 중앙이 대명당혈 배꼽자리

명성황후 생가의 명당혈 도면

위성사진으로 본 명성황후 생가
(음·양) 천, 인, 지혈도

자리는 양의 천혈, 인혈, 지혈자리와 횡으로 나란히 우측 정원에 맺혀 있다. 생가의 좌향은 건좌손향乾坐巽向으로서, 기맥과 공간에너지 흐름에 정확히 일치시켜 배치했다.

 이 집은 명성황후처럼 정혈자리에서 태어나고 자란 사람은 으레 지혜롭고 성품이 강직하고 결단력 있는 인물이라는 사실을 증빙하는 고택이다.

의인 인물을 낳는 터 | 133

반기문潘基文 유엔 사무총장 생가 • 음성

반기문 UN사무총장 생가

　　반기문(1944~) 유엔 사무총장은 충북 음성군 월남면 상당 1리 행치 마을에서 태어났다. 반기문 총장은 본 생가 터에서 잉태되어 1944년에 태어나 다섯 살까지 유년시절을 보냈고, 이후 청주로 이사하여 자랐다.

　　1963년 충주고등학교 2학년 때 '외국학생 미국 방문 프로그램VISTA'에 선발되어 그 이듬해 미국을 방문했다. 이때 케네디John F. Kennedy 대통령을 만난 뒤로 외교관의 꿈을 키우게 되었고, 1970년 서울대학교 외교학과를 졸업, 외무고시에 합격해 외무부에 들어갔다. 이후 2004년 외교통상부장관을 거쳐 2006년 10월, 유엔 사무총장에 선출되었으며 2012년, 유엔 사무총장에 연임되었다.

　　충북 음성군 원남면 상당리 행치마을에 있는 반기문 총장의 생가를 풍수지

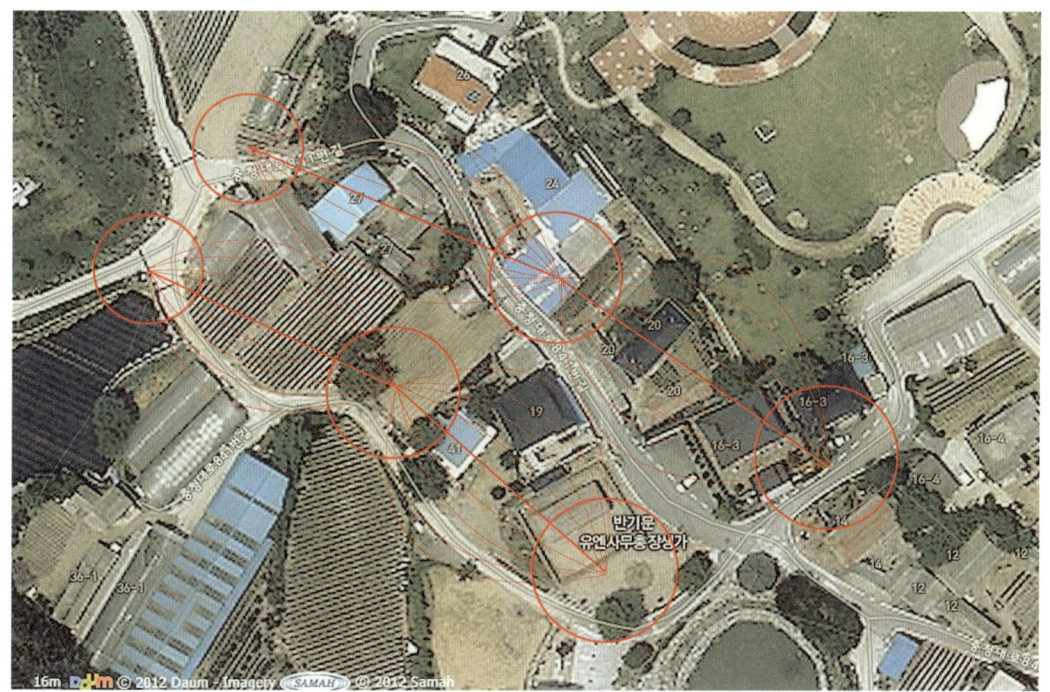

위성사진으로 본 반기문 총장 생가 마을 (음·양) 천, 인, 지혈도

리학 자연법 측면에서 보면 생기生氣가 매우 충만한 대명당혈자리에 위치해 있다. 생가의 주산主山인 큰 산에서 힘차게 위이기복逶迤起伏하며 하강한 용맥이 산진처山盡處에 도착하는데, 이를 따라 음·양의 기맥이 바람을 피해가며 따라와 완벽한 보국保局을 갖춘 곳에서 음·양의 천혈, 인혈, 지혈을 맺고 있다.

그의 문중 묘역 아래 밭에는 나란히 음·양의 천혈이 맺혀져 있고 그 아래에 음·양의 인혈이 아래 밭과 축사畜舍 시설 내에 나란히 맺혀있음도 볼 수 있다. 또 아래로는 음·양의 지혈이 그의 원 생가 터와 사당 좌측에 나란히 횡으로 맺혀져 있다. 현재 음성군에서 복원한 이 생가는 원 생가 터의 위쪽에 올려 지은 것으로, 원 생가 터는 그 아래에 있다.

음의 지혈이 맺힌 곳에 원 생가 안채가 정혈처에 있었다. 혈의 직경을 측정

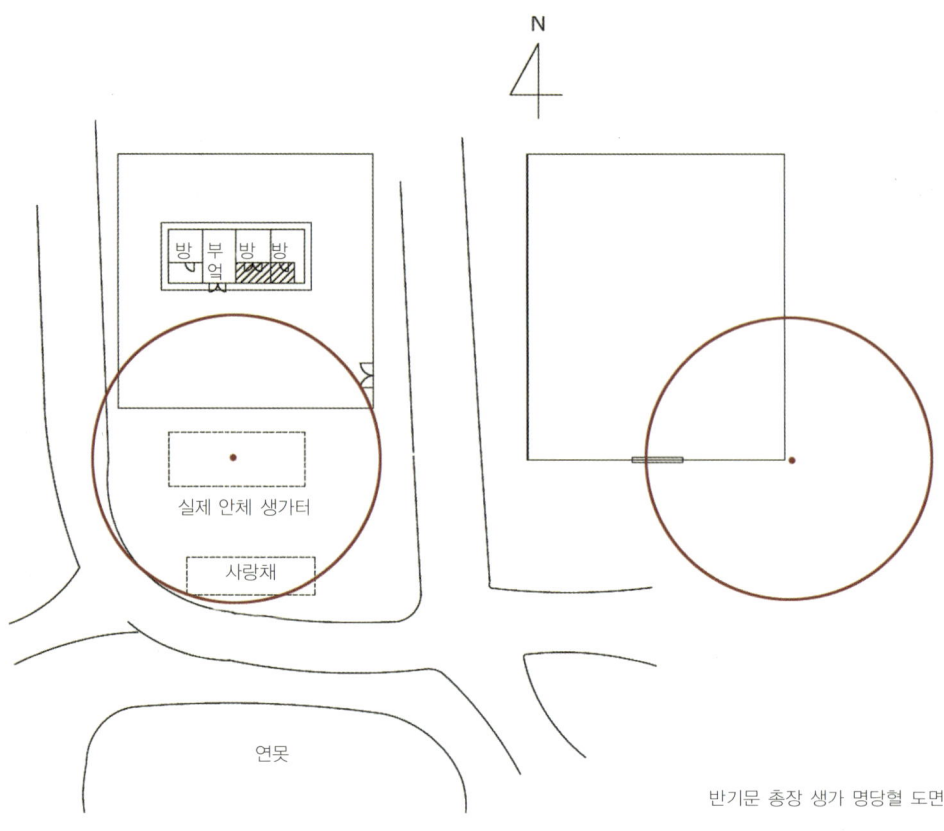

반기문 총장 생가 명당혈 도면

복원된 생가

대명당 정혈자리에 모신
반기문 총장 부친의 묘

해보니 무려 20m나 되고 지기와 천기가 충만한 대명당의 혈자리였다. 원 생가의 좌향은 자좌오향子坐午向으로 정확히 공간에너지의 흐름에 일치하게 배치되었다.

조그만 시골마을에서 세계를 움직이는 유엔의 수장이 된 근본 원인은 무엇인가, 필자는 그의 선영과 생가를 답사하면서 그 연유를 알게 되었다.

부친의 산소가 대명당혈자리 정혈처에 올바르게 모셔져 있었다. 그의 고향 지인知人들의 증언에 의하면 부친 산소를 모시고 난 이후부터 반기문 총장이 더욱 더 승승장구했다고 전한다.

이 세상에 절대로 우연이란 없는 법이다. 조상 선영을 발복할 자리에 모시고, 명당혈 배꼽자리에서 잉태되고 어린 시절을 보낸 사람치고 훌륭한 인물이 안 된 사례가 없으니 말이다. 반기문 사무총장의 생가 터와 선고 묘를 보면서 다시 한 번 '인걸人傑은 지령地靈'이란 말을 재확인하게 된다.

의인 인물을 낳는 터

화서華西 이항로李恒老 생가 • 양평

화서 이항로 선생 생가 전경

경기도 양평군 서종면 노문리 벽계마을에 있는 조선 후기의 고가古家로 지금으로부터 250년 전에 화서 이항로(1798~1868)의 부친이 지은 집으로 화서가 태어나 일생을 보낸 곳이다. 이항로는 조선 후기의 학자로서 1808년(순종 8년) 과거에 합격했으나 출사하지 않고 학문과 제자 양성에만 전념하면서 위정척사론의 사상적 기초를 형성했다.

화서는 뚜렷한 선생의 가르침을 받지는 않았으나 학문에 전념, 공자와 주자의 도학을 정통으로 계승했으며, 19세기 서구 열강의 침략에 맞서 벼슬을 사양하고 제자양성에 힘써 화서학파華西學派를 이루었다. 화서학파는 항일의병운동을 주도하였는데 양헌수, 김평묵, 유중교 등이 주요 인물로 이들이 바로 이 집

안채

안방 명당혈 배꼽자리

에서 화서의 가르침을 받았다.

　가옥의 배치는 역 'ㄱ자형'의 안채와 역 'ㄷ자형'의 사랑채가 가운데에 담장을 두고 가로로 긴 'ㅁ자형' 형태를 갖고 있다. 풍수지리학 자연법 측면에서 배산임수의 지형에 벽계천藥溪川이 집 앞을 환포環抱해 흐르고 있는, 음·양의 대명당혈자리 2개를 완벽하게 활용하여 지은 매우 훌륭한 양택陽宅이다.

　생가의 주산主山에서 직선으로 하강하던 용맥이 생가 위에서 오른쪽으로 횡룡하는데, 이 용맥을 따라온 음·양의 기맥이 좌우 보국保局이 완벽해진 곳에 이르러서 음·양의 천혈, 인혈, 지혈을 맺고 있다.

　음·양의 천혈은 생가 뒤의 밭에 맺혀 있으며, 음·양의 천혈에서 각각 9개의 기맥선이 포물선을 그리며 내려가 음·양의 인혈 2개가 나란히 맺혀 있는데 이 2개의 대혈자리에 맞추어 한 치 오차 없이 안채와 사랑채를 배치하였다. 안채는 음의 인혈자리 정혈처에 정확히 배치되어 있는데 특히, 음의 인혈 배꼽자리에 안방의 중앙을 배치한 것이 뛰어나다.

　이곳에서 잉태되고 생활하는 모든 사람들이 지기地氣와 천기天氣를 최대한 받도록 고려해 지은 집으로, 다음에 설명될 안동의 퇴계태실退溪胎室과 같은 역

사랑방 명당혈 배꼽자리

사랑채 광경

이항로 선생 생가 (음·양) 천, 인, 지 명당혈 도면 〈도면. 양평군청〉

할을 했을 것이 자명하다. 그러기에 화서와 같은 위대한 인물이 이곳에서 탄생한 것은 어찌 보면 당연하다 할 것이다.

다음으로 양의 인혈자리에는 사랑채를 정혈처에 배치해 놓고 있는 것을 볼 수 있다. 양의 인혈 배꼽자리에 있는 사랑채 안쪽에는 두 칸 방이 있는데, 그 방 중앙에 배꼽자리가 일치하도록 배치해 놓은 것이 인상적이다.

필자가 방안으로 들어가 보니 지금도 변함없이 아늑하고 생기生氣가 충만함을 느끼게 된다. 생가의 좌향은 간좌곤향艮坐坤向으로, 기맥과 공간에너지의 흐름에 정확하게 일치하고 있었다. 음·양의 지혈자리는 주차장 앞 도로에 맺혀있다.

화서 선생처럼 정혈자리에서 잉태되고 태어나 정기를 받고 자란 사람은 걸출한 인물이 된다는 사실을 여실히 증명하고 있는 고가이다.

퇴계退溪 이황李滉 태실胎室 • 안동

사랑채와 안채

퇴계 이황(1501~1570)은 1501년 경북 안동시 도산면 은혜리에서 진보 이씨眞寶李氏 가문의 아버지 이식과 어머니 춘천 박씨春川朴氏 사이에서 태어났다. 퇴계는 생후 일곱 달 만에 아버지가 병으로 죽자 홀어머니 박씨 슬하에서 매우 엄한 교육을 받으며 성장했다. 어머니 박씨가 퇴계를 잉태했을 때, 꿈속에 공자孔子가 대문 앞에 와 있었다고 하여 태실이 있는 노송정 큰집 대문을 가리켜 '성임문聖臨門'이라고 했다고 전해진다.[10] 이 집은 퇴계의 조부 이계양이 1454년에 지었는데, 이후 이 집에서 퇴계가 태어났다고 해서 '퇴계태실'이라고 부르게 되었다고 한다.

본채의 중앙, 3면을 계자난간鷄子欄干으로 빙 둘러싸 마치 누樓와 흡사한 형

---

10) 「퇴계선생 일대기」 p.17

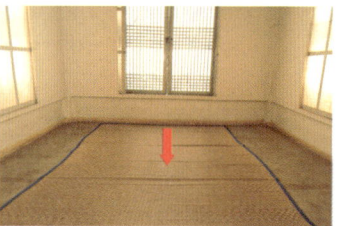

퇴계태실. 중앙이 대명당혈 배꼽자리

안채 대청마루에서 본 퇴계태실

식으로 꾸며진 곳이 퇴계의 태실이다. 동남쪽 모서리에 마루를 두어 큰 사랑과 작은 사랑이 분리되어 있는데, 마루의 위쪽에 '溫泉精舍온천정사'라는 편액이 걸려 있다. 본채의 동쪽에는 '一자형' 건물인 노송정老松亭이 자리를 잡고 있고, 그 우측으로는 사당이 있다.

퇴계태실은 풍수지리학 자연법 측면에 있어 가장 완벽한 집이라고 할 수 있다. 주산主山에서 음·양의 기맥이 내려와 정확히 맺힌 양의 천혈자리 정혈처에 정확하게 태실을 배치했기 때문이다. 집의 구조는 '回자형'이지만 대청마루에서 방 한 칸을 앞마당 쪽으로 내어 지은 곳이 퇴계태실인데, 바로 그 자리가 바로 대명당혈의 배꼽자리이다. 인간의 몸이 지수화풍 네 가지의 기운으로 돌아가듯이, 땅에도 지수화풍 네 가지의 기운이 있어 이들 기운이 완벽한 조화를 이루며 최고의 생기生氣를 분출하는 곳이 곧 혈자리인데, 바로 그런 대혈자리에서 정기를 받고 퇴계가 태어난 것이다.

여기서 필자는 산부인과 의사들에게 감히 권하고 싶다. 아기들의 분만실을 퇴계태실처럼 대명당의 혈자리에 배치하고 그곳에서 산모로 하여금 아기를 낳게 하면 일거양득이 되지 않을까 싶어서다.

첫째는 완벽한 지수화풍의 생기生氣를 받게 되니 보다 건강하고 똑똑한 아

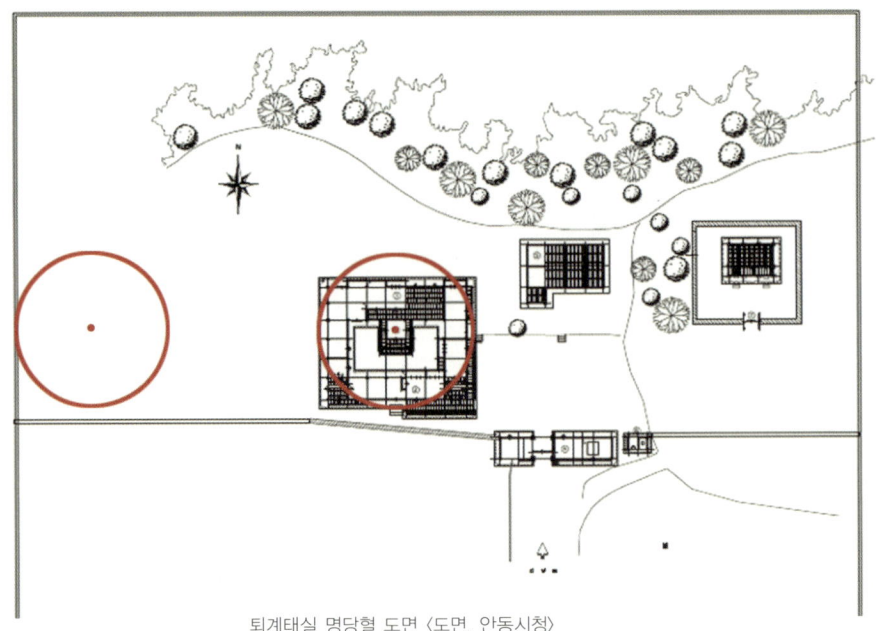

퇴계태실 명당혈 도면 〈도면. 안동시청〉

위성사진으로 본 퇴계태실 (음·양) 천, 인, 지혈도

기가 태어나게 될 것이며, 둘째는 산모가 분만할 때는 으레 힘이 들어가는데 산모가 명당의 혈 기운을 직접 받게 되므로 아기를 훨씬 더 수월하게 낳을 수 있을 것이라는 믿음 때문이다. 게다가 산모의 출산 후 회복속도가 빠른데다 수술시 의료사고 또한 획기적으로 줄어들게 된다는 사실도 간과할 수 없는 사실이 아니겠는가. 아울러 이제 막 태어난 아기를 놓아두는 신생아 시설도 명당의 혈자리에 배치하는 것이 좋을 것이다. 특히 미숙아로 태어난 아이를 돌보아주는 인큐베이터 역시 혈자리에 정확히 장치하면 아기들의 회복속도가 무서울 정도로 빠르리라 확신한다. 퇴계의 조부는 이런 저런 장점들을 이미 560년 전에 숙지하고 태실을 산실로 지었다니 그 현명함에 그저 놀라울 따름이다.

음의 천혈은 태실의 우측 담장에 맺혀 있다. 그리고 태실 아래로는 음·양의 인혈과 지혈 등 네 개의 대혈자리가 논밭에 맺혀 있다. 태실에 맺힌 양의 천혈로부터 아홉 개의 기맥선이 포물선을 그리며 뻗어내려 아래의 밭에 양의 인혈을 맺고 있는데, 여기서 그 아홉 개의 기맥선 중 우측으로부터 세 번째 기맥선에 맞추어 중문中門을 내었고 아홉 번째 기맥선에 맞추어서는 대문大門을 배치했다. 풍수지리학 자연법의 핵심이 기맥선과 혈자리에 있음을 고려해 볼 때 참으로 놀라운 배치법이 아닐 수 없다.

양택陽宅을 지을 때는 무엇보다 기맥선과 혈자리를 정확히 측정해 정혈자리와 기맥선 위에 중요한 가상家相을 우선 배치해야만 한다. 이와 같은 중요한 양택陽宅 배치법에 정확하게 따라 지은 집이 곧 퇴계태실이다. 태실의 좌향은 축좌미향丑坐未向으로서 세 개의 봉우리가 부챗살처럼 펼쳐진 산을 안산案山으로 하고 있는데, 실제로 공간에너지가 흐르고 있는 올바른 좌향은 자좌오향子坐午向이다.

필자가 전국의 유명고택을 모두 답사하였지만 퇴계태실만큼 풍수지리학 자연법 활용의 극치를 보여주는 집은 없었다.

의성 김씨 義城金氏 종택 宗宅 • 안동

사랑채와 대문채

　전형적인 배산임수의 형태를 지니고 내(川) 앞에 위치한 안동 의성 김씨의 종택은 학봉鶴峰 김성일(金誠一, 1538~1593)의 조부인 김예범이 분가했을 당시 70칸의 규모로 건립된 것이라고 전해진다. 이후 세거지世居地 확보를 위한 개간과 건축에 매진하던 학봉의 부친 김진에 의해 일부 개축되기도 하였으나 애석하게도 1587년 화재로 소실되었다. 이때 관직에서 물러나 향리에 머물던 학봉이 이를 안타깝게 여겨 이듬해에 이 집을 중건하게 되었는데, 스스로 설계하고 감독까지 했다고 전해온다.

　본래 본채와 별당채, 행랑채, 문간채 등의 구성으로 지어진 것으로 보이는 이 가옥은 1730년을 전후해 학봉의 후손인 김민행에 의해 문간채가 철거되었으며, 1757년에는 태실胎室을 헐고 그 바닥에 마루를 깔아서 대청의 일부로 개

안채 모습

안방 대명당혈 배꼽자리

조하는 작업이 이루어졌다고 알려진다. 이렇게 태실을 없앤 뒤로 후손들은 다른 방에서 태어났는데, 이상하게도 그 후로는 과거에 급제하는 자손이 없었다고 한다. 이는 탄생지가 곧 혈자리이어야 한다는 중요한 사실을 방증하는 것인데, 그래선지 1980년대에 이르러 김시우에 의해서 태실이 복원되었다.

이 가옥은 전체적으로 남동향을 바라보고 있으며 'ㅁ자형'의 본체가 '-자형' 별당채와 행랑채 등 다른 부속건물들과 결합해 전체적으로는 'ㅌ자형'으로 보이고 있다.

의성 김씨 종택은 풍수지리학 자연법을 최대한 활용한 고택이다. 대현산大峴山에서 음·양의 기맥이 내려와 보국保國을 완벽히 갖춘 산진처山盡處에 이르러 음·양의 천혈, 인혈, 지혈이 맺혔는데, 이 종택은 양의 천혈자리 정혈처에 안채를 배치했다. 도면에서도 나타나듯이 음의 천혈은 장판각藏版閣과 협문 사이 아래쪽에 맺혀져 있고, 본 종택 건물의 아래로는 음·양의 인혈과 지혈이 맺혀져 있다.

의성 김씨 종택 태실

　안채의 가상家相 배치를 상세히 살펴보면 양의 천혈 배꼽자리에 안방을 정확히 배치시킴으로써 안채를 비롯해 사랑방까지 모두 혈장穴場 내로 들어가도록 하고 있다. 특히 학봉의 태실은 대청마루에 접해 위치하고 있는데, 이 또한 대혈장大穴場 안에 존재하고 있음을 볼 수 있다.

　학봉태실에서는 김진을 비롯하여 그의 아들 다섯이 태어났는데, 놀랍게도 그들 모두가 과거에 급제했기에 이후 사람들은 이 집을 가리켜 '천천오룡 오자등과댁天川五龍 五子登科宅'이라고 부르기도 한다고 한다. 그들 모두가 대명당 혈자리에서 잉태되고 태어났으니 과연 '인걸人傑은 지령地靈'이 아닐 수 없음이다.

　내앞마을 앞에는 비보풍수裨補風水 차원에서 심어놓았다는 해송海松 묘목단지가 있다. 사람들은 이를 일러 '개호송' 또는 '내앞쑤'라고 부른다고 하는데, 마을의 수구水口가 너무 부실하기 때문에 이를 보완하기 위해서, 또 마을의 서쪽이 허虛한데다 강가의 바람과 습기가 많아 이를 방지하기 위해 심었다는 일종의 방풍림이다. 이렇듯 의성 김씨 종택은 집뿐만 아니라 주변의 거의 모든 환경이 풍수지리 자연법에 그대로 녹아 있는 듯 보인다.

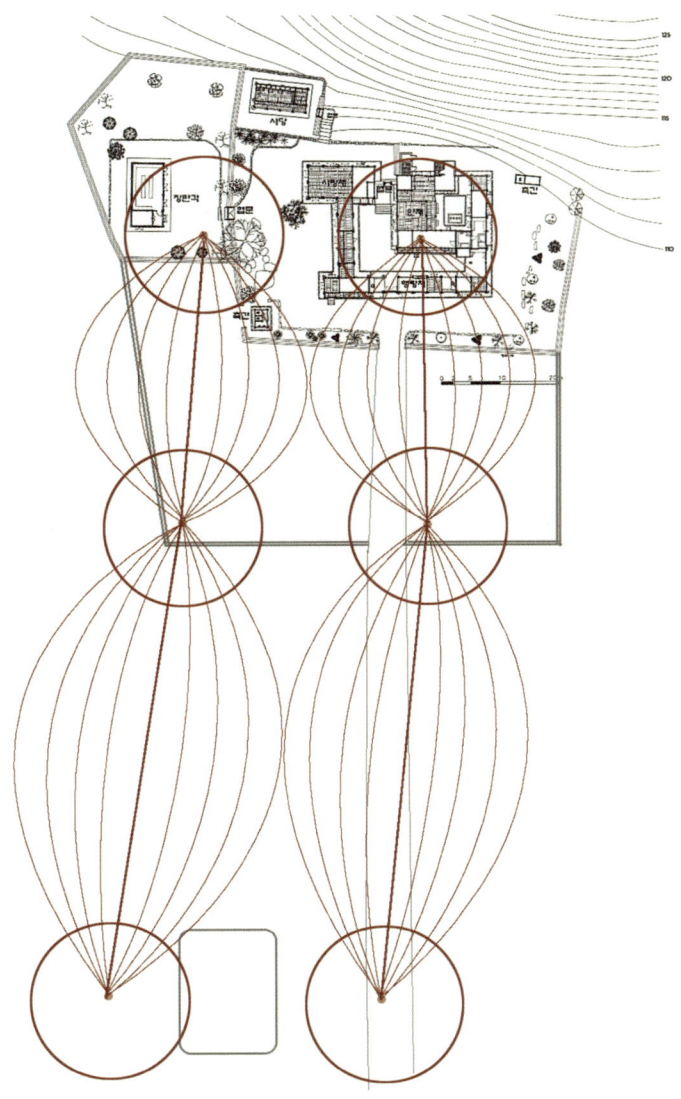

의성 김씨 종택 명당 (음·양) 천, 인, 지혈 도면 〈도면, 「민가건축Ⅱ」〉

어쨌든 본 고택의 예에서 보듯이 대혈의 한 자리 만이라도 정확히 활용해 가상 家相을 배치하면, 이곳에서 태어나 생활하는 자손은 분명 걸출한 인물이 되리라 믿어 의심치 않는다.

의인 인물을 낳는 터 | 149

인촌仁村 김성수金性洙 생가 • 고창

인촌 김성수 생가 전경

　이 건물은 전북 고창군 부안면 봉암리에 소재하고 있으며 대한민국 제2대 부통령이자 정치와 언론, 교육, 문화 등 다양한 분야에 걸쳐 한국 근대화에 거대한 족적을 남긴 인촌 김성수(1891~1955) 선생이 태어난 생가다. 또한 김성수의 아우로 근대 공업화의 선구자요 민족자본 육성의 수범자이기도 했던 김연수가 태어난 생가이기도 하다.

　낮은 담을 경계로 북쪽에는 큰집을, 남쪽에는 작은집을 세웠는데 공동의 대지 안에 각기 독립된 생활을 할 수 있도록 두 집을 함께 지은 점이 특이하다. 큰집 안채는 1861년, 사랑채는 1879년, 작은집 안채는 1881년에 인촌의 조부인 김요협이 지었으며, 작은집 사랑채는 1903년 부친 김경중이 지었다고 한다. 인촌은 1891년, 김연수는 1896년 작은집 안채에서 각각 출생했다. 그들

큰댁 안채

큰댁 사랑채

은 1907년 봄, 당시 이 고장을 휩쓸던 화적떼들의 행패와 도깨비불 출몰 때문에 부안군 줄포면 줄포리로 이사를 가기까지 줄곧 이 집에서 살았다.

    인촌의 생가는 풍수지리학 자연법을 완전히 터득한 어느 뛰어난 도승이나 지관의 재혈裁穴에 따라 건축되었음이 틀림없다고 필자는 확신한다. 자연의 보배랄 수 있는 명당혈明堂穴의 이치와 원리 등을 꿰뚫듯 정확히 알고 재혈裁穴해 놓았기 때문이다.

    인촌의 생가는 대명당의 혈자리와 소명당의 혈자리, 그리고 기맥의 흐름까지 고려해 완벽한 가상家相을 배치하고 있음을 보여준다. 먼저 주산主山 매봉에서 힘차게 하강하던 중심용맥이 완만한 구릉지에 와서 지각地殼을 벌리고, 그 중심의 중출맥重出脈이 인촌의 생가 쪽으로 내려오고 있음을 알 수 있다. 바람을 피해가며 중심용맥을 타고 내려오던 음·양의 기맥은 인촌의 생가 근처에 와서 음·양의 천혈과 인혈, 지혈의 혈을 맺고 다시 소혈을 맺으면서 생가 앞으로 흐르고 있다.

    먼저 큰집 안채 뒤란 담 너머 밭에 음·양 천혈이 맺혀 있다. 음의 천혈로

위성사진으로 본 인촌 김성수 선생 생가 명당혈도

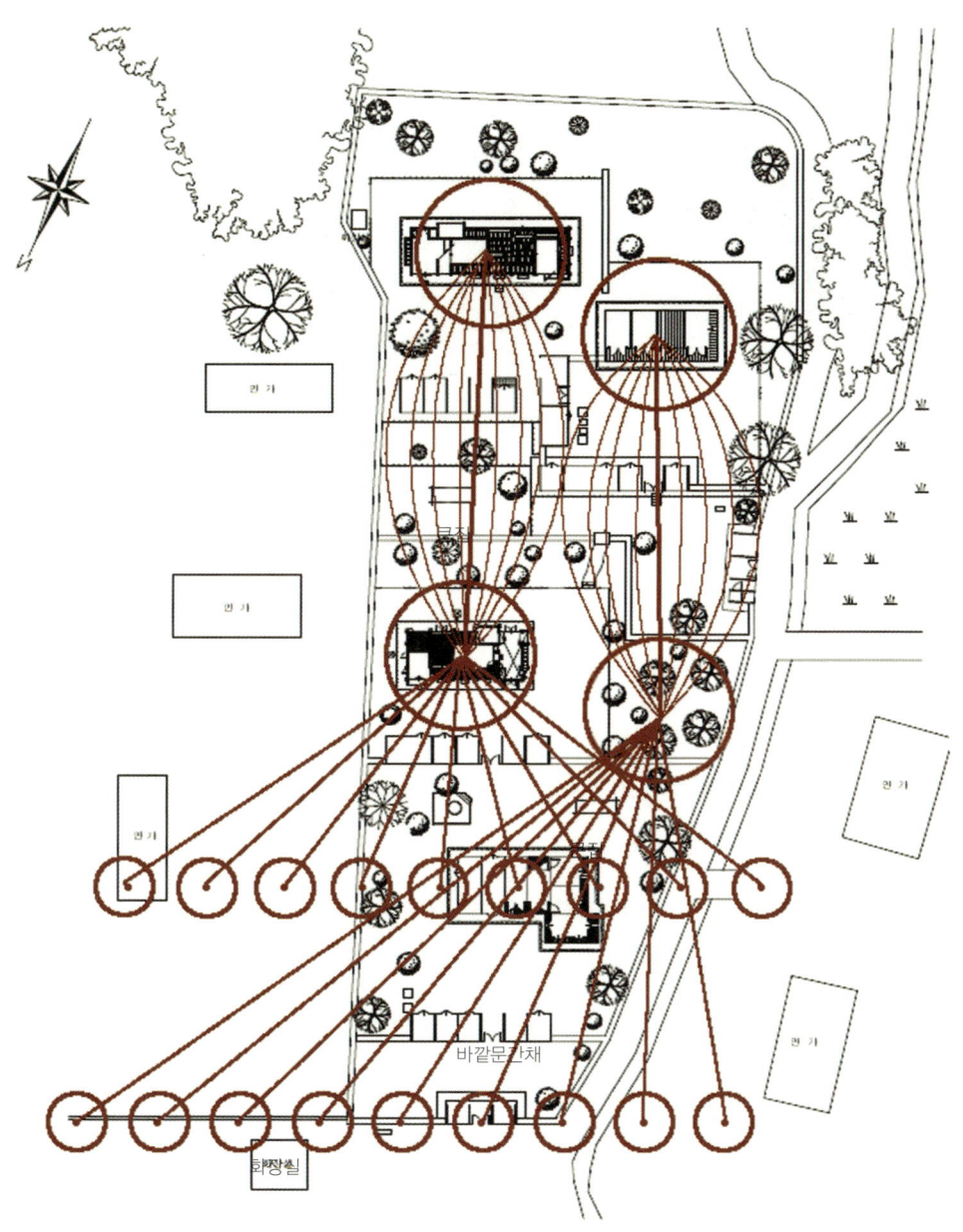

인촌 김성수 선생 생가 명당혈 도면 〈도면. 아리건축사무소〉

의인 인물을 낳는 터

작은댁 안채

작은댁 사랑채

부터 아홉 개의 기맥선이 포물선을 그리며 내려와 합쳐져 음의 인혈이 맺은 곳에는 큰집 안채가 정확하게 정혈처에 배치되어 있다. 그리고 양의 천혈로부터 아홉 개의 기맥선이 포물선을 그리며 내려와 합쳐져 양의 인혈이 맺은 곳에는 한 치의 오차도 없이 큰집 사랑채가 정혈처에 배치됐다.

다음으로 음의 인혈로부터 아홉 개의 기맥선이 포물선을 그리며 내려와 합쳐져 음의 지혈이 맺어진 곳에는, 작은집 안채가 정확하게 정혈처에 배치되어 있음을 보게 된다. 또 양의 인혈에서 아홉 개의 기맥선이 포물선을 그리며 내려와 합쳐진 양의 지혈은 작은집 안채 좌측의 정원에 맺혀져 있다.

여기서 기맥선을 활용한 놀라운 가상家相 배치를 들여다보자. 음·양의 인혈에서 포물선 그리며 뻗어나간 18개의 기맥선 중에서 세 개의 기맥선 흐름에 맞추어 큰댁 중문과 행랑채 대문, 큰댁 대문을 배치시키고 있다는 사실이 놀랍다. 또한 음의 지혈로부터 아홉 개의 기맥선이 뻗어내려 아홉 개의 소혈이 횡으로 맺혀 있는데, 이 중에서 세 개의 소혈에 맞춰서 작은집 사랑채를

큰댁 대문

배치하고 있음도 볼 수 있다. 그런 소혈자리에 사랑방까지 정확히 정혈처에 배치하고 있음은 물론이다.

그리고 양의 지혈로부터 아홉 개의 기맥선이 뻗어내려 아홉 개의 소혈이 횡으로 맺혀 있는데, 작은 집 사랑채와 마찬가지로 이 중에서 세 개의 소혈에 맞춰서 대문채를 배치하고 있다. 솟을대문 또한 소혈자리에 한 치의 오차 없이 정혈처에 배치하고 있다.

그리하여 인촌의 생가 담장 안에만 대명당혈자리가 네 개, 소혈자리 일곱 개가 맺혀 있는 곳의 정혈처에 가상家相을 배치했고 생기生氣가 흐르는 기맥선에 맞춰 중문과 대문을 배치했던 것이다. 다시 말해 생기生氣 에너지가 흘러넘치는 혈자리와 기맥선에 맞추어 사람이 움직이는 주요 동선에 정확히 가상家相을 맞추어 놓았다는 것이다.

이 집의 좌향은 오좌자향午坐子向인 북향으로서 기맥과 공간에너지의 흐름에 정확히 일치한다. 결론적으로 인촌의 생가는 풍수지리학 자연법에 완벽히 맞춘 최고의 양택陽宅 중의 하나라고 할 수 있다.

한편 필자가 남양주에 모신 인촌 김성수의 묘, 김상만의 묘, 김병관의 묘 등 3대에 걸친 묘지를 감정해보니 6개의 대명당혈자리를 지척에 두고 정혈자리에 비켜서 잘못 모신 것을 보았다. 인촌 김성수의 묘만 중심기맥선을 타고 있고 나머지 묘는 기맥선 밖의 자리에 모시고 있어 아쉬움이 컸다.

서백당書百堂 • 경주

서백당 사랑채

경북 경주시 강동면 양동마을 안골의 중심에 위치한 서백당은 규모와 격식을 갖춘 대규모 가옥이다. 조선 초기의 문신 손소(孫昭, 1433~1484)가 1454년(성종 15년)에 지은 조선시대의 양반주택으로, 이 마을에 세거世居하는 월성 손씨月城孫氏의 대종택大宗宅이다.

손소는 1467년 이시애의 난 때 종사관으로 출정했으며, 공조참의 등을 거쳐 계천군鷄川君에 봉해졌고 이어 진주목사 등을 지낸 바 있다. 이 집은 특히 그의 아들이자 조선 중기의 뛰어난 유학자인 우재愚齋 손중돈孫仲暾과 외손인 회재晦齋 이언적李彦迪이 태어난 집으로도 유명한데, 풍수적으로는 세 사람의 현인賢人이 태어난다는 이른바 삼현선생지지三賢先生之地에 지어놓은 15세기 중엽의 양반 사대부 가옥이다.

비교적 야트막하지만 양동마을의 주산主山인 설창산에서 남쪽으로 뻗은 산

항공사진으로 본 서백당 명당혈도 〈사진, 「양동 서백당 기록화 보고서」〉

줄기 깊숙한 골짜기의 비교적 높은 구릉에 남서향으로 지었다. 서백당은 설창산에서 서백당을 향해 내려오는 네 개의 물勿자형 산줄기 중에서 세 번째 용맥으로 내려가 음·양의 천혈, 인혈, 지혈로 대혈을 맺은 곳에 위치해 있다. 음·양의 천혈과 인혈, 지혈 중에서도 양의 천혈, 인혈, 지혈의 혈자리에 맞추어 건축했다.

양의 천혈은 안채 뒤 담장에 걸쳐 맺혀져 있고, 양의 인혈에 맞추어서 안채를 정혈처에 배치했다. 대청마루는 전면 세 칸으로 구성되어 있는데, 양의 인혈 배꼽자리에 대청의 중심을 배치시킴으로써 안채 전체가 혈장穴場 안에 들도록 배치한 것도 특징이다. 이곳 안채 좌측 방에 별도의 산실産室을 두고 이곳에서 산모가 해산하도록 조치하였다. 양의 지혈은 대문채 아래 좌측 진입로상에 맺혀 있다. 특히 주목할 점은 안채 인혈자리와 지혈간의 5번방 중심기

의인 인물을 낳는 터 | 157

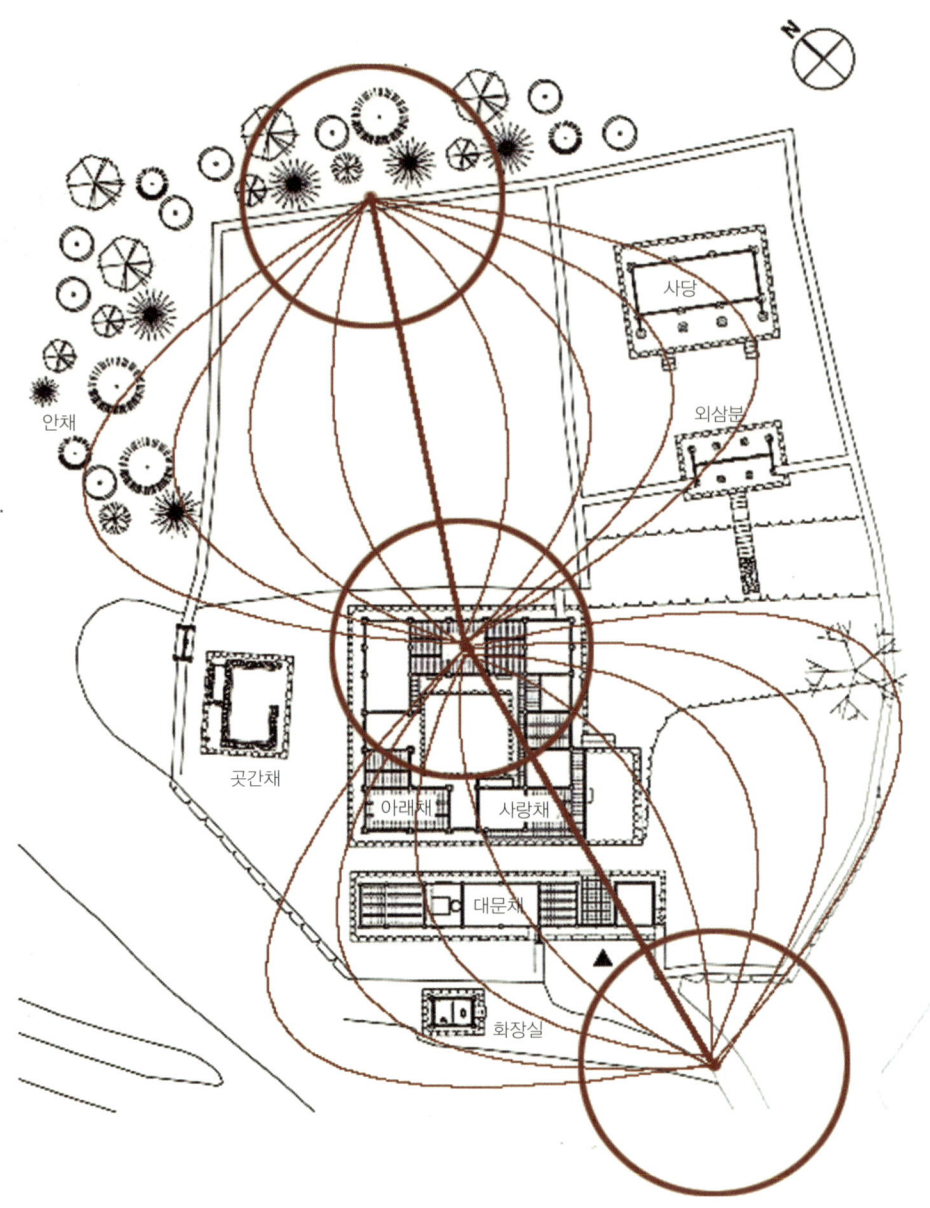

서백당 명당혈 도면 〈도면, 「가옥과 민속마을 Ⅱ」〉

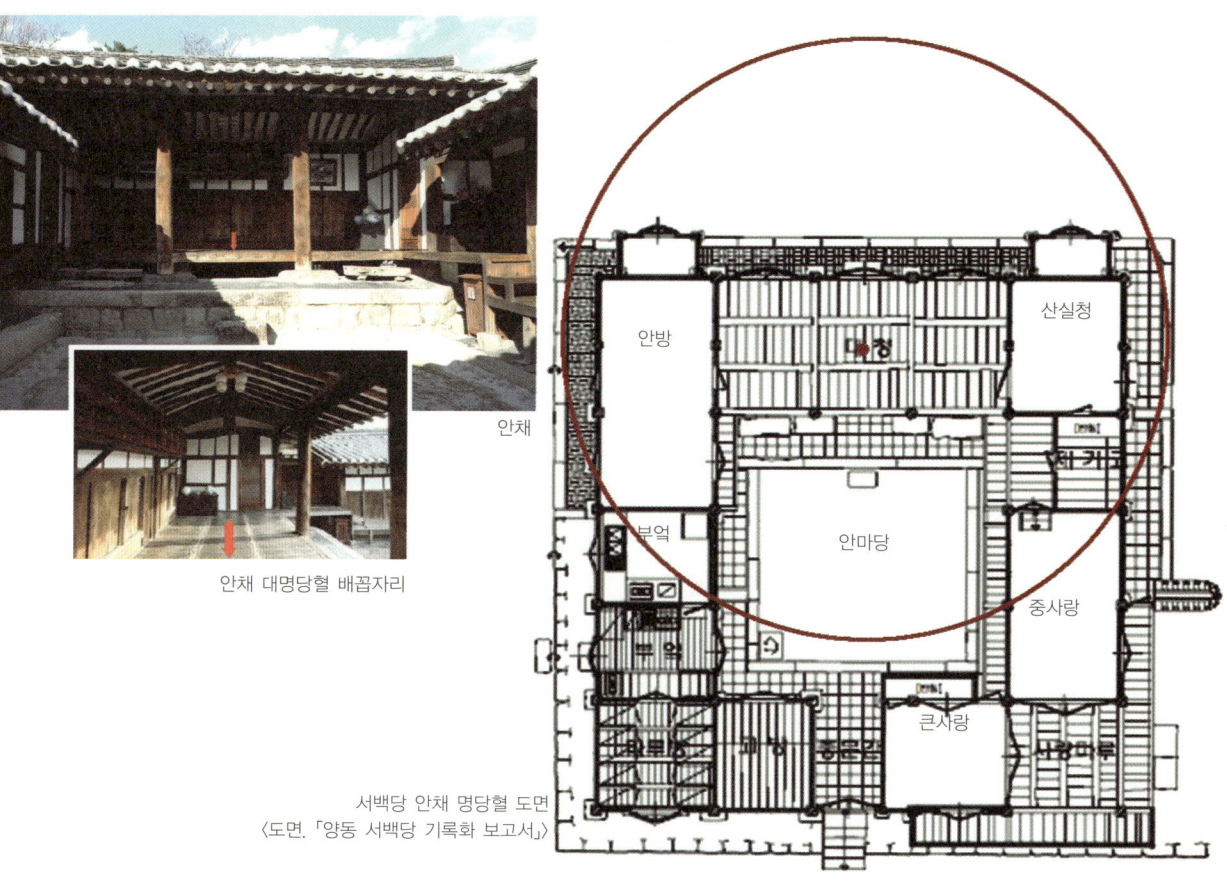

안채

안채 대명당혈 배꼽자리

서백당 안채 명당혈 도면
〈도면, 『양동 서백당 기록화 보고서』〉

맥선이 사랑방을 관통하도록 배치하여 사랑방이 생기가 충만하도록 조치한 점이 인상적이다. 건물의 좌향은 간좌곤향艮坐坤向으로, 정확히 기맥의 흐름과 공간에너지 흐름에 일치하고 있음을 알 수 있다.

당초 이 터를 재혈裁穴한 지관이 향후 이 집에서는 세 명의 현인賢人이 태어난다고 예언했다는데, 현재까지는 조선 중기의 유학자인 손중돈과 이언적 등 두 명의 현인이 탄생했다고 전해지는데 인걸은 지령인지라, 조상을 명당혈자리에 모시고 그 후손이 이 집에서 잉태되고 생활해야만이 그 예언이 실현될 것이다.

의인 인물을 낳는 터 | 159

임청각臨淸閣 • 안동

경북 안동에서 동북 방향으로 길을 잡아 안동댐 쪽으로 가다 보면 길가에 안동 보조댐이 있고, 그 인근에 임청각 고택이 나타난다. 안동시 법흥동 20에 자리 잡고 있는 이 고택은 임시정부 초대 국무령을 지낸 독립운동가 석주石州 이상룡(李相龍, 1858~1932)의 생가로, 명당혈자리에 가상家相을 한 치 오차 없이 배치한 고성 이씨固城李氏의 고택이다.

임청각은 국무령 이상룡을 비롯해 4대에 걸쳐 무려 9명의 독립운동가가 태어난 독립운동가 집안으로도 유명하다. 석주와 함께 간도로 망명을 떠났던 당숙 이승화를 비롯하여 석주의 아우인 이상동과 이봉희, 조카인 이운형과 이형국, 이광민 그리고 친아들인 이준형과 친손자 이병화 등이 그들이다. 그야말로 '인걸人傑은 지령地靈'이라는 말이 고스란히 묻어나는 고택이다.

고성 이씨의 대표적인 인물로는 세종 때의 청백리로 좌의정을 지낸 철성부원군 이원이 있다. 이원의 일곱 아들 가운데 여섯 째 아들 이증이 곧 안동安東의 입향조入鄕祖인데, 이증의 둘째 아들 이굉이 와부탄에 귀래정歸來亭을 건립하고, 셋째 아들 이명(1496~1572)은 이곳에 임청각을 지었다. 그로부터 400여 년 동안 후손들 대부분은 중앙 정계에 발을 들여놓지 않고 은둔의 명문가를 이루었다. 당호인 임청각臨淸閣은 중국 송나라의 시인 도연명의 시 「귀거래사歸去來辭」의 登東皐以舒嘯등동고이서소 臨淸流而賦詩임청류이부시 즉, '동쪽 언덕에 올라 긴 휘파람불고 맑은 시내에서 시를 짓노라'라는 구절에서 취한 것으로 전해져 온다.11)

---

11) 「안동 임청각 정침 군자정 실측보고서」

영천과 산실

안채

군자정

소혈자리에 안채로 올라 들어가는 길목 배치

의인 인물을 낳는 터

임청각은 본래 99칸의 대저택이었으나 일제 강점기 때 중앙선 철도가 집 앞을 통과하는 바람에 행랑채 일부와 문간채, 중층의 문루가 철거되어 현재는 50여 칸만 남아 있다.

이 고택은 크게 나누어 정침正寢과 별당, 사당 등 세 곳의 영역으로 이루어져 있는데, 정침은 대지의 서쪽에 동남향으로 위치하고 있으며, 그 우측으로는 연못을 앞에 둔 군자정君子亭이 동북향을 향해 자리를 잡고 있다.

임청각의 아래쪽 반은 일자日字의 형태를 보이고, 위쪽의 반은 월자月字 형상을 보여주는데, 이 일월日月의 합형合形인 용用자형으로 하늘의 해와 달을 지상으로 불러들여서 천지의 정기를 화합시켜 생기生氣를 받고자 하는데 의미를 둔 것이 아닌가 싶다. 이렇듯 좋은 형태의 집 구조는 좋은 기운을 일으키고 그 기운이 곧바로 인간에게 영향을 미친다고 생각해서 그렇게 가상家相을 배치했는지 모른다.

그러나 그 근본은 풍수지리학 자연법 측면에서 명당의 소혈이 맺는 이치를 이해하고 그 소혈자리에 맞추어 가상家相을 배치한 것으로서, 이왕이면 물형론적物形論的 측면에서 보다 좋은 형태의 집 구조를 고려한 발상으로 보아야 할 것이다.

임청각을 풍수지리학 자연법 측면에서 보면 배산임수와 전저후고前低後高의 법칙을 그대로 따르고 있을 뿐 아니라 무려 18개의 소혈과 두 개의 대혈이 맺은 곳에 정확히 가상家相을 배치해 놓고 있는 최고의 양택陽宅으로 꼽을 수 있다.

임청각 뒤 상산象山으로 올라가 보면 음혈陰穴과 양혈陽穴 대명당의 혈자리가 산 중턱에 나란히 맺혀 있다. 양의 대혈에서 아홉 개의 기맥선이 하강, 아홉 개의 소혈이 일정 간격으로 횡으로 맺혀있는 곳에다 맞추어 마루방과 온돌방, 산실產室이 있는 안채와 군자정君子亭, 연못 등을 배치하고 있다.

임청각 명당혈 도면 〈도면, 「안동 임청각 정침 군자정 실측보고서」〉

의인 인물을 낳는 터

위성사진 상으로 본 임청각 명당혈도

　　이곳 안채 라인에는 세 명의 정승이 난다고 전해지는 산실産室, 영실靈室이 있다. 필자가 그 방으로 들어가 보니 소혈 배꼽자리가 방 중앙에 정확히 자리 잡고 있었고 지기地氣가 왕성하고 생기生氣가 대단히 충만했는데, 바로 이 방에서 석주 이상룡이 태어났다.

　　방의 앞마당엔 영천靈泉이라는 우물이 있는데, 지금도 청석靑石 암반을 통해 나오는 명당수가 특유의 맑고 청량함을 자랑한다고 한다.

　　또한, 음의 대혈에서 아홉 개의 기맥선이 하강함으로써 아홉 개의 소혈이 일정간격으로 횡으로 맺혀진 곳에 맞추어 안행랑채를 배치했다. 안행랑채와 안채의 구조와 동선 및 출입문의 배치를 보면 탄성이 절로 나온다.

중앙선 철도상의 음양 혈자리

첫째는 안채와 안행랑채에만 사람이 기거하는 방들을 배치했는데, 이는 혈자리에 정확히 맞추어 지은 가상家相으로 천기天氣와 지기地氣를 동시에 받을 수 있도록 조치했던 것으로 여겨진다. 둘째는 내부의 동선 흐름을 전체적으로 좌회전 흐름에 맞추어 배치했다. 풍수지리학 자연법 측면에서 보자면 지구는 본디 좌회전을 하므로 지상의 모든 동식물들의 생장과 성장운동 또한 거의 좌회전을 하고 있는데, 바로 이 흐름에 맞출 때만이 가장 자연적인 흐름이 된다는 데 착안한 것으로 보인다.

아울러 계단을 올라 정침 공간으로 이동하는 진입구에 혈자리에 맞추어 출입구를 배치했다는 점도 눈여겨볼만한 대목이다.

바깥 행랑채를 빠져나오면 바로 아래에 철도가 가로 막고 있는데, 대혈자리가 음·양으로 철로 상에 맺혀 있다. 양의 대혈인 경우에는 안채와 군자정君子亭 라인에서 아홉 개의 소혈로부터 아홉 개의 기맥선이 내려와 합쳐져서 맺혀진 것이다.

음의 대혈의 경우에는 안행랑채 라인에 아홉 개의 소혈로부터 아홉 개의 기맥선이 내려와 합쳐져서 맺혀진 것이다. 바로 이곳에 지금은 철거되어 없어진 문간채와 중층 문루가 정혈처에 자리 잡고 있었는데, 일제강점기에 일본인이 훌륭한 인물이 나는 임청각의 지기地氣를 훼손시키려고 이곳에 중앙선 철도가 지나도록 건설했다고 한다.

당시 일본인들이 인걸은 지령이란 사실을 정확히 알고 있었기에 임청각 정기를 훼손시켜 큰 인물이 나지 못하도록 야비한 짓을 한 것이다.

필자가 철로 위로 올라가 보니 사진에서 보이는 것처럼 음·양의 대혈 두 개가 나란히 철도변에서 생기生氣를 발하고 있었다. 다행히 정부에서는 이 철도를 이전할 계획이 있다고 하니 부디 이곳 혈자리에 맞추어 옛 건물을 복원하길 기대한다.

아무튼 임청각은 생기生氣가 강하게 흐르는 청석 암반 위에 있는 소혈 18개의 정혈자리에 맞추어 정침正寢 안채와 안행랑채 등을 '용用 자' 형상으로 배치함으로써, 소혈자리를 완벽하게 활용하고 있는 최고의 고택으로 꼽히고 있다.

오죽헌烏竹軒 • 강릉

강원도 강릉시 죽헌동에 있는 조선 전기의 주택인 오죽헌은 율곡 이이 (1536~1584)가 태어난 몽룡실夢龍室이 있는 별당 건물로, 우리나라 주택 중에서 가장 오래된 고택 중의 하나다. 이 집은 집 주변이 온통 검은 대나무로 둘러싸여 있어 '오죽헌烏竹軒'이라는 이름이 붙여졌다고 하는데, 오죽헌은 조선 중기 사대부 주택에 많이 나타나는 별당과 그 평면형식을 같이 한다.

본가本家는 'ㅁ자형'의 평면이고 안채와 사랑채로 본가와는 담장으로 구분되어 있어 별도의 영역에 자리하고 있다.

오죽헌은 별당 형식으로 정면 세 칸, 측면이 두 칸인데, 좌측의 네 칸은 마루를 깔아 대청으로 꾸미고 오른쪽 한 칸 반은 온돌을 깔아놓았는데, 이 온돌방이 바로 몽룡실이다. 이 고택의 건립 연대는 명확하지는 않지만 조선조 단종 때 병조참판과 대사헌을 지낸 최응현의 집이었다는 점으로 보아 적어도 15세기 후반쯤에는 지어졌을 것으로 추정된다.[12]

율곡이 태어난 오죽헌에 대하여 풍수지리학 자연법 측면에서 보자면 다음과 같다. 완만한 구릉산丘陵山 줄기를 타고 내려온 기맥이 음·양으로 내려와 완벽한 보국保國을 갖춘 오죽헌 주위에 와서 음·양의 천혈과 인혈, 지혈이 맺고 있다.

도면에서도 나타나듯이 음의 천혈자리에는 안채가 정확히 정혈처에 위치하고 있으며, 양의 천혈자리는 문성사文成祠의 우측 뒤편 소나무에 둘러싸여 맺혀 있다. 양의 천혈에서 아홉 개의 기맥이 포물선을 그리며 내려온 후 다시 합쳐져 양의 인혈자리가 맺힌 곳에는 오죽헌이 매우 정확하게 정혈에 배치되

---

12) 「민가건축 Ⅰ」 p.126

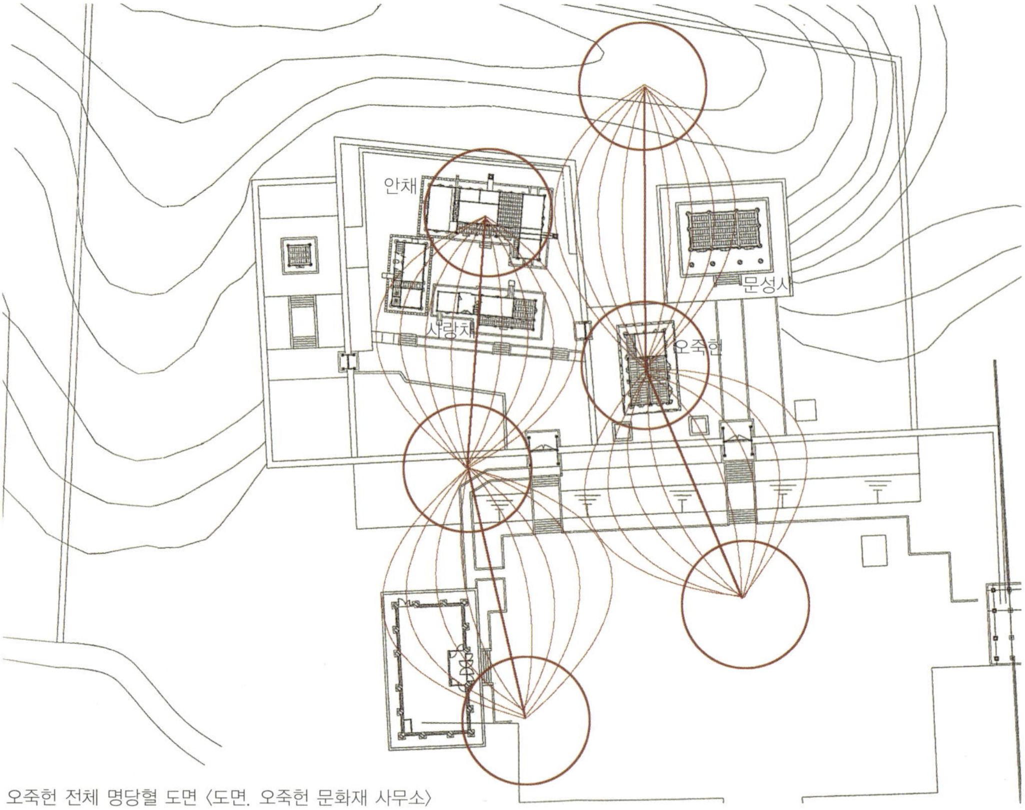

오죽헌 전체 명당혈 도면 〈도면. 오죽헌 문화재 사무소〉

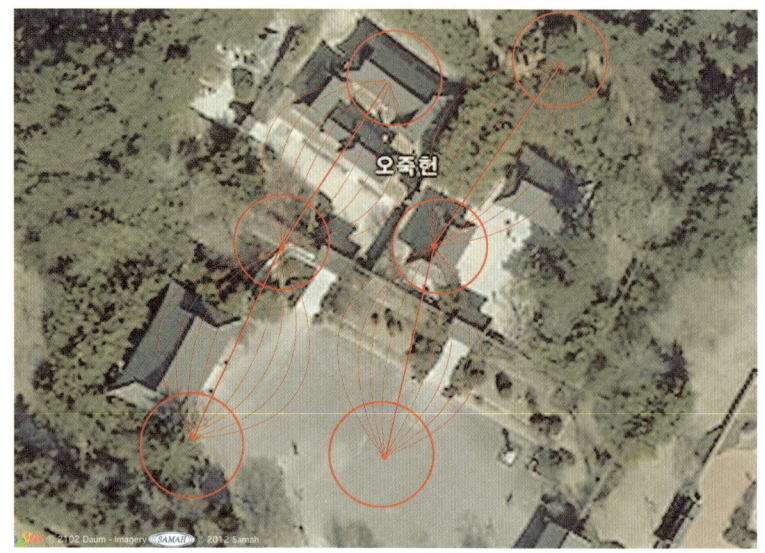

위성사진으로 본 오죽헌 명당혈도

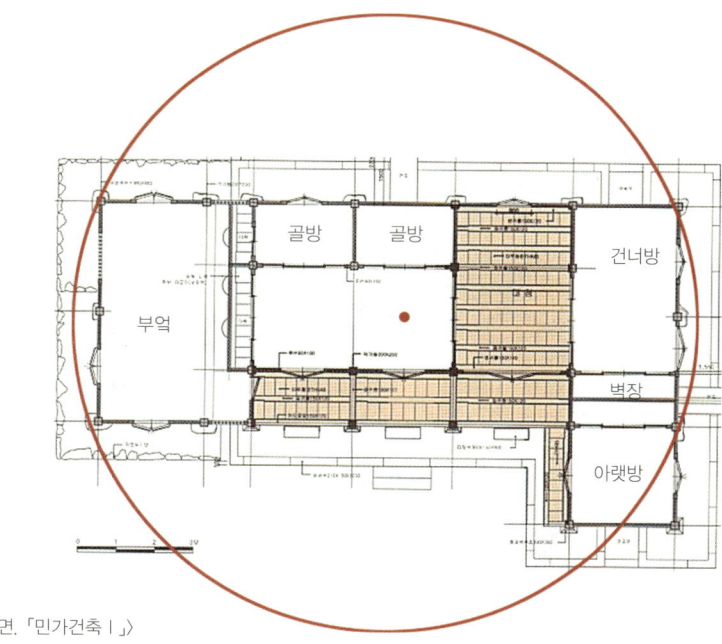

안채 명당혈 도면 〈도면, 「민가건축Ⅰ」〉

안채

안방 명당혈 배꼽자리

의인 인물을 낳는 터 | 169

오죽헌

오죽헌 명당혈 배꼽자리

어 있다.

혈자리의 바른 좌향은 간좌곤향艮坐坤向인데 오죽헌은 동남향을 향하고 있다.

또한 음의 인혈자리와 음·양의 지혈자리는 대문 주위와 오죽헌 아래 광장에 맺혀 있다. 지어진 지 500년이 넘은 고택이지만 오죽헌 내에는 지금도 변함없이 강력한 생기生氣가 끊임없이 뿜어져 나오고 있다.

한편, 율곡의 잉태지는 강원도 평창군 봉평면 창동리에 위치해 있는 판관대判官坮라는 곳이다. 이곳에는 율곡 선생의 잉태설화가 담긴 까만 비석 몸돌에 자연석 지붕돌을 얹어 놓은 판관대判官臺라는 기념비가 서 있다. 조선 중종 때 수운판관을 지낸 율곡 선생의 부친 이원수의 관직에서 유래한 '이판관의

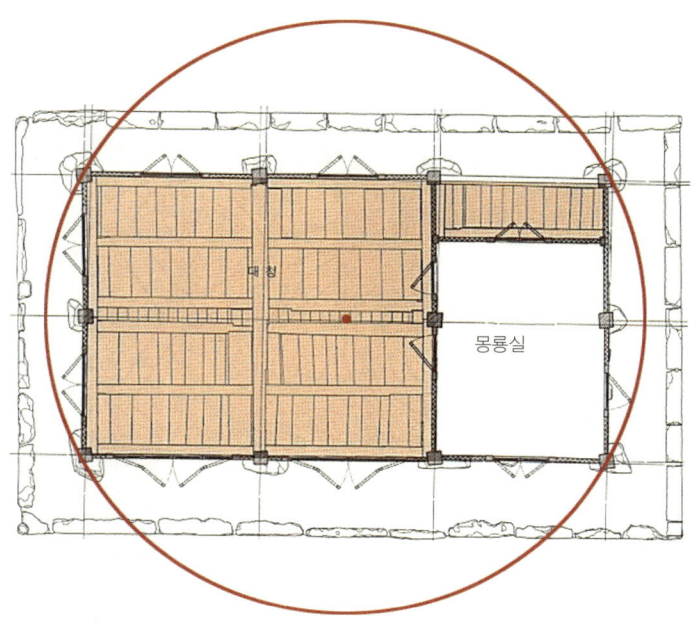

오죽헌 몽룡실 명당혈 도면 〈도면, 「민가건축Ⅰ」〉

몽룡실

집터'라는 뜻이다. 강릉에서 친정살이를 많이 했던 율곡의 어머니 심사임당과, 파주 율곡리에 살면서 서해의 운송책임을 맡고 있던 율곡의 아버지가 중간 지점인 이곳에 얼마 동안 임시거처를 마련했었다고 전해진다.

범상치 않은 인물에게는 으레 잉태설화가 뒤따르는 법인데, 율곡도 예외는 아니어서 아직도 진기한 설화가 전해져 내려온다.

어느 날 율곡의 부친 이원수가 여가를 틈타 파주에서 봉평으로 오던 중 날

의인 인물을 낳는 터 | 171

판관대 혈자리

　이 저물자 평창군 대화大和의 한 주막에서 하룻밤을 지내는데, 마침 그 주막의 여주인은 그날 밤 용 한 마리가 자기 품속으로 들어오는 꿈을 꾸었다. 여주인은 하늘이 자신에게 비범한 인물을 주려는 태몽으로 생각했음은 물론이다. 때마침 자기 집에 묶고 있는 객의 얼굴에 서기가 어린 것을 보고 아무래도 예사롭지 않은 일이라 여겨 하룻밤을 모시려고 했으나, 뜻밖에도 이 판관의 거절로 뜻을 이루지 못하였다.

　그때 신사임당은 강릉의 친정집에 있었는데 역시 용 한 마리가 자신의 품에 안기는 꿈을 꾸었다. 신사임당은 그 즉시 언니의 만류를 뿌리치고 불시에 140리 먼 길을 달려 봉평 집으로 돌아왔다. 때맞추어서 대화에서 주모의 청을 뿌리친 이 판관도 집에 도착하였고, 그날 밤 율곡이 잉태되었다고 전해진다.[13]

그래서인지는 몰라도 율곡의 어릴 적 이름이 현용見龍이었고, 신사임당이 꿈을 꾸었다는 강릉 오죽헌의 방에는 몽룡실이라는 현판이 걸려 있다.

필자가 판관대를 답사해보니 판관대란 비문碑文은 세워져 있었지만, 아무리 살펴보아도 이 지역엔 명당의 혈자리가 없었다. 그런데 길 아래로 내려오니 논이 보였는데, 바로 그곳에 천하의 대명당 대혈자리 두 개가 나란히 있었다.

이 지역 유림학자의 말에 의하면 판관대 옛 집터가 바로 그 논바닥 위에 있었다고 전한다고 했다. 이로 볼 때 율곡의 잉태지 판관대 역시 지기地氣가 왕성하고 산태극 수태극山太極 水太極의 길지로, 정혈자리 방에서 잉태되었음이 틀림없다 하겠다.

부부의 합방合房도 명당의 진혈眞穴 배꼽자리와 같은 좋은 장소에서 잘 맺어야 큰 인물을 잉태할 수 있다는 교훈을 주는 이야기가 아닐 수 없다.

---

13) 정경연 「정경연의 부자되는 양택풍수」 p.27

대한민국 대통령의 생가 터

- 윤보선 대통령 생가 / 아산
- 박정희 대통령 생가 / 구미
- 최규하 대통령 생가 / 원주
- 전두환 대통령 생가 / 합천
- 노태우 대통령 생가 / 달성
- 김영삼 대통령 생가 / 거제
- 김대중 대통령 생가 / 신안
- 노무현 대통령 생가 / 김해
- 이명박 대통령 고향집 / 포항
- 박근혜 대통령 생가 / 대구

명문가 인물들의 생가 터

"일국의 대통령이 되려면 조상 선영의 명당혈 기운을 받고
명당혈 배꼽자리를 태생부터 꾀차고 있어야만 한다."

윤보선 尹潽善 대통령 생가 • 아산

윤보선 대통령 생가 전경

충남 아산시 둔포면 해위길 52번 길 29에 위치해 있는 제4대 대한민국 대통령 윤보선(1897~1990)의 생가는 윤보선의 부친 윤치소가 1903년부터 4년간의 공사 끝에 건립한 가옥이다. 윤치소는 윤영렬의 둘째 아들로 당시 분가하면서 이곳에 위치를 정했다.

이 가옥은 사랑채와 안채, 문간채, 행랑채를 비롯하여 모든 부속 건물들이 '巴자형'으로 구성되어 있다. 앞면의 문간채로 들어서면 행랑마당이 나오고, 그 뒷면에는 행랑채가 문간채와 같은 방향으로 배치되어 있다. 행랑마당의 동쪽에는 사랑채가 있고, 그 주위는 담으로 둘러져 있는데, 행랑채 중간에 달린 중문中門으로 들어서면 'ㄱ자형' 평면의 안채가 안마당을 감싸듯이 자리를 잡

안채

안채 명당혈 배꼽자리

윤보선 대통령 생가 안채 명당혈 도면
〈도면. 「한국의 전통가옥 기록화 보고서」〉

사랑채

고 있다. 안마당의 구조는 'ㄱ자형' 안채와 'ㄴ자형' 행랑채가 안마당을 중심으로 놓여 있어 '튼ㅁ자형'으로 되어 있다.

윤보선의 생가는 마을 지세가 완만한 구릉으로, 마을 중심부에 흐르는 음·양의 기맥이 대혈과 소혈을 번갈아 맺은 곳에 정확히 혈자리에 맞춰 가상家相을 배치했다. 음의 대혈자리에는 안채의 중심을 정확히 배치했고, 음의 혈 배꼽자리에는 안방과 대청마루의 경계지점을 정확히 맞추어 배치했다. 따라서 안채 전체가 생기生氣로 뭉쳐진 혈장穴場 내에 존재하고 있다.

또한 양의 대혈은 안채 좌측의 담 넘어 밭에 맺혀 있음을 볼 수 있다.

행랑채는 안채 음의 대혈에서 아홉 개의 기맥선이 내려와 소혈 아홉 개가 횡으로 맺혀진 곳에 맞추어 배치했다. 특히 행랑채의 중문 입구가 소혈의 중심점에 정확히 맞춰진 것은 탄복할만하지만, 사랑채는 현재 비혈非穴자리에 위치해 있다.

추측컨대 이 집은 나중에 증개축을 하면서 잘못 배치한 것으로 생각된다. 안채와 행랑채, 대문채마저 정확히 명당의 혈자리에 제대로 맞춰 배치했는데,

대한민국 대통령의 생가 터 | 179

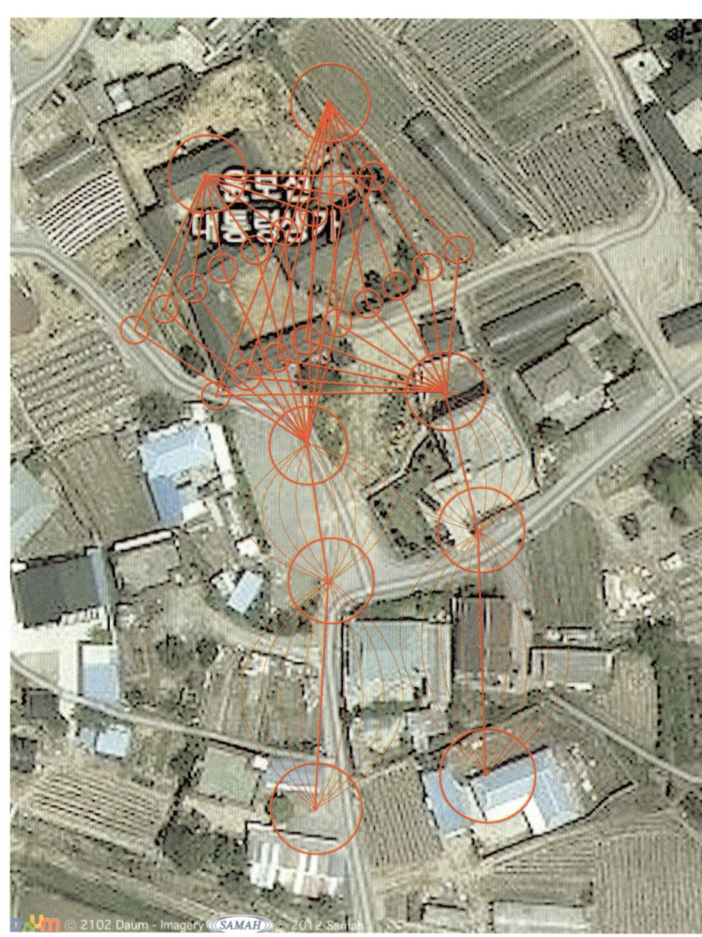

위성사진으로 본
윤보선 대통령 생가 명당혈도

유독 사랑채만 비혈자리에 있기 때문이다.

한편, 문간채는 양의 대혈에서 아홉 개의 기맥이 내려와 소혈 아홉 개가 횡으로 맺혀진 곳에 배치하고 있다. 특히 대문의 중심이 소혈의 중심점에 정확히 맞춰진 것이 눈에 띤다. 그리고 대문 밖 마당에 음·양의 천, 인혈이 맺혀 있고 그 아래에 지혈이 맺혀 있다.

윤보선의 생가는 사랑채만 제외하고 안채와 행랑채, 대문채 등이 대혈과 소혈자리에 정확히 맞춰져 가상家相이 배치된 곳으로 풍수지리 공부에 매우

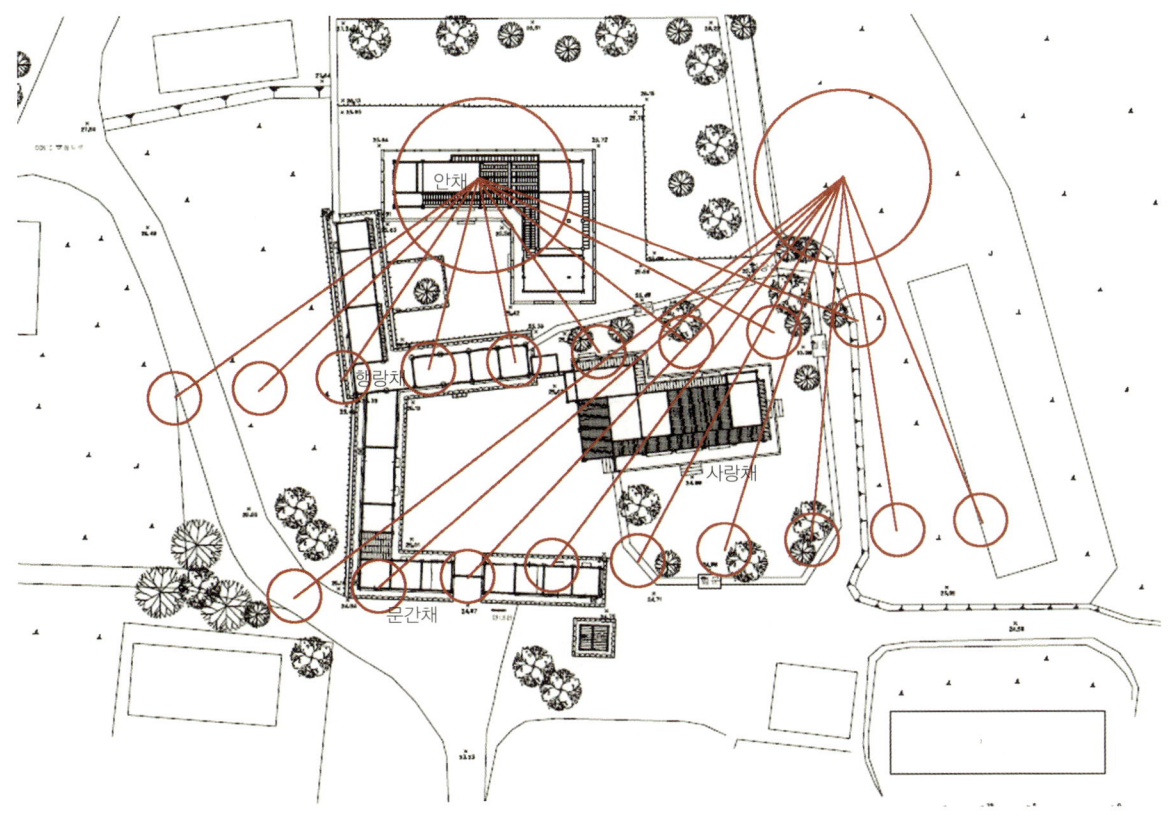

윤보선 대통령 생가 명당 혈도면 〈도면, 「한국의 전통가옥 기록화 보고서」〉

좋은 장소가 될 수 있다.

    본 생가 건물의 좌향은 자좌오향子坐午向으로 기맥선과 공간에너지의 흐름에 정확히 맞춰 배치 하였다. 윤보선의 생가 역시 '인걸人傑은 지령地靈'이란 말을 검증해주고 있는 명당 터 중의 하나다.

박정희朴正熙 대통령 생가 • 구미

박정희 대통령 생가

박정희 대통령 생가 명당혈 배꼽자리

    제5~9대 대통령을 역임했던 박정희(1917~1979)는 부친 박성빈과 어머니 백남의의 5남 2녀 중 막내로 태어났다. 대구사범학교 출신으로 3년간 교사로 근무한 적이 있으며, 만주군관학교를 졸업한 후 일본 육군사관학교를 졸업, 만주 보병 제8사단에서 일본이 제2차 세계대전에서 패망할 때까지 만주국의 장교로 근무하기도 했다. 5·16 군사정변을 주도했고, 국가재건최고회의 의장을 거쳐 1963년부터 1979년까지 대한민국 대통령을 역임했는데, 피폐한 국가 경제와 부정부패로 얼룩진 정계를 강력한 리더쉽을 발휘하여 국가 경제를 비약적으로 발전시킨 대통령이다.

박정희의 부친 박성빈은 1916년 처가인 수원 백씨 집안에서 묘지기에게 주던 문중 논 8마지기를 경작하기 위하여 경북 칠곡군 약목면에서 이곳 구미 상모동으로 이사했다. 어머니 백남의가 45세의 늦은 나이에 박정희를 잉태한 것을 알게 된 것은 한참 배가 부른 다음이었다고 전해진다. 그러나 가난한 집안 형편에 아이를 키우기가 어렵다고 판단한 백남의는 뱃속의 아이를 지우려고 결심, 토방에서 마당으로 뛰어내려도 보고 독한 간장을 몇 그릇씩이나 들이켜는 등 온갖 민간요법을 총동원하였으나 실패하였고, 뱃속의 아이는 그대로 세상을 박차고 나와 결국 일국을 다스리는 대통령이 되었다.

경북 구미시 상모동 171번지에 위치한 현재의 생가는 박정희가 태어나서 1937년 대구사범학교를 졸업할 때까지 살았던 곳이다.

박정희의 생가 터를 풍수지리학 자연법 측면에서 보면 보국保國이 가장 완벽한 곳에 대명당의 혈자리가 천혈, 인혈, 지혈로 맺혀져 있는 곳에 위치해 있다. 이곳의 터를 품안으로 아우르는 지맥地脈은 금오산으로부터 하강하는데, 그 중에서도 효자봉을 타고 내려온 중심기맥이 박대통령 생가에 와서 천혈, 인혈, 지혈의 대혈을 맺고 있다.

천혈자리는 생가 바로 뒤 공터에 맺혀 있는데, 이 자리에는 원래 수원 백씨의 재실齋室이 있었으나 지금은 옆으로 옮겨져 있다. 그 아래 인혈자리에서 박정희가 태어나서 20년 동안 살았던 사랑채가 정혈에 배치되어 있다. 지혈자리는 생가 아래, 현재 박정희 추모공원이 들어선 잔디 광장에 맺혀 있다.

박정희 모친은 1916년에 이곳 상모동으로 이사 와서 박정희를 임신하게 되고, 다음해 1917년에 이곳 대명당혈 배꼽자리에서 산천 정기를 받고 박정희가 태어난 것이다. 그 후 1938년에 부친이 돌아가시고 1949년에 모친이 돌아

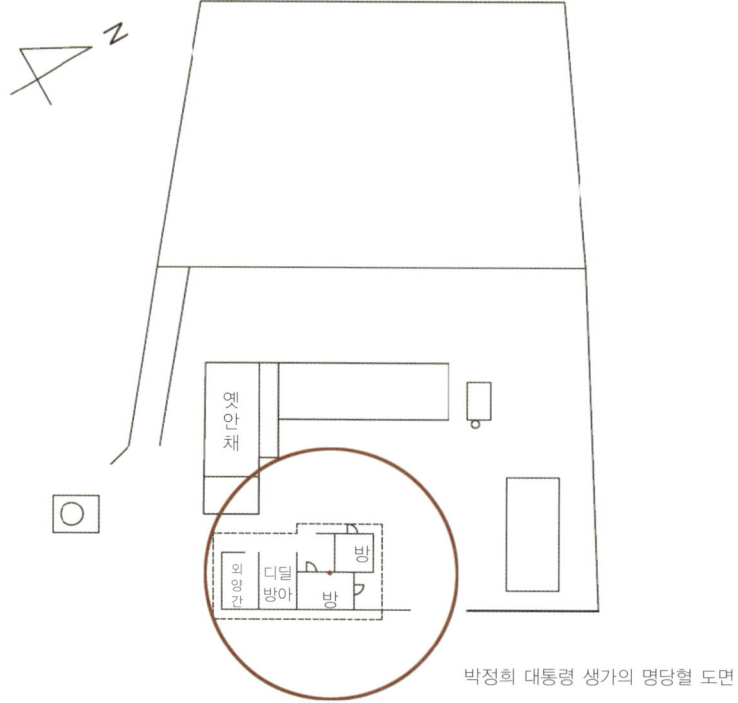

박정희 대통령 생가의 명당혈 도면

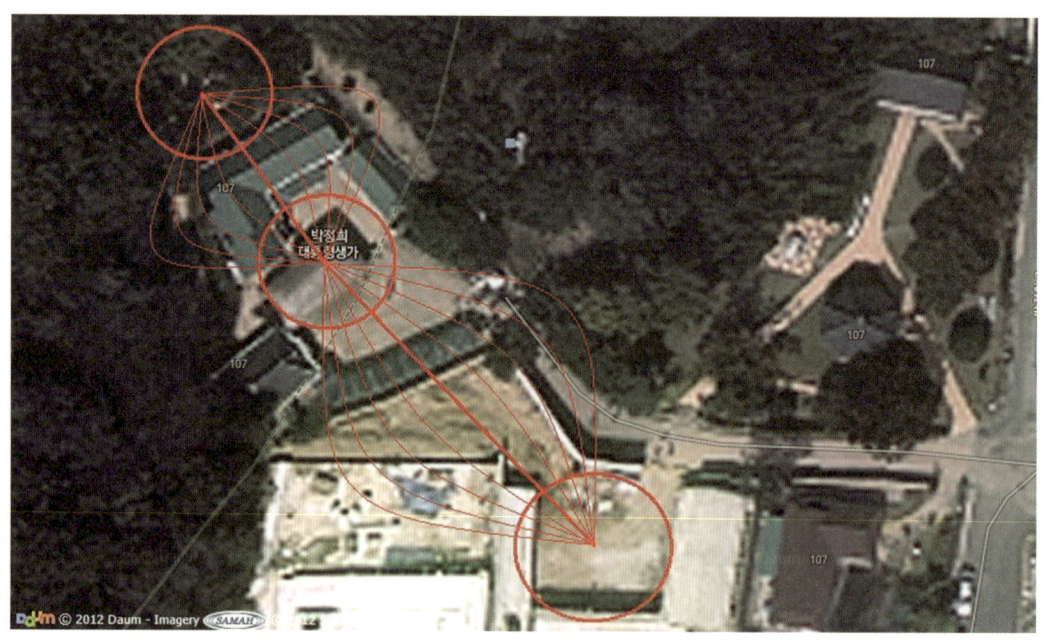

위성사진으로 본 박정희 대통령 생가 명당혈도

위성사진으로 본 박정희 대통령 조부모 묘와 부모 묘

박정희 대통령 조부모 묘와 부모 묘 〈사진. 이경순〉

대한민국 대통령의 생가 터 | 185

천생산 모습 〈사진. 이경순〉

가시니 조모 산소 아래에 거의 합봉 형태의 쌍봉으로 모시었는데, 모친 산소가 대명당혈 배꼽자리의 정혈처에 자리 잡게 된다.

    결국 요약하면 박정희는 이곳 생가 대혈 배꼽자리에서 태어났으며, 그 자리에서 명당혈 정기를 받으면서 청년시절까지 살았다. 이후 모친이 타계하자 대명당의 혈자리 정혈처에 모친의 산소를 모시고 난 다음부터 조상으로부터 강력한 생기의 동기감응同期感應을 받으면서 생활했기에, 누구보다도 명석한 두뇌와 올바른 사리판단력을 갖춘 인물이 된 것이다. 결국 큰 인물의 됨됨이는 조상의 산소와 태어나고 자란 생가 터의 기운에 의해 좌우되는 것이다. 이곳 생가는 '인걸人傑은 지령地靈'이라는 말을 우리에게 확신시켜주고 있다.

    이곳 생가의 안산은 천생산으로 그 모습이 특이하여 일부 풍수가들은 2명의 대통령이 태어날 터라고 말해 왔는데, 실제로 박정희 대통령의 딸 박근혜가 18대 대통령에 당선되어 2대에 걸쳐 대한민국을 이끌고 있다.

최규하崔圭夏 대통령 생가 • 원주

안채

안채 대청마루 중앙부분이 대명당혈 배꼽자리

최규하(1919~2006) 제10대 대한민국 대통령은 부친 최양오와 모친 전주 이씨全州李氏의 장남으로 치악산의 정기를 받은 강원도 원주에 있는 이 생가에서 태어났다. 최규하는 강한 생기가 충만한 이 생가 터에서 유소년 시절을 보냈고, 이후에는 국무총리를 거쳐 대통령까지 역임했던 원주가 낳은 큰 인물이다.

생가의 평면 구조는 'ㄱ자' 모양의 안채와 'ㄴ자' 모양의 사랑채로 이루어

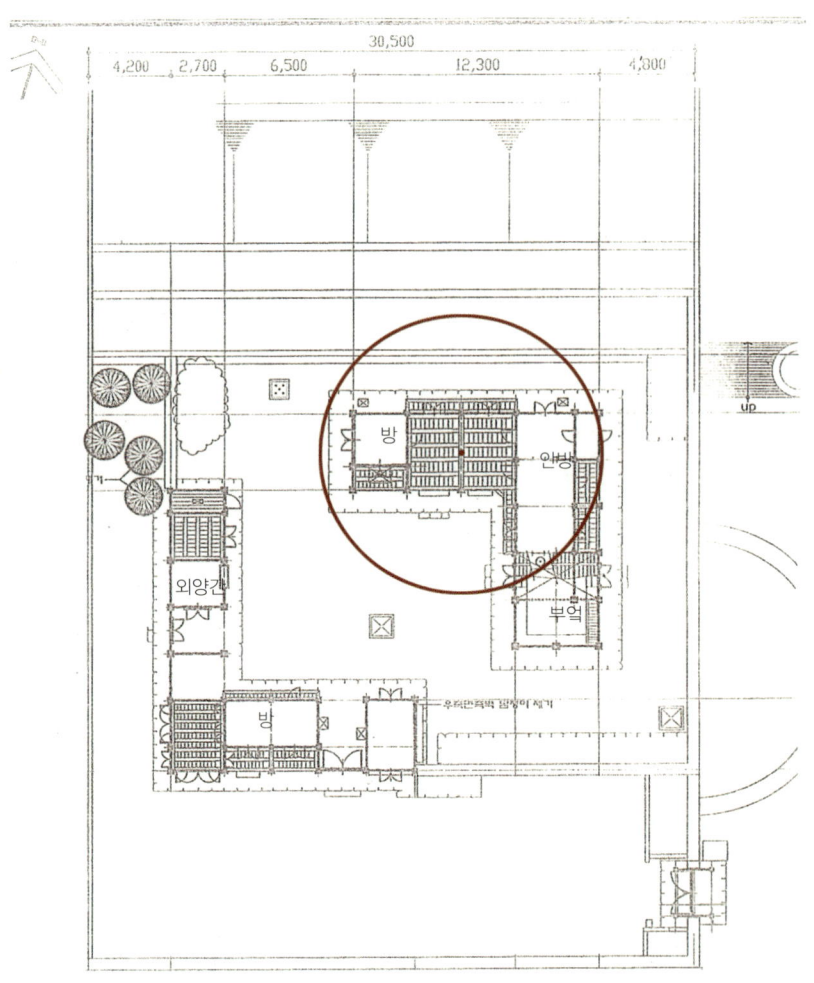

최규하 대통령 생가의 명당혈 도면 〈도면. 원주시립박물관〉

져 전체적으로 '튼ㅁ자' 모양의 형태를 보이고 있다.

　최규하의 생가는 주산主山에서 내려오는 음·양의 기맥이 내려와서 음·양의 천혈과 인혈, 지혈을 맺고 있다. 음의 천혈이 맺힌 곳에 정확히 안채가 배치되어 있고, 음의 천혈 배꼽자리에는 안채의 중앙인 대청마루를 일치시켜 안채 전체가 생기生氣로 감싸도록 만들었다.

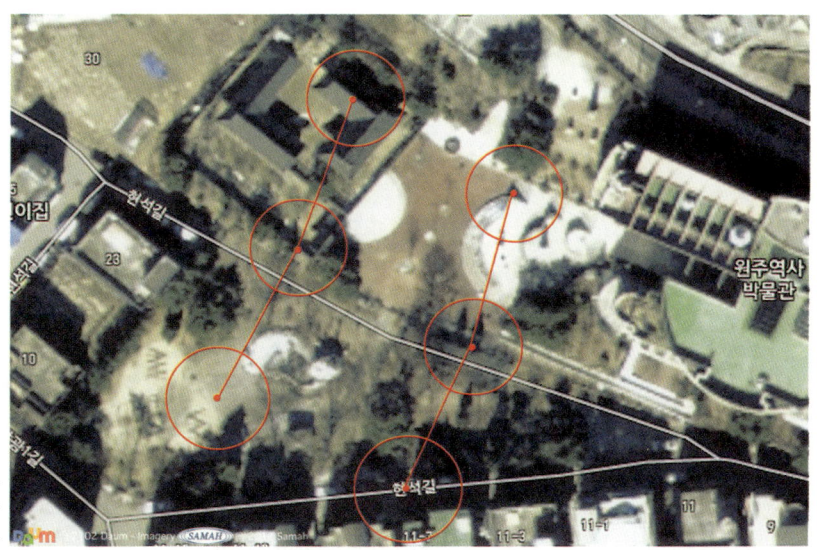

위성사진으로 본
최규하 대통령 생가
명당혈도

양의 천혈은 원주박물관 뒷마당에 맺혀 있고, 음·양의 인혈과 지혈은 생가의 대문채 밖 공원에 맺혀 있다.

생가의 좌향은 간좌곤향艮坐坤向으로서, 공간에너지의 흐름과 기맥선의 흐름에 정확히 맞추어 배치했다.

최규하 대통령의 생가 역시 '인걸人傑은 지령地靈'이란 말을 증명해 보이고 있다. 자고로 우리 옛말에 '개천에서 용 난다'는 말이 있는데 사실, 따지고 조사해보면 이 말에도 절대적으로 일리가 있다. 조상을 혈자리에 모셨음에 틀림없거나, 그 동기감응同期感應으로 명당의 혈자리가 있는 집으로 이사를 했거나, 아니면 명당의 혈자리에 집을 짓고 살았을 때, 그런 곳에서 태어나고 자란 사람만이 큰 인물, 이른바 용이 될 수 있기 때문이다. 이는 만고불변의 법칙으로, 풍수지리학 자연법이 과학이라는 것도 이 때문이다.

전두환全斗煥 대통령 생가 • 합천

생가 안채

안방 명당혈 배꼽자리

　　경남 합천군 율곡면 내천리 263번지에 위치해 있는 이 가옥은 전두환(1931~) 제12대 대한민국 대통령이 태어나 어린 시절을 보냈던 곳이다. 전두환은 부친 전상우와 어머니 김점문의 일곱 남매 가운데 둘째 아들로 태어나 8세까지 이곳에서 자랐다.

　　전두환의 생가는 합천군 율곡면 내천리의 소학산巢鶴山에서 위이기복逶迤起伏하며 내려온 중심용맥을 따라, 음·양의 기맥이 바람을 피해 내려와 생가

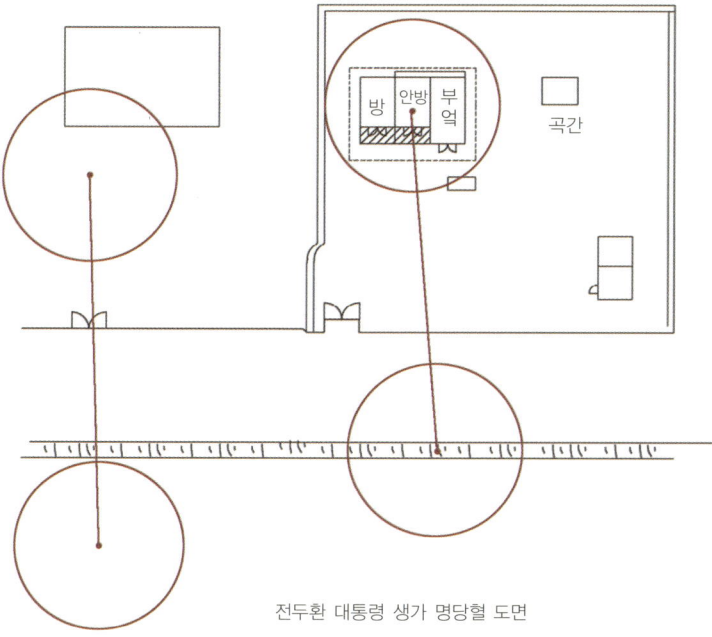

전두환 대통령 생가 명당혈 도면

위성사진으로 본 전두환 대통령 생가 명당혈도

대한민국 대통령의 생가 터 | 191

산진처山盡處에 이르러 음·양의 천혈과 인혈, 지혈을 맺고 있다.

　양의 천혈자리 정혈처에는 한 치의 오차도 없이 생가의 안채가 배치되어 있다. 생가는 방 두 칸에 부엌 한 칸으로 구성되어 있는데, 양의 천혈 배꼽자리에 안방의 중심을 정확히 배치 했다. 이 가옥의 양쪽 바닥을 보면 청석으로 된 암반이 혈자리를 보호하듯 감싸고 있는 것을 볼 수 있다.

　음의 천혈자리는 바로 옆집의 앞마당 잔디밭에 맺혀 있다. 또 음·양의 인혈과 지혈자리는 대문 밖 도로의 끝단과 논에 연달아 맺혀 있음을 볼 수 있다.

　생가의 좌향은 자좌오향子坐午向으로, 기맥과 공간에너지의 흐름에 정확히 맞춰서 배치했다.

　역대 대통령들의 생가 터를 살펴보면 모두가 정혈자리에서 태어나고 생기生氣 왕성한 혈자리에서 어린 시절을 보냈던 것을 확인할 수 있다.

　물론 그런 터에 태어나기 위해서는 선대의 묘가 정혈자리에 모셔져 있어야 함이 분명하다 할 것이다. 전두환의 경우 조부 산소가 대명당 정혈자리에 모셔졌고, 부모의 묘도 소혈 배꼽자리에 정확히 모셨기에 조상의 음덕을 받아서 대통령이 된 것이다.

노태우盧泰愚 대통령 생가 • 달성

노태우 대통령 생가 입구

　대한민국 제13대 대통령을 역임한 노태우(1932~)는 면서기를 지낸 부친 노병수와 어머니 김태향 사이에 장남으로 태어났는데, 그가 태어나고 자란 생가는 경북 달성군 공산면 신용리에 위치해 있다. 이 집은 1927년 노태우의 아버지 노병수가 지었는데, 노태우가 태어나서 13년 동안 생활했던 공간이다.

　이 가옥을 풍수지리학 자연법 측면에서 살펴보면 안채 라인과 사랑채 라인에 소혈이 교차되면서 맺혀 있는 곳이다. 팔공산으로부터 뻗어 내린 기맥이 조부모의 산소와 과수원을 거쳐 내려와 안채 라인에 소혈 아홉 개를 횡으로 맺고 있다.

　도면에서 보듯이 안방과 안채 좌우에 소혈이 맺혀 있고 그 옆으로는 나머지 혈이 맺혀 있다. 소혈이지만 혈의 배꼽자리에 정확히 안방의 중앙이 배치

생가 안채

안방 소혈 배꼽자리

되어 있음을 알 수 있다. 사랑채 끝단 방과 외양간이 있는 일직선상에 또 다른 소혈 아홉 개가 맺혀 있는데, 그중 한 개는 사랑방에, 또 한 개는 외양간에 정확히 맺혀 있고, 그 옆으로 나머지 혈들이 맺혀 있다.

좌향은 유좌묘향酉坐卯向으로 투구봉鬪毆峰을 향하고 있으나, 보다 정확히 좌향을 짚어보자면 일자문성一字文星이 있는 곳, 그곳이 바로 올바른 좌향이다.

풍수지리학 자연법을 연구하다보면 대혈이든 소혈이든 과연 정혈자리에서 태어나고 거주하느냐, 정혈의 배꼽자리에 조상을 모시느냐 마느냐가 관건이며 이것이 가장 중요하다는 사실을 깨닫는다. '호리지차毫釐之差 화복천리禍

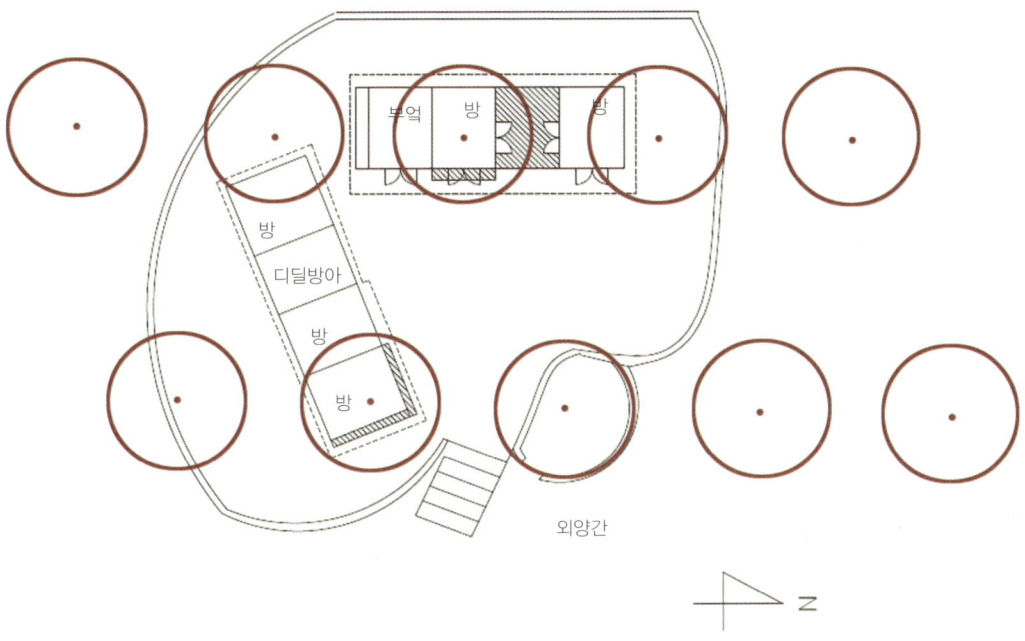

노태우 대통령 생가 명당혈 도면

사랑채

대한민국 대통령의 생가 터 | 195

福千里'라, 옛말이 결코 틀리지 아니함을 확신한다.

　노태우의 선영을 살펴보면 그의 부모 묘가 쌍봉으로 나란히 모셔져 있는데, 특히 모친의 묘가 소혈 정혈자리에 정확히 모셔져 있다. 조부모의 묘는 생가 뒤 산진처山盡處에 쌍봉으로 모셔져 있는데, 조모의 산소가 대혈의 정혈자리에 한 치의 오차도 없이 모셔져 있어 크게 발복 받았던 것이다. 조부의 산소도 혈장穴場 안에 포함되어 있다.

　결국 노태우가 대통령이 된 근본 원인은 조부모의 산소와 모친 묘소의 발복, 그리고 양명陽明한 소혈자리 다섯 개가 맺혀 있는 집안의 정기를 받아 태어나고 그곳에서 어린 시절을 보냈기에 가능했던 것으로 판단된다.

김영삼金泳三 대통령 생가 • 거제

. 측면에서 본 김영삼 대통령 생가 안채

제14대 대한민국 대통령을 역임한 김영삼(1927~)은 9선의 국회의원이었으며 김대중 전 대통령과 함께 민주화추진협의회 공동의장직을 맡았는가 하면, 통일민주당을 창당하여 총재직을 맡기도 했다. 1990년 민주자유당을 창당, 대표최고위원이 된 다음 1992년 대통령이 되었다.

김영삼은 경남 거제시 장목면 외포리 1371번지에 위치한 이 집에서 거제의 대선주大船主였던 부친 김홍조와 어머니 박부련의 3남 5녀 중 장남으로 출생했다. 그러나 그의 형제 둘은 어려서 요절하여 사실상 외아들이 되었다.

그는 생기生氣 충만한 대명당의 혈자리가 있는 이 집에서 13세까지 살았는데, 이 생가는 1893년 김영삼의 조부가 건축했다고 전해진다.

생가 뒷산의 용맥을 따라 음·양의 기맥이 생가 쪽으로 바람을 피해 내려

양명한 생기로 둘러싸인 안채 모습

안방 대명당혈 배꼽자리

오면서 음·양의 천혈, 인혈, 지혈을 맺고 있다. 먼저 생가 뒤 선영에 음·양의 천혈이 맺혀 있다. 그 아래에 음의 인혈이 맺혀있는 곳에 생가의 안채를 정혈처에 배치했고, 양의 인혈자리에는 대통령기록전시관이 위치해 있다. 생가 아래 음·양의 지혈이 맺혀 있는 곳에는 상가 가옥이 들어서 있다.

안채 뒤 좌측면에는 암반에서 솟는 명당수가 있는데 과거에는 손으로 바가지를 사용하여 물을 떠먹을 정도로 낮게 팠지만, 아무리 가뭄이 들어도 마르지 않았다고 알려진다.

생가 안채의 좌향은 간좌곤향艮坐坤向으로, 기맥과 공간의 에너지가 흐르는 곳에 정확히 맞추어 배치하고 있다.

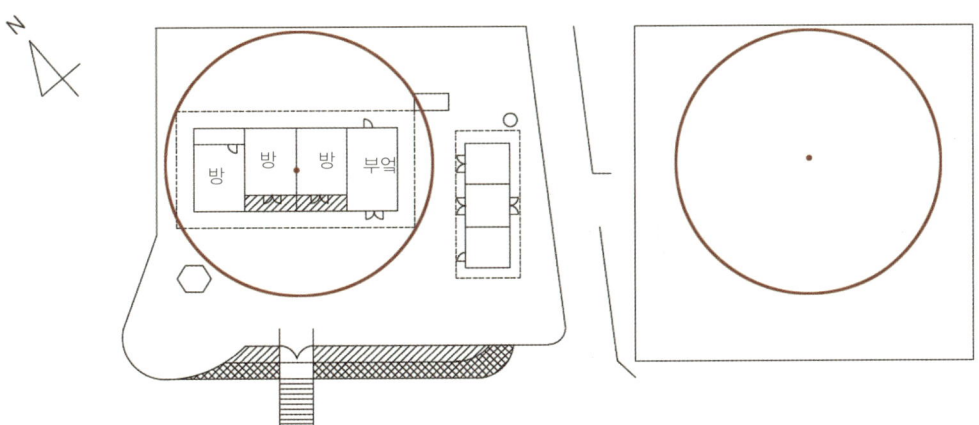

김영삼 대통령 생가 명당혈 도면

위성사진으로 본
김영삼 대통령 생가 명당혈도

대한민국 대통령의 생가 터

대명당혈자리에 위치한 김영삼 대통령 기록전시관

　김영삼 대통령처럼 역시 조상의 음덕을 받고 명당의 혈자리에서 생기生氣를 받고 태어나 자란 사람은 누구보다도 총명해져 앞을 내다 볼 줄 아는 혜안을 가진 사람이 되므로 성장하여 반드시 큰 인물이 되는 것이다.
　오늘날의 시대도 마찬가지다. 누구라도 명당의 혈자리에서 잉태되고 태어나 성장하면 정말로 걸출한 인물이 될 것이다. 과거의 인물이나 현시대 인물들 모두가 명당의 혈자리에서 태어나 성장했음은 이미 확인이 됐고, 이런 이치야말로 한 치의 오차도 없는 진리라는 사실을 여러분 모두가 알아주기 바란다.
　많은 명문가 고택을 방문해 보면 유독 생기生氣 기운이 쇠약해진 곳이 많이 있는데, 이는 집안의 혈장穴場 내에 우물을 깊게 파는 경우 또는 큰 나무가 집안에 있는 경우, 또 연못을 집안에 파는 경우 등이 이런 곳에 해당된다.
　김영삼의 생가는 집안의 생기生氣를 훼손하는 그 어떤 것도 없기 때문에 아직까지 생기가 충만한 명당의 혈자리를 온전히 유지하고 있는 것이다.

김대중金大中 대통령 생가 • 신안

후광後廣 김대중(1924~2009)은 전남 신안군 남부에 있는 섬인 하의면 후광리後廣里 원후광에서 부친 김운식과 어머니 장수금 사이에서 3남2녀 중 장남으로 태어났다. 어릴 적 초암서당草庵書堂에서 한학을 배우다가 하의초등학교를 다니던 중 12세 때 목포로 이주하게 된다. 이후 김대중은 민의원과 국회의원을 거쳐 민주당 총재가 되었고 몇 번의 대통령 선거에 나섰다가 실패한 후, 드디어 1997년 대한민국의 제15대 대통령으로 당선되었다. 다섯 번에 걸친 죽을 고비와 6년간의 감옥살이, 55차례의 연금, 10년의 망명생활 등 고통의 세월을 견디어 '인동초忍冬草'라고도 불렸던 김대중은 2000년 분단 이후 처음으로 남북정상회담을 성사시키기도 했다. 그는 민주화운동과 평화통일을 향한 노력과 삶을 인정받아 재임 중 한국인 최초로 노벨평화상을 수상했다.

필자가 김대중 생가를 답사하기 위하여 하의도로 들어가 보니 원래의 생가 터는 주차장으로 변해 있었고, 원 생가 터에서 200여m 떨어진 곳에다 초가집으로 생가를 복원해 놓고 있었다. 원 생가 터라고 쓰인 팻말이 있는 곳으로 가서 지세地勢를 살펴보니 대명당의 혈자리가 음·양으로 좌우에 걸쳐 맺혀 있었다. 원 생가터 팻말이 있는 곳은 음의 혈자리로 혈 배꼽자리와 혈장 크기를 확인하고 난 뒤, 마을 어른께 생가 위치를 물어보니 정확히 필자가 확인한 혈장 중심에 생가가 있었음을 재확인할 수 있었다.

생가 혈자리의 좌향은 건좌손향乾坐巽向인데, 실제로 이곳 집 앞의 진입로가 그와 일치했다고 마을 어른들이 설명해 주었다. 기맥선에 맞추어 대문과 진입로를 일치시켰으니 이 어찌 우연이겠는가.

필자가 양의 혈자리가 있는 곳을 가리키며, 만일 이곳에 집터가 있었다면 큰 인물이 태어났을 것이라고 말해주니, 그러지 않아도 여기에는 정鄭 아무개

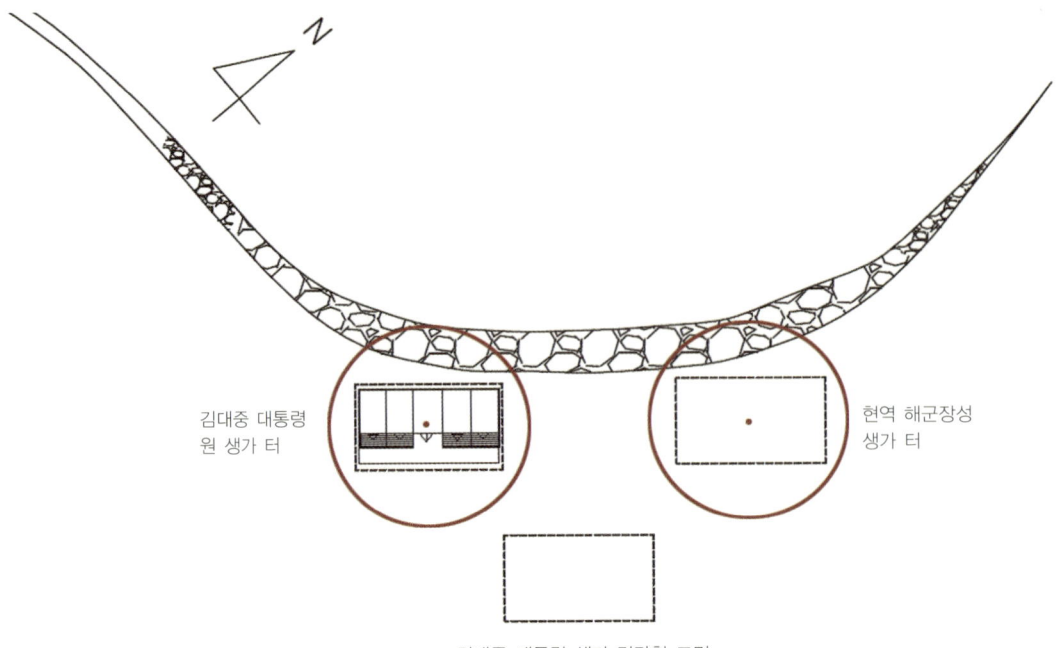

김대중 대통령 원 생가 터

현역 해군장성 생가 터

김대중 대통령 생가 명당혈 도면

위성사진으로 본 김대중 생가 명당혈도

202 | 월봉의 심혈 풍수지리

김대중 대통령 원 생가터의 대명당혈 모습

집이 있었고 이곳에서 태어난 자손이 현재는 유명한 모某 현역 해군장성이라고 마을 어른들이 귀띔해 주었다.

　김대중은 자신이 태어나고 어린 시절을 보낸 생가 터가 대명당의 혈자리였고, 그로부터 나오는 영험한 기운을 받았기에 큰 인물이 된 것이다. 대명당의 혈자리에서 태어나고 자란 사람치고 큰 인물이 되지 않은 사례가 없으니, 이 어찌 인걸人傑은 지령地靈이란 말을 아니 할 수 있겠는가.

노무현盧武鉉 대통령 생가 • 김해

양명한 기운이 감도는 생가 모습

　　해양수산부장관을 거쳐 2002년 제16대 대한민국 대통령이 된 노무현(1946~2009)은 경남 김해시 진영읍 본산리 봉하마을의 이 집에서 빈농의 부친 노판석과 어머니 이순례의 3남 2녀 중 막내로 태어나, 8세가 되는 해까지 이 집에서 살았다. 대창초등학교와 진영중학교를 다니는 동안 학업성적은 우수했지만 집안이 워낙 가난하기에 서울로의 진학을 포기하고 부산상업고등학교로 진학했다. 이후 네 번의 도전 끝에 사법시험에 합격하여 대전지방법원의 판사로 임용되었으나, 그 이듬해 사직하고 부산에서 변호사 사무실을 개업한 뒤로 학생과 노동자 등의 인권사건을 변호하는 소위 인권변호사의 길을 걸었다. 1988년 통일민주당 김영삼의 제의로 정치에 입문, 제13대 국회의원으로

노무현 대통령 생가 안채

안방 중앙이 소혈 배꼽자리

서 제5공화국 비리조사특별위원회 위원으로 활동하면서 정연한 논리와 날카로운 질문으로 이른바 '청문회 스타'로 떠오르기도 했다.

대통령에서 퇴임한 뒤 고향인 봉하마을로 귀향했으나 재임 중의 친인척 비리로 조사를 받던 중 2009년, 사저 뒷산의 부엉이바위에서 투신, 서거하였다.

노무현의 생가를 풍수지리학 자연법 측면에서 보면 집안의 소혈 세 개에 맞추어 가상家相을 배치했고 특히 소혈자리 정혈처에 안방을 정확히 배치했다.

봉하산에서 내려온 힘찬 용맥을 따라 바람을 피해가며 내려온 음·양의 기맥이 하강하여 생가의 뒷산에 음·양의 천혈, 인혈, 지혈을 맺고, 음의 지혈에서는 아홉 개의 기맥선이 내려와 생가 라인에 소혈 아홉 개를 횡으로 나란

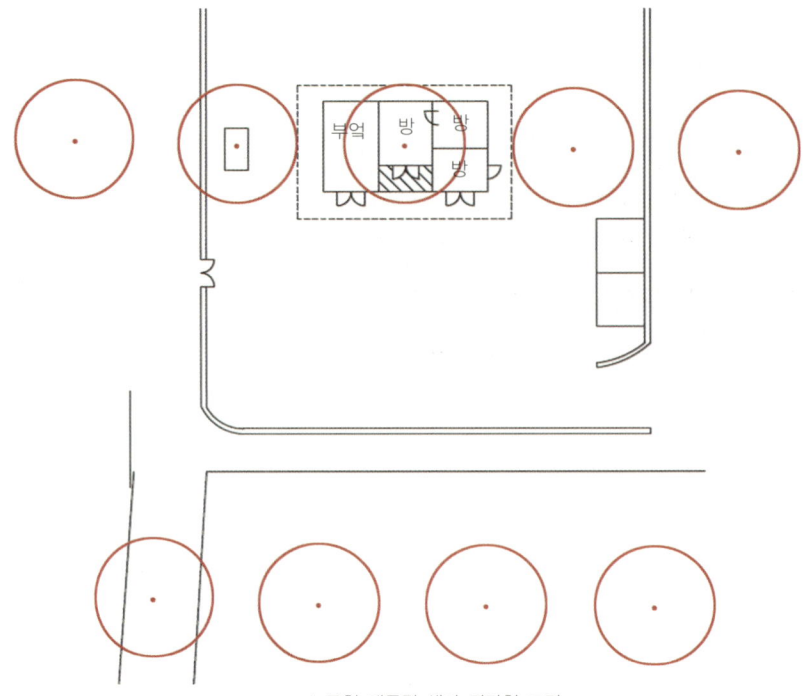

노무현 대통령 생가 명당혈 도면

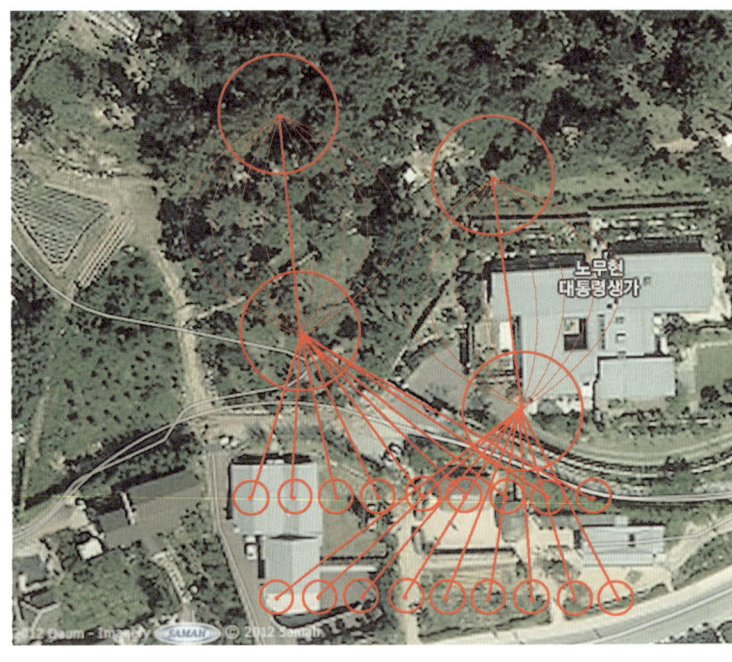

위성사진으로 본
노무현 대통령 사저와 생가 명당혈도

히 맺고 있다. 이중 하나의 소혈 배꼽자리가 안방 중앙에 정확히 위치하고, 안채 좌우에 있는 포도밭과 장독대에 소혈 두 개가 나란히 위치해 있다. 나머지 소혈들은 양 옆으로 맺혀 있다.

결국 노무현은 소혈 배꼽자리에서 태어났고 유년시절을 그곳에서 자라면서 그 정기를 받고 대통령에 당선된 것이라고 볼 수 있다. 물론 선영이 좋은 자리에 있어 그 음덕을 받았을 것임은 말할 나위가 없다.

현재 집의 좌향은 자좌오향子坐午向으로 되어 있다.

노무현 대통령이 퇴임 후 지은 사저는 생가의 좌측 위쪽에 있는데 음·양의 천혈, 인혈, 지혈의 대명당혈자리가 주위에 여섯 개씩이나 있는데도 불구하고 묘하게도 이들을 모두 피해서 신축했다.

안채 사저가 양의 인혈자리 바로 위쪽에 있는데다 아래채 하단에는 양의 지혈이 물려 있어, 신축된 사저는 결국 두 개의 대혈 사이에 위치해 있다. 따라서 사저 안채가 대수맥에 걸려 있다. 극히 좋지 않은 자리에 건물을 지어 아쉽기 그지없다.

이명박 李明博 대통령 고향집 • 포항

제17대 대한민국 대통령 이명박(1941~)은 일제강점기에 일본 오사카(大阪)에서 부친 이충우와 어머니 채태원의 4남 3녀 중 다섯째로 태어났다. 1945년 해방이 되자 4세 때 부모를 따라 지금의 고향집으로 돌아왔으며, 초등학교 입학 전까지 이 집에서 살았다.

이명박은 어려운 환경 속에서도 불굴의 투지와 뜨거운 열정 하나로 대학을 졸업하자마자 기업체 현대건설에 입사, 평사원으로부터 시작해 대표이사까지 지낸 후 정계에 입문하여 서울시장을 거쳐 마침내 대통령에 당선된 입지전적인 인물이다.

경북 포항시 북구 흥해읍 덕실리에 있는 이명박의 고향집은 고주산高柱山에서 낙맥落脈하여 동쪽으로 행룡行龍하는 용맥으로부터 남쪽으로 분맥分脈한 지룡支龍으로, 산진처山盡處에 와서 음·양의 천혈, 인혈, 지혈 대명당의 혈을 맺은 곳에 위치해 있다.

이 집은 안채와 사랑채, 광채 등이 있는데, 양의 인혈자리 정혈처에 사랑채가 정확히 배치되어 있었다. 구체적으로 살펴보면 양의 인혈 배꼽자리에 이명박이 살았던 사랑방이 정확히 배치되어 있다.

덕실마을에는 음·양의 기맥이 건좌손향乾坐巽向으로 관통하면서 음·양의 천혈, 인혈, 지혈 6개 대명당혈자리가 맺혀 있는데, 혈자리에 정확히 맞추어 집을 짓고 사는 가구는 이 집이 유일하다. 바로 그 집에서 명당혈의 생기生氣를 받고 유년시절을 보낸 소년이 뒷날 대한민국의 대통령이 된 것이다.

이 세상에 우연이란 것은 없다. 증조부모와 조부모, 부모 등 3대에 걸쳐 정혈처에 조상을 모신 결과, 조상으로부터 플러스(+) 파동 감응을 받아 그 음덕으로 큰 인물이 된 것이다.

이명박 대통령 고향집 모형

유년시절을 보낸
이명박 대통령 고향집

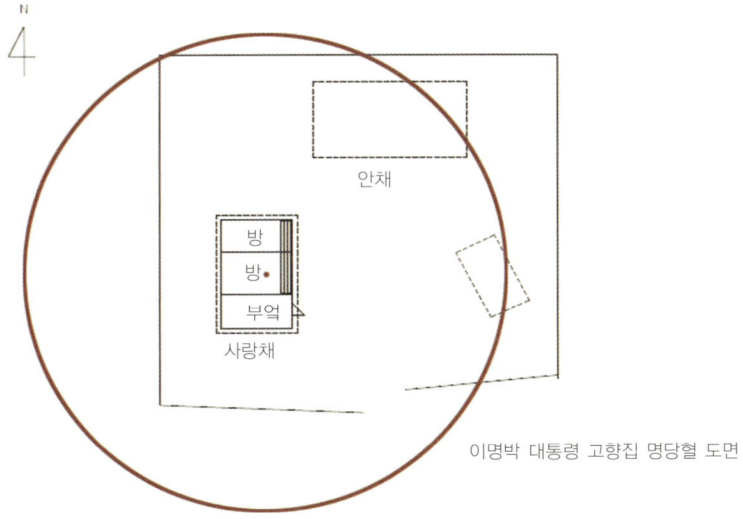

이명박 대통령 고향집 명당혈 도면

위성사진으로 본 이명박 대통령 고향마을 명당혈도

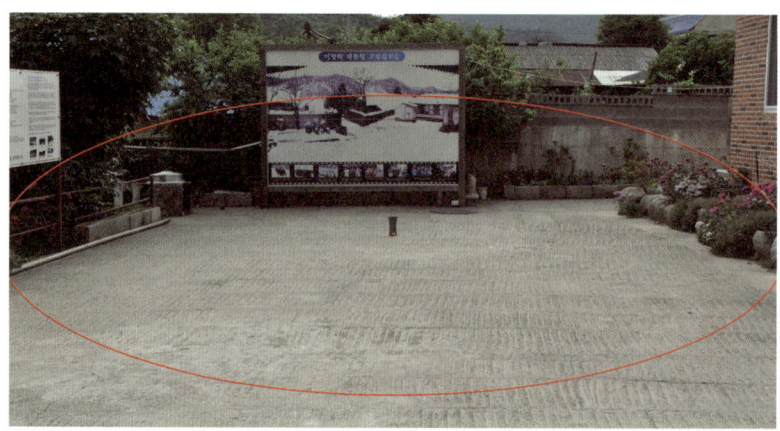
이명박 대통령 고향집. 대명당 혈자리에 있던 사랑채 자리

　　이대통령 문중에서는 근처의 산 밑에다 고향집을 복원하여 관광객을 맞이하고 있다. 협소하더라도 원 고향집의 위치에 복원했어야 했는데 그것이 아쉽다.

박근혜 朴槿惠 대통령 생가 • 대구

　대한민국 18대 대통령으로 당선된 박근혜 대통령의 생가터는 대구광역시 중구 삼덕동 1가 5-2번지에 위치해 있다. 생가터는 현재 상가 건물이 밀집된 번화가로 변해 있어 옛 모습을 확인할 수는 없지만, 필자가 현장을 답사해보니 대구시와 중구청 그리고 삼덕동 주민이 합심하여 이 지역 출신 대한민국 최초의 여성 대통령을 축하하고, 이곳을 방문하는 국민들에게 탄생지를 알려주기 위해 생가터 앞에 표지판을 세워 놓고 있었다.

　표지판 앞면에는, "이곳은 박근혜 대통령이 태어난 옛집이 있었던 자리이다. 지금은 도시개발로 그 흔적을 찾아볼 수 없으나 그 당시에는 기와를 얹은 한옥이 있었다. 아버지 박정희 대통령과 어머니 육영수 여사는 1950년 12월 12일 대구에서 결혼식을 올리고 이곳 삼덕동에 신접살림을 차렸다. 박근혜 대통령은 이곳에서 행복한 유년 생활을 보내다가 1953년 서울로 이사하였다."라고 적혀 있다.

　박근혜 대통령이 태어난 생가터를 필자가 답사해 보니 풍수지리학 자연법 측면에서 대명당 정혈자리에 생가가 배치되었음을 알 수 있었다. 생가터를 중심으로 우측(서쪽)에는 천혈이 맺혀 있고, 생가터에 인혈이, 그리고 좌측(동쪽)에 지혈이 맺혀 있다. 다시 구체적으로 보면 박근혜 대통령은 음, 양의 천, 인, 지혈자리 중에 양의 인혈 자리에서 잉태되고 태어나 유년시절을 보낸 인물이다. 혈심穴心은 현재 액세서리가게 카운터 뒤쪽 창고로 이곳에 안채가 배치되어 있었을 것이다. 다음으로 음의 인혈자리는 생가터 앞 인도상에 맺혀 있다. 혈자리의 좌향은 유좌묘향이나 정혈자리에 배치된 안채는 남향으로 지어졌을 것으로 추정된다.

생가터임을 알려주는 표지판

　미국 대통령 생가터를 답사한 자료를 보면 오바마 대통령 생가를 비롯하여 한 분도 예외 없이 명당 혈자리에서 태어나고 그곳에서 유년시절을 보낸 사실을 알 수 있듯이, 대한민국 또한 모든 전, 현직 대통령이 천기와 지기가 합쳐 양명한 생기가 뭉친 명당 혈자리에서 정기를 받아 잉태되어 태어나고, 자랐음에 한 분도 예외 없음을 확인할 수 있었다.

　동서양을 막론하고 인걸人傑은 지령地靈이란 진리가 박근혜 대통령 생가터를 답사하면서 여실히 증명되고 있음을 또 한 번 확인할 수 있었다.

　오늘날 우리나라의 신생아 출산율은 OECD국가 중 최하위로 대부분의 가정에서 1~2명의 자녀를 낳고 있다. 따라서 자녀를 위해서라면 최선의 지원을 아끼지 않고 있으나 여러 가지 면에서 청소년문제가 수없이 야기되고 있는 실정이다. 그런 국면을 전환하여 세계일등의 인재를 양산할 수 있는 방법을 필자는 현장답사와 실증을 통해 확인할 수 있었다. 필자가 본 책을 집필하게 된 근본취지도 바로 여기에 있으며, 이 책의 부제를 '인걸人傑은 지령地靈이다'

위성사진으로 본 (음,양) 천, 인, 지혈도

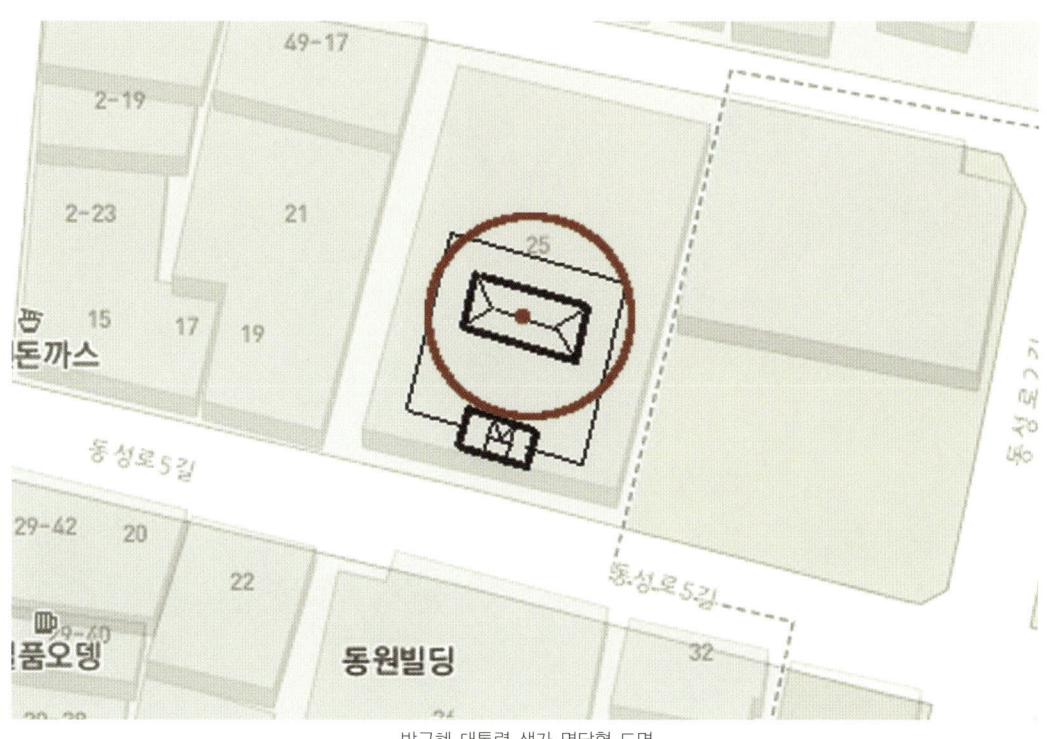
박근혜 대통령 생가 명당혈 도면

고 정한 것도 그 때문이다.

 또한 이를 독자들에게 객관적으로 확인시켜주기 위해 훌륭한 인물이 태어난 장소를 답사하여, 생가 평면 배치도 도면상에 정확히 명당 혈자리 도면을 그려 만천하에 명명백백하게 제시함으로써, 신령하고 영험한 생기 에너지가 뭉친 명당 혈자리에서 잉태되고 태어나 자란 사람만이 훌륭한 인물로 성장 가능하다는 만고 진리를 설파하고자 함이다.

 현시대에서도 훌륭한 인재를 낳기를 원한다면 반드시 이러한 사실을 직시하고 우리가 살고 생활하는 집터를 선정할 때, 풍수지리학 자연법을 제대로 활용하는 지혜가 필요하다 하겠다.

- 삼성그룹 창업주 이병철 회장 생가 / 의령
- LG그룹 창업주 구인회 회장 생가 / 진주
- GS그룹 창업주 허창수 회장 생가 / 진주
- 효성그룹 창업주 조홍제 회장 생가 / 함안

한국 재벌가의 생가 터

"2대에 걸쳐 조상을 대명당 혈처에 모셔 그 기운을 받고
대명당 혈자리에서 태어난 사람이 재벌이 된다."

삼성그룹 창업주 이병철李秉喆 회장 생가 • 의령

이곳은 삼성그룹의 창업주로서 대한한국 경제발전의 초석을 이끈 호암 이병철이 태어난 생가다. 이병철은 경남 의령군 정곡면 중교리 723의 장내마을에서 진주의 대지주 이홍석의 손자이자 아버지 이찬우와 어머니 권재림의 둘째 아들로 태어났다.

이 집은 1851년 이병철의 조부가 정통 한옥양식으로 손수 지었다고 한다. 1926년 사육신의 한 분인 박팽년의 후손인 박두을과 혼인한 이병철은 여섯 살 때부터 조부 이홍석이 세운 서당 문산정文山亭에서 유학을 익히고, 신학문에 입문해 진주의 지수보통학교를 다니다가 서울로 옮겨 수송보통학교와 중동학교에서 수학했다.

1930년 일본 와세다대학(早稻田大學)에 유학하여 경제학을 공부했으며 귀국 후 일제 식민지 시대에 있어 민족경제육성의 절실함을 깨닫고 1938년 삼성을 창업했다. 이병철은 창업 이래 사업보국과 인재제일, 합리추구의 경영철학과 신념을 바탕으로 삼성을 한국 최고의 기업으로 발전시킴으로써 국가경제 발전에 크게 이바지했다.

1987년 향년 78세를 일기로 타계하자 정부는 한국경제발전에 기여한 공로를 높이 평가해 대한민국 최고의 훈격勳格인 국민훈장 무궁화장을 추서했다.

이 집을 풍수지리학 자연법 측면에서 고찰해 보면 참으로 감탄이 절로 나오는데, 대한민국 최고의 부자가 탄생한 생가 터는 정말 달라도 한참 다르다는 생각이다.

자굴산을 타고 위이기복逶迤起伏하며 내려온 용맥을 따라 음·양의 기맥이 바람을 피해 내려와, 완벽한 보국保國을 갖춘 이병철의 생가에서 음·양의 천혈과 인혈, 지혈을 맺고 있다.

안채

안채 대명당혈 배꼽자리

　음·양의 천혈, 인혈, 지혈 중 음의 천혈과 인혈, 지혈 등 세 개의 대혈에 맞추어서 가상家相을 배치하고 있다. 음의 천혈자리에는 안채를, 음의 인혈자리에는 사랑채를, 그리고 음의 지혈자리에는 대문채를 한 치의 오차 없이 정혈자리에 배치했음을 볼 수 있다.
　이 생가는 이병철의 조부가 당시 크게 득도得道한 도승의 도움을 받아 지은 것이 분명해 보인다. 천년고찰처럼 혈자리에 기가 막히게 정확히 맞추어 건축한 것이 틀림없기 때문이다.
　또한 양의 기맥에 따라서도 천혈과 인혈, 지혈이 맺혀 있는데, 양의 천혈

사랑채

사랑채 대명당혈 배꼽자리

은 안채의 내청룡內靑龍 암반 위에 맺혀 있고 양의 인혈은 이회장의 둘째 조부 집 안채에 정확히 일치하고 있음을 볼 수 있다. 양의 지혈은 아래 민가의 앞마당에 맺혀 있다.

  세상에는 우연이란 없는 법이다. 이병철의 생가가 한 치의 오차 없이 정혈처에 있다는 것은 곧 그의 조상 선영이 필히 혈자리에 모셔져 있다는 것을 의미하는 것이다. 아닌 게 아니라 국내 최고의 재벌로서 지금은 세계적인 기업으로 도약한 삼성그룹을 창업한 이병철의 선영을 살펴보면, 유곡면 마무리에 모셔진 증조부의 묘는 묘를 기준으로 12시 방향으로 1미터 위가 혈심인데, 대명

한국 재벌가의 생가 터 | 219

대문채

암반 위에 맺힌 양 천혈

당 혈장 내에 모셔져 있다. 이와 같이 선대의 묘를 혈자리에 모셨기 때문에 조부 때에 와서 조상 묘의 기운과 같은 대명당의 혈자리에 이병철의 생가를 지을 수 있었던 인연이 생긴 것이다.

 1967년 이병철은 조부모의 묘와 부모 묘를 의령에서 수원 이목동으로 이장해 모셨다. 이곳은 음양 천, 인, 지혈 6개의 대명당혈자리가 맺혀 있는 최고의 길지인데 조부모의 합장묘를 보면 천혈의 배꼽자리가 상석 중앙에 위치해 있어, 이런 상태로 보자면 약 2m 정도 아래에다 모셨으면 정혈의 배꼽자리에 정확히 모실 수 있었을 텐데 아쉬움이 든다.

 바로 아래에 모셔진 부친의 묘 역시 인혈 배꼽자리가 상석에 있고, 그 아래에 모셔진 모친의 묘 역시 상석이 있는 자리가 지혈의 배꼽자리다. 모두 다 약 2m 정도는 내려 써야 정혈자리인데 아쉬운 느낌이 든다. 그래도 다행인 것은 묘가 모두 대혈장大穴場 내

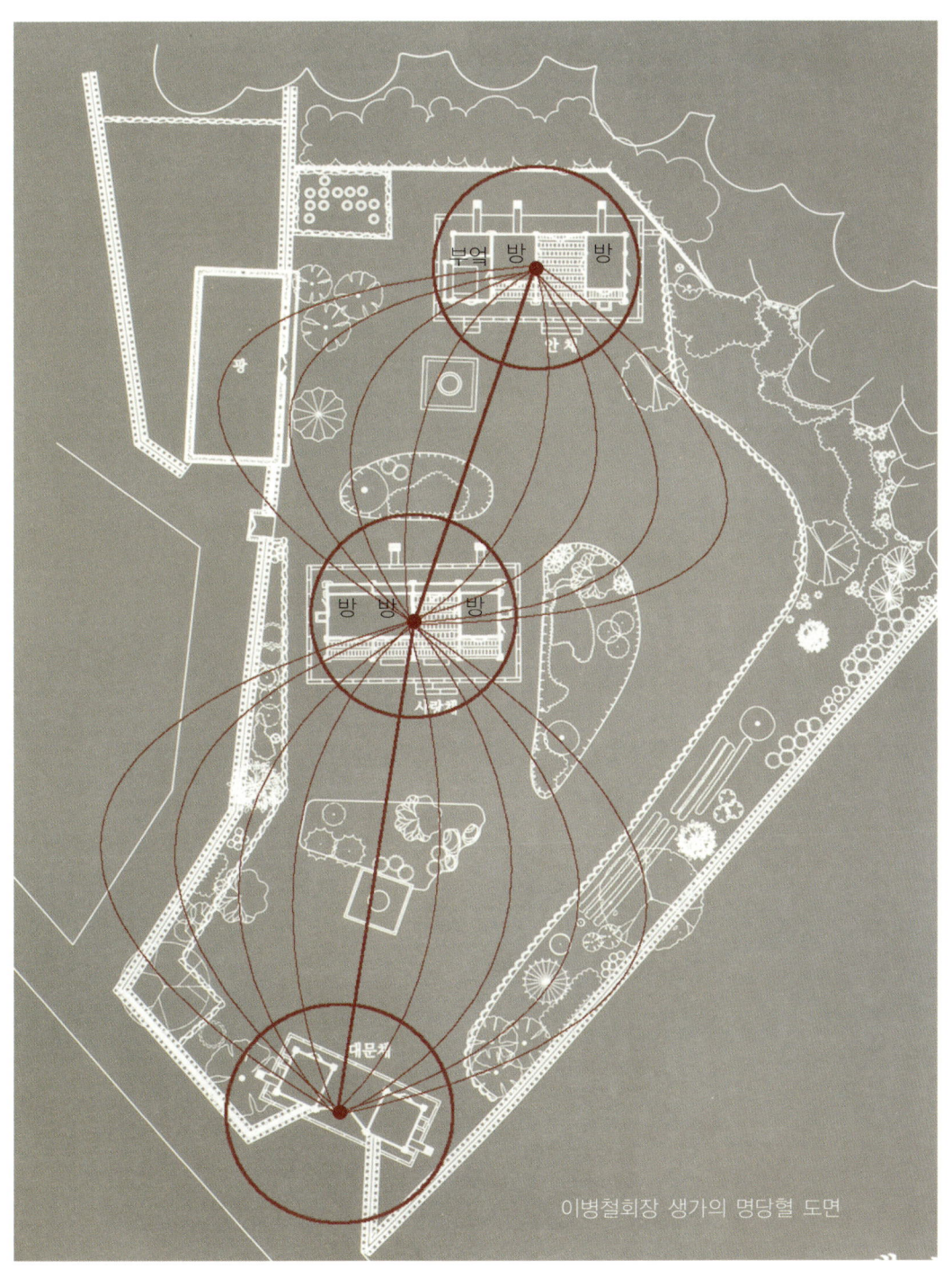

이병철회장 생가의 명당혈 도면

한국 재벌가의 생가 터 | 221

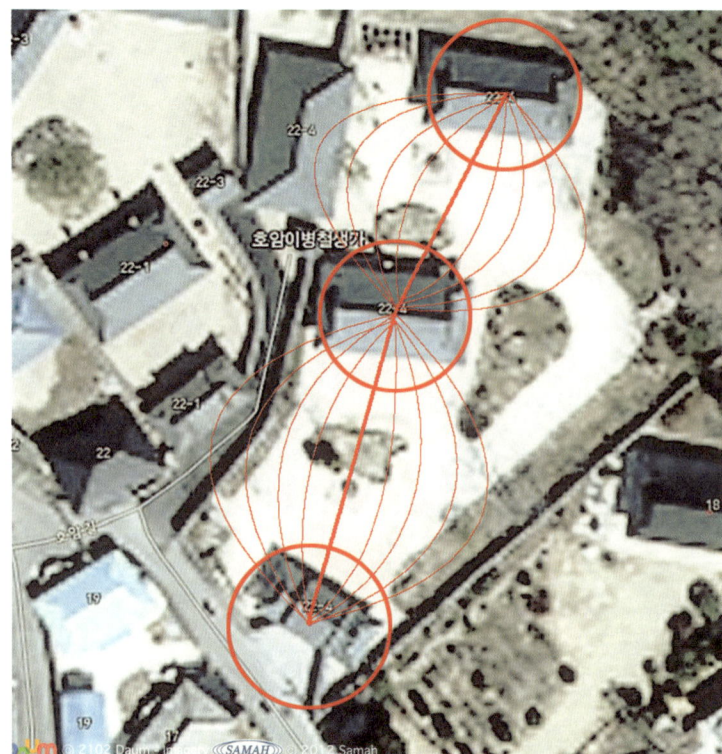

위성사진으로 본
이병철 회장 생가 명당혈도

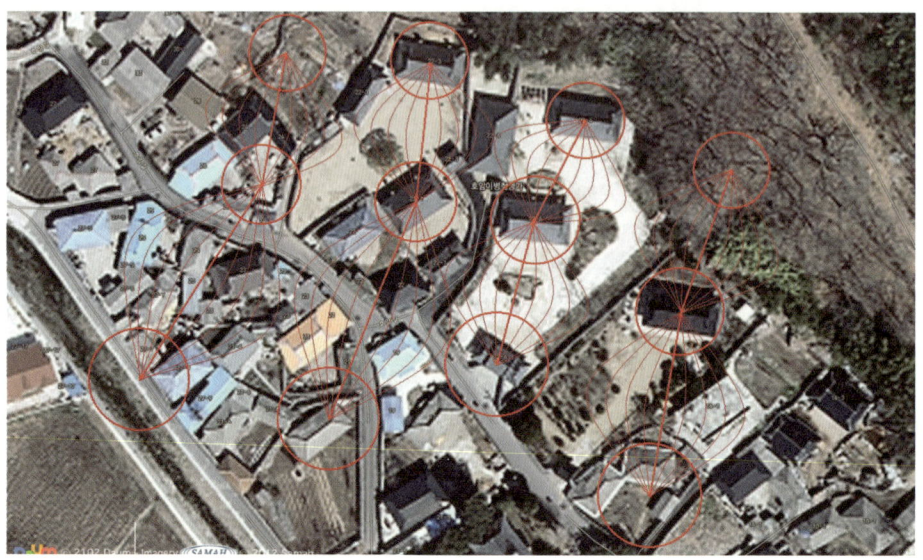

위성사진으로 본 이병철 회장 조부 3형제의 집

이병철 회장 선영으로 조부모 묘, 부친 묘, 모친 묘인데 명당 천, 인, 지 대혈 배꼽자리가 모두 세 묘소의 상석 중앙에 위치함

에 있는데다 기맥에 맞추어 모셨기에 그 후손들이 크게 발복 받았던 것이다.

 이병철의 선영 및 생가에서 관찰해 보았듯이, 조상을 혈자리에 모시고 양택陽宅 터가 정혈자리에 있을 때 후손이 크게 발복한다는 사실을 다시금 알 수 있다.

LG그룹 창업주 구인회具仁會 회장 생가 • 진주

　경남 진주시 지수면 승산리에는 LG그룹의 창업주 구인회와 그의 동생 구철회의 생가가 나란히 담을 경계로 배치되어 있는데, 이들은 아버지 구재서와 어머니 진양 하씨晉陽河氏 사이에서 태어났다. 능성 구씨綾城具氏들이 지수면 승산리에 살게 된 동기는 1715년경 경기도 파주지방에서 살던 구반이라는 사람이 지수면 승산리의 김해 허씨金海許氏 문중으로 장가를 들어 그 인연으로 이주하면서부터였다고 전해진다.

　구인회의 생가는 구실등 또는 옥산玉山이라고 불리는 마을 뒷산 아래에 위치해 있는데. 옥산의 형태는 반월半月 형상을 하고 있으며, 그 안쪽으로 마을 승산리가 위치해 있다

　승산리는 옥산에서 음·양의 열 개 기맥이 하강해서 수많은 혈을 맺고 있는 명당 터로 유명한 마을이다. 때문에 이곳에서는 수많은 부호들이 탄생했는데, 예부터 서울 사람들이 진주는 몰라도 승산勝山이라면 모두가 알 정도로 천석꾼, 만석꾼들이 많이 살았다고 전해진다.

　구인회, 구철회의 생가는 옥산에서 우측으로부터 네 번째 용맥을 타고 바람을 피하며 내려온 음·양의 기맥이 산진처山盡處에 도달해 음·양의 천혈, 인혈, 지혈을 맺고 있는 곳에 위치해 있다.

　음·양의 인혈자리에 정확히 맞춰져 있는데, 음의 인혈자리에는 구철회의 생가가 정혈자리에 배치되어 있고, 양의 인혈자리에는 구인회의 생가가 정혈자리에 정확히 배치되어 있다. 음·양의 천혈은 이들 생가 뒤의 논바닥에 맺혀 있다. 또 음·양의 지혈은 생가의 대문채와 도로 상에 걸쳐 맺혀 있다.

　생가의 좌향은 건좌손향乾坐巽向으로, 기맥과 공간에너지의 흐름에 한 치의 오차 없이 분금分金마저 일치시켜서 배치해놓고 있다.

구인회 회장 생가 안채

구인회 회장 생가 안채 (양) 인혈 배꼽자리

구철회 회장 생가 안채

구철회 회장 생가 안채 (음) 인혈 배꼽자리

한국 재벌가의 생가 터 | 225

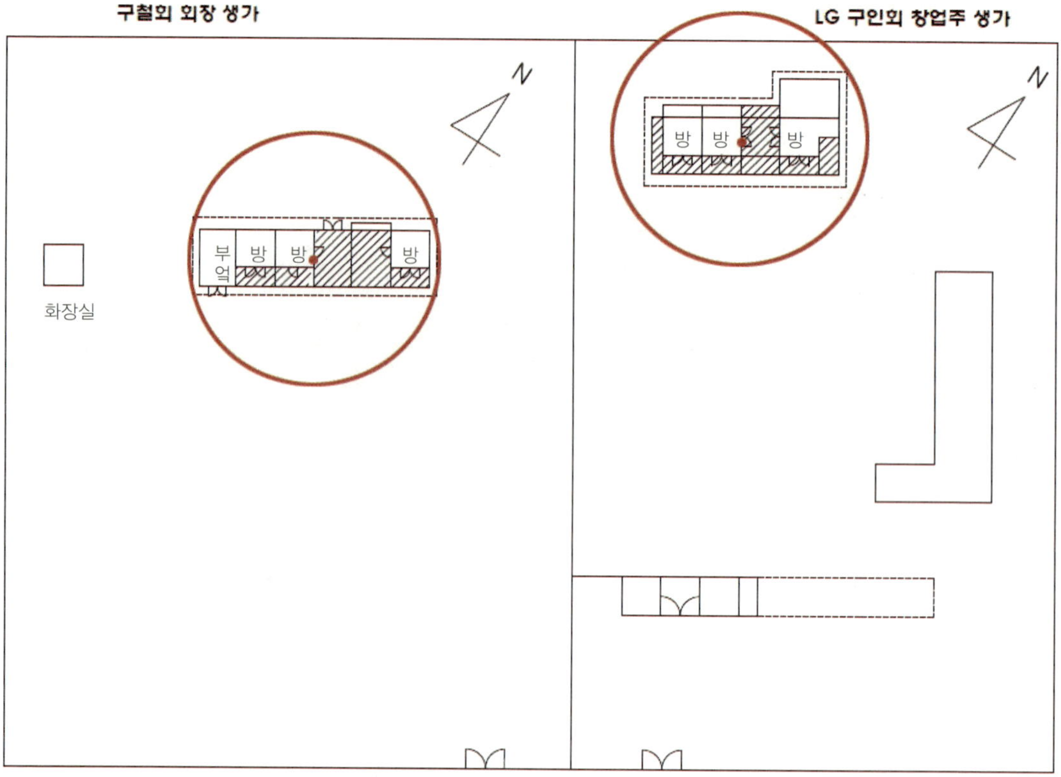

LG 구인회 회장(우), 구철회 회장(좌) 생가 명당혈 도면

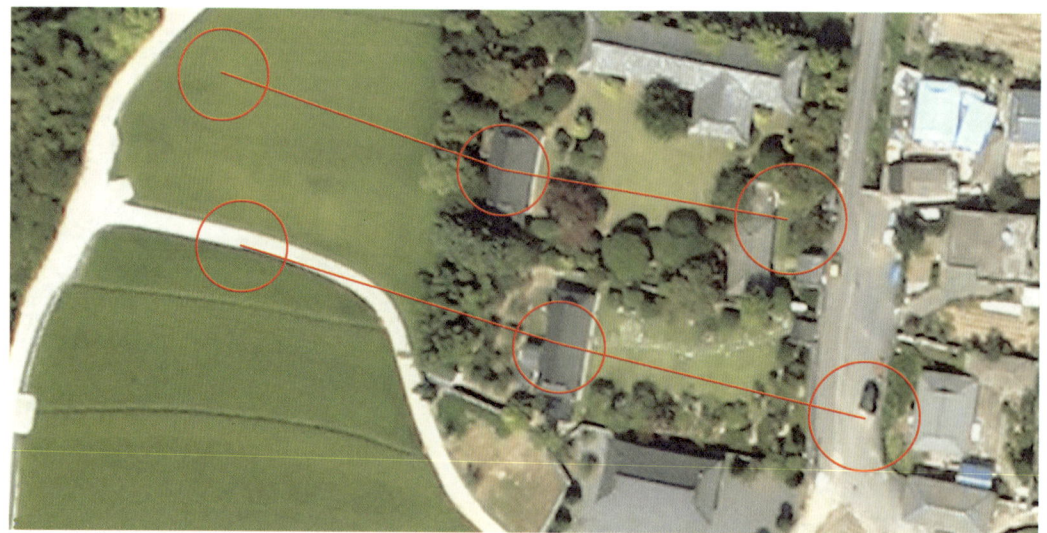

항공사진으로 본 구인회 회장, 구철회 회장 생가 명당혈도

현재 구인회, 구철회의 생가는 둘 다 똑같이 비어 있지만 양명陽明한 생기 즉, 천기天氣와 지기地氣는 아직도 두 집안 전체를 휘감고 있다. 두 개의 대명당 혈자리에 맞추어 나란히 형제의 집을 지어준 구인회 선친의 안목이 놀라울 따름이다.

이들 생가처럼 아들 형제를 위하여 나란히 대명당의 혈자리에 집을 지어준 곳이 있는데 울산 박상진朴尙鎭 의사義士의 생가가 그곳이다. 필자는 여기서 모든 생가가 명당의 혈자리에 맞춰 배치된 것은 근본적으로 우연이 아니라 그들의 조상 산소가 정혈자리에 모셔져 있기 때문이라고 확신하다.

구인회 형제의 선영을 답사해본 결과, 먼저 조부의 묘를 살펴보면 대명당의 정혈자리에 정확히 모셔져 있고, 부모의 묘 중 부친의 묘 또한 정혈자리에 모셔져 있었다.

쌍봉으로 나란히 자리 잡고 있는 구인회 부부의 묘를 살펴보면 구인회의 묘가 정혈자리에 정확히 모셔져 있고 부인 묘는 혈장穴場 내에 걸쳐져 있다. 한 가지 안타까운 점은 부인의 묘가 혈심穴心에서 떨어져 있어 외탁한 후손들이 그만큼 명당의 혈 기운과 동기감응同期感應을 다소 약하게 받게 될 것이므로 그런 점이 약간 아쉽다.

LG는 우리나라에서는 최초로 플라스틱 산업과 전자산업을 개척하였고, 전기와 3차 서비스 산업에 이르기까지 다양한 사업영역을 구축함으로써 지금은 세계의 일류기업으로 우뚝 서 있다. 그 근간을 마련한 사람이 바로 구인회 창업주다. 현재는 창업자의 손자인 구본무 회장이 LG그룹을 이끌고 있는데 앞으로도 크게 번창하리라 확신한다.

다만 지금의 LG 본사 사옥을 살펴보면, 쌍둥이 건물 중에 남쪽에 있는 사옥은 정혈자리에 배치되었으나 북쪽에 있는 사옥은 혈장 50%가 밖으로 벗어나 있는 것이 아쉽다. 앞에서 지적했듯이 고층 건물의 경우 공중혈空中穴자리

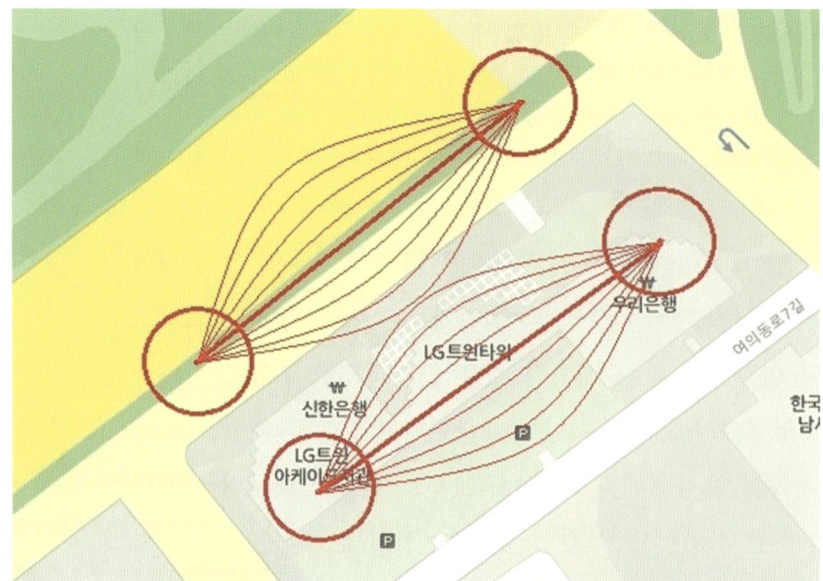

LG 트윈타워 명당혈 도면

LG 트윈타워

가 있는 층에 주요 핵심부서를 배치해야 보다 더 경쟁력 있는 기업으로 거듭 날 것으로 여겨진다.

GS그룹 창업주 허창수許昌秀 회장 생가 • 진주

허창수 회장 생가 안채

대명당혈 배꼽자리가 방안 중앙에 위치

    경남 진주시 지수면 승산리勝山里 마을 전체의 지세를 살펴보면, 방어산防禦山에서 내려온 용맥이 한 바퀴를 돌아 반달모양으로 감싼 반월형 옥산玉山 아래에 머문 다음 다시 그 맥이 출발지인 방어산을 바라보고 있는 형국으로, 소위 회룡고조형回龍顧祖形의 배산임수형 양택지陽宅地다. 이곳 승산리 마을은 만석꾼인 허만정을 비롯하여 무려 삼십여 명의 천석꾼을 낳은 부자 마을로 유명하다.

    현재 이곳에는 LG그룹과 GS그룹 창업주와 회장들의 생가와 사당이 그대로 남아 있다. 이곳은 김해 허씨金海許氏와 능성 구씨綾城具氏가 집성촌을 형성하

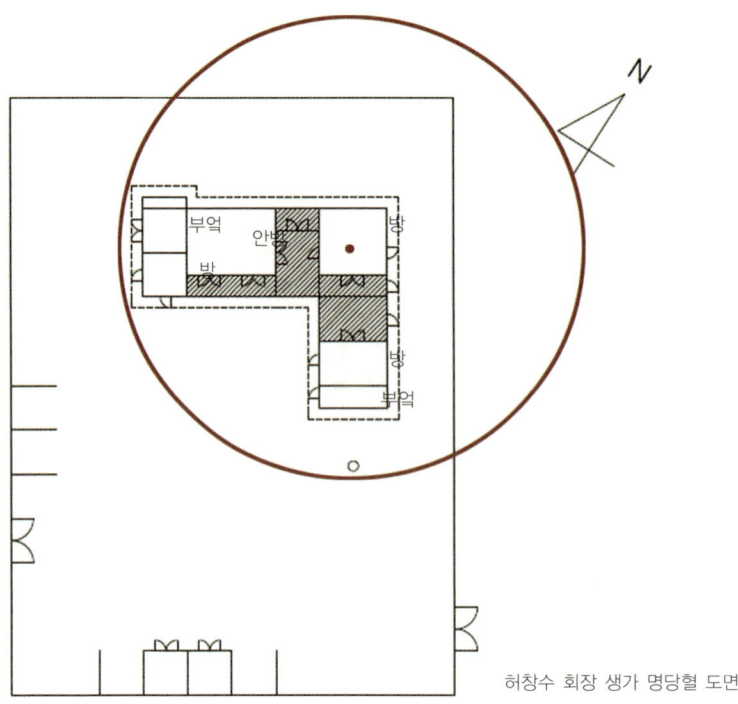

허창수 회장 생가 명당혈 도면

고 살고 있는데, 지금은 허씨가 약 200여 가구, 구씨가 약 40여 가구를 형성하고 있는 것으로 알려진다. 이곳에 김해 허씨가 입향入鄕한 역사는 약 500년이 넘어서는데, 허씨의 외손外孫 격이 되는 능성 구씨는 약 250년 전에 이곳으로 들어왔다 한다.

아마도 당시 이 마을로 저들을 안내한 사람은 풍수지리에 달통한 도승이었음에 틀림없다. LG그룹이나 GS그룹 등 유명한 재벌가 회장들의 생가나 정자亭子 등이 하나같이 전부 대혈의 정혈자리에 정확히 배치되어있기 때문이다.

필자가 세 번에 걸쳐 승산리를 답사하면서 마을의 항공사진과 상세한 지도를 갖고 명당혈자리를 측정해보니 대혈자리만 무려 90여 개에 이르렀고 소혈자리도 약 200여 개 이상인 것으로 나타났다.

항공사진으로 본 허창수 회장 생가 명당혈도

허창수의 생가를 보면 반월형 옥산에서 하강하는 열 개의 용맥 중 우측으로부터 다섯 번째 용맥을 타고 바람을 피해 내려온 음·양의 기맥이 평지에 도달하여 음·양의 천혈과 인혈, 지혈의 대혈을 맺고 있는데, 그중 음의 인혈 자리에 'ㄱ자형' 안채를 정확하게 배치했다.

음의 인혈 배꼽자리가 방 중앙에 위치해 있어 안채 전체가 충만한 생기生氣로 가득 차 가장 이상적인 배치를 보이고 있다.

생가의 좌향도 건좌손향乾坐巽向으로 정확히 공간에너지가 흐르는 방향에다 분금分金까지 맞추어 확실하게 지었다. 마치 천년고찰 대웅전의 좌향을 보는 듯하다.

결국은 조상의 명당혈 기운을 받고 명당의 혈자리에서 나고 자란 사람은 반드시 큰 인물이 된다는 사실을 허창수의 선영과 생가가 보다 확실히 보여주는 셈이다.

허창수의 선영을 답사한 결과 조부인 허만정의 묘가 대명당 정혈자리에 정확히 모셔져 있어 GS그룹의 승승장구함을 알 수 있었다. 다만 안타까운 것

한국 재벌가의 생가 터 | 231

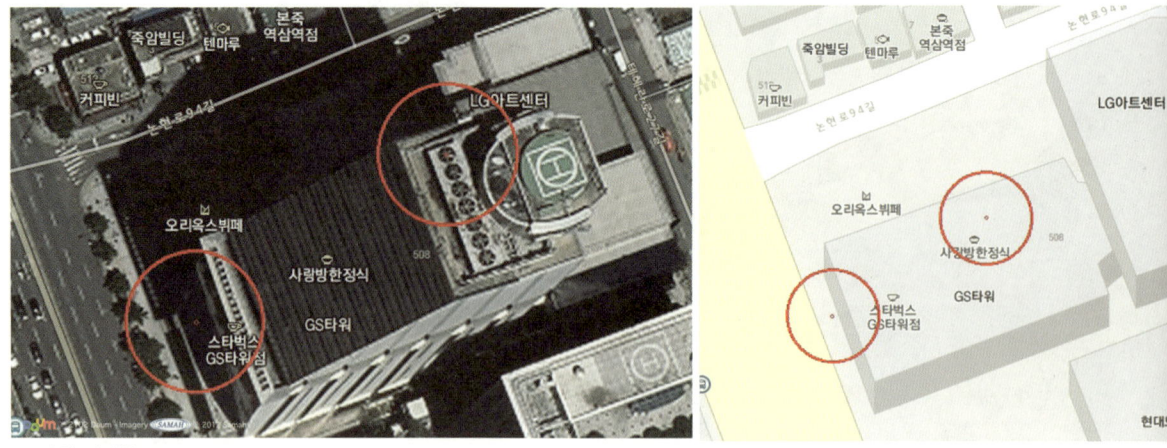

GS타워 명당혈도   GS타워 명당혈도면

GS타워

은 허정구와 허준구의 묘는 지척에 대명당혈자리가 있는데 혈장 경계밖에 모셔져 있어 너무나 아쉽다.

　GS본사가 있는 GS타워는 음·양의 대명당혈자리 2개에 맞추어 지은 훌륭한 사옥이나, 앞으로 기업이 더 크게 융성하려면 최고경영자 및 그룹의 핵심 부문을 공중혈자리가 있는 층으로 배치하여 기업운영을 하여야만 더 크게 번성하리라 확신한다.

효성그룹 창업주 조홍제 趙洪濟 회장 생가 • 함안

조홍제 회장 생가 안채

안채 명당혈 배꼽자리

    효성그룹의 창업주 조홍제는 경남 함안에서 아버지 조용돈과 어머니 안부봉 사이에 맏아들로 태어났다. 아버지 조용돈은 한학에 조예가 깊은 선비이자 부농이었기에, 어려서부터 서당에서 한문을 배웠으나 그의 삶은 드라마틱했다.
    일제 강점기에 태어나 나라 잃은 설움을 몸소 겪으면서 중앙고보 재학 중 6·10만세운동의 주모자로 옥고를 치르기도 했으나, 1928년 일본 동경대 법정대학에 입학해 경제학부를 졸업했다. 해방 뒤인 1948년 이병철과 공동출자

사랑채

사랑방 명당혈 배꼽자리

하여 삼성물산공사를 설립해 부사장으로 취임한 그는 이후 제일모직 부사장, 제일제당 사장 등을 거쳐 1962년, 56세의 나이에 삼성그룹을 떠나 효성물산을 설립하며 효성그룹의 창업자가 되었다. 뒤에 동양나일론을 설립하고 한국타이어를 인수하여 세계적인 기업으로 성장시켜 놓았다. 1977년 이후에는 원미섬유, 대성목재, 효성금속, 효성알미늄 등을 잇달아 인수하기도 했다. 아울러 배명학원과 동양학원의 이사장을 맡아 육영사업에도 헌신했으며 전국경제인연합회 부회장 등을 역임했다.

경남 의령군과 함안군 경계에는 남강이 흐르고 있는데 남강 중간에 솥 모양으로 생긴 솥바위가 있다. 조선 후기에 어느 도인이 이곳 솥바위에 앉아 놀면서, '앞으로 이 근방에서 나라를 크게 세우는 큰 부자 세 명이 태어날 것이다' 라는 예언을 했다고 전해지는 곳이다. 우연인지는 몰라도 삼성, LG, 효성 그룹의 창업자 생가가 이 솥바위로부터 8km 이내에 지어졌고 도인의 예언처

안채 사랑채 문간채 모두 명당혈자리에 배치

럼 이들 모두 굴지의 재벌이 되었다. 이병철은 의령군 정곡면 중교리에서, 구인회는 진양군 지수면 승산마을에서, 조홍제는 함안군 군복면 신창리에서 태어났던 것이다.

조홍제의 생가는 함안군 군복면 신창리 들판 한 가운데에 위치하고 있다. 백이산伯夷山을 주산으로 논두렁을 타고 빙 돌아 회룡回龍하면서 주산인 백이산이 안산이 되어 바라보이는 곳에 음·양의 천혈, 인혈, 지혈을 맺었는데, 바로 이곳에 안채와 사랑채, 대문채 등을 정확히 배치했다.

부근에 있는 이병철의 생가와 아주 동일하게 천혈, 인혈, 지혈의 혈자리에 정확히 맞추어 가상家相을 배치하고 있는 것으로 보아 아마도 동일한 도인의 작품일 가능성이 농후하다.

세상에는 우연이란 없다. 조홍제의 선영을 보면 우선 증조부모의 묘가 대혈 배꼽자리에 한 치의 오차 없이 모셔져 있고, 조부모의 묘 또한 혈자리에

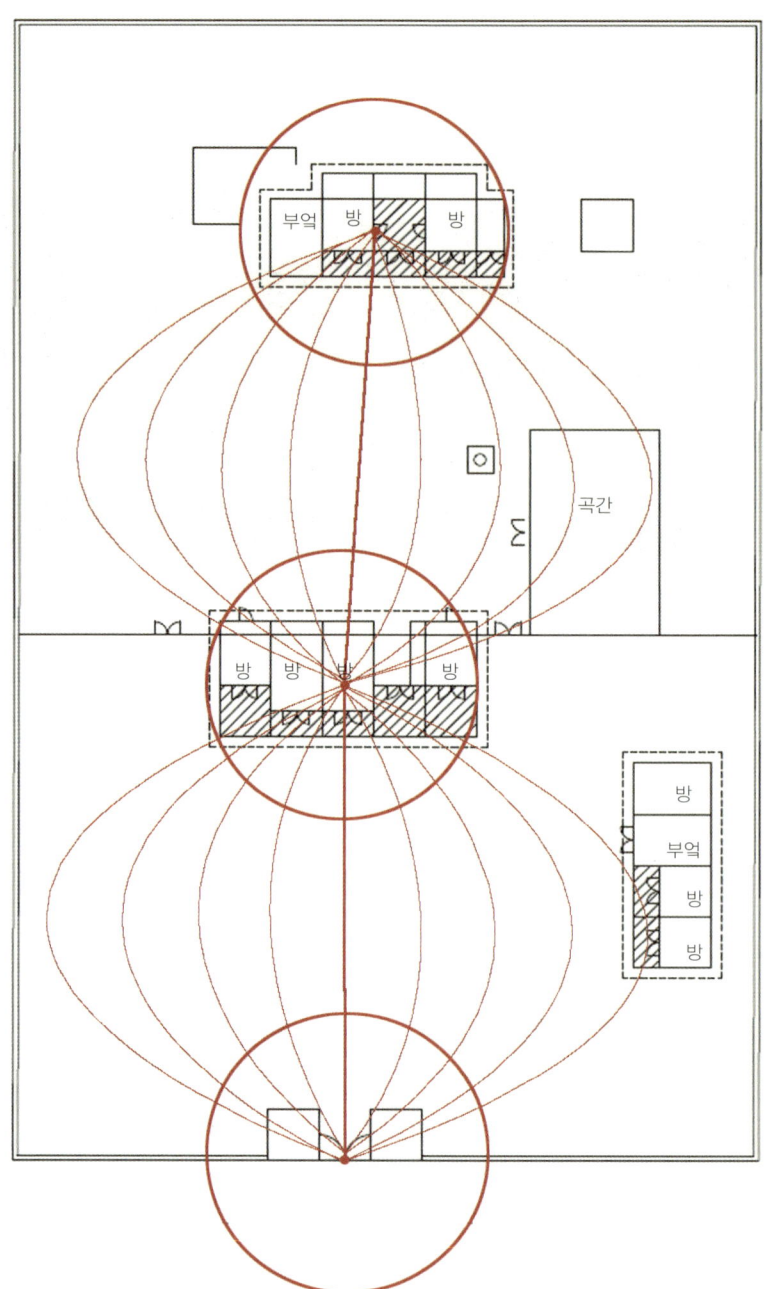

조홍제 회장 생가 명당 천, 인, 지혈 도면

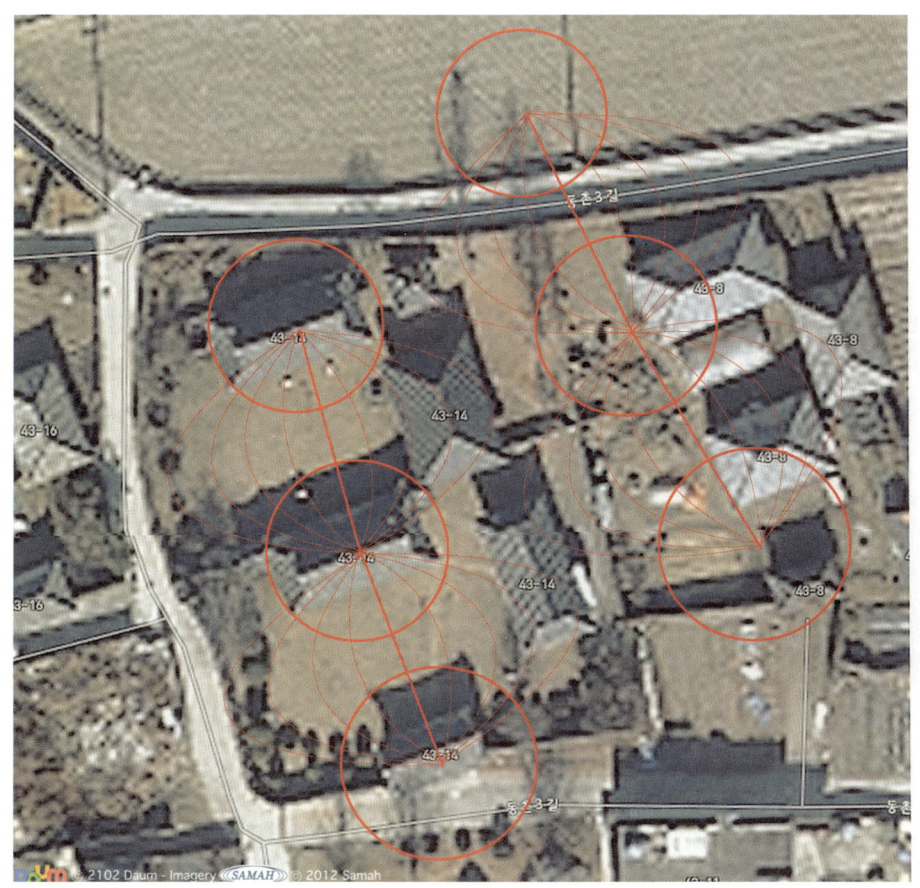
위성사진으로 본 조홍제 회장 생가 (음양) 천, 인, 지혈도

솥바위 사진

한국 재벌가의 생가 터 | 237

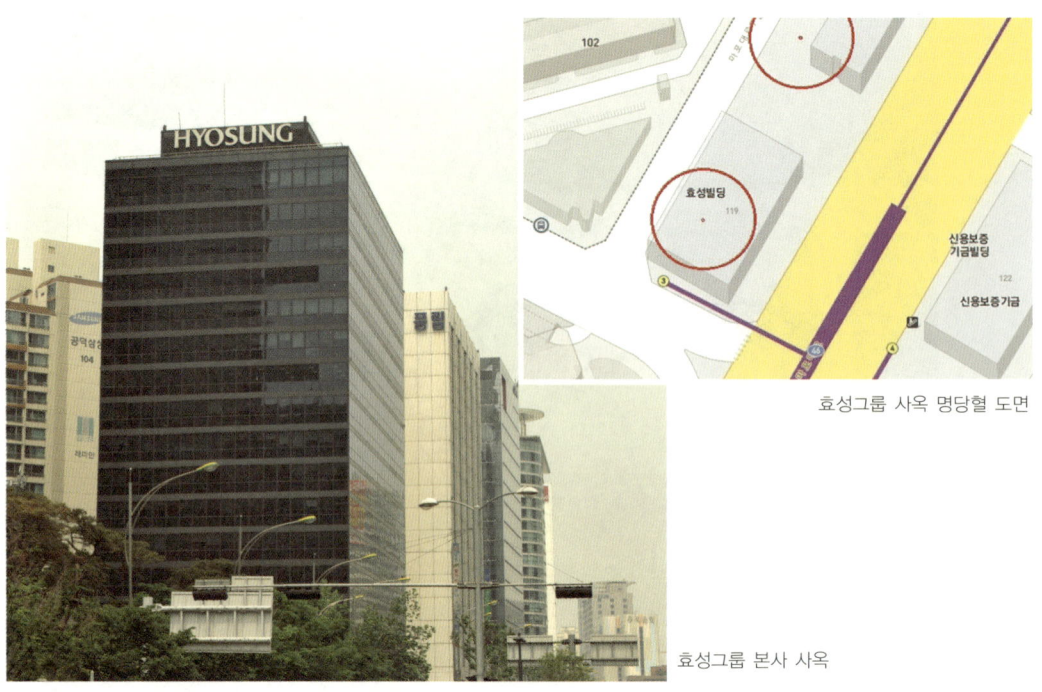

효성그룹 사옥 명당혈 도면

효성그룹 본사 사옥

모셔져 있다. 뿐만 아니라 그의 부모 묘도 쌍봉인데 천혈, 인혈, 지혈 등의 혈 중에서도 지혈의 배꼽자리에 부친의 묘소가 있고, 조홍제 본인의 묘 역시 정확히 정혈처에 자리를 잡고 있다. 이렇듯 선조 3대의 조상들이 모두 다 정혈자리에 정확히 모셔져 있는데다 생가 역시 정혈처에 배치하고 있어서 한국을 대표하는 재벌로 탄생하게 된 것이다. 현재는 그의 아들 조석래가 그룹회장을 물려받아 기업을 운영하고 있다. 모든 것이 조상의 음덕과 명당혈자리 양택덕분임이 확실하다.

효성그룹 마포사옥은 음의 대혈자리에 정확히 배치되어 있어 훌륭한 사옥인데 고층빌딩의 경우 공중혈자리가 있는 층에 그룹의 CEO 및 핵심 부서를 배치하는 지혜가 필요하다 하겠다.

한국 명문가의 양택

- 선교장 / 강릉
- 명재고택 / 논산
- 교동 최씨 고택 / 경주
- 운조루 / 구례
- 남파고택 / 나주
- 몽심재 / 남원
- 삼가헌 / 달성
- 독락당 / 안강
- 은농재 / 논산
- 선병국 가옥 / 보은
- 육영수 생가 / 옥천
- 하회마을 양진당 / 안동
- 점필제 고택 / 고령
- 송소고택 / 청송
- 성천댁 / 청송
- 여경구 가옥 / 남양주
- 향단 / 경주
- 일두고택 / 함양
- 김동수 가옥 / 정읍
- 정온선생 가옥 / 거창
- 이하복 가옥 / 서천

"적덕지가(積德之家) 필유여경(必有餘慶)이라,
명문가는 반드시 적선적덕한 조상이 있어 그 음덕으로 후손이 명문가를 이루는 것이다."

선교장 船橋莊 • 강릉

선교장 전경

　강원도 강릉시 운정동에 있는 고가, 선교장은 대관령에서 동해를 따라 내려온 용맥이 솟아올라 시루봉을 만들고, 시루봉에서 갈라져 동해로 달려가는 줄기가 동쪽으로 가면서 좌청룡과 우백호가 'U자 모양'으로 감싸 안고 있는 집터에 위치해 있다.

　선교장은 효령대군의 제11세손 이내번(1703~1781)이 지은 뒤로 10대에 걸쳐 300년 동안 이어온 조선 후기의 전형적인 사대부 저택이다. 원래 충주에 살던 이내번은 어머니 안동 권씨와 함께 경포대 부근 저동에서 염전사업을 하여 경제적 기반을 쌓았다고 한다. 그러나 1751년 평소 적선적덕積善積德을 많이 쌓던 어머니가 별세하자 어머니를 서지골 대명당의 혈자리 정혈처에 모시게 된다. 이후부터 이내번은 가세가 늘어 더 넓은 새로운 터전을 물색하던 중, 집 주위에 족제비가 모여 들더니 무리를 지어 서북쪽으로 이동하기에 따라가 보니 지금의 선교장 숲 부근에서 사라졌다고 한다. 지세를 살펴 본 이내번은 이곳이야말로 하늘이 자신에게 내려준 명당임을 알아차리고 이곳 주위의 모든 땅을 매입해서 이곳으로 이사를 했다고 전해온다. 이때가 이내번의 어머니가 타계한 지 5년째로 1756년 지금의 선교장 집터를 조하행으로부터 매입, 1760년부터 선교장의 첫 건축이 시작되었다. 그 이후 이내번의 아들 이후가 더 큰 부를 이루어 만석꾼이 되었다.

사람과 땅은 인연이 맞아야 그 기운을 받을 수 있다고 하는데, 사람 속에 있는 기氣와 천기天氣, 지기地氣가 서로 통해야 명당이 제 역할을 할 수 있다. 선교장 터에는 이내번이 집을 짓고 살기 이전부터 이미 다른 사람들이 살고 있었다. 당초에는 강릉 박씨가 살았었고 이후부터는 배다리의 창령 조씨가 살았다. 그런데 당시에는 집터와 사람의 기운이 서로 통하지 않았다.[14] 다시 말해 전 주인들은 조상 산소를 제대로 혈자리에 모시지 않았기에, 명당의 혈자리가 바로 앞에 있음에도 불구하고 혈자리를 벗어난 엉뚱한 곳에다 집을 짓고 살았고, 그런 상황에서는 절대로 잘 살 수가 없는 것이다. 결국 좋은 땅은 조상을 정혈에 모신 후손들이 차지하는 것이 우주의 이치다.

따라서 이내번의 가세가 급격히 크게 번창하게 된 근본 원인을 따져보면 결론적으로 이내번의 어머니 묘소가 명당의 혈자리에 정혈로 모셔져 있어, 그 인연으로 선교장의 터가 나타났고 또 뛰어난 지관이 나타나 정혈처에 가상家相을 배치했음이 틀림없다고 필자는 단언한다. 사람마다 각자 고유의 파동이 있다. 그 파동의 성질을 절대적으로 결정해주는 것은 본인과 직접 DNA가 일치하는 조상의 파동이다. 즉 조상이 있는 산소의 지기地氣 파동에 후손은

---

14) 「선교장」 p.76. 열화당

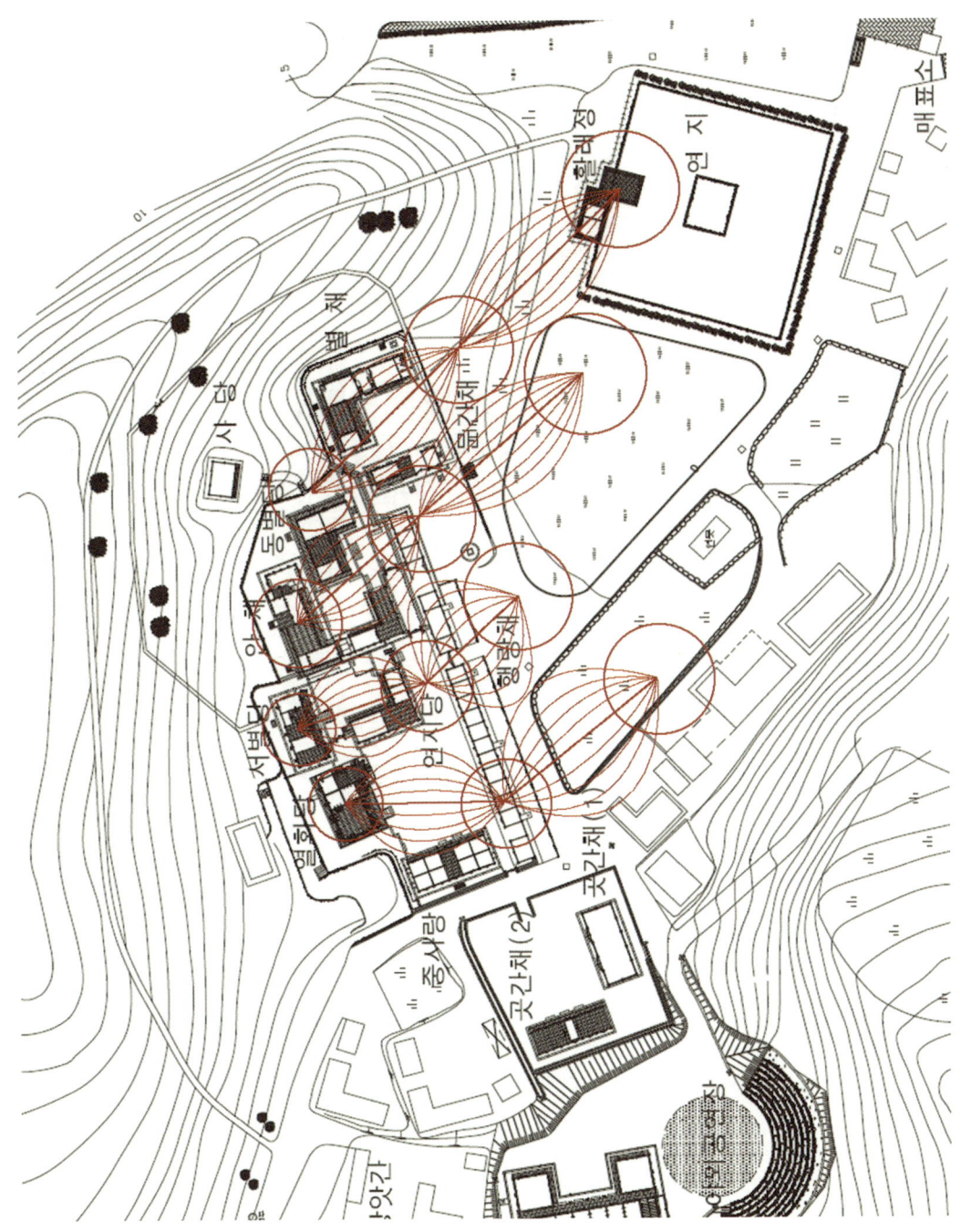

선교장 전체 명당혈도면 〈도면, 「민가건축Ⅰ」〉

한국 명문가의 양택 | 243

항공사진으로 본 선교장 〈사진, 「강릉 선교장 기록화 보고서」〉

선교장 선영. 맨 위 대명당 정혈자리에 모셔진 이내번의 모친 묘

100% 동기감응同期感應이 되고 따라서 후손은 조상 묘 터의 지기地氣와 일치되는 곳에 집터를 정하고 살게 되는 것이다. 이곳에 터를 잡은 이내번 역시 당시 모친의 산소를 대명당혈자리 정혈처에 모셨기에 그와 같은 (+)파동과 일치되는 터를 찾을 수 있게 된 것이다. 필자가 서지골을 방문하여 이내번의 모친 묘소를 감정해 보니, 아니나 다를까 대명당의 천혈자리에 정혈로 모셔져 있었다. 세상일에 절대로 우연이란 없는 법이다.

선교장의 집터는 활 모양으로 굽은 안쪽에 그 중심을 두고 있는데, 집터를 향해 두 개의 용맥이 내려오고 있다. 그 중 하나의 용맥은 열화당悅話堂 쪽으로 내려오고 나머지 하나는 안채 쪽으로 내려온다. 하나의 생용맥生龍脈에는 음·양에 따라 음과 양의 기맥이 동시에 내려오게끔 마련인데, 선교장에는 두 개의 용맥이 내려와 용맥별로 각각 음·양의 천혈과 인혈, 지혈을 맺고 있어 총 12개의 대혈자리가 존재하는 최고의 명당 터에 가상家相을 배치하고 있다.

열화당

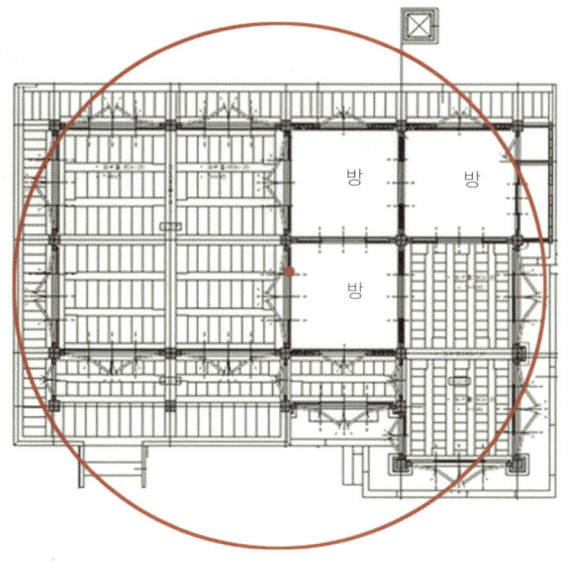
열화당 명당혈 도면 〈도면 「강릉 선교장 기록화 보고서」〉

열화당 대명당혈 배꼽자리

먼저, 열화당 쪽으로 내려온 첫 번째 우측의 음·양 기맥은 열화당과 서별당西別堂을 기점으로 음·양의 천혈, 인혈, 지혈의 대혈 여섯 개를 맺고 있다. 음의 천혈자리에는 한 치의 오차 없이 사랑채인 열화당을 배치했고, 양의 천혈자리에는 서별당을 정확히 배치했다.

한국 명문가의 양택 | 245

서별당

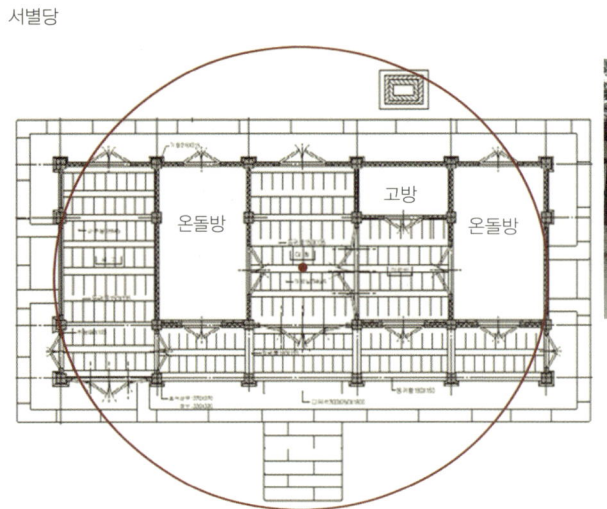
선교장 서별당 명당 도면 〈도면 「강릉 선교장 기록화 보고서」〉

중심기맥선이 관통하는 곳에 대문 설치

    음의 인혈자리에는 열화당 앞의 행랑채를 정혈로 배치했는데, 양의 인혈자리는 연지당蓮池塘과 대문 사이 중간 마당에 맺혀 있다. 대문을 들어서서 좌회전하여 사랑채인 열화당과 중사랑채 방향으로 몇 발자국을 이동하면 바로 그 자리가 양의 인혈자리다. 음의 지혈자리는 행랑채 바깥마당 화단에 맺혀 있고, 양의 지혈자리는 대문 밖 마당에 맺혀 있다.

    다음으로 두 번째 좌측의 음·양 기맥은 안채와 사당祠堂 입구에 이르러

안채

안방 대명당혈 배꼽자리

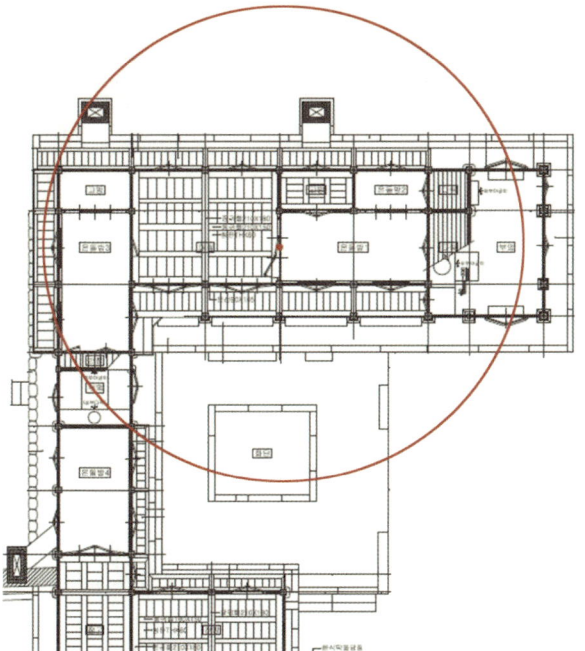
선교장 안채 명당혈 도면〈도면, 「강릉 선교장 기록화 보고서」〉

한국 명문가의 양택 | 247

활래정

활래정 대명당혈 배꼽자리

활래정 명당혈 도면 〈도면.「강릉 선교장 기록화 보고서」〉

    음·양의 천혈, 인혈, 지혈의 대혈 여섯 개를 맺고 있다. 음의 천혈자리에는 한 치의 오차 없이 안채를 정혈자리에 배치했지만, 양의 천혈자리는 동별당 좌측 사당 입구에 맺혀 있다.

    음의 인혈자리는 행랑채 좌측 끝단의 바깥마당에 맺혀 있고, 양의 인혈자

동별당

사당

리는 외별당 아래 담장 너머 화단에 맺혀 있다.

 음의 지혈자리는 행랑채 바깥마당 잔디밭에 맺혀 있고, 양의 지혈자리에는 연못가에 있는 활래정活來亭이 정혈로 배치되었다.

 선교장의 좌향은 간좌곤향艮坐坤向인 서남향이다. 물론 이 또한 기맥선과 공간에너지의 정확한 흐름에 맞추어 배치했다.

 결론적으로 선교장은 완벽한 사신사四神砂를 갖춘 12개의 대명당혈자리에 정확한 좌향으로 주요 건물을 정혈처에 배치함으로써 대한민국 최고의 양택陽宅으로 인정받고 있는 것이다.

명재고택 明齋古宅 • 논산

항공사진으로 본 명재고택 〈사진, 「윤증선생 고택 기록화 보고서」〉

충남 논산군 노성면 교촌리에 있는 명재고택은 조선 숙종 때의 성리학자이자 소론의 지도자였던 명재 윤증(1629~1714)의 고택으로 그의 말년인 17세기 말경에 건립된 것으로 알려져 있다.

윤증은 어려서부터 학문을 좋아하여 김집과 유계, 우암 송시열의 문하에서 수학했다. 그는 수차에 걸쳐 벼슬을 받았으나 조부 윤황의 유언을 받들어 관직에 나아가기를 거부하고 1676년, 이곳 교촌의 이산離山으로 이사하여 후진 교육에 전념했다. 이후에 다시 조정에서 우의정을 제수하였으나 사양하여 백의정승으로 추앙받은 인물이다. 한편 서인西人이 노론老論과 소론少論으로 분당할 때 소론의 영수가 되었다.

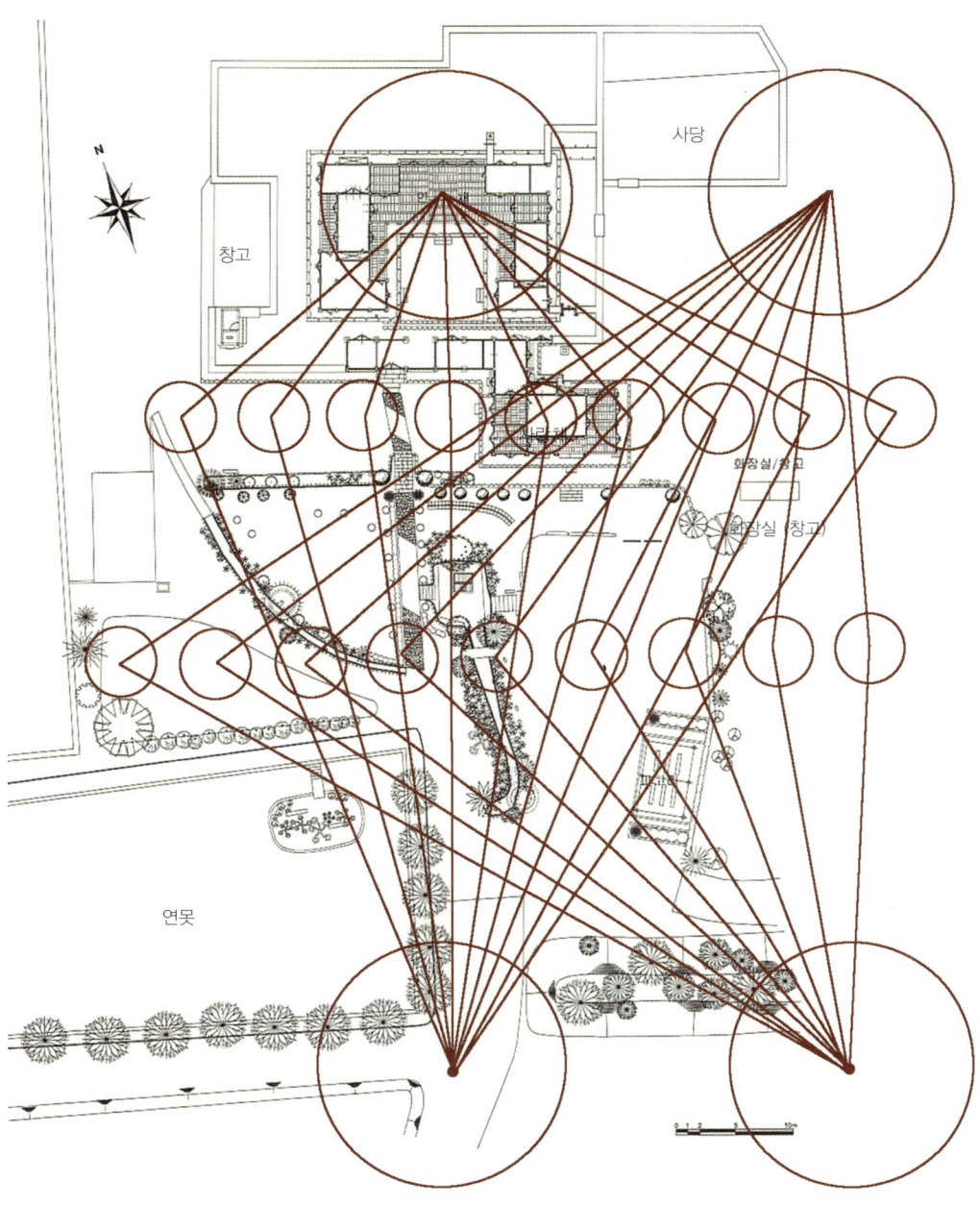

명재고택의 명당혈 도면 〈도면, 「민가건축Ⅰ」〉

한국 명문가의 양택 | 251

안채

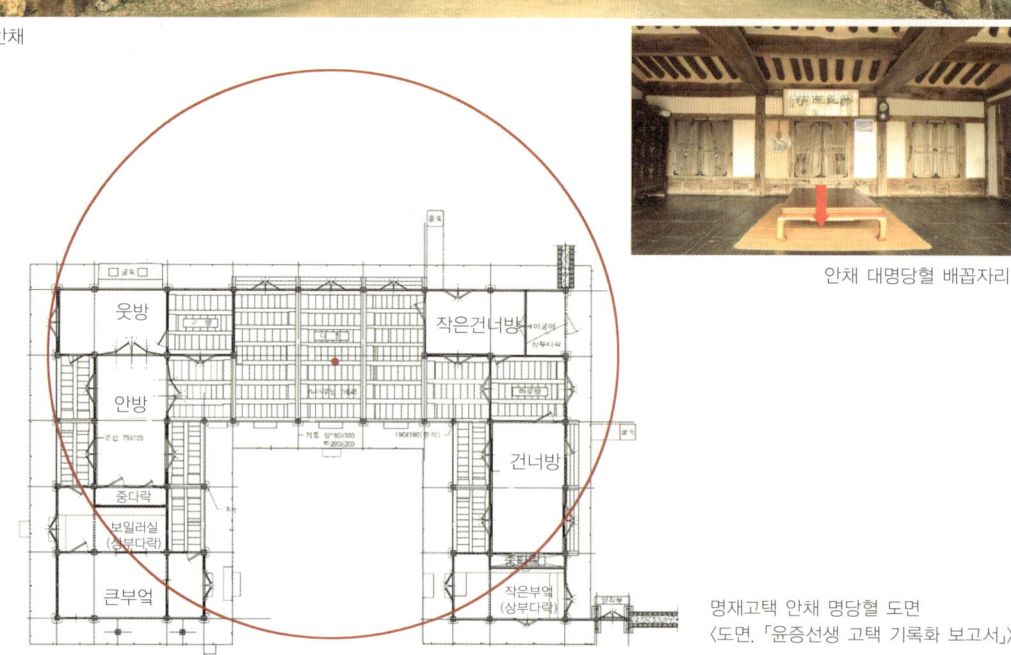

안채 대명당혈 배꼽자리

명재고택 안채 명당혈 도면
〈도면, 「윤증선생 고택 기록화 보고서」〉

　　명재고택이 있는 교촌리의 지세를 살펴보면 마을 북쪽으로 완만한 구릉이 솟아 이산離山이 되고, 이산 자락이 마을의 뒷면을 형성하고 있다. 이산의 구릉은 남쪽으로 흘러 서쪽에는 노성향교魯城鄕校가, 동쪽으로는 명재고택이 들어서 있다. 고택의 동편으로 작은 구릉을 넘어가면 공자의 영정을 봉안하고

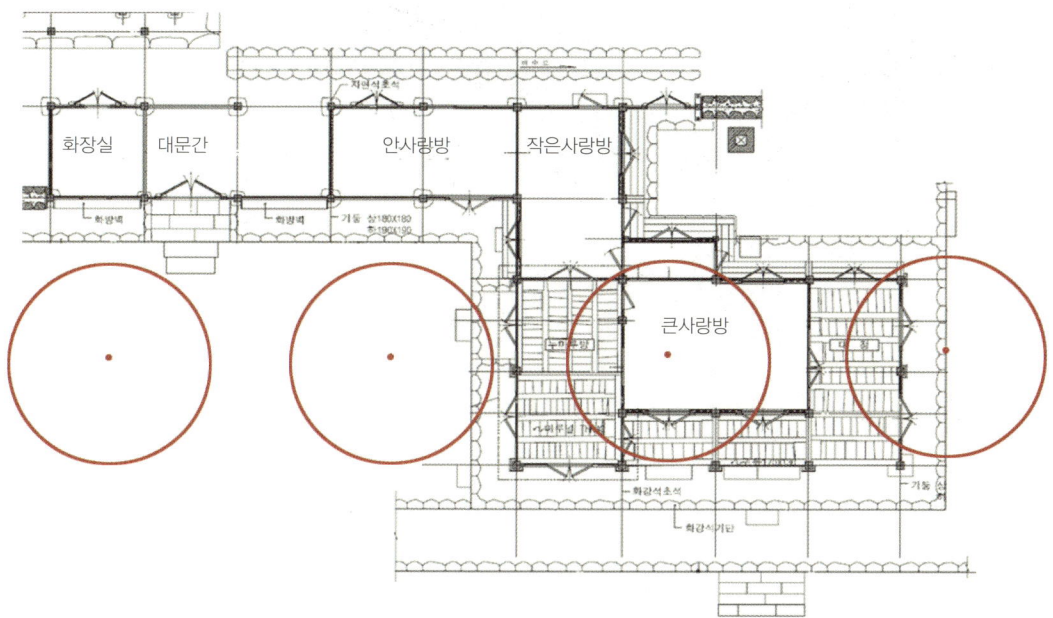

명재고택 사랑채 명당 소혈 도면 〈도면, 「윤증선생 고택 기록화 보고서」〉

사랑채

사랑방 소혈 배꼽자리

있는 궐리사闕里祠가 자리를 잡고 있는 등, 명재고택 주변에는 정려각旌閭閣을 비롯한 조선시대의 문화유적이 산재해 있다.

    명재고택은 대혈과 소혈 그리고 기맥선 등의 활용을 통해 완벽한 가상家相 배치를 보여준다. 먼저 주산에서 힘차게 내려온 음·양의 기맥이 고택 뒤 야산에서 완벽한 보국保局을 갖춰 음·양의 천혈과 인혈을 맺고 그 아래 산진처

베르누이의 정리를 이용한
가상 공간 배치

山盡處에 이르러 음·양의 지혈과 소혈 아홉 개가 맺힌 곳에 안채와 사랑채가 혈자리에 정확히 맞추어 배치되어 있다.

음의 지혈이 맺은 곳 정혈처에 안채를 아주 정확하게 배치했다. 또한 음의 지혈 배꼽자리에 대청마루의 중앙을 일치시켜 안채 전체가 지기地氣와 천기天氣가 충만한 곳으로 만들었다. 그러나 양의 지혈은 사당 아래 좌측면에 맺혀 비어 있다.

다음 안채의 음의 지혈에서 아홉 개의 기맥선이 뻗어내려 소혈 아홉 개가 횡으로 맺혀있는 곳에 사랑채를 배치하고 있다. 소혈자리에 한 치 오차 없이 사랑방을 배치하였다.

그리고 안채의 음의 지혈에서 내려간 아홉 개의 기맥선 중에 우측으로부터 세 번째 기맥선이 대문을 관통하도록 배치했다. 이는 첫째, 대문이란 사람들이 드나드는 곳이기에 사람들이 이곳을 지날 때 양명한 기운을 받도록 고려한 것이고 둘째, 대문은 복이 들어오는 곳이라고 해서 혈자리에 배치를 못할 경우에는 차선책으로 기맥선에라도 맞추려고 했기 때문이다.

양의 지혈에서는 아홉 개의 기맥이 뻗어 내려가 샘물가 근처에서 횡으로 아홉 개의 소혈을 맺고 있다.

또한 사랑채 라인에 있는 아홉 개의 소혈에서는 기맥선이 뻗어내려 연못 입구에 음의 대혈을 맺고 있다. 예전에는 명재고택에 큰 대문이 있었다고 하는데, 당초의 가상家相으로 보아 아마도 이곳에 솟을대문을 세웠으리라 짐작된다. 그리고 샘물가에 횡으로 맺은 아홉 개의 소혈에서 기맥선이 뻗어 내려가 합쳐져서 음 지혈과 나란히 양 지혈을 맺고 있다.

명재고택은 1738년 스위스의 물리학자 베르누이Bernoulli가 세웠다는 소위 '베르누이의 정리'를 이용해 가상家相을 배치한 것이 아닌가 싶을 정도로 과학적이다. 안채 우측면과 창고 사이의 앞면은 간격을 넓게 배치하고 뒤로 갈수록 좁아지게 함으로써, 전면에서 남동풍이 불어오면 두 건물의 간격이 다르므로 바람의 속도가 자동적으로 조절되도록 조치한 것이 매우 인상적이다. 특히, 바람이 세게 부는 곳에는 차갑게 해야 할 것들을 보관하는 공간을 마련해 놓았다고 하니 참으로 지혜롭다 하겠다. 또한 여름에 사람들이 시원함을 느낄 수 있도록 바람이 잘 부는 지점을 골라 안방에서 밖으로 한 칸 마루를 길게 내어 배치한 것은 과학적인 바람의 원리를 응용한 대단히 멋진 가상家相이다.

교동 최씨崔氏 고택古宅 • 경주

대문채

　경북 경주시 교동에 있는 조선 후기 사대부의 주택으로, 이 집안은 약 400년 동안 9대에 걸친 진사進士와 12대 만석꾼을 배출한 집이라고 해서 흔히 '최부잣집' 또는 '경주 최진사집'으로 불려진다. 경주 최씨 최언경(1743~1804)이 이른바 요석궁瑤石宮터라고 전해오는 길지에 터를 잡아 약 200여 년을 이어져 내려왔다. 최부잣집의 파시조派始祖인 최진립부터 약 200년 동안 경주시 내남면 게무덤(충의당)이라는 곳에서 살다가 지금의 교동으로 이전하여 5대를 만석꾼으로 살았다.15)

　이 가옥은 18세기 중엽에 지은 저택으로, 당초 부지는 약 6,600㎡이고 후원이 약 33,000㎡이었으며, 집은 99칸에 이르는 대저택이었다고 한다. '부불삼대富不三代 권불십년權不十年'이란 말이 있듯이 부와 권력은 오래도록 유지

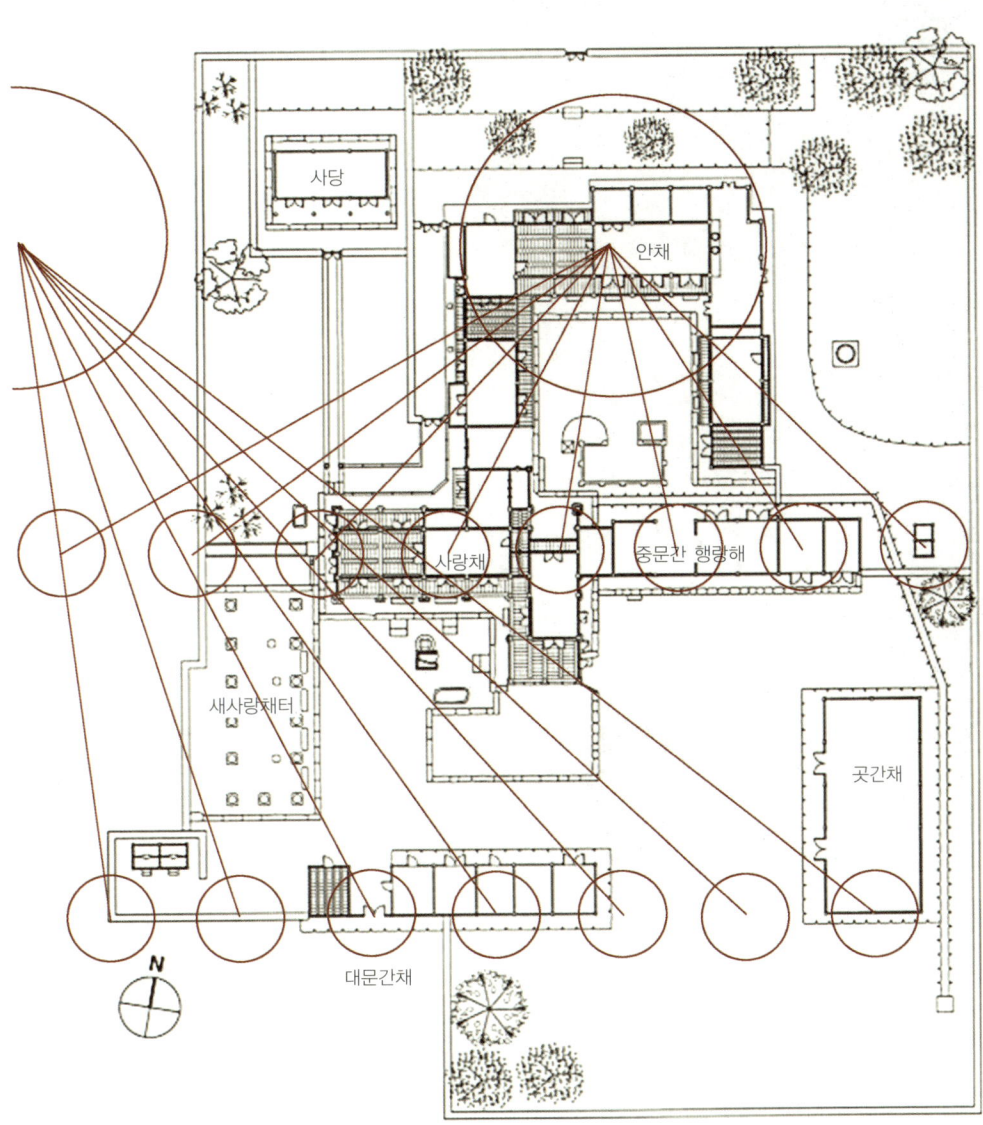

경주 교동 최씨 고택의 명당혈 도면 〈도면. 「가옥과 민속마을Ⅱ」〉

---

15) 「가옥과 민속마을Ⅱ」 p.44

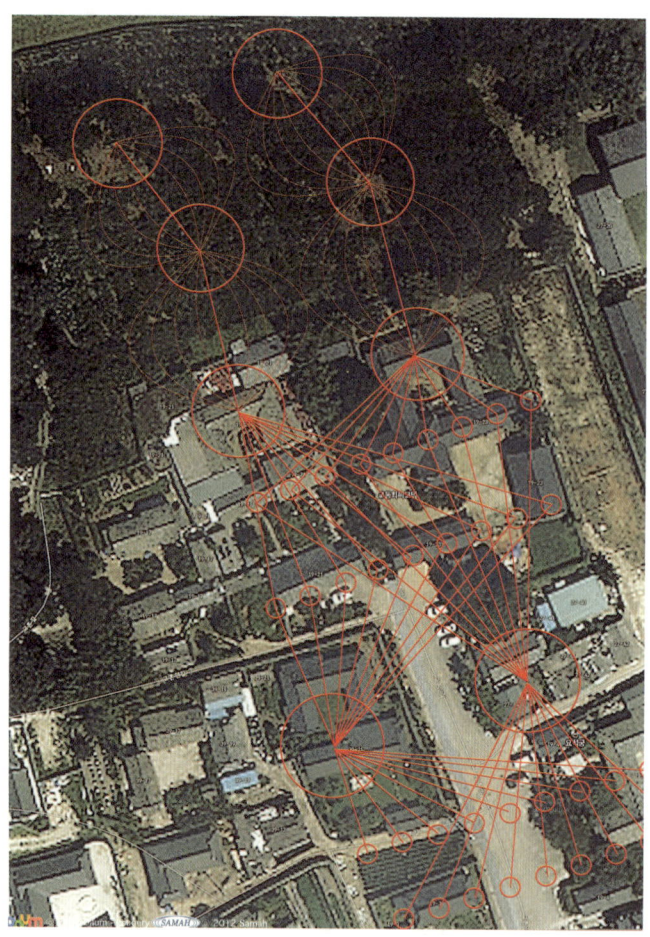

위성사진으로 본 경주 교동 최씨 고택 명당혈도

하기 어렵다. 그러나 최 부자의 가문은 육연六然과 육훈六訓을 통해 자신을 스스로 지키며 집안을 다스렸고, 조상 선영을 명당혈자리에 정확히 모셨기 때문에 무려 400년 이상을 대부호로서 가문을 유지할 수 있었다.

차제에 최씨 고택 마당에서 읽은 가훈家訓과 철학을 다시 한 번 음미해 본다. 최부잣집의 가르침은 중용中庸과 의로움에 있다.

"치우치지 말고 성급하지 말며 욕심을 내지 않는다. 어느 것이든 완벽한 가치는 없는 것이므로 좌우에 치우침이 없이 의롭게 산다."

안채

이런 중용의 덕을 뼛속깊이 새기기 위해서였는지, 최부잣집을 이어온 12대손 최준(1884~1970)의 증조부 최세린의 호를 보면 어리석음이 크다는 뜻으로 '대우大愚'라고 했으며, 부친 최현식은 재주가 둔하여 으뜸이 못 된다는 의미로 '둔차鈍次'라고 했다.

"재물은 똥 걸음과 같아서 한곳에 모아 두면 악취가 나 견딜 수가 없고 골고루 뿌리면 거름이 되는 법이다."

이 가르침은 곧 재물에 대한 욕심을 버리고 절제를 실천해 베풀고 나눔으로써 재물의 노예가 되지 않고 오래도록 부를 누릴 수 있는 비결을 제시해준다.

또한 최부잣집에서는 스스로 마음을 수양하는 지침으로 여섯 가지 수신修身 즉, 육연六然을 제정하여 어떤 상황에 처했을 때라도 자신이 가져야 할 올바른 정신자세를 구체적으로 제시하고 있다.

자처초연自處超然 – 세속을 초월하는 경지로 스스로 초연하게 지내야 할 것

산실

사랑채

이며, 대인애연對人靄然 – 누구에게나 평등한 마음가짐으로 남에게 온화하게 대해야 하며, 무사징연無事澄然 – 일이 없을 때는 잡념을 자제하고 마음을 맑게 가질 것이며, 유사감연有事敢然 – 일을 당해서는 임전무퇴의 정신으로 용감하게 대처해야 하며, 득의담연得意淡然 – 일에 성공했을 때라도 경거망동을 삼가고 담담하게 행동을 해야 하며, 실의태연失意泰然 – 실패는 성공의 어머니라는 교훈이 있듯이 실의失意에 빠졌을 때는 태연히 행동하라는 등의 지침이 그것이다.

이외에도 최부잣집은 여섯 가지 행동지침이랄 수 있는 소위 육훈六訓을 통해서도 집안을 다스렸는데 첫째, 양반 자격의 유지를 위한 학문수행에는 정진하되 부와 권력을 동시에 누리려는 과욕은 삼가라는 의미에서, '과거는 보되 진사 이상의 벼슬은 하지 말라'고 했다. 그리고 재산의 상한으로 정한 만석萬石을 초과할 경우에는 초과된 소작료를 돌려주고, 만석 이상의 부를 축적하지 않는다는 의지대로 '만석 이상의 재산은 사회에 환원하라'고 적시했으며, 상대방의 어려움을 이용해 자신의 부를 증식하지 않는다는 뜻으로 '흉년기에는 땅을 늘리지 말라'고 했다. 또한 교통통신이 발달하지 못했던 당시에 있어 지나가는 과객過客은 새로운 소식을 전해 주고 세상의 흐름을 알려주는 일종의 메신저였으므로 '과객은 후하게 대접하라'고 했는데, 여기에는 저들

방풍용 느티나무 군락지역과 과수원에 (음·양) 천, 인혈을 맺음

곡간채

을 통한 새로운 정보습득에 비용을 아끼지 않으려는 지식정보 경영의 뜻이 숨어 있다. 최부잣집에서는 흉년이 들면 동해안에서 영천, 울산, 포항 등에 이르기까지 사방 백 리 안의 어려운 이웃에게 온정을 베풀어 이웃들의 인심을 얻고 가문의 덕을 쌓았는데, 이는 '주변 100리 안에 굶는 사람이 없도록 하라'는 육훈六訓의 결실이기도 한 것이다.

그리고 최부잣집 며느리들은 3년 동안 무명옷을 입어야 했는데, 집안의 전통인 부지런함과 절약정신을 가르치는 의미에서 '시집 온 며느리들은 3년간 무명옷을 입어라'는 이와 같은 육훈六訓의 교시敎示에 따른 것이다.

그런 만큼 경주 최부잣집은 나눔의 실천을 통해 재산환원과 사회기여에 이바지하기도 했다. 최부잣집의 마지막 후손이랄 수 있는 최준은 8.15광복 이후 나라를 이끌어나갈 젊은 인재양성의 중요성을 인식, 대구대학과 계림학숙을 설립하며 두 차례에 걸쳐 조상들이 일구어 놓은 대부분의 재산을 기증했다. 경북 경산시에 위치하는 지금의 영남대학교가 그 후신이다.

이와 같이 조상으로부터 물려받은 모든 재산, 400년의 부를 모두 국가 인재양성을 위한 교육사업에 희사함으로써 경주 최부잣집은 아직도 '참 부자'의 표상으로 사회의 본本이 되고 있다.

경주 교동 최부잣집의 고택은 생기生氣가 가장 왕성한 대지에 풍수지리학 자연법에 한 치 오차 없이 정혈자리에 가상家相을 배치하고 있다. 일반적으로 명당혈자리가 대지에 맺힘에 있어서는 가장 완벽한 보국保國을 이루는 곳에 음·양의 천혈과 인혈, 지혈이 대혈로 연달아 맺어지고 그 다음에 소혈이 맺혀진다.

그러나 최부잣집은 음·양의 천혈과 인혈이 맺힌 곳이 다소 평지이다 보니, 그 아래에 삼태기모양으로 오목한 지형에 있는 음·양의 지혈과 그 아래 조밀하게 맺혀있는 18개의 소혈자리를 활용하여 집을 지었다. 구체적으로 살펴보면 최부잣집의 고택은 대혈과 소혈의 정혈자리에 맞춰 안채와 사랑채, 대문채 등을 정확히 배치하였다.

위성사진에서 보듯이 고택의 담장 뒤에는 23,000여㎡에 달하는 과수원이 있는데, 음·양의 기맥이 고택 쪽으로 흐르면서 과수원에 음·양의 천혈과 인혈을 맺고 있다. 대지가 거의 평지이다 보니 비보풍수裨補風水 측면에서 바람을 막아 주기 위해 담장 뒤 과수원 너머에 느티나무를 수십 그루를 심어 놓았는데, 그 사이에 음·양의 천혈이 맺혀있고 그 다음 안채 뒤란 담장 너머에 있는 감나무 과수원 내에 음·양의 인혈이 맺혀있다.

음의 지혈자리에는 최준 형제의 가택인 '경주교동법주慶州校同法酒집'의 안채를 정혈처에 배치하고 양의 지혈자리에는 최부잣집의 안채를 정혈로 배치시켜, 안채 전체가 생기生氣 왕성한 혈장穴場 내에 들어가도록 하고 있다.

특히 최부잣집의 고택은 대혈 배꼽자리에 안방을 정확히 배치시킴으로써 풍수지리학 측면에서 가장 이상적인 배치를 보이고 있다. 다른 일반 고택의 경우에는 혈의 배꼽자리를 대청마루 중앙에 위치시키는데, 이 고택은 여기에

충의당

위성사진으로 본
최진립 장군 생가 충의당 명당혈도

다 방을 내고 대청마루를 그 우측으로 배치한 것이다.

다음으로 안채 대혈에서 아홉 개의 기맥이 흘러내려 아홉 개의 소혈을 맺고 있는데, 이곳에 횡으로 사랑채와 중문간 행랑채 등을 정혈에 배치했다. 특히 사랑채 방과 중문간을 소혈 정혈처에 배치했다는 사실이 놀랍다.

또한 경주교동법주 집 안채에 있는 음의 지혈자리에서 아홉 개의 기맥선이 내려와 소혈 아홉 개를 맺고 있는데, 이곳에는 대문간채를 배치하여 대문을 드나드는 사람들로 하여금 강한 생기生氣를 받을 수 있도록 고려하였다. 결국 최부잣집 고택은 집안에 있는 대혈 한 개와 소혈 18개에 맞추어 한 치의 오차도 없이 혈자리에 가상家相을 배치함으로써 9대 진사와 12대 만석꾼을 배출했던 것이다.

충의당忠義堂은 최부잣집의 파시조派始祖인 정무공貞武公 최진립 장군으로부터 약 200년 동안 살았다고 전해지는 게무덤이라는 곳, 지금은 경북 경주시 내남면 이조리 492에 있는 고택이다. 처음에는 당호를 흠흠당欽欽堂이라고 했는데 1760년경 건물을 수리한 후 충의당으로 이름을 바꿨다. 건물은 앞면이

최진립 장군 윗대 선영. 천, 인, 지혈 및 중심기맥선에 맞춤

    네 칸, 옆면이 두 칸인데, 그 구성을 보면 정면의 충의당을 중심으로 뒷면에 정침正寢과 광채 그리고 흠흠당이 'ㅁ자형'으로 배치되어 있는 모습이다.

    필자가 답사하여 항공사진에 혈자리를 그려 첨부한 자료에서 보이듯이 이 집 역시 음·양의 천혈과 인혈, 지혈이 맺힌 길지에 가상을 배치하고 있다. 현재 음의 천혈자리가 맺혀있는 곳은 안채 바로 뒤 처마 밑으로, 안채가 약간은 앞으로 내어 지어져 있는 상황이다. 아마도 원래는 안채가 음의 천혈자리 정혈처에 배치되어 있었는데, 이후 안채를 증개축하면서 앞으로 내어 지은 것이 아닌가 싶다. 왜냐하면 사랑채가 매우 정확하게 정혈처에 배치되어 있는 것으로 보아 당초 이곳을 재혈裁穴한 사람이 이런 착오를 범할 리는 만무하기 때문이다. 사랑채 충의당을 한 치의 오차 없이 대명당 음의 인혈자리에 배치하고 있다.

    또한 최진립 장군의 윗대 3대묘인 증조부모 묘, 조부모 묘, 부모 묘와 최

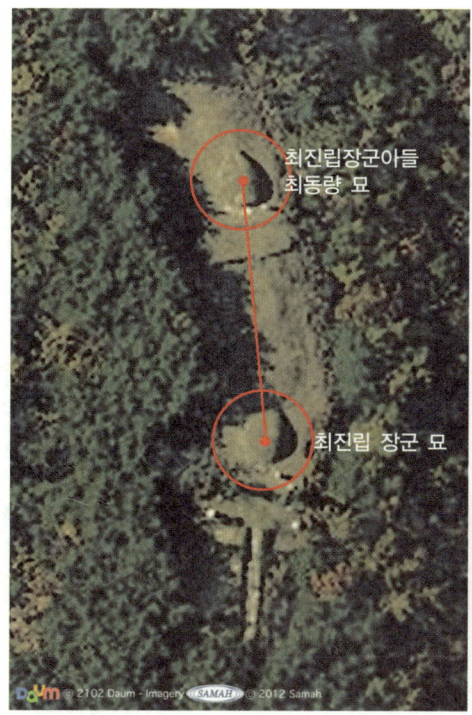 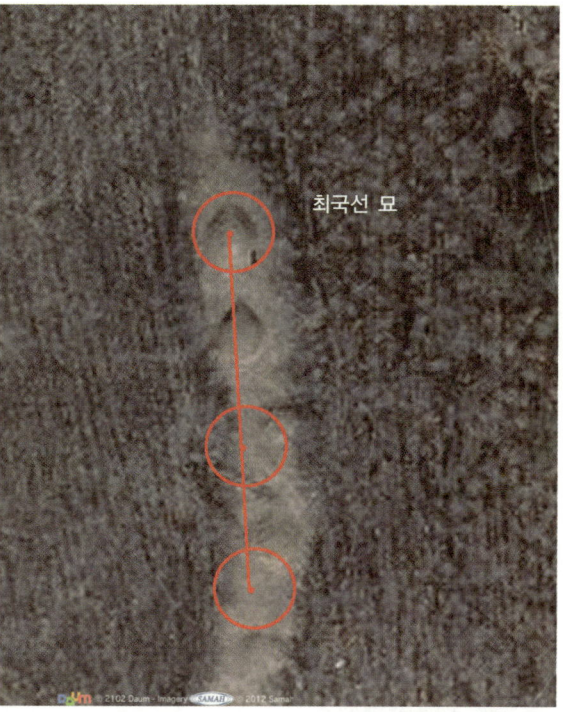

최진립 장군 묘(하)와 아들 동량 묘(상)
– 대명당 인혈, 지혈 정혈처에 모심

경주 최부자 3대 국선묘, 천혈에 모심

진립 장군 묘를 비롯한 10대 후손들의 묘를 일일이 감정해본 결과, 윗대 3대 묘와 10대를 내려오는 내내 한 치의 오차도 없이 조상들이 모두 정혈자리나 중심기맥선상의 생기가 왕성히 뭉쳐 있는 곳에 모셔져 있는 것을 확인하는 순간 참으로 놀라움을 금치 못했다.

결국 명문가로 거듭나기 위해서는 조상의 산소를 진혈眞穴자리 정혈에 모시고 조상의 음덕을 받음이 그 첫째요, 둘째는 명당의 혈자리에 가상家相을 배치하고 공익을 생각하는 올바른 생활철학을 갖고 적선적덕하는 삶을 살아야 된다는 사실을 경주 최부자 고택이 우리에게 생생히 보여주고 있는 것이다.

운조루雲鳥樓 • 구례

항공사진으로본 운조루 〈사진. 「구례 운조루 기록화 보고서」〉

　운조루라는 택호宅號는 '구름 속의 새처럼 숨어사는 집'이라는 뜻으로 도연명의 '귀거래사歸去來辭'에서 따왔다고 전해진다. 원래는 전남 구례군 오미동에 위치한 이 가옥의 사랑채를 부르던 명칭이었는데, 지금은 가옥 전체를 부르는 택호가 되었다.

　이 가옥은 낙안군수 유이주(726~1779)가 1776년(영조 52년)에 지은 집으로 전해지는데, 유이주는 1726년 경북 해안면 입석동 출신으로 28세가 되던 1753년(영조 29년)에 무과武科에 급제하여 낙안군수와 삼수부사를 지낸 무관이다.

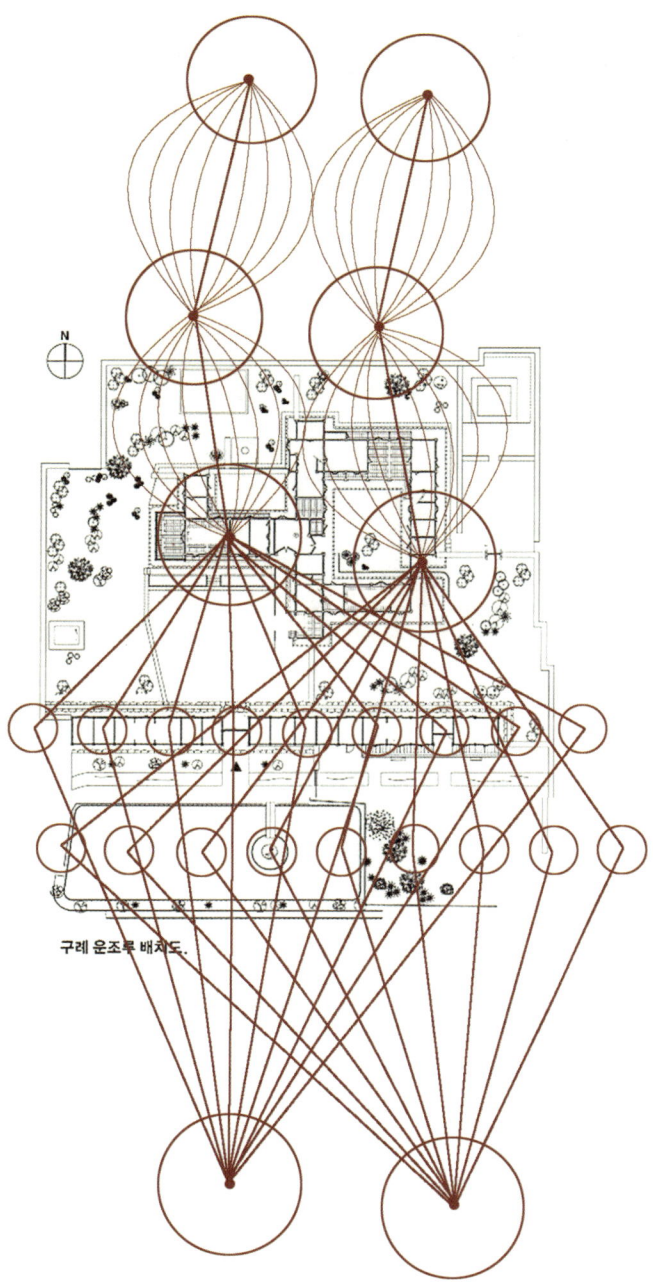

운조루의 명당혈 도면〈도면, 「가옥과 민속마을Ⅲ」〉

한국 명문가의 양택 | 267

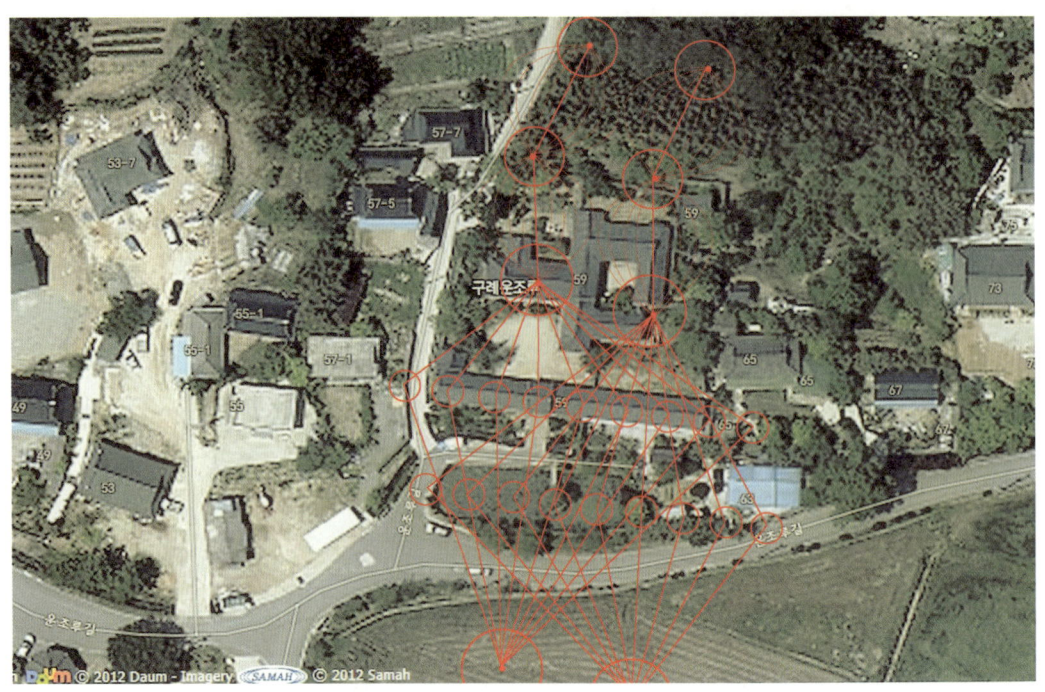

위성사진으로 본 운조루 명당혈도

　운조루를 풍수지리학 자연법 측면에서 보면 두 개의 대혈과 소혈 18개가 맺힌 곳 정혈자리에 가상家相을 배치하고 있는 훌륭한 양택陽宅이다.
　이 집이 위치한 오미동은 지리산 노고단으로부터 내려와 형성된 형제봉이 주산主山을 이루고, 넓게 펼쳐진 들 앞으로는 섬진강이 환포環抱하며 흐르고 있는데, 섬진강 건너편에 있는 오봉산이 안산案山이 되고 계족산이 조산祖山이 된다. 아울러 동쪽의 왕시리봉이 좌청룡이 되며 서쪽의 천황봉이 우백호가 되는, 전형적인 배산임수형의 명당 터다.
　필자가 이 마을을 답사해보니 배산背山인 병풍산에서 오미동 마을 쪽으로 12개의 용맥이 하강하고 있었다. 하나의 생용맥生龍脈에는 음·양의 기맥이 동시에 흐르므로 음·양 각각의 천혈과 인혈, 지혈을 측정해보니 마을 안쪽만

행랑채

안채

해도 무려 72개의 대명당혈자리가 존재하고 있었다. 실제로 필자가 현장으로 가서 직접 확인해 보니 진정한 대혈자리는 아직도 주인을 기다리듯 비어 있었다.

운조루를 중심으로 명당혈자리를 조사해보니 병풍산이라고 불리는 마을 뒷산에서 운조루 쪽으로 음·양의 기맥이 내려오면서, 집 뒤 담장 너머 대나무 밭에는 음·양 천혈을, 안채 뒤란 담장 너머 밭에는 음·양의 인혈이 층을 이루면서 맺고 있다.

그리고 음의 인혈에서 아홉 개의 기맥선이 포물선을 그리며 내려와 합쳐진 곳에 음의 지혈이 맺혀있는데, 거기에 사랑채를 정혈로 배치했다.

음의 지혈 배꼽자리에는 사랑채 대청마루와, 사랑방과 경계지점이 되는 대들보 아래를 일치시킴으로써 사랑채 전체에 생기生氣가 왕성하도록 배치하였다.

그러나 '전라구례오미동가도全羅求禮五美洞家圖'로 볼 때 양의 지혈자리에 있

사랑채

사랑채 대명당혈 배꼽자리   적선적덕의 표상인「타인능해」쌀독

던 안사랑채가 지금은 허물어져 없어지고, 그 자리에 오물쓰레기통 항아리가 대신 박혀있어 안타까움을 자아낸다.

   사랑채에 있는 음의 지혈로부터 내려온 아홉 개의 기맥선에서 아홉 개의 소혈이 일정간격으로 횡으로 맺혀있는데, 이곳에 대문간을 중심으로 서西행랑채와 동東행랑채 등 19칸의 건물을 줄행랑으로 배치하고 있다. 대문은 도면에서 보는 것처럼 소혈의 정혈처에 배치해 놓고 있다.

   양의 지혈에서 내려온 아홉 개의 기맥선이 아홉 개의 소혈을 일정 간격으로 맺고 있는 곳에는 연못과 섬을 배치했는데 특히, 소혈의 중심자리에 섬을

안사랑채가 있던 자리　　　　　　　　　　　　전라구례오미동가도

배치한 것이 눈에 띤다.

　건물의 좌향을 보면 원칙적으로는 자좌오향子坐午向이 맞지만 여기서는 안산案山인 오봉산을 바라보고 계좌정향癸坐丁向으로 배치하였다.

　오늘의 시점에서 한 가지 아쉬운 점이 있다면, 약 20년 전에 안채 부엌 옆에다 파놓은 깊은 우물 때문에 혈장穴場이 파괴되고 지기地氣가 누설되고 있다는 사실이다. 하루 빨리 오염되지 않은 흙으로 메워야 할 것이다.

　풍수에 있어 또 중요한 것이 적선積善인데, 선을 쌓아야만 좋은 땅을 얻고 부귀를 이룰 수 있다는 것이다. 운조루의 사랑채에서 안채로 들어가는 공간에는 나무로 만들어진 쌀독이 있는데, 쌀독 아래 부분엔 조그만 구멍이 뚫려 있고 그 마개 위에는 '다른 사람도 열수 있다'는 의미로 '타인능해他人能解'란 글씨가 새겨져 있다.

　배고픈 이들이 와서 먹을 만큼 가져가도록 한 것으로서, 안채로 통하는 중

대문채와 연못

   문을 잠가놓아 쌀을 가져가는 사람과 안채 주인여자들이 서로 눈이 마주치지 않도록 조치를 취해 놓았다는 것도 인상적이다. 일각에서는 쌀을 가져가는 사람의 자존심을 고려한 것이라고도 보고 있다.
   운조루엔 안채와 사랑채의 굴뚝을 별도로 두지 않고 전면 기단基壇에서 한꺼번에 연기가 나도록 굴뚝을 설계했다. 이 또한 가난하고 소위 없는 이들을 배려한 흔적으로 보이는데, 밥 짓는 연기가 멀리서 보이지 않도록 한 것도 그 이유 중의 하나다. 가진 자의 도리, 노블레스 오블리제noblesse oblige를 공학적으로라도 실천하려고 했던 전형적인 적선지가積善之家의 모습을 보여주는 고택이다.

남파고택 南坡古宅 • 나주

안채

안방 대명당혈 배꼽자리

나주 남파고택은 현재 살고 있는 박경중의 6대조가 터를 잡고 4대조인 남파 박재규(1857~1931)가 1884년에 지은 집으로 전라남도에서 단일 건물로서는 최대 규모를 갖추고 있다. 후대에 이르면서 1910년대와 1930년대에 수차 개축한 건물로서 관아官衙 건물의 형태를 모방하고 있다. 얼마 전까지만 해도 '나주 박경중가옥'이라고 칭해 왔으나 지금은 중요국가지정문화재로 지정되어 '나주 남파고택'으로 불리고 있다.

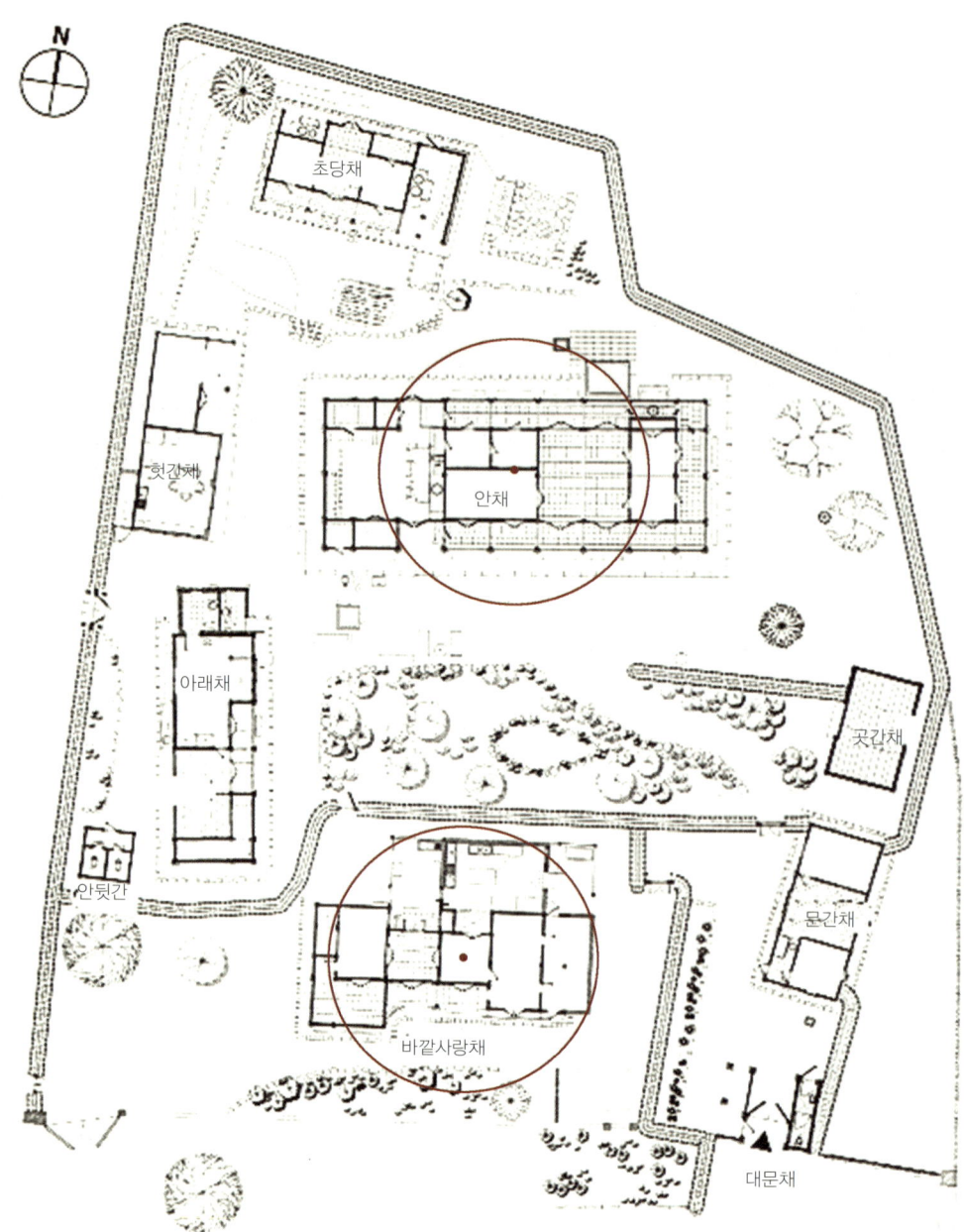

남파고택 명당혈 도면 〈도면, 「가옥과 민속마을Ⅲ」〉

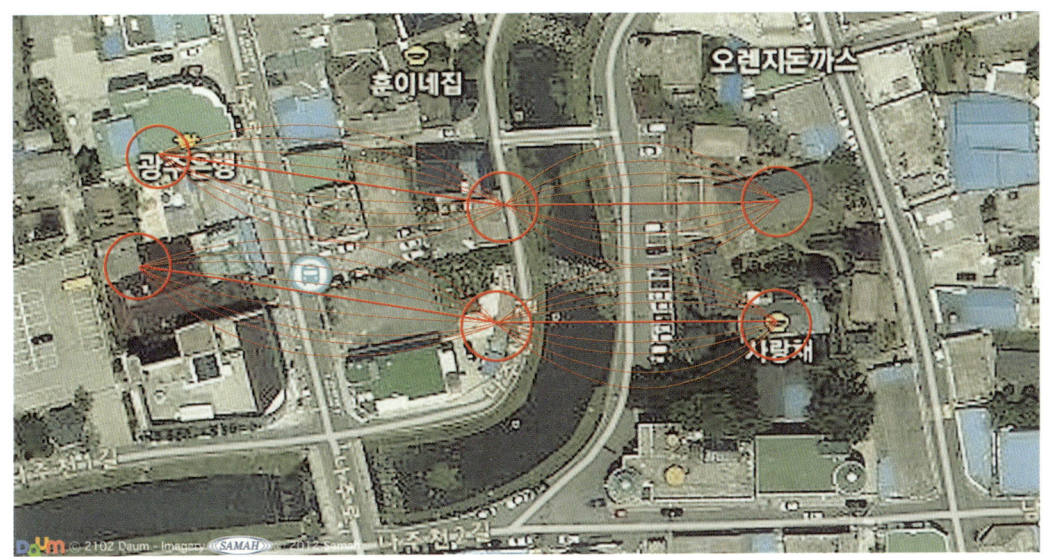
위성사진으로 본 남파고택 명당혈도

    이 가옥은 전남 나주시 서북쪽에 우뚝 솟은 금성산 자락 남동쪽 아래쪽에 위치해 있는데, 한수제寒水齋의 물줄기를 타고 내려온 나주천을 서쪽으로 끼고 있다. 이 마을 사람들은 나주 일대에서 큰 부를 이룬 이 집터가 마을의 주산인 금성산과 연관되어 있는 것은 어쩌면 당연하다고 믿고 있다. 금성산으로부터 흘러내리는 물줄기가 집터를 향해 곧게 내려 왔다가 다시 서쪽과 북쪽을 싸고돌며 흐르는 덕분에 재물이 쌓이지 않았나 싶기 때문이다. 이는 금성산이 용의 머리에 해당한다는 사람들의 믿음에서 비롯한 것인데, 이런 이유로 물의 기운을 보다 오래도록 누리기 위하여 안채 대청의 상량上樑에 물을 뜻하는 '하河자'와 '낙落자'를 세 번씩 적어 놓았다.

    그래서인지는 몰라도 남파고택은 과거 나주에서 나주 임씨羅州林氏와 쌍벽을 이루면서 연간 약 8천 석의 부를 일으킨 명문가 부농의 집이었다.

    남향으로 앉은 대지에는 현재 대문채와 문간채, 바깥사랑채, 곳간채, 아래

사랑채

채, 헛간채, 초당채 그리고 바깥채 등이 있다. 남파고택은 풍수지리학 자연법에 한 치의 오차도 없이 음·양의 지혈자리 정혈처에 가상家相을 배치해놓고 있다.

금성산의 용맥이 나주천을 끼고 내려와 도심을 타고 음·양의 천혈과 인혈, 지혈을 맺는데, 정확히 양의 지혈자리에 안채를 배치하고 있다. 또한 양의 지혈 배꼽자리에 안방의 중심을 위치해 놓음으로써 생기生氣가 충만한 가상家相 공간을 만들고 있다. 안채는 주로 여자들의 공간인데다 여자는 음에 해당하므로 안채를 양의 혈자리에 배치함으로써 음·양의 조화로 기운을 받도록 한 것도 좋아 보인다.

음의 지혈자리 정혈처에는 바깥사랑채를 배치하고 있는데, 현재의 사랑채는 한정식 식당으로 변모해 성업 중이다. 이 역시 사랑채는 남자들의 거주공간인데다 남자는 양에 해당하므로 일부러 음의 혈자리에 사랑채를 배치해 음·양조화의 기운을 받도록 고려한 건축형태다.

기맥의 흐름으로 보면 동향이 맞는데 정확한 혈자리에 가상家相을 앉히고 남향으로 집을 지었다.

한 가지 아쉬운 점은 대혈자리가 있는 집터 혈장穴場 안에는 우물을 파지 말았어야 했는데, 안채 앞마당에다 우물을 깊게 파는 바람에 안채 명당혈의 지기地氣가 우물로 누설된다는 점이 좀 안타깝다. 지금이라도 오염되지 않은 흙으로 우물을 메워 지기의 누설을 방지할 것을 권하고 싶다.

몽심재夢心齋 • 남원

　전북 남원시 수지면 호곡리 796-3, 죽산 박씨竹山朴氏들이 500년 동안 세거世居하고 있는 마을 호음실虎音室의 중심지에 위치한 몽심재는 송암松巖의 20대손이자 현소유자인 박환정의 7대조인 박동식(1753~1830)이 1700년대 후반에 지은 것으로 알려져 있다. 정확하게는 만석꾼 소리를 들으며 과객 대접이 후하기로 소문났던 박동식의 집 사랑채를 일컫는다.

　하루는 박동식이 동구 밖에서 허기져 쓰러진 노스님을 모셔와 극진히 공양하여 살려주니, 노스님이 생명의 은혜를 갚는다면서 대명당의 혈자리에 묘자리를 점혈點穴해주었다고 한다. 박동식이 노스님이 잡아준 그 자리에 모친을 모시니 그 이후부터 후손들의 재산이 불같이 늘어나기 시작해 벼슬과 영화를 누리는 계기가 되었다고 전해진다. 박동식의 손자 박해창(1876~1933) 때부터는 남원의 3대 부자로 꼽히게 되었다니 가히 명불허전이라 하겠다.

　필자의 생각으로는 아마도 몽심재의 집터 또한 그 노스님이 재혈裁穴해주지 않았나 싶다. 왜냐하면 천혈과 인혈, 지혈의 3개의 대명당혈자리를 한 치의 오차 없이 정확히 재혈裁穴할 수 있는 사람은 득도의 경지에 이른 사람만이 가능하기 때문이다.

　결국 덕을 쌓아 명당혈자리에 조상을 정혈처에 모시고 명당의 혈자리에 가상家相을 배치해 사노라면 어느 시대를 불문하고 예외 없이 재벌이 될 수 있고, 큰 인물이 배출될 수 있는 것이다. 오늘날의 재벌들도 예외 없이 그런 수순을 밟고 오른 것임을 필자는 전국을 답사하면서 확신했다. '적덕지가 필유여경積德之家 必有餘慶'이란 말이 달래 맞는 말이 아니다.

　몽심재 터는 지리산 노고단에서 내려오는 지맥地脈 중의 하나가 만복대萬福臺를 거쳐 원래 호두산虎頭山이라고 불리던 견두산犬頭山에서 일단 숨을 멈춘 다

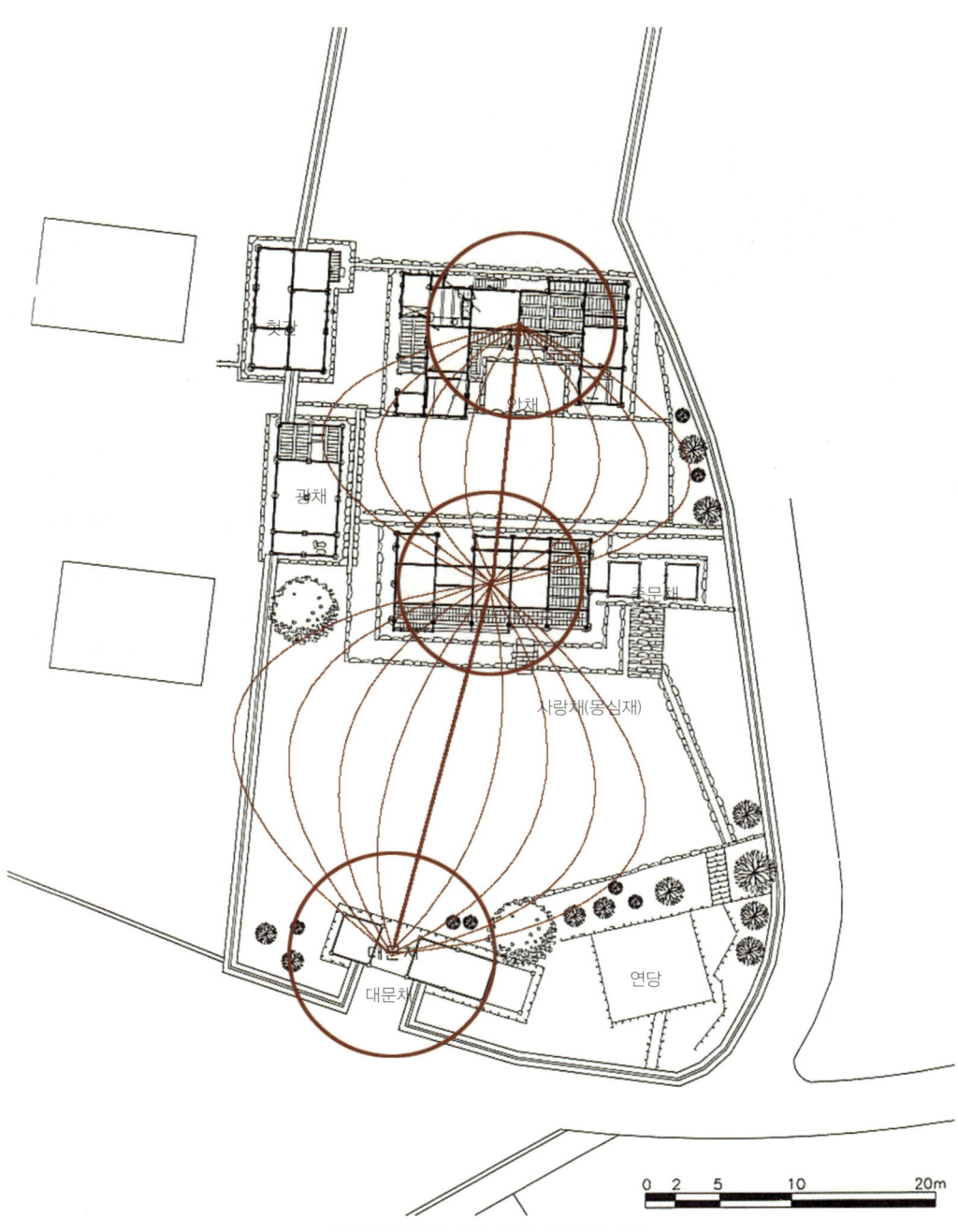

몽심재의 명당혈 도면 〈도면. 「민가건축Ⅱ」〉

한국 명문가의 양택 | 279

항공사진으로 본 몽심재 명당혈도 〈사진. 「몽심재 기록화 보고서」〉

음 다시 내려와 기운이 맺혀있는 곳이다. 바로 그 자리에 몽심재와 죽산 박씨의 종택宗宅이 있다.

몽심재가 들어선 자리의 형국은 마치 옆으로 누워 있는 호랑이의 머리 부분과 같다고 하여 '호두혈虎頭穴'이라고 부르기도 한다. 따라서 몽심재 터는 호랑이의 턱 아랫부분에 해당하고, 안산案山은 호랑이의 꼬리 부분에 해당된다. 호두산의 호랑이 정기가 호곡리를 거쳐 마지막으로 뭉쳐진 터가 바로 이 지점이라는 것이다.

몽심재의 지세에 있어 한 가지 특기할 점은 안산案山이 대문 앞에서 불과 100m도 안 될 정도로 아주 가깝다는 점이다. 그래서인지 호음실 마을은 남

(음)천혈 정혈자리에 배치한 안채

원에서도 손꼽히는 4대 명당 중의 하나로 알려져 있다.

 이 집의 당호인 '몽심재夢心齋'라는 현판은 사랑채 처마 밑에 걸려 있는데, 이 현판은 이 집안의 선조인 송암松菴 박문수朴門壽의 시에서 따왔다고 알려진다. '격동유면원량몽隔洞柳眠元亮夢 등산미토백이심登山薇吐伯夷心' 즉, 마을을 등지고 늘어서 있는 버드나무는 마치 도연명이 꿈꾸고 있는 듯하고, 산에 오르니 고사리는 백이숙제伯夷叔齊가 마음을 토해내는 것 같다고 읊은 시에서 '몽夢자'와 '심心자'를 따왔다는 것이다.

 몽심재는 천혈과 인혈, 지혈의 대혈에 맞춰 한 치의 오차도 없이 건축한 최고의 이상적인 건축물이다. 안채 중앙에는 안방과 대청마루가 있는데 음의 천혈자리 정혈처에 안채를 배치했다.

 특히 가상家相 배치에 있어 산모가 기거하는 안방과 많은 사람들이 이용하는 부엌이나 대청마루를 천혈의 배꼽자리 즉, 혈핵穴核자리에 아주 가깝게 배치한 것이 매우 이상적이라고 필자는 생각한다.

(음)인혈 정혈자리에 배치한 사랑채

　　사랑채도 음의 인혈자리에 정확히 맞춰 정혈처에 배치했다. 사랑채는 앞뒤에 퇴退가 있는 다섯 칸 집으로, 공간 전체가 혈핵장穴核場 내에 위치하고 있다.
　　대문채는 대문이 닫히는 중앙지점이 바로 음의 지혈 대명당 배꼽자리로서, 이 집에 진입하는 순간부터 양명한 생기生氣의 터널로 빠져들도록 가상家相을 완벽하게 배치했다.
　　집의 좌향도 기맥선의 흐름과 공간에너지가 흐르는 방향으로 한 치의 오차 없이 간좌곤향艮坐坤向으로 배치했다.
　　몽심재처럼 천혈과 인혈, 지혈 등 세 개의 대혈에 모두 맞추어 가상家相을 배치한 고택으로는 이병철과 조홍제 생가, 합천의 점필재 종택, 필암서원과 도동서원, 해남 윤탁의 고택, 박상진 의사 생가, 거창 정온선생 가옥 등을 꼽을 수 있다.
　　몽심재 좌측에는 죽산 박씨의 종택宗宅이 있는데 양의 천혈, 인혈, 지혈의

(음) 지혈 정혈자리에 배치한 대문채

대혈에 맞추어 사랑채와 대문 등이 지어져 있다.

또한 우측에도 또 다른 음·양의 천혈과 인혈, 지혈이 맺혀있는데, 유감스럽게도 그곳에는 여러 민가들이 있지만 어느 한 집도 여섯 개의 대혈자리 중 하나도 제대로 활용하지 못하고 그저 창고나 앞마당, 밭 등으로 이용하고 있었다.

예로부터 혈자리를 차지하는 사람만이 인간이 누릴 수 있는 오복(壽, 富, 康寧, 貴, 子孫衆多)을 보장받을 수 있다고 한 말이 저절로 떠올려지는 대목이다. 차제에 대자연의 고귀한 혈자리를 차지하고 누릴 수 있는 사람은 오로지 조상의 산소가 정혈자리에 모셔진 후손들 뿐이란 진리 또한 깨달아야 할 것이다.

삼가헌三可軒 • 달성

　　삼가헌은 대구 달성군 하빈면 묘리 800번지에 있는 조선 후기 양반 사대부의 주택으로, 1769년(영조45년) 사육신의 한 분인 박팽년(1417~1456)의 11대손으로 이조참판을 지낸 박성수가 지금의 정침停寢 터에 살림집을 짓고 자신의 호를 따서 당호를 삼가헌이라 했다고 한다. 이 집이 자리하고 있는 마을은 박팽년의 후손들이 세거世居하고 있는 순천 박씨順天朴氏의 씨족마을로, 마을에는 사육신을 향사享祀하는 육신사六臣祠를 비롯하여 태고정太古亭과 같은 고가古家들이 많이 남아 있다.

　　이 집은 대문채와 사랑채, 안채, 별당채 등 네 동으로 구성되어 있는데, 담 너머에는 넓은 연못과 정자가 있다. 사랑채와 안채는 각각 'ㄱ자'의 변형으로 두 채가 마주하여 '튼ㅁ자형'으로 배치되어 있다. 사랑채를 삼가헌이라 하고, 별당을 하엽정荷葉亭이라 부르며 각각에는 작은 현판이 걸려 있다.

　　이 집은 1769년에 박성수가 처음 초가를 지은 후 그의 아들 박광석이 안채를 1809년에, 사랑채를 1827년에 각각 새로 지었으며, 1874년에는 박성수의 증손자인 박규현이 그동안 서당으로 사용해오던 하엽정에다 누마루를 부설하여 지금과 같은 모습으로 개축했다. 이처럼 삼가헌은 집이 지어진 지 100여년 동안 4대에 걸쳐 수차례의 증개축 끝에 오늘의 모습에 이르고 있다.

　　사랑채에 걸린 '삼가헌기三可軒記'에 따르면 '삼가三可'란 '천하와 국가를 바르게 할 수 있고 벼슬과 녹봉을 사양할 수 있으며, 날카로운 칼날을 밟을 수 있다'는 뜻으로, 조선시대 선비들의 기상을 의미한다.

　　삼가헌은 용산龍山이라고 부르는 배산背山을 등지고 있으며, 용의 꼬리와 머리에 해당되는 부분이 골짜기에 의해 떨어져 마주보는 형상에 자리를 잡고 있다. 용산에서 내려오는 음·양의 기맥이 산진처山盡處에서 음·양의 천혈과

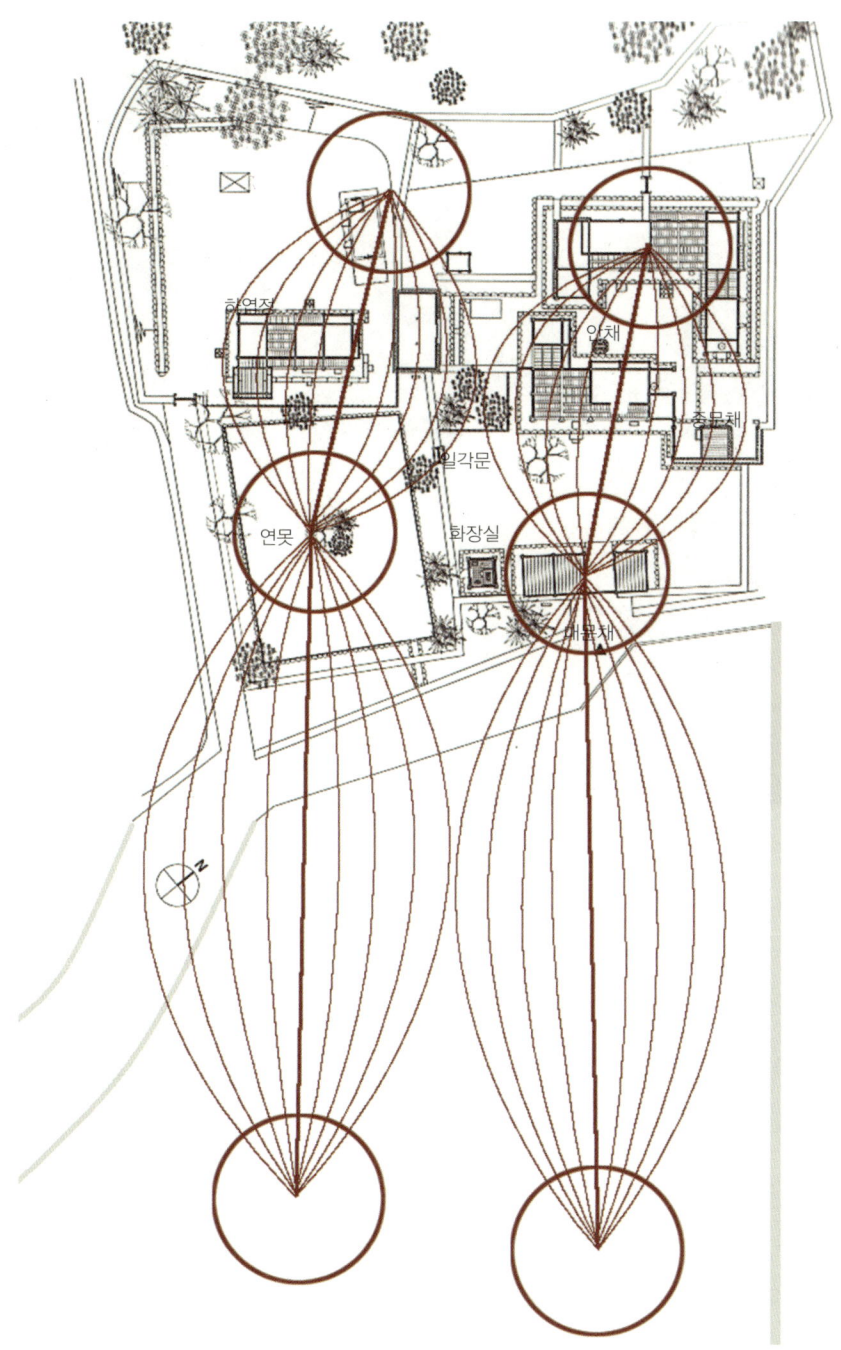

삼가헌의 명당혈 도면 〈도면, 「가옥과 민속마을Ⅱ」〉

안채

안채 대명당혈 배꼽자리

인혈, 지혈을 연달아 맺고 있는 곳에 이 집이 있다.

   양의 천혈이 맺힌 곳에는 안채를 정혈처에 배치하였다. 양의 천혈 배꼽자리에 안채 중심(안방과 대청마루 경계지점)을 위치시켜 안채 전체가 생기生氣로 충만한 주택이 되도록 만들었다. 또한 양의 인혈자리에 대문채의 중심을 둠으로써 대문자리 부분에 생기生氣가 충만해 복을 불러들이는 한편 삿된 것들이 접근을 못하도록 고려하였다.

   음의 천혈은 하엽당 뒤 창고 건물 측면에 있지만 지금은 비어 있는데, 이곳에다 사랑채를 지었어야 했는데 아쉽다.

   한편, 음의 인혈은 연못 중앙 중도中島에 있고 음·양의 지혈은 대문 밖 논

대문채

바닥에 쌍雙으로 맺힌 채 비어 있다.

   이 집의 특징은 집 내부에 네 개의 대혈이 존재하고 안채의 대혈과 대문채의 대혈이 연결되는 중심기맥선상에 두 칸 방의 사랑채를 배치시킴으로써 비록 혈자리는 아니지만 중심기맥선의 강한 생기生氣가 사랑방을 생기 충만하게 만들고 있다는 점이다.

   삼가헌의 좌향은 건좌손향乾坐巽向으로서, 기맥선의 흐름과 공간에너지 흐름에 정확히 맞추고 있다.

   필자가 이곳을 답사해 본 결과 이곳이야말로 고고한 절개와 충절이 가득한 은둔의 미학이 스며있는 단아한 고택이라는 사실을 느낄 수 있다.

   여기서 필자가 이곳을 답사했을 당시 들려준 삼가헌 고택의 종손宗孫 이야기를 들어본다.

사랑채

    4년 전 이곳을 답사했던 최창조 교수가 이곳은 명당이지만 명당의 지기地氣가 두 가지 원인으로 훼손되어 있으므로 하루빨리 고치라는 바람에 그의 말대로 했더니 아주 좋아졌다는 실화이다.

    집 뒤 입수맥入首脈에 대나무 숲이 있었는데, 이들이 지기地氣를 빼앗는다고 해서 4년 전에 이를 제거했다는 것이다. 또, 집안의 명당 혈장穴場에 깊게 판 우물이 역시 지기地氣를 누설한다고 해서 우물을 깨끗한 흙으로 매립하고 혈장穴場 파괴를 복구했더니 집안의 지기地氣 기운이 확실히 강해진 것을 감지할 수 있었다는 게 종손의 귀띔이었다.

    이는 우리에게 시사하는 바가 매우 크다고 할 것이다. 사실, 집안에 있는 큰 나무는 집안에 그늘을 만들어 어둡게 할 뿐 아니라 시도 때도 없이 지기地氣를 빨아먹고, 집안의 명당 혈장穴場 내에 판 우물은 지기地氣의 상당수를 누설시켜 집안 전체의 지기地氣를 크게 훼손시킨다. 여타의 고택뿐만 아니라 현

하엽정과 연못

세를 영위하고 있는 우리로서도 양택을 짓고자 할 때 무조건 참고하고 볼 일이다.

독락당 獨樂堂 • 안강

독락당 솟을 대문

　독락당은 경북 경주시 안강읍 옥산리에 있는 조선 중기의 주택으로서, 유학자인 회재晦齋 이언적(1491~1553)이 관직에서 돌아와 거처했던 주거공간이었다. 회재는 사후에 퇴계 이황에 의해서 김굉필, 정여창, 조광조 등과 함께 동방사현東方四賢으로 불리어진 인물이다.

　1532년에 지어진 독락당은 엄밀히 말해서 이언적 고택의 사랑채를 말하는데, 이미 1515년에 건립된 안채와 행랑채 영역에 부가되어 지어진 건물이다. 독락당 일곽에는 아름다운 정자인 계정溪亭을 비롯하여 임금의 어필을 보관했다는 어서각御書閣, 사당 등 여러 건물들이 현존한다. 특히 계정은 우리나라에 존재하는 수많은 정자들 중에서도 가장 아름다운 정자로 꼽힌다.

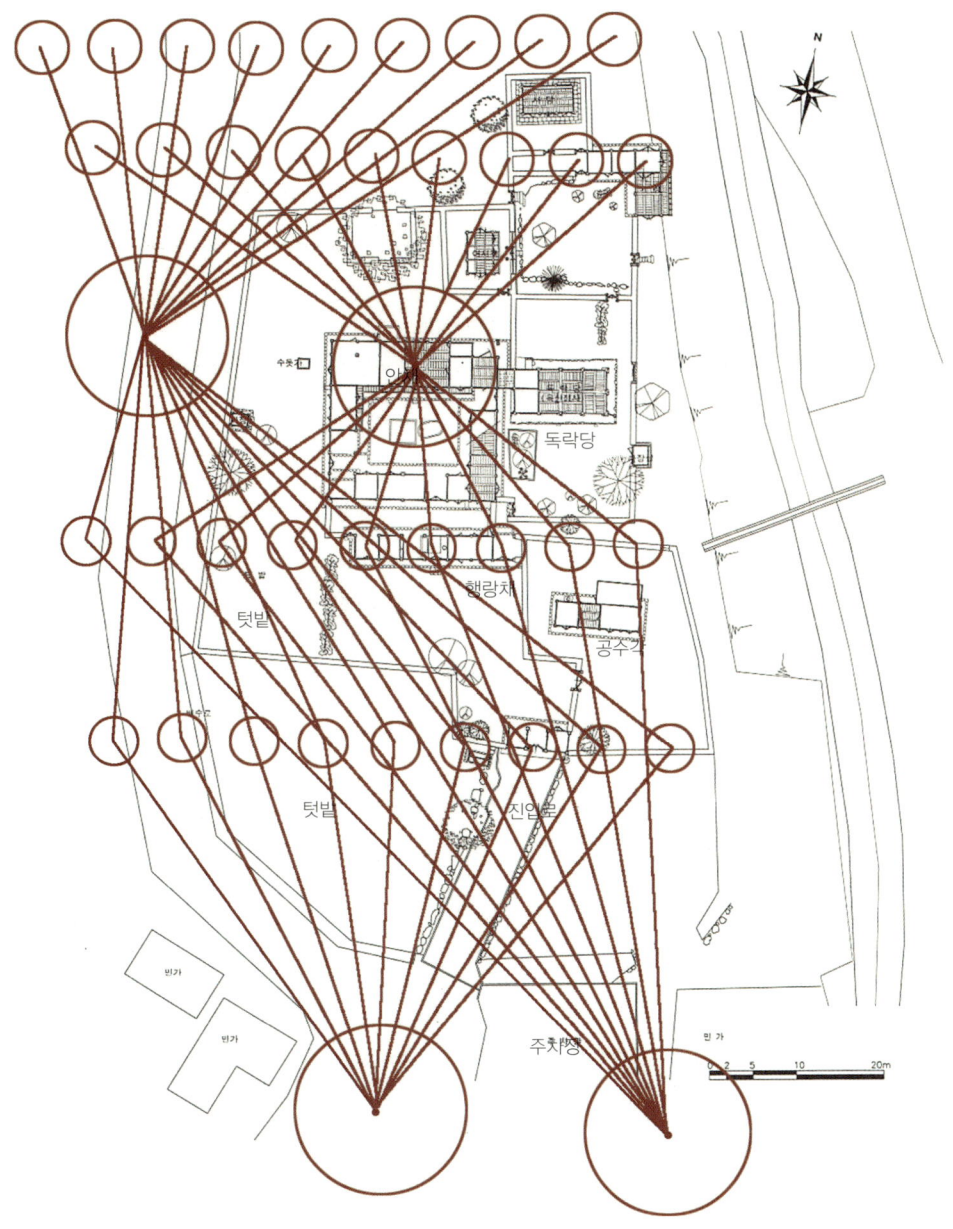

독락당 명당혈 도면 〈도면, 「민가건축Ⅱ」〉

한국 명문가의 양택 | 291

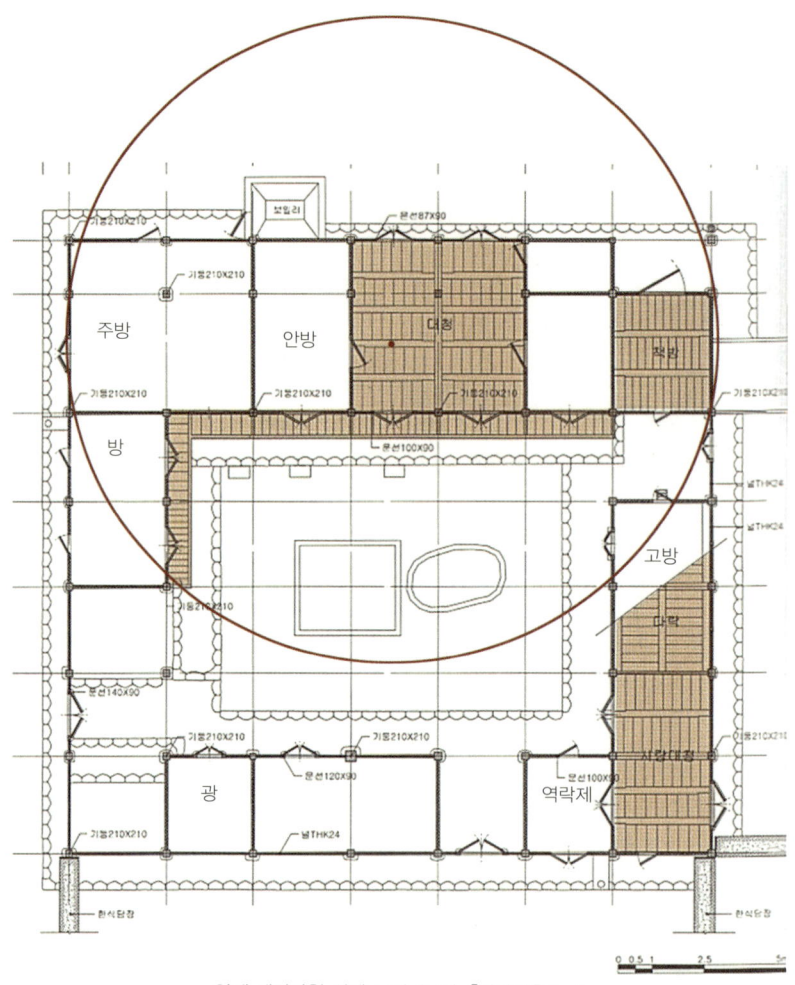

안채 대명당혈 상세 도면 〈도면, 「민가건축Ⅱ」〉

　이언적을 봉사奉祀하고 있는 옥산서원玉山書院 등 이씨 가문에 의해 오랜 기간에 걸쳐 지어진 독락당 일곽의 건물들은 독특하게 설계된 담장에 의해 하나의 유기적인 주거 영역으로 통합된 것처럼 보인다.
　독락당은 풍수지리학 자연법에 따라 대혈과 소혈자리에 맞춰 한 치의 오차 없이 가상家相을 배치하고 있는 양택陽宅이다. 주산主山인 도덕산에서 하강

안채

안채 대청마루 대명당혈 배꼽자리

한 음·양의 기맥이 수많은 혈자리를 맺고 내려오다가 독락당 근처에 와서 멈춰 도로변과 사당 뒤 소나무 숲 중앙에 음·양의 대혈을 맺고 있다.

양의 대혈에서 나온 아홉 개의 기맥선이 내려와 아홉 개의 소혈이 맺힌 곳에 맞추어 'ㄱ자'로 된 계정이라는 두 칸 규모의 대청마루와 한 칸짜리 온돌방인 인지헌仁智軒, 서고書庫인 양진각, 그리고 창고 등을 연이어 배치하고 있다. 소혈의 정혈자리에는 인지헌 방을 배치했고 나머지 여덟 개의 소혈은 횡으로 맺혀있다.

다음으로 계정과 인지헌 라인에서 내려온 아홉 개의 기맥선이 합쳐져 양

계정 마루

청석 암반 위에 지어진 계정

의 대혈을 맺는데, 바로 그 자리에 안채가 배치됐다. 대혈의 배꼽자리에는 안채의 정중앙이랄 수 있는 대청마루가 한 치의 오차도 없이 배치되어 있었다. 이로써 안채 전체가 혈장穴場 내에 배치되어 생기生氣가 충만하도록 조치했던 것이다.

다음으로 안채의 대혈에서 아홉 개의 기맥선이 내려와 아홉 개의 소혈이 맺힌 곳에 맞추어 행랑채를 길게 배치하고 있다. 특히 소혈자리 정혈에 중문을 배치하고 있는 것이 이상적이다.

안채 우측에 있는 음의 대혈에서도 아홉 개의 기맥선이 내려와 아홉 개의

독락당

행랑채

소혈이 맺힌 곳에 대문채를 배치하고 있다. 특히 소혈자리에는 솟을대문을 정혈로 배치했다.

독락당 전체 건물의 좌향은 기맥과 공간에너지의 흐름에 정확히 맞추어 자좌오향子坐午向으로 배치되어 있다.

독락당은 인간과 자연이 아름다운 조화를 이루도록 풍수지리 자연법을 정밀히 활용해서 지은 매우 훌륭한 양택陽宅이다.

은농재隱農齋 • 논산

은농재 전경 조감도

충남 논산시 두마면 사계로 122-4에 있는 조선 중기의 건물로 구봉산이 바라다 보이는 곳에 자리 잡은 은농재는, 사계沙溪 김장생(1548~1631)이 말년에 벼슬을 버리고 고향으로 내려와 살면서 제자들과 학문을 연구하던 곳으로 1602년(선조 35년)에 건립되었다. 조선 중기의 문신이자 유학자인 김장생은 율곡 이이의 제자 가운데 가장 뛰어난 학자로 율곡의 사상과 학문의 정수를 이어 받아 예학禮學을 정비한 조선 예학의 대표적인 인물이다.

은농재는 9,240㎡의 넓은 대지에 자리 잡은 고가古家의 사랑채인데, 전체

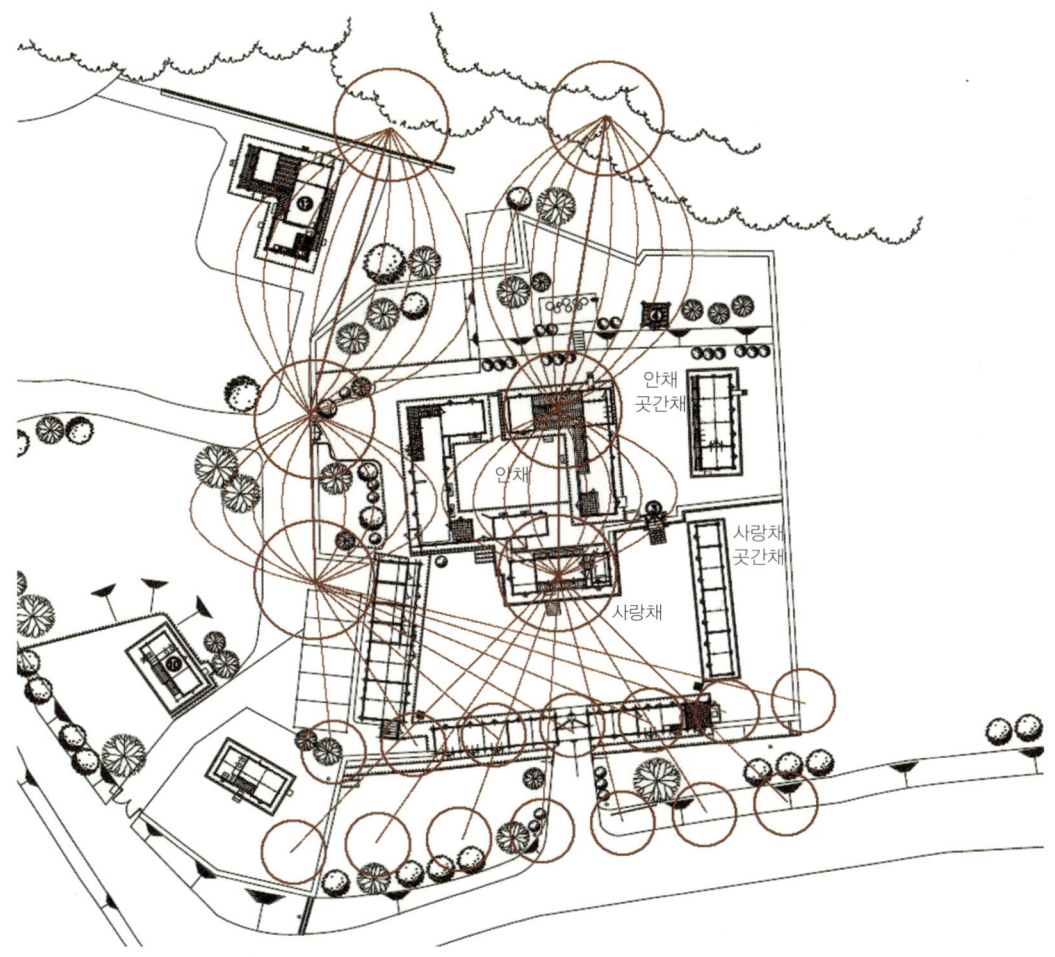

은농재 명당혈 도면 〈도면. 계룡시청〉

적으로는 안채와 대문채, 별당채 그리고 안채 뒤의 가묘家廟 등으로 구성되어 있다. 정면 네 칸에 측면 두 칸(좌측은 한 칸)으로 된 평면 구성을 보이고 있는데, 중앙의 두 칸 통칸에는 앞쪽으로 툇마루가 달린 대청을 들이고 그 좌우편에 각각 한 칸짜리 온돌방을 대칭으로 들이고 있다.

이 집을 풍수지리학 자연법 측면에서 보면, 대혈과 소혈자리에 완벽히 가

안채 모습

안채 대명당혈 배꼽자리

사랑채

사랑방 대명당혈 배꼽자리

밖에서 본 대문 행랑채 모습

대문에서 바라본 사랑채 모습

상가상家相을 배치한 매우 훌륭한 양택陽宅이다. 먼저 주산主山에서 힘차게 위이기복逶迤進起伏하며 내려온 음·양의 기맥이 이 집의 주위에 와서 음·양의 천혈과 인혈, 지혈을 맺고, 그 아래로 9개 기맥선이 내려와 9개 소혈이 맺은 곳에 위치해 있다.

음·양의 천혈은 안채 담장 넘어 산 밑에 나란히 맺혀 있다. 양의 천혈에서 아홉 개의 기맥선이 포물선을 그리며 내려와 합쳐진 곳에 양의 인혈이 맺혀있는데, 이곳 양의 인혈자리에 안채를 정혈로 배치했다. 특히 양의 인혈 배꼽자리에 안채의 대청마루 중앙을 일치시킴으로서 안채 전체가 명당의 혈장穴場 내에 있도록 배치했다.

다음으로 양의 인혈로부터 아홉 개의 기맥선이 포물선을 그리며 내려와 합쳐진 곳에는 양의 지혈이 맺혀 있는데, 이곳에 사랑채를 정혈처에 배치했다. 양의 지혈 배꼽자리에 사랑채 방의 중앙을 정확히 배치함으로써 은농재인 사랑채 전체가 명당의 혈장穴場 내에 들어가 항상 골고루 생기가 충만하도록 한 점도 눈에 든다.

음의 지혈에서 내려온 아홉 개의 기맥선이 소혈 아홉 개를 맺은 곳에 대문 행랑채를 횡으로 맞추어 길게 배치했는데 해인사의 수다라장전처럼 한 치 오차없이 배치하여 인상적이다. 특히, 소혈의 배꼽자리에 대문의 중앙을 일치시킨 점이 두드러진다.

아쉬운 점은 현재 이 고택에는 음·양의 천혈 두 자리와 음의 인혈, 음의 지혈 등 네 곳의 대명당혈자리가 비어있는데, 이를 활용한 가상家相 배치를 했더라면 금상첨화였을 것이라는 생각이 든다. 하지만 그렇다고 할지라도 안채와 사랑채, 대문채 등이 정확한 혈자리에 맞추어 배치된 생기生氣 왕성한 고택으로서 풍수지리학 자연법을 완벽하게 활용해서 지은 대한민국 최고의 양택陽宅이라 칭해도 손색이 없다.

선병국 가옥 宣炳國 家屋 • 보은

삼가천이 휘돌아 나가는 연화부수형 입지에 자리한 선병국 가옥 〈사진. 「보은 선병국가옥 기록화 보고서」〉

충북 보은군 외속리면 하계리에 있는 전통가옥으로, 선병국(1922~1989)의 조부이자 해산물 무역으로 부를 이룬 만석지기 거상巨商인 선영홍이 1903년 전남 고흥에서 이곳 하계리로 입향하여 1919년~1924년 즈음에 장자長子 선정훈과 함께 건축한 가옥이다. 섬에서는 인재가 나올 수 없다고 생각한 선영홍은 사전에 풍수사를 보내 전국의 명당길지를 찾게 했고, 낙점한 곳이 바로 이곳 하계리 땅이었다.

선병국 가옥은 속리산 자락 옥녀봉을 주산主山으로 하면서 전면에 있는 매봉산을 안산案山으로 보고 위치해 있다. 속리산에서 흘러내리는 삼가천이 큰 개울을 이루고 있는데다 개울 중간에 삼각주를 이루어 일련의 섬이 된 셈인

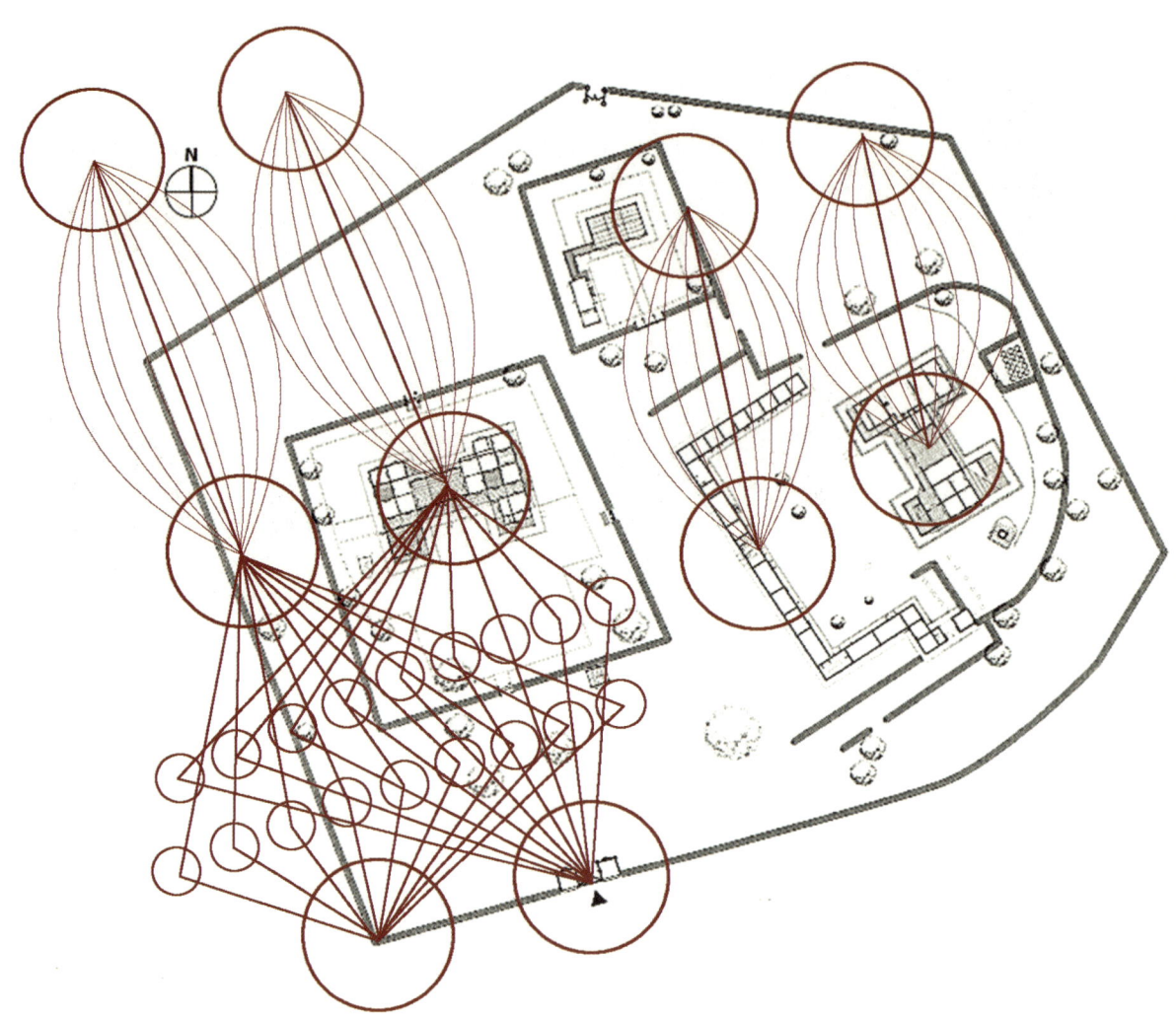

선병국 가옥의 명당혈 도면 〈도면. 「가옥과 민속마을 I」〉

항공사진으로 본 선병국 가옥 〈사진, 「보은 선병국가옥 기록화 보고서」〉

연화부수형蓮花浮水形의 명당으로, 아름드리 소나무들이 숲을 이룬 중앙에 지은 99칸의 큰 기와집이다.

  안채와 사랑채, 사당 등 세 공간으로 되어 있으며 집은 안담으로 둘러싼 뒤 다시 바깥담으로 크게 둘러쌌다. 대문은 솟을대문이고 오른쪽과 왼쪽으로 행랑채가 서 있으며, 행랑채 끝은 사랑채로 들어가는 중문채로 이어지는데 중문은 솟을삼문三門형이다. 듬직한 솟을대문을 들어서면 전면에 사랑채가 있고 좌측에 행랑채와 안채가 있으며, 사랑채와 안채 사이 뒤쪽에는 사당이 있다.

  이 터를 점혈點穴한 풍수사는 심안이 열린 심沈노인이라고 불렸던 사람으로, 공工자 형태의 안채는 서향으로 사랑채는 남향으로 해야 한다는 말에 따라 건축했다고 전해진다.

  이 가옥을 풍수지리학 자연법 측면에서 고찰해 보면, 속리산 줄기 옥녀봉에서 이 집

안채

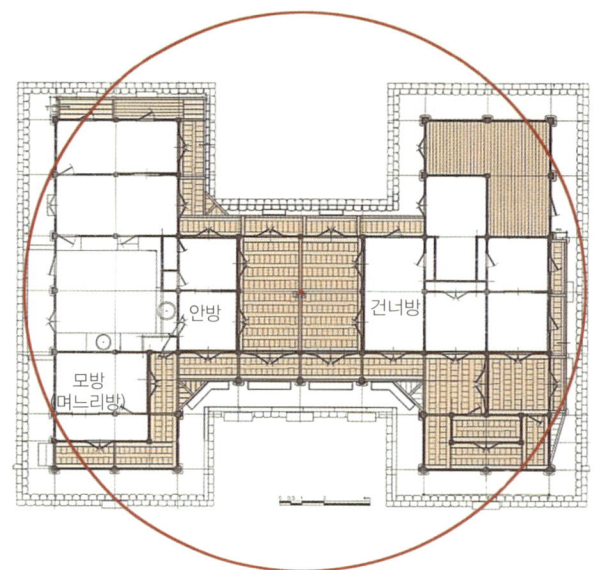

선병국 가옥의 안채 명당혈 도면 〈도면, 「민가건축Ⅰ」〉

안채 대청마루
중앙이 대명당혈 배꼽자리

  을 향해 두 개의 음·양 기맥氣脈이 내려와 이 집 내외에 음, 양의 천혈과 인혈, 지혈의 대혈 8개와 소혈 18개를 맺고 있는 최고의 길지에 위치해 있다.

  첫 번째로 안채를 향해 달려오는 좌측 음·양의 기맥은 사당과 안채, 행랑채 주위에 음·양의 천혈과 인혈, 지혈을 맺고 있다.

. 사랑채

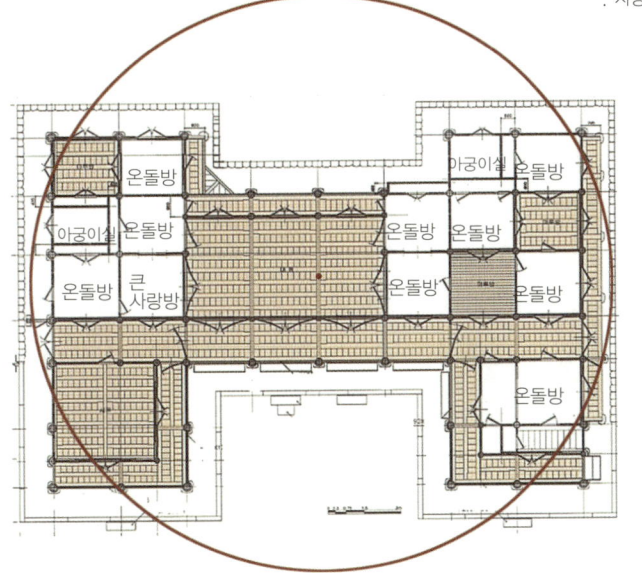

사랑채 대청마루 중앙이
대명당혈 배꼽자리

선병국 가옥 사랑채 명당혈 도면 〈도면, 「민가건축 I」〉

    음의 천혈은 사주문四柱門 뒤 공터에 맺혀 있고 양의 천혈은 대추나무 밭에
맺혀 있다. 또한 음의 인혈은 사당 우측 담 너머 화단에 맺혀 있고, 양의 인혈
은 장독대 끝자락에 맺혀 있다. 음의 인혈자리에서 아홉 개의 기맥선이 포물
선을 그리며 나가다가 다시 합쳐져서 음의 지혈이 맺힌 곳에는 안채 앞을 'ㄷ

자'로 감싸고 있는 행랑채가 정혈처에 배치되어 있다. 현재 이곳에는 국가 고시를 준비하는 사람들이 공부방으로 활용하고 있는데, 명당혈 기운을 받고 지금까지 많은 인원이 사법·행정·외무고시 합격되었다고 한다.

한편, 양의 인혈자리에서 아홉 개의 기맥선이 포물선을 그리며 나가다가 다시 합쳐져서 양의 지혈이 맺은 곳에 안채가 한 치의 오차 없이 배치되어 있다.

두 번째로 사랑채를 향해 달려오는 우측의 음·양 기맥氣脈은 사랑채 주위에서 음·양의 천혈과 인혈, 지혈을 맺고 있다. 음·양의 천혈은 삼가천 중간에 나란히 맺혀 있고, 음의 인혈은 삼가천 둑방에 맺혀 있으며, 양의 인혈은 소나무와 느티나무 숲이 둘러싼 곳에 맺혀 있다.

이곳 음의 인혈자리에서 아홉 개의 기맥선이 포물선을 그리며 나가다가 다시 합쳐져서 음의 지혈이 맺힌 곳에는 사랑채 우측 바깥 담장을 설치했다.

양의 인혈자리에서도 아홉 개의 기맥선이 포물선을 그리며 나가다가 다시 합쳐져서 양의 지혈이 맺힌 곳에 사랑채를 한 치의 오차도 없이 정혈처에 배치해 놓았다.

또한 사랑채에 있는 양의 지혈에서 뻗어 나온 아홉 개의 기맥선은 사랑채 앞마당에서 멈춰 횡으로 소혈 아홉 개를 나란히 맺고 있으며, 음의 지혈에서 나온 아홉 개의 기맥선은 사랑채 협문夾門을 나와 화장실 앞 라인에서 멈춰 소혈 아홉 개를 나란히 맺고 있다. 사랑채 앞마당과 협문 앞에서 내려온 각각의 아홉 개 기맥선이 뭉쳐 나란히 두 개의 대혈자리를 맺은 곳에는 솟을대문과 담장을 정혈처에 배치하고 있다.

선병국 가옥은 20세기 초에 지어진 근대건축물로는 보기 드물게, 대명당 혈자리 8개와 소혈자리 18개에 정확히 맞추어 지은 대한민국 최고의 양택陽宅이다.

육영수 陸英修 생가 • 옥천

육영수 생가 전경

    현대 한국에서 가장 모범적인 여인상으로 아직까지 수많은 국민들로부터 추앙을 받고 있는 육영수(1925~1974)는 제5~9대 대한민국 대통령을 역임했던 박정희의 부인으로, 지역유지였던 육종관과 이경령의 1남 3녀 중 둘째 딸로 이곳 충북 옥천에서 태어났다. 유교적 정서에 이상적이었던 영부인이자 박근혜 대통령의 어머니이기도 한 육영수의 생가인 이곳 교동댁校洞宅은, 그녀가 1925년에 태어나 어린 시절을 보냈던 조선시대의 전통가옥이다.

    충북 옥천군 옥천읍 교동리에 있는 이 집은 원래 1600년대 김정승과 송정승, 민정승 등이 태어난 명당 터로 유명했는데, 명당혈자리의 무한한 가치를 익히 알고 있었던 육영수의 부친 육종관이 27세의 나이에 훌륭한 인물을 낳기 위해 전 재산의 절반을 들여 소위 '삼정승 집'이라고 불리던 이 집을 사들

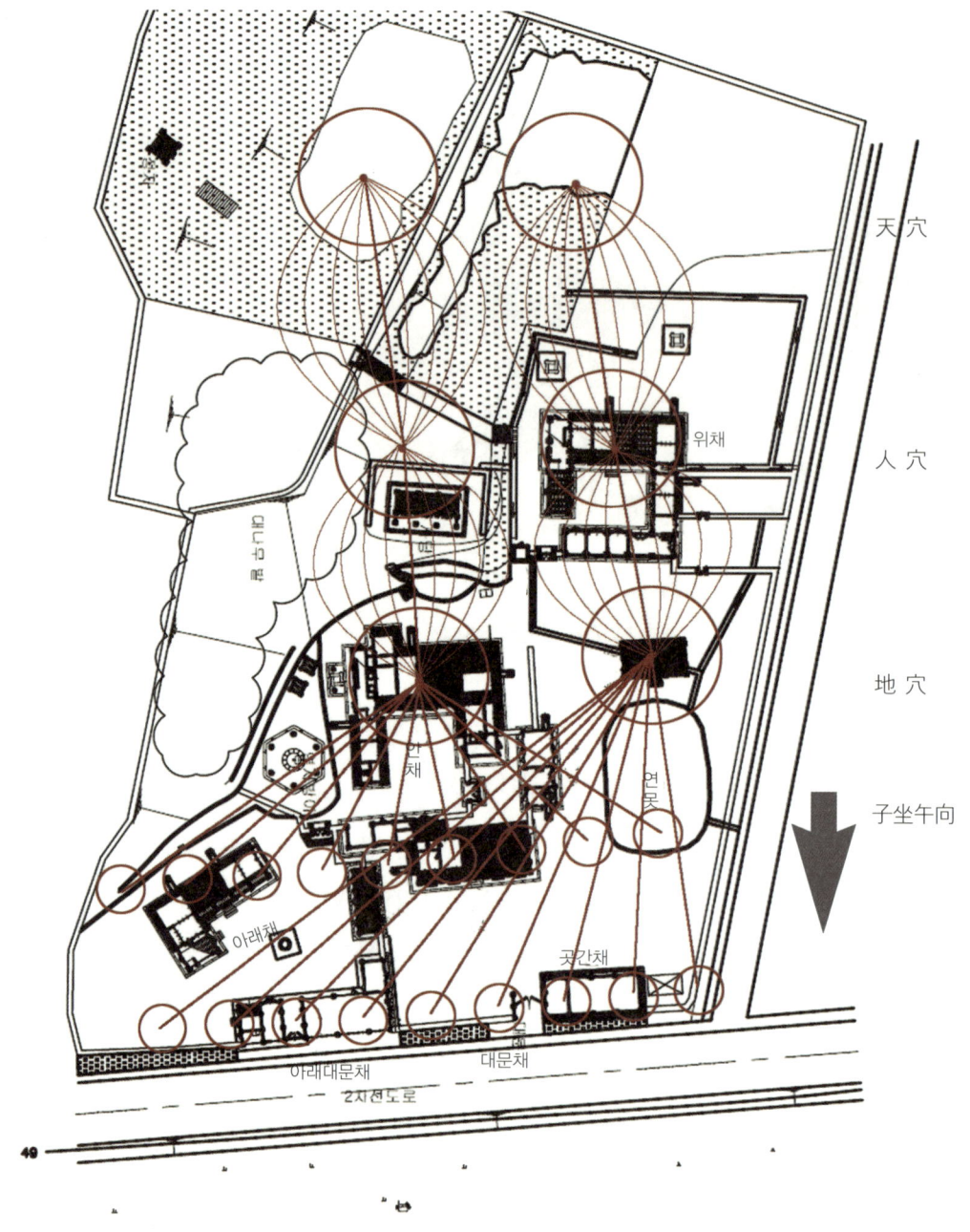

육영수 생가 명당혈 도면 〈도면. 옥천군청〉

윗안채

윗안채 대명당혈 배꼽자리

였다. 육종관은 1921년 이른 봄 이 집으로 이사했고 이곳으로 살림을 옮긴 지 몇 년이 되지 않아 아이가 태어났는데, 이때 육종관은 산모의 건강보다 아이의 성별性別을 먼저 확인하였다고 한다. 그러나 아이가 딸임을 알고는 여실히 실망하는 눈치를 보이며 아무 말도 하지 않았다고 전해진다. 필시, 좋은 집터로 이사 와 낳은 자식이 아들이었으면 분명 집안을 크게 일으키는 큰 인물이 될 것임을 확신했기 때문이었을 것이다.

어쨌든 육종관이 재산의 절반을 들여, 대명당의 혈자리에 들어앉은 이 집으로 들어와 자식을 낳았으며, 그 자식이 15년 동안이나 일국의 대통령 부인

안채

안채 대명당혈 배꼽자리

육영수 여사 방

으로서 막강한 명예를 누렸으니, 이는 가히 대명당혈자리의 영향임에 틀림없다 하겠다.

 교동댁을 풍수지리학 자연법 측면에서 보면, 대혈과 소혈자리에 맞추어 가상家相을 배치하고 정확한 좌향에 맞추어 건축한 대한민국 최고의 양택陽宅이다.

 이 집의 주위 지세를 살펴보면 마성산에서 힘차게 내려온 중심용맥을 따라 음·양의 기맥이 바람을 피해가며 이 집으로 하강하여 음·양의 천혈과 인혈, 지혈 등 6개의 대혈과 18개의 소혈을 맺고 있다.

연당

연당 대명당혈 배꼽자리

　먼저, 음의 천혈은 교동댁 후원 정자 앞 과수원 중앙에 위치해 맺혀 있고, 양의 천혈은 윗 안채 뒤란 감나무 밭에 맺혀 있다.

　다음으로 음의 인혈자리는 사당 뒤 대나무 숲 밑에 위치해 맺혀 있고, 양의 인혈자리에는 윗 안채가 정혈자리에 배치되어 있다.

　음의 지혈자리에는 이 집의 중심이 되는 안채가 정혈에 배치되어 있으며, 음의 지혈 배꼽자리에는 대청마루와 안방의 경계지점인 안채 중앙이 맞춰져 있어 안채 전체가 생기生氣로 가득 차게 되어 있다. 바로 이 자리에서 육영수가 태어나 명당혈 기운을 받으며 자란 것이다.

　다음으로 양의 지혈자리에는 연당蓮塘이 정혈처에 배치되어 있고, 음의 지

사랑채

대문채

　혈이 있는 안채 자리에서 아홉 개의 기맥선이 내려와 맺은 아홉 개의 소혈자리에는 사랑채와 아래 별채가 횡으로 맞추어 배치되어 있다.
　양의 지혈이 있는 연당에서도 아홉 개의 기맥선이 내려와 아홉 개의 소혈을 맺는데, 이곳에는 대문채를 배치했다.
　한 가지 아쉬운 것은 애당초 대문은 소혈의 정혈자리에 위치해 있었던 것

아래별채

으로 보이는데, 후대에 들어 이를 복원하면서 대문을 기존의 위치에서 좌측으로 한 칸을 옮겨 소혈과 소혈 사이에다 세웠다는 점이다.

교동댁의 좌향은 자좌오향子坐午向으로 공간에너지 흐름과 기맥선의 흐름에 정확히 맞추어 놓고 있다.

교동댁은 대가람이 들어설만한 길지에 풍수지리학 자연법에 맞추어 지은 집으로, 확실히 인걸人傑은 지령地靈임을 여실히 반증하는 양택陽宅이다.

하회마을 양진당養眞堂 • 안동

양진당 사랑채

　경북 안동시 풍천면 하회리, 풍수지리학 측면에서 가장 길한 위치에 있는 안동 하회마을의 양진당은 풍산 류씨豊山柳氏 대종가의 별당 건물이다. 조선 명종 때 황해도 관찰사를 지낸 입암立巖 류중영(1515~1573)과 그의 맏아들 류운룡(1539~1601)이 살던 집으로, 류중영의 호를 따서 '입암고택'이라 부르기도 한다.
　사랑대청 앞 처마 아래에는 '입암고택立巖古宅'이라는 현판이 걸려있고, 사랑대청 안의 북쪽 벽 바라지창 위에는 '양진당養眞堂'이라는 현판이 걸려 있다. 지금의 이름인 '양진당'이라는 당호는 이곳을 크게 중수한 류운룡의 6대손인 류영의 아호에서 따온 것으로, 현재는 류씨 대종가 전체를 부르는 택호로 쓰이기도 한다. 건립연대는 류중영이 살았던 조선 중기로 추정된다.

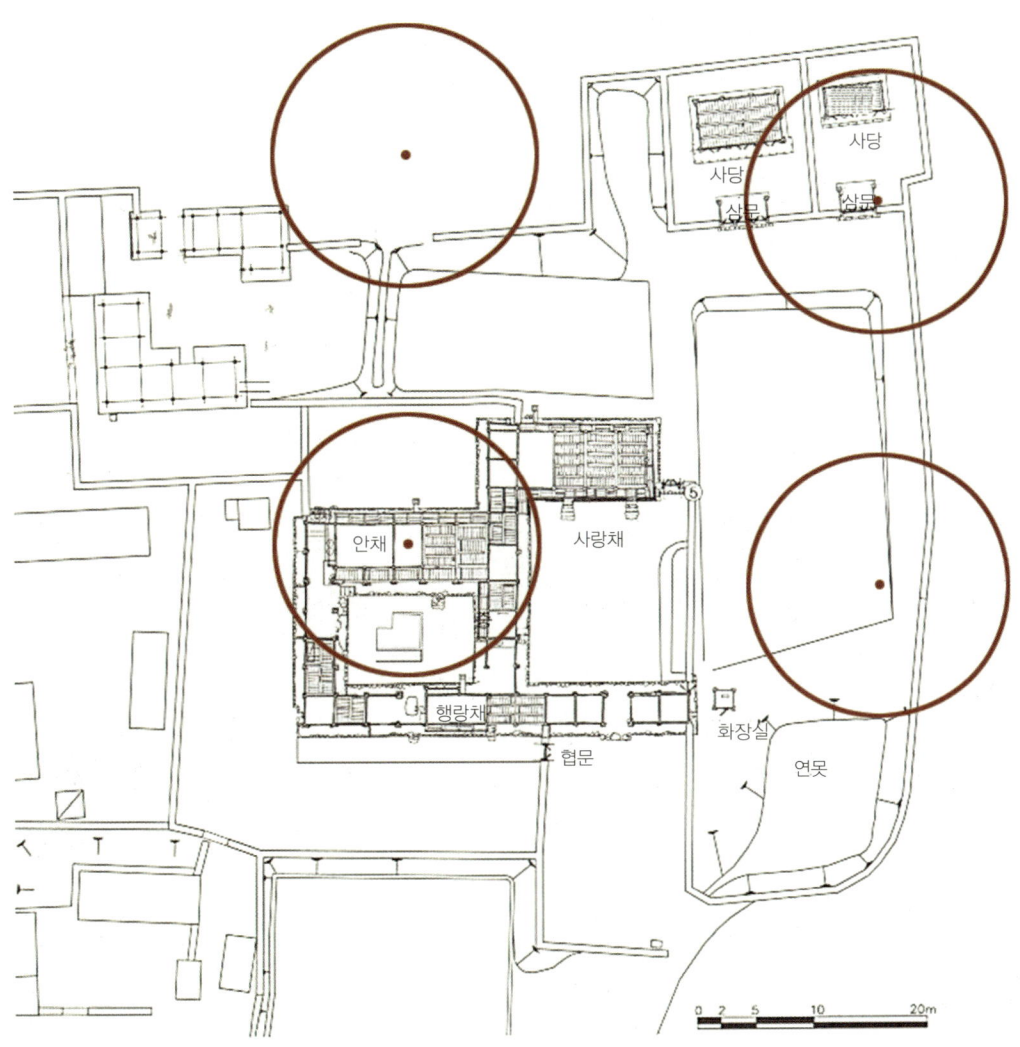

안동 양진당의 명당혈도 〈도면, 「민가건축Ⅱ」〉

위성사진으로 본 하회마을

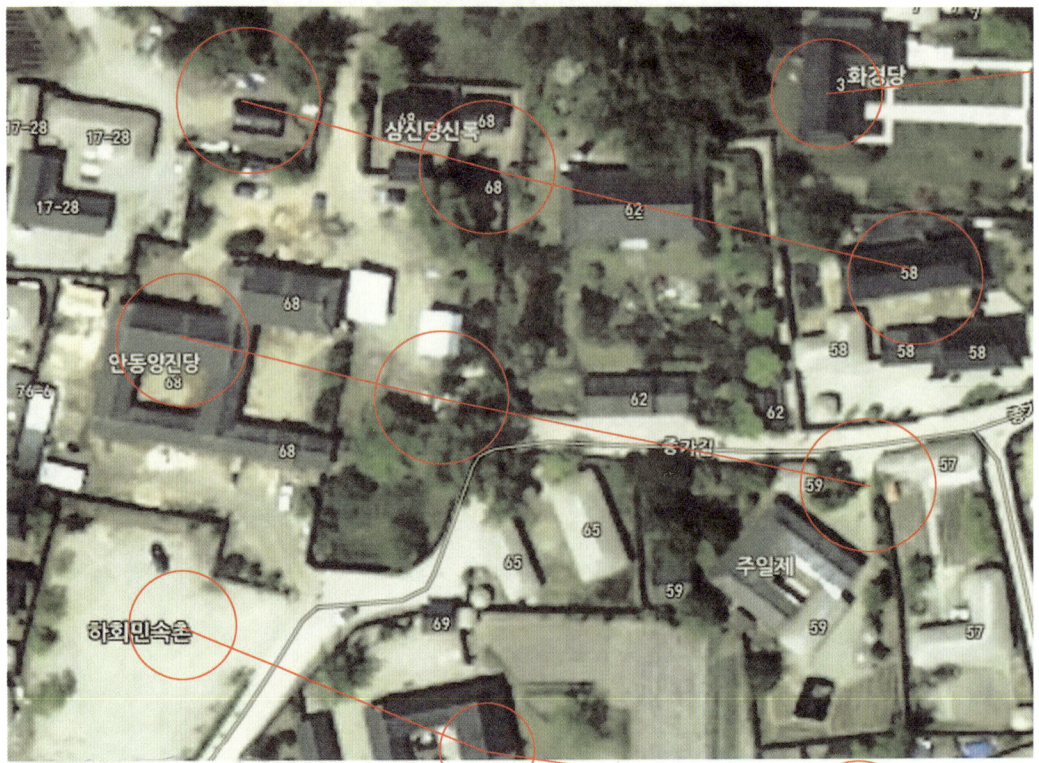

위성사진으로 본 양진당 명당혈도

안채

　이 집은 원래 아흔아홉 칸이었으나 지금은 53칸만 남아 있는데, 'ㅁ자형' 안채에 행랑채와 대문채가 '一자'로 결합되어 13칸의 삼량三樑집이 긴 건물 형태로 전면에 배치되어있는 모습이다. 이 마을에서 제일 높게 솟은 솟을대문이며 사랑채의 높은 기단, 좌우로 길게 뻗은 행랑채 등은 이 집이 대종택大宗宅임을 한눈에 알아보게 한다. 대지의 북동쪽에는 두 개의 사당이 있는데, 규모가 작은 것이 류운용을 불천위不遷位로 모시는 별묘別廟이다.

　살림살이를 하는 몸채의 안채 부분은 'ㄷ자형' 집인데, 대청을 중심으로 왼쪽에는 세 칸 안방을, 오른쪽에는 상방上房과 사랑채로 연결되는 작은 대청을 두었으며 이들 후면에는 쪽마루를 설치했다.

　양진당을 풍수지리학 자연법 측면에서 살펴보면, 화산에서 내려온 중심기맥中心氣脈이 수많은 혈을 맺고 오다가 양진당 주위에 와서 음·양의 천혈과 인혈, 지혈의 대혈을 맺었는데, 양의 지혈 대혈자리 정혈처에 안채를 배치했

(양) 인혈자리에 별당이 있었던 자리

다. 양의 인혈자리는 사랑채 좌측 현재 밭으로 쓰고 있는 곳에 큰 은행나무가 서 있는데 바로 그 근처에 인혈의 배꼽자리가 위치해 있다.

필자가 종부宗婦로부터 듣기로는 옛날엔 그곳에 별당채가 있었는데, 지금은 허물어졌다고 들었다. 이곳 은행나무의 꼭대기 부분에 까치집이 있는데 측정해보니 바로 공중혈심 배꼽자리에 둥지를 틀고 살고 있었다. 새들은 본능이 살아 있어 정확한 혈심을 꾀고 있는 것이다.

다음으로 음의 인혈자리에는 류운용을 불천위不遷位로 모시는 사당이 배치되어 있다.

전체적으로 보면 집안에 있는 대명당의 혈자리 세 곳에 맞추어 모든 가상家相을 배치한 것으로 보인다. 그러나 유감스럽게도 지금은 거주공간으로 사용하는 혈자리가 안채밖에 없다. 따라서 양의 인혈자리에 별당채를 복원하여 이곳을 거주공간으로 활용하면 이 집안의 기운이 확 바뀌지 않을까 한다.

현재 양진당에 맺혀있는 혈자리 자체의 좌향은 묘좌유향卯坐酉向인데, 건물은 자좌오향子坐午向으로 배치가 되어 있다. 이는 아마도 집안에 햇빛을 많이 들이고자 하는 의도 이외에도 남쪽 안산案山에 아름다운 마늘봉이 있으므로, 이 집안에서 많은 인재가 태어나길 바라는 마음에서 그렇게 배치하지 않았을까 싶다.

차제에 양택陽宅 풍수지리 원리 측면에서 이 집이 보완해야 할 두 가지를 언급해보면 다음과 같다. 물론 이 내용은 양진당에만 국한되지 않고 여타의 많은 집들에게도 해당되는 것이라고 하겠다.

첫째, 별당채 근처 명당의 지기地氣가 뭉쳐 있는 곳에 응진수應眞水가 용출하는 샘이 있었는데 언젠가 이를 메워버렸다는 사실이다. 응진수는 대혈자리를 팔방으로 감싸 돌면서 계속 분출하는 물을 말하는데, 마치 사람의 눈물샘을 막아버리면 눈병이 나듯이 응진수가 나오는 샘을 막아버리면 아무리 명당 혈자리라도 생기가 쇠잔해지게 되는 것이다. 다시 말해 용출되는 샘물이 명당의 혈장穴場 안으로 계속 스며들게 됨으로써 명당의 혈토穴土가 썩게 되어 종국에는 지기地氣가 훼손되는 것이다.

둘째, 예로부터 풍수지리학 측면에서 집안에서 절대로 금해야 할 사항 즉, 집안에 우물을 파지 말 것이며 큰 나무를 심지 말라는 것이 그것이다. 깊게 판 우물은 지기地氣의 누설을 유발하고, 크게 자란 나무는 지기를 빨아먹고 나무뿌리가 집안으로 들어와 건물 자체를 훼손하기 때문이다. 이런 면에서 볼 때, 양진당은 집안에 커다란 은행나무가 여러 그루 있어 지기地氣를 많이 훼손하고 있었다.

점필재佔畢齋 고택古宅 • 고령

아름다운 안산 접무봉 모습

　　점필재 김종직(1431~1492)은 성균사예成均司藝를 지낸 김숙자와 사재감정司宰監正 홍신弘信의 딸인 어머니 밀양 박씨 사이에서 태어났으며, 자는 계온季昷이다. 고려 말 포은 정몽주와 야은 길재의 학풍을 이은 아버지 김숙자로부터 학문을 익히면서 조선시대 도학道學의 정맥을 계승, 성리학적 정치질서를 확립하려 했던 사림파의 사조師祖로서, 세조의 즉위를 비판해 무오사화를 불러일으키게 한 인물 중의 하나다. 그러나 단순한 유학자가 아닌 성리학자로서 유림의 종장宗匠으로 추앙받고 있는데, 무오사화의 불행 탓에 겨우 6세손에 이르러서야 이곳 경북 고령군 쌍림면 합가리에 정착해 1651년(효종 2년) 이래 대

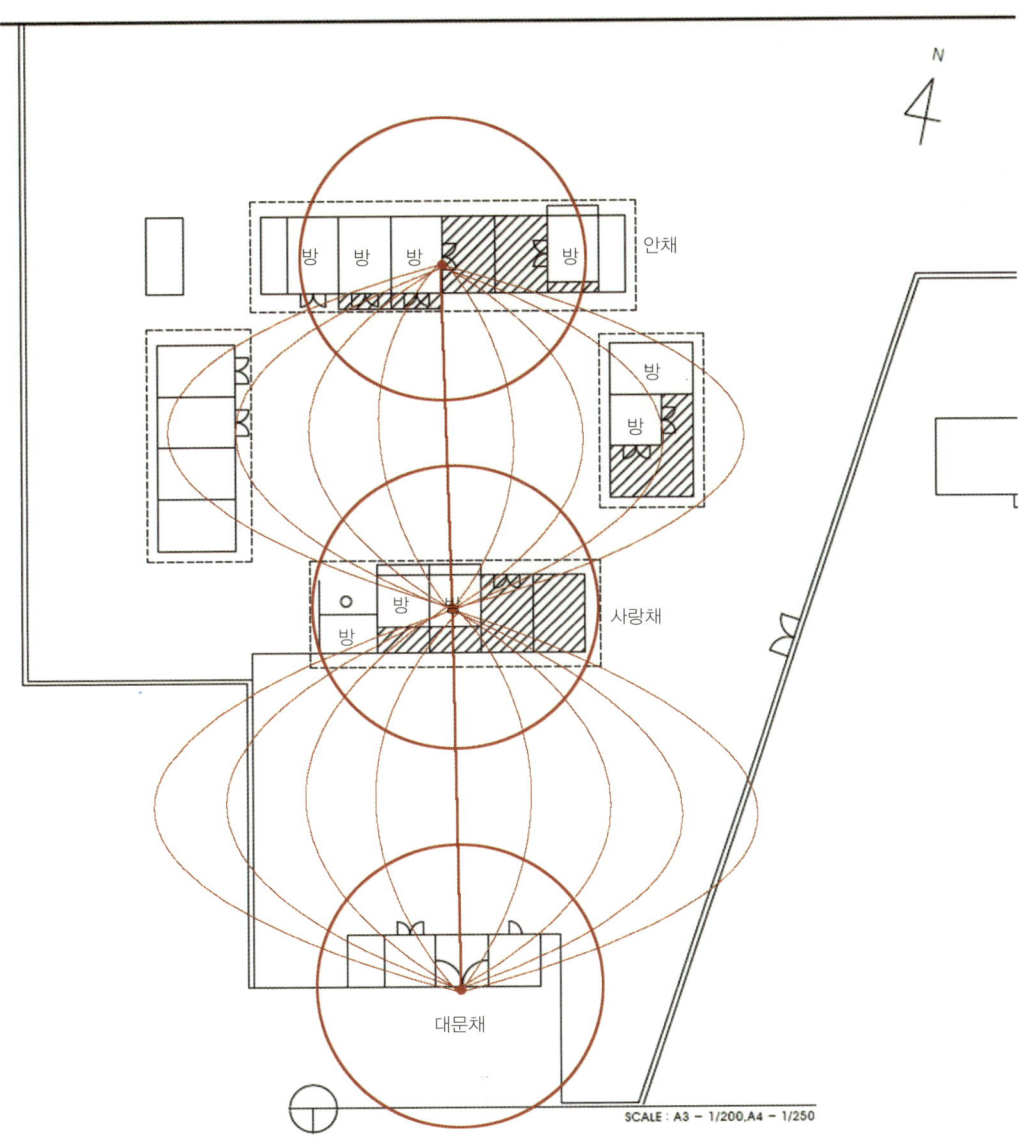

점필재 종택의 명당혈 도면

위성사진으로 본 점필재 종택 명당혈도

대로 살게 되었다. 점필재의 9대손인 국풍 수휘공이 점혈點穴하여 1800년 경에 지금의 집을 짓고 문충공文忠公으로 신원伸寃을 받은 점필재를 불천위不遷位로 모시고 있다.

선산 김씨 문충공파의 종택宗宅인 이곳 점필재 고택을 답사하면서 필자가 느낀 점은 감탄 그 자체였다. 이 종택은 풍수지리에서 말하는 사신사四神砂가 완벽하게 제 조건을 갖추고 있을 뿐만 아니라 모든 가상家相이 천혈과 인혈, 지혈의 3개 혈자리에 한 치의 오차도 없이 맞추어 배치되어 있기 때문이다.

꽃이 활짝 핀 형상을 갖고 있는 화개산에서 힘차게 하강한 용맥이 개장을 하며 이를 따라온 음·양의 기맥이 산진처山盡處에 이르러 음·양의 천혈과 인혈, 지혈을 맺고 있다.

안채

안채 대명당혈 배꼽자리

　이 집은 안채와 사랑채, 중사랑, 곳간, 사당, 대문간채 등으로 구성되어 있는데, 양의 천혈자리 정혈처에는 안채를 배치하고 있으며, 양의 인혈자리 정혈처에는 사랑채를 배치하고 있다. 또 양의 지혈자리 정혈처에는 대문채를 배치했다.

　예로부터 이 집은 단아한 문필봉文筆峰 모습을 한 안산案山 접무봉 때문에 앞으로 큰 인물이 나올 것이라는 예언이 있었다고 전해진다.

　이 집의 좌향은 자좌오향子坐午向인데, 기맥과 공간의 에너지 흐름에 정확히 맞추고 있다.

　필자가 국내외 수많은 고택들을 답사해오면서 유명한 서원書院이나 천년고

사랑채

사랑채 대명당혈 배꼽자리

대문채

찰을 제외한 일반적인 민간주택으로 천혈과 인혈, 지혈자리 모두를 정확하게 이용해 최고의 가상家相을 배치한 집으로는 이병철 생가와 조홍제 생가, 정온 선생 고택, 박상진 의사 생가, 윤탁 고택, 몽심재와 바로 이곳 점필재 고택이었다.

송소고택 松韶古宅 • 청송

항공사진으로 본 송소고택 〈사진. 「송소고택 기록화 보고서」〉

    경북 청송군 파천면 덕천리에 있는 조선 말기의 주택으로, 조선 영조 때의 만석꾼 심처대의 7대손 송소松韶 심호택沈琥澤이 1880년경 파천면 지경리(호박골)에서 조상의 본거지인 이곳으로 이주하면서 지은 99칸의 대규모 저택이다. '송소세장松韶世莊'이란 현판을 달고 9대에 걸쳐 만석꾼을 배출했던 이 집은 안채 및 중문간채, 사랑채와 작은사랑채, 별당채, 곡간채 등으로 구성되어 있다.

    청송 심부자는 조선시대 12대 만석꾼인 경주 최부자와 함께 9대에 걸쳐 무려 250년간 만석의 부를 누렸던 영남의 대부호로 한때 전국적인 명성을 떨쳤던 대표적인 집안이다.

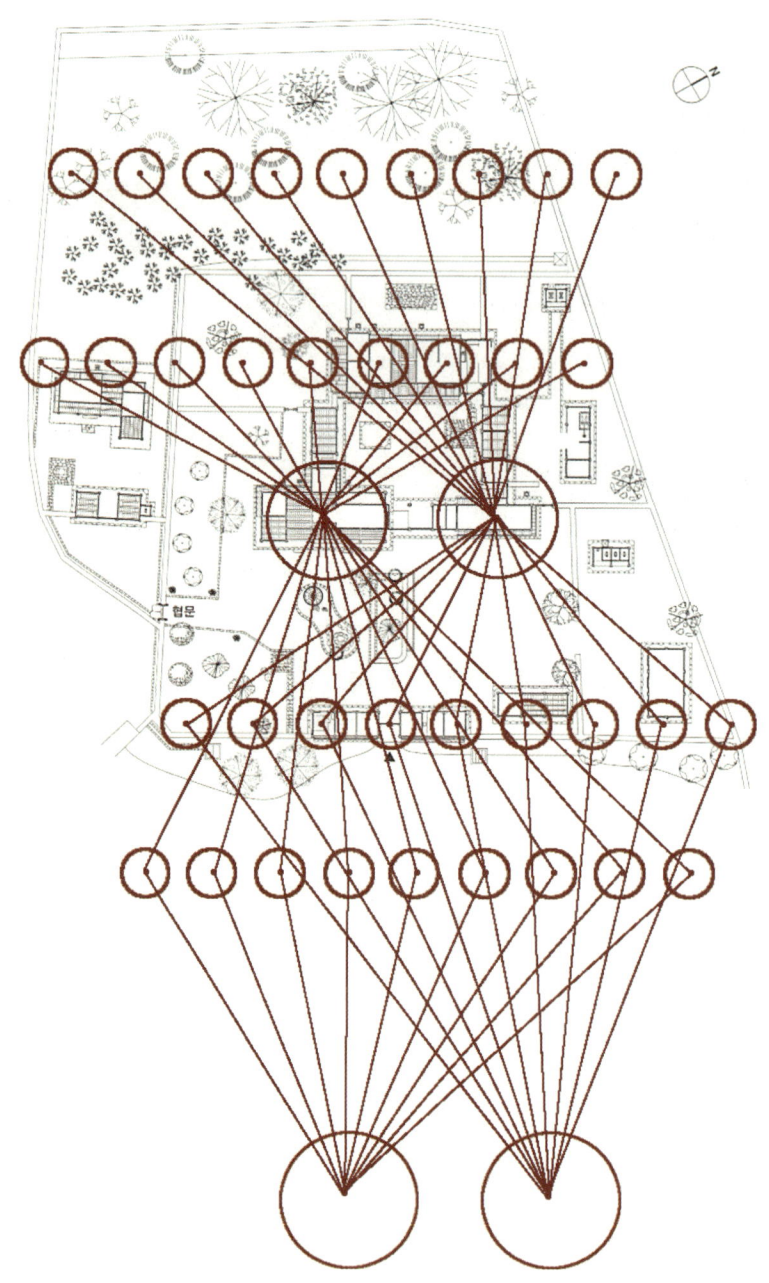

송소고택 명당혈 도면 〈도면, 「가옥과 민속마을Ⅱ」〉

안채

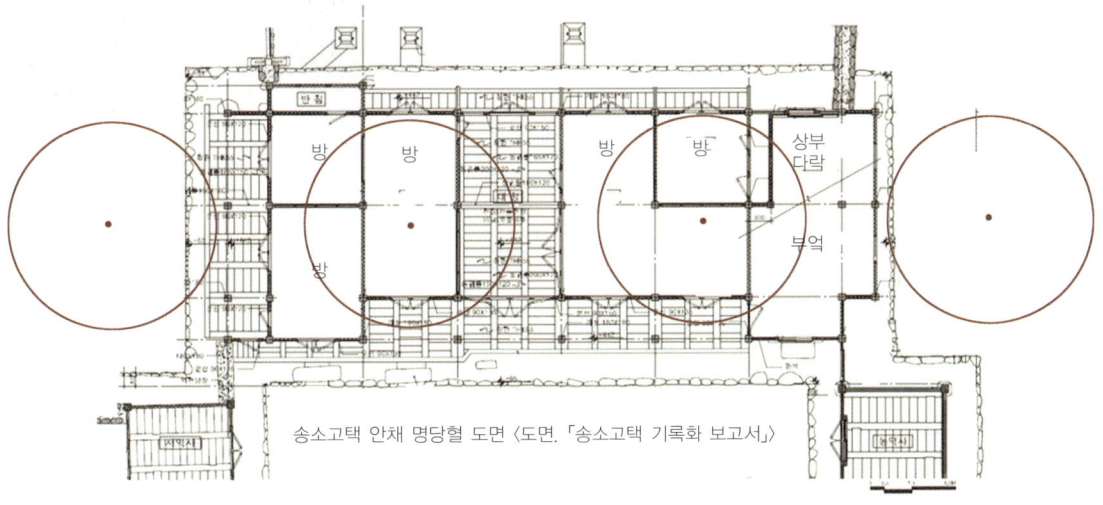

송소고택 안채 명당혈 도면 〈도면, 「송소고택 기록화 보고서」〉

    송소고택은 풍수지리학 자연법상의 음·양의 대혈과 소혈에 맞추어 정혈처에 완벽히 가상家相을 배치한 가옥이다. 사일산의 줄기를 타고 위이기복逶迤起伏하며 내려온 용맥이 이 집의 뒷산에서 크게 세 개의 용맥으로 갈려지는데, 그중 중간 줄기의 음·양 기맥氣脈이 이 집으로 내려오고 있다.

    기맥선 아홉 개가 내려와 안채 후원에 아홉 개의 소혈을 맺고 있고, 또 다

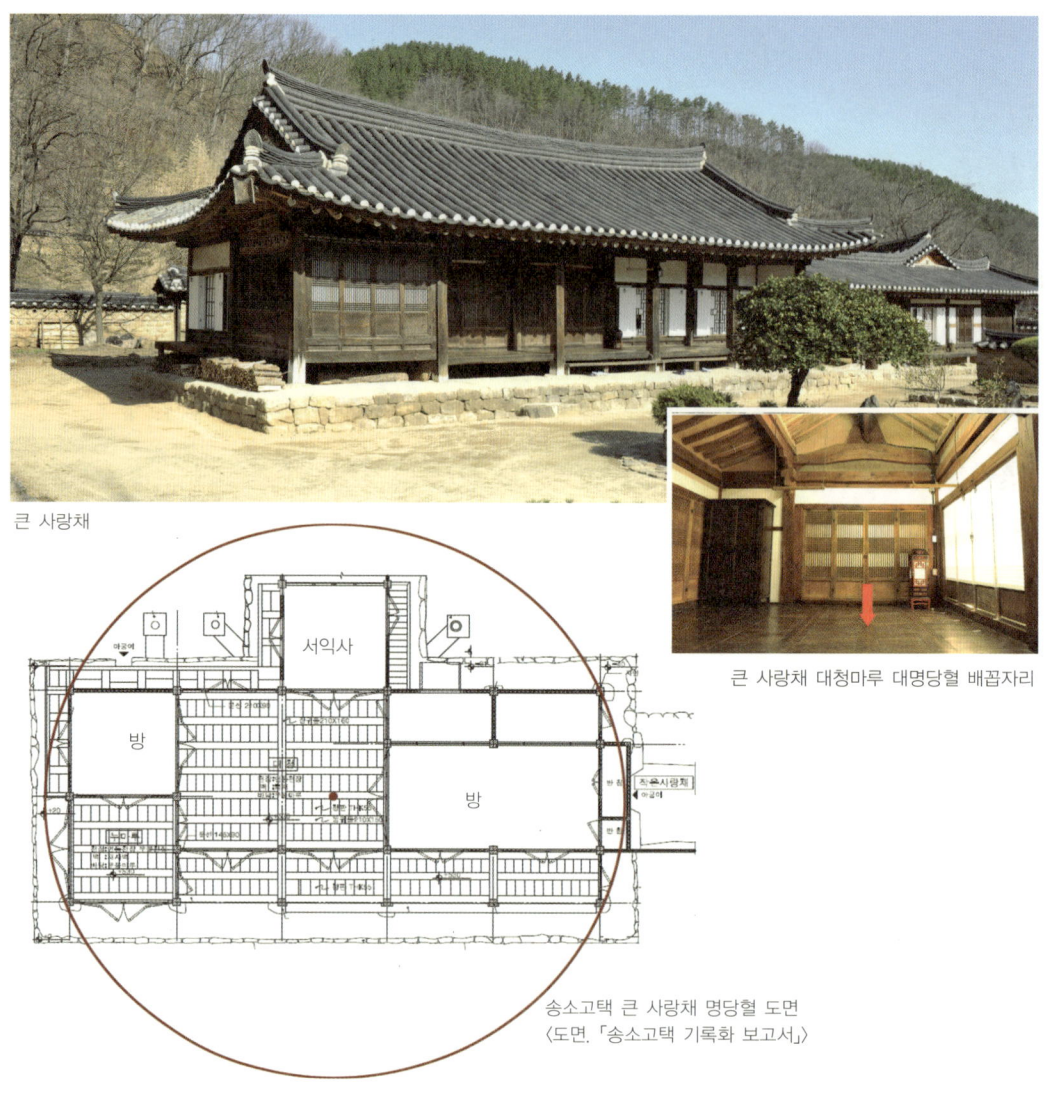

큰 사랑채

큰 사랑채 대청마루 대명당혈 배꼽자리

송소고택 큰 사랑채 명당혈 도면
〈도면, 「송소고택 기록화 보고서」〉

른 아홉 개의 기맥선이 내려와 안채 라인에 소혈 아홉 개를 맺고 있는데, 그 중 소혈 두 개에는 안방과 건넛방이 정확히 배치되었고 나머지 소혈은 양편에 횡으로 일정하게 맺혀 있다.

안채 후원에 맺힌 아홉 개의 소혈이 기맥선을 타고 내려오면서 합쳐져서

작은 사랑채

작은 사랑채 명당혈 배꼽자리

송소고택 작은사랑채 명당혈 도면
〈도면, 「송소고택 기록화 보고서」〉

양의 대혈이 맺힌 곳에는 작은 사랑채를 정확히 배치했다. 또한 안채 라인에 맺힌 소혈 아홉 개가 기맥선을 타고 내려오면서 합쳐져 음의 대혈이 맺은 곳에는 큰 사랑채를 정확히 배치했다. 즉, 음·양의 대혈이 나란히 횡으로 맺혀 있는 정혈자리에 큰 사랑채와 작은 사랑채를 정확히 배치한 것이다.

다음으로 작은 사랑채 대혈에서 아홉 개의 기맥선이 뻗어내려 아홉 개의 소혈이 맺힌 곳에는 대문 행랑채를 세웠는데, 대문은 바로 그 소혈 배꼽자리

대문 행랑채

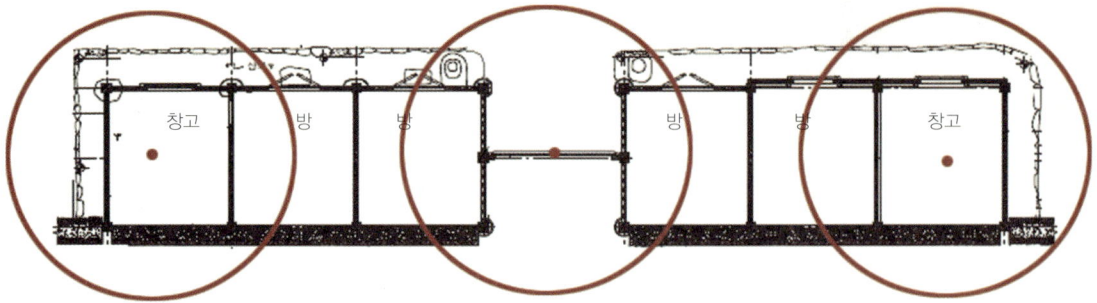

송소고택 대문 행랑채 명당혈 도면 〈도면,「송소고택 기록화 보고서」〉

정혈처에 배치하고 있다.

이 집의 좌향은 건좌손향乾坐巽向으로 마치 나비의 형상을 하고 있는 안산案山의 산봉우리가 매우 정겹다. 대문 우측에 있는 은행나무에는 까치집이 있는데, 이 까치집 역시 정확한 공중혈空中穴의 배꼽자리에 지어놓고 있어 놀라운 따름이다.

송소고택은 집안에 대혈 두 개와 소혈 27개가 밀집해 있는 최고의 명당으로서, 그것도 모두 정혈자리에 가상家相을 배치한 매우 훌륭한 양택陽宅이다.

심부자가 최초로 만석의 큰 부를 이루었다는 부근의 파천면 지경리 호박

별당채

골의 집터도 종손의 안내를 받아 답사해보니 안채가 대혈자리에 정확히 위치해 있었고 사랑채 우측 마당에도 대혈이 맺혀 있었다. 송소고택은 인간의 삶에 있어 오복을 보장해주는 것이 바로 혈자리라는 사실을 보여주는 확증적인 예이다.

 이 집이 대부호가 될 수 있도록 계기를 제공해준 사람은 어느 이름 없는 도승道僧으로 알려져 있다. 현재 종손의 10대조인 심처대가 엄동설한 어느 날 호박골 고갯마루에서 쓰러져 생사를 헤매고 있던 노스님을 집으로 데려와 3일 밤낮을 보살펴 회생시켰다. 그 스님은 고마움을 표하고 길을 떠난 후 15일 만에 다시 돌아와 자신을 살려준 대가로 산소자리 한 개를 점혈點穴해주겠다고 하면서, 한 자리는 큰 인물이 태어나는 자리이고 또 한 자리는 큰 부자가 될 수 있는 자리인데 어느 곳을 원하느냐고 심처대에게 물었다.

안산 전경

공중혈-까치집

　당시 피죽으로 연명하면서 어렵게 살고 있던 심처대로서는 당연히 큰 부를 이룰 수 있는 묏자리를 원한다고 대답했다. 이에 노스님은 배방골에 있는 산소 터를 잡아주면서, 이곳은 꿩이 알을 품는 형국이므로 석물石物과 같은 것들은 일체 세우지 말 것을 당부했다. 마침 심처대의 부인이 곧 세상을 떠나게 될 것을 알고 있었던 스님이 그녀의 묏자리를 잡아줌으로써 심처대에게 은혜를 갚으려고 했던 것이다. 심처대는 부인이 죽자 노스님이 잡아 준 배방골 묘 터에다 자기 부인을 모셨는데, 아니나 다를까, 그 이후부터 가세가 점점 불기 시작하더니 정말로 당대 최고 부자의 반열에 들게 되었다고 전해진다. 적선지가 필유여경積善之家 必有餘慶이라. 이는 풍수지리의 기본적인 철학이다.

　현재 송소고택은 한옥체험을 할 수 있도록 배려하고 있느니만큼, 심신의 충전이 필요한 사람은 이곳에 둘러 명당혈자리의 생기生氣를 받기를 권한다.

성천댁星川宅 • 청송

안채

　이 집은 조선 후기 주택으로 외부에 대해 약간은 폐쇄적인 듯 'ㅁ자형'의 기와집으로 안뜰이 매우 좁은 특이한 구조를 갖고 있다. 골목에 면해 남향으로 지은 초가삼간 대문채의 대문간을 지나 10여 미터도 채 못간 곳에 ㅁ자형의 뜰집인 몸채가 자리 잡고 있다. 몸채는 정면 세 칸, 측면 네 칸의 뜰집을 기본형으로, 서쪽 끝에 사랑방 한 칸을 돌출시켜 정면을 네 칸으로 구성했다. ㅁ자집의 중앙부에 1·2칸 크기의 작은 안뜰을 두고, 그 주위에 실室을 집약적으로 배치했다.
　두 칸 크기의 작은 안뜰의 반은 사방에서 돌출한 지붕처마에 의해 덮여있어 지붕 없이 개방된 공간은 사방 한 칸에 불과하여 하늘이 조그맣게 보인다.

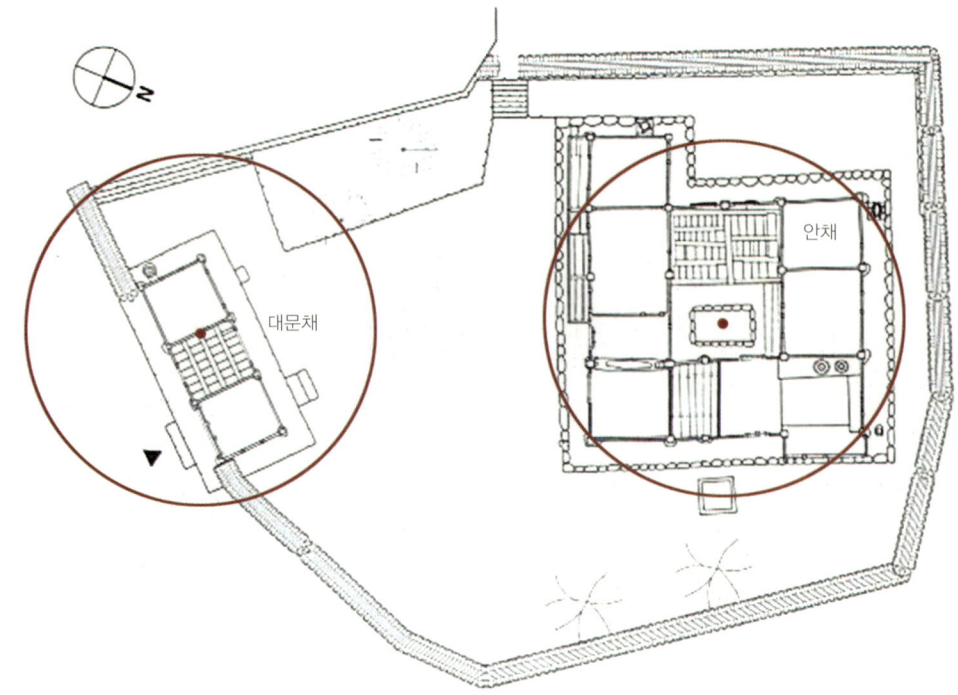

성천댁 명당혈 도면 〈도면, 「가옥과 민속마을Ⅱ」〉

안채 뜰
대명당혈 배꼽자리

대문채

매우 작은 안뜰이지만 안채 각 공간의 채광과 환기를 위해서는 필수적인 공간이다.

어쨌든 이곳 청운동 성천댁은 풍수지리학 자연법에 있어 음·양의 대혈자리를 완벽하게 이용한 주택이다.

뒷산으로부터 내려온 음·양의 기맥이 음·양으로 대혈을 맺은 곳에 대문채와 안채를 한 치의 오차 없이 배치했다. 안채를 보면 '回자' 집의 중심에 작은 안뜰이 있는데, 바로 이 곳이 대명당혈의 중심자리다. 즉, 양의 대혈 배꼽자리에 작은 안뜰의 중심을 배치하고 있는 것이다. 따라서 안채 건물 전체가 혈장穴場 안으로 가상家相이 배치되게 됨으로써 안방과 대청마루, 사랑방, 부엌 등이 모두 대명당의 혈자리 생기生氣로 충만한 집을 만들고 있다.

이 가옥의 가장 큰 장점은 안채의 모든 공간이 혈장穴場 내에 배치되어 있어 낮이나 밤이나 안채 모두가 양명陽明한 생기로 감싸이게 된다는 것이다. 현재 이 집을 관리하고 있는 관리인의 증언에 따르면, 저녁 해가 진 후 안채에

안채 뜰 상공에서 아침 햇살이 대청마루로 환하게 들어오는 모습   안채 뜰 상공 모습

    불을 밝히지 않았는데도 땅에서 서기瑞氣가 올라와 집 전체가 온화하고 환하게 보인다고 한다.

    다음으로 음의 대혈 배꼽자리에 대문채를 위치시켜 대문 입구에서부터 충만한 생기生氣와 오복이 들어오게끔 만든 완벽한 가옥이다.

    이 집은 좌향은 유좌묘향酉坐卯向이다.

    이곳 청운동 성천댁이야말로 현대인들이 주택을 건축할 때 벤치마킹해야 할 대상으로 강력히 추천하고 싶은 고택이다.

여경구 가옥 呂卿九 家屋 • 남양주

사랑채

사랑방 대명당 배꼽자리

　경기도 남양주시 진접읍 내곡리에 있는 이 집은 '연안 이씨延安李氏 동관댁'이라도 부르는데, 현 소유주 여경구呂卿九의 장인인 이덕승李德昇의 8대조가 약 250여년 전에 지었다고 전해온다.
　이 집은 태뫼산 줄기를 배경으로 비교적 높은 언덕 위에 동남향으로 자리잡고 있으며, 마을과 함께 가옥 앞쪽으로 펼쳐진 들판을 향해 배치되어 있다. 때문에 비교적 가파른 길을 올라가야 대문채에 닿게 되는데, 대문은 서북쪽을 향하고 있는 솟을대문이며 좌우로 외양간과 행랑방이 있다.
　대문을 들어서면 넓은 마당이 있고, 산기슭 쪽으로 동남향한 사랑채가 있는데, 이 사랑채는 네 칸 반 규모로 앞쪽에는 반 칸의 툇마루가 설치되어 있

한국 명문가의 양택 | 337

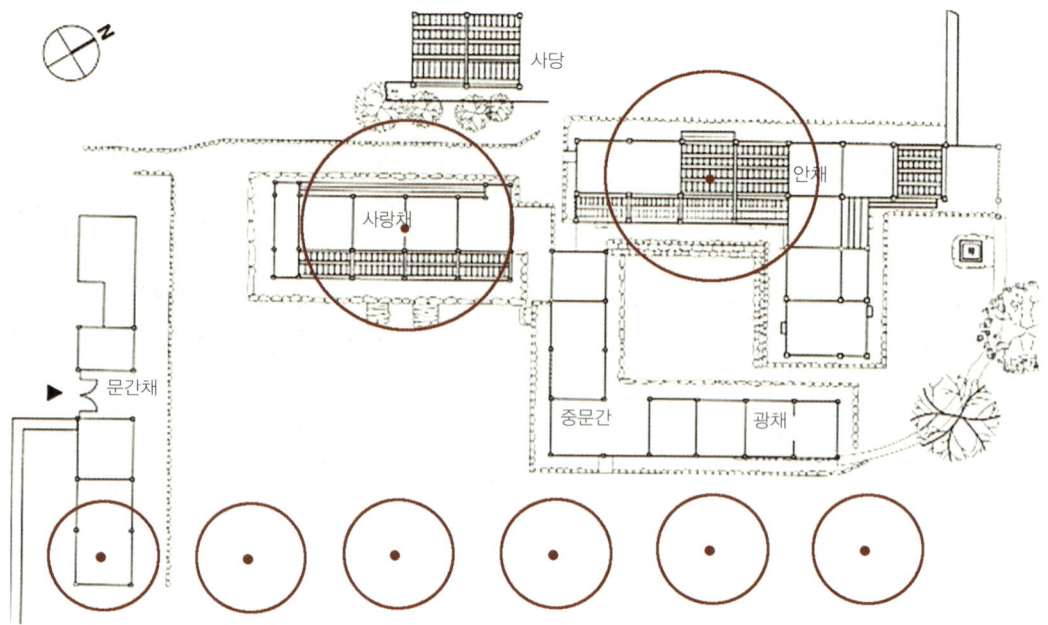

여경구 가옥 명당혈 도면 〈도면, 「가옥과 민속마을 I」〉

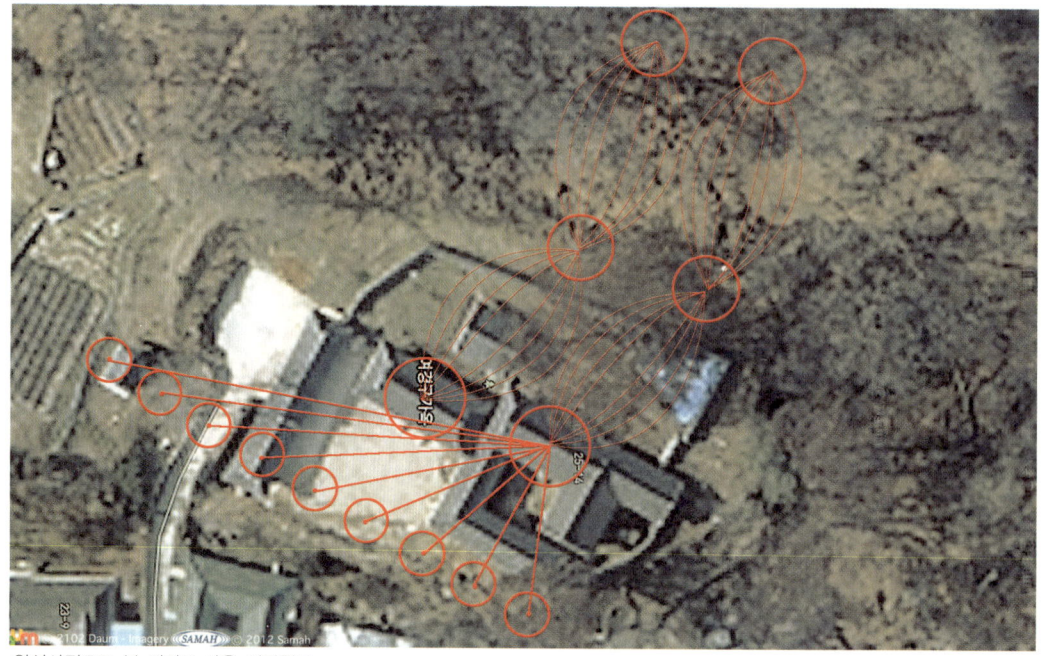

위성사진으로 본 여경구 가옥 명당혈도

안채

안채 대명당 배꼽자리

지만 서쪽 끝의 반 칸은 툇마루를 없앴다. 안채에는 안방과 대청, 건넌방, 부엌, 골방, 뒷방, 광, 곳간 등이 배치되어 있으며, 그 맞은편에 있는 'ㄴ자형' 평면의 광[庫房]채에 중문간이 있어 전체적으로 '튼ㅁ자' 형의 배치를 이루고 있다.

전체적으로 봤을 때는 북쪽에 안채를 두고 그 옆에 사랑채를 두었으며, 다시 그 옆에 문간채를 두어 가옥의 옆면으로 출입하도록 만들었다.

이 가옥은 풍수지리 측면에 있어 음·양의 대혈 2개를 모두 이용하여 가

한국 명문가의 양택 | **339**

상家相을 배치한 완벽한 가옥이다. 태뫼산의 중심용맥을 타고 내려온 음·양의 기맥이 완벽한 보국保國을 갖춘 곳에서 음·양의 천혈과 인혈, 지혈을 맺고 있는데 음·양의 천혈과 인혈자리는 이 가옥의 뒷산에 맺혀 있다.

이 가옥은 음·양의 지혈자리에 맞추되 음의 지혈자리 정혈처에 사랑채를 배치했고, 양의 지혈자리 정혈처에는 안채를 배치 했다. 이는 곧 거주하는 사람들이 음양의 기운을 서로 주고받을 수 있게끔 음·양에 따라서 건축했다는 것을 의미한다. 안채와 사랑채는 기단의 높이와 건물의 크기에 있어 서로가 비슷하지만, 사랑채를 약간 더 앞으로 돌출시켜서 배치한 이유는 자연적으로 음의 명당혈이 약간 더 앞으로 나가서 맺혀있기 때문에 거기에 맞췄기 때문이다.

가옥의 좌향은 건좌손향乾坐巽向으로서, 음·양의 지혈자리 두 개 대혈을 모두 이용해 가상家相을 정혈자리에 배치한 매우 훌륭한 양택陽宅이다.

향단香壇 • 경주

향단 전경

경북 경주시 강동면 양동리에 있는 조선 중기의 주택인 향단은 동방사현東方四賢의 한 사람인 회재晦齋 이언적(1491~1553)이 경상도관찰사 시절인 1543년 그의 동생 이언괄에게 지어준 살림집이다.

물勿자 형국의 첫 번째 줄기 안쪽에 남향으로 앉은 향단은 양동마을에서도 그 규모와 특이한 공간구성으로 가장 주목받는 집이다. 안채와 행랑채, 사랑채 등이 모두 한 몸체로 이루어지지만, 이들 각 채들이 저마다 앞마당을 갖고 있음으로써 작은 중정中庭 두 개가 있는 특색 있는 구성을 보인다. 때문에 본채와 행랑채 사이는 물론 안마당까지 대단히 협소하다.

행랑채는 정면 아홉 칸에다 측면 한 칸으로 우측으로부터 방과 대문, 마루,

사랑채

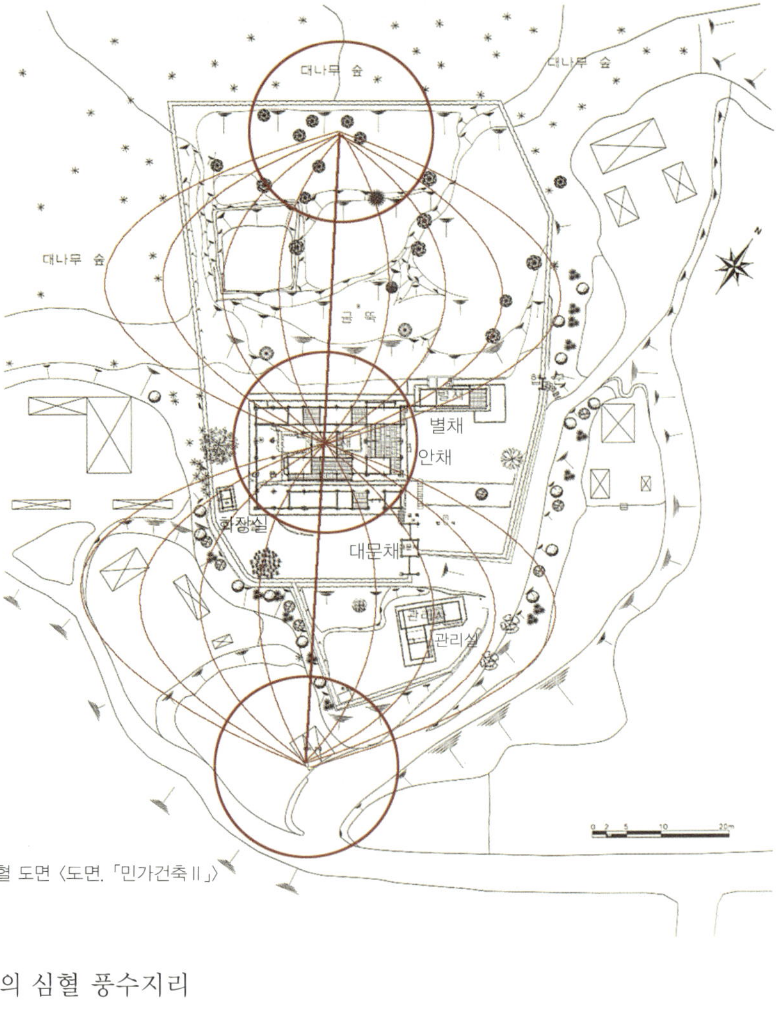

향단 명당혈 도면 〈도면. 「민가건축Ⅱ」〉

342 | 월봉의 심혈 풍수지리

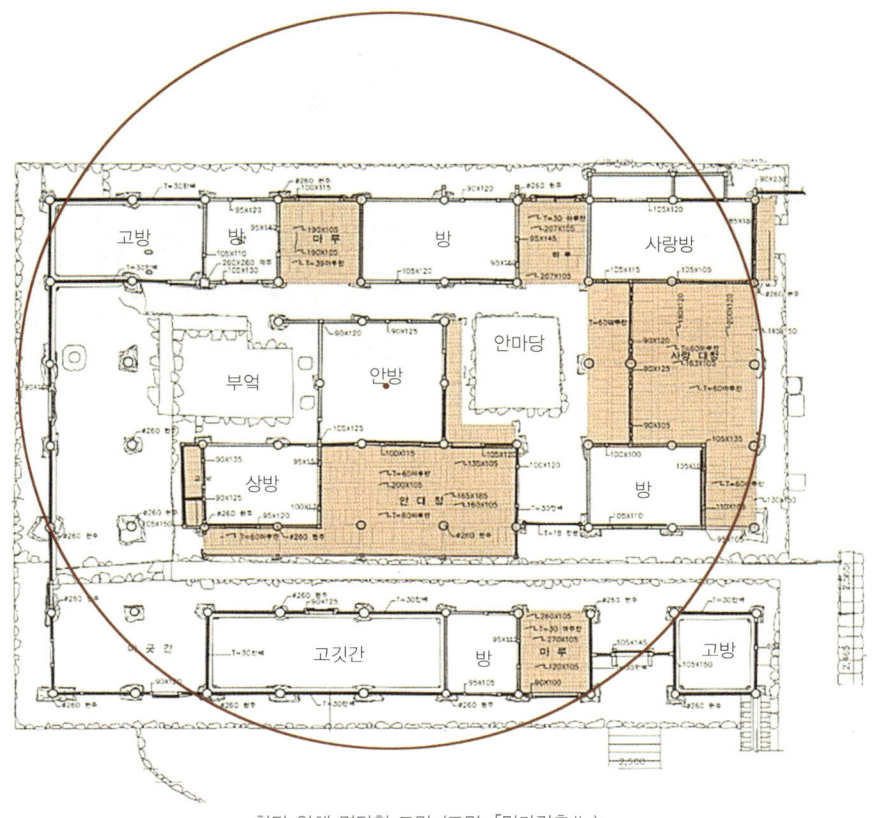

향단 안채 명당혈 도면 〈도면, 「민가건축Ⅱ」〉

방, 곳간, 마구간 등이 들어서 있는데, 행랑채에 난 대문으로 들어서면 안채와 사랑채 측면으로 형성된 좁은 공간이 나타난다. 이 공간을 지나면 중정中庭에 다다르고 이 중정 역시 협소한데, 중정 두 개 중 하나는 안마당으로 쓰이고 또 다른 하나는 행랑마당으로서 일종의 노천부엌과 같은 기능으로 쓰인다.

사랑채는 정면 네 칸에 측면 두 칸짜리로 중앙에 대청을 두고 좌우로 온돌방을 배치하고 있다.

향단은 풍수지리학 자연법을 완벽하게 활용한 고택이다. 설창산에서 네 개의 산줄기가 물勿자 형으로 내려오는 것 중 첫 번째 산줄기가 다시 두 개의

안방 대명당혈 배꼽자리

작은 앞마당에서 하늘을 바라본 모습

용맥으로 갈라져 내려오는데, 좌측 용맥을 따라 내려온 기맥에서 혈을 맺은 곳에 향단이 배치되어 있고, 우측 용맥을 따라 내려온 기맥에서 혈을 맺은 곳에는 관가정觀稼亭이 배치되어 있다.

향단이 위치해 있는 지형은 3단으로 경사가 이루어진 지형 위에 천혈과 인혈, 지혈이 맺혀있는 곳이다. 천혈자리는 안채 뒤란 담장 밑에 맺혀 있다. 천혈자리에서 아홉 개의 기맥선이 포물선을 그리면서 내려가 인혈자리를 맺었는데, 향단 본채가 정혈자리에 배치되어 있고 특히 인혈 배꼽자리에 안방의 중앙을 맞추어 배치한 것이 돋보인다. 인혈의 크기 즉, 혈장穴場에 맞추어 안방과 사랑방을 되도록이면 가깝게 배치, 사람이 주거하는 공간이 모두 혈장 안으로 들어가게끔 함으로써 본채 전체가 생기生氣가 충만하도록 고려했다는 것이다.

그리고 본채 인혈자리에서 포물선을 그리며 내려오는 기맥선에 맞춰서는 중문과 대문을 배치했다. 하단의 지혈자리는 관리사管理舍 밑에 있는 주차장에 맺혀있다.

향단의 좌향은 건좌손향乾坐巽向으로서 항상 양명한 생기生氣가 집 전체를 감싸고 있어 양동마을에서는 가장 돋보이는 고택이다.

일두고택 蠹古宅 • 함양

항공사진으로 본 일두고택 〈사진. 「함양 일두고택 기록화 보고서」〉

경남 함양군 지곡면 개평리에 있는 조선 후기의 주택 일두고택은 김종직의 문하에서 성리학을 연구하면서도 벼슬에 뜻을 두지 않았던, 조선 중종 때의 학자 일두 정여창(1450~1504)의 고택이지만 지금의 건물은 대부분 조선 후기에 중건한 것들이다. 사랑채는 현 소유자 정병호鄭炳鎬의 고조부가 중건했다고 하는데, 안채는 사랑채보다 건축연대가 올라가서 청하현감을 지낸 선조先祖가 300년 전에 중건했다고 전해진다.

이 가옥은 하동 정씨河東 鄭氏의 집성촌인 개평마을 중앙에 위치해있는 가옥으로서, 담장으로 구획된 3,300여㎡의 넓은 대지에 모두 19동의 건물이 배치되어 있다.

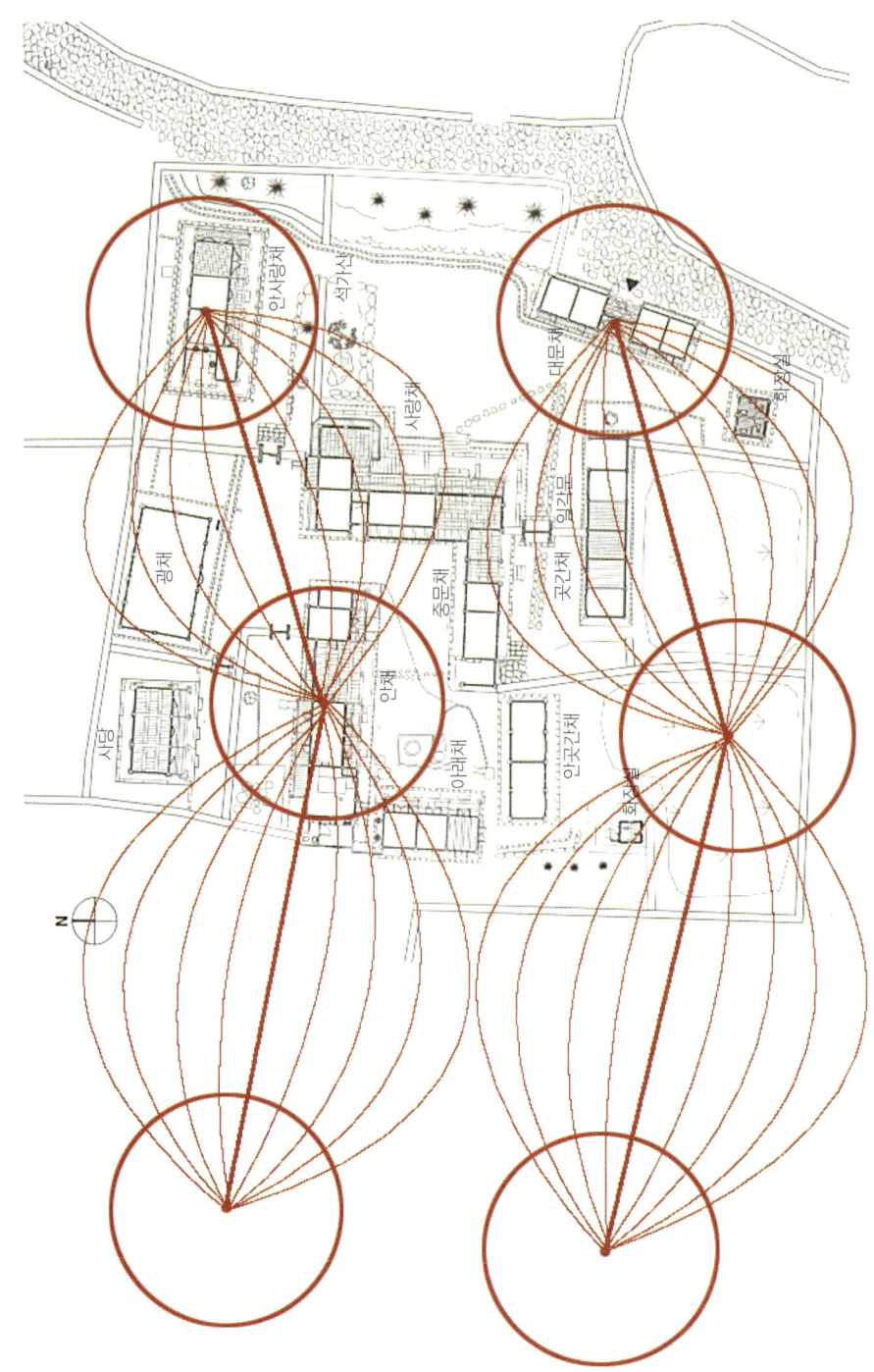

일두고택 명당혈 도면 〈도면. 「가옥과 민속마을Ⅱ」〉

위성사진으로 본 일두고택 명당혈도

　일각문을 들어서서 사랑채 측면을 통과하고 다시 문을 지나야만 안채로 들어서게 되는데, 원래는 중문채와 문 밖의 곡간채가 따로 있었다고 전해진다. 중문을 들어서면 '一자형'의 큼직한 안채와 아래채, 곡간채가 안마당을 둘러싸고 있고, 본채의 북쪽에는 사당과 광채, 곡간채 등이 있다. 왼쪽에는 아랫방채가 있고 안채의 뒤편으로 별당과 안사랑채가 있으며, 그와는 별도로 일곽을 이룬 가묘家廟 또한 거기에 있다.
　어쨌든 이 집은 풍수지리학 자연법 측면에 있어 개평마을에서 가장 좋은 길지吉地에 위치해 있다.
　괘방산의 한 용맥이 남진하여 마암산으로 솟고 그곳에서 다시 남서진하다가 동남진한 용맥이 마치 배의 형국과 같은 개평마을에 도달한다. 마을로 들어서면 괘방산에서 흘러내린 물이 마을의 왼쪽을 감싸면서 남강으로 흘러내린다.
　중심용맥을 타고 내려온 음·양의 기맥이 음·양의 천혈과 인혈, 지혈을 맺고 있는데 이중에 음·양의 인혈자리와 지혈자리에 맞추어 이 집이 배치되

안채

안채 대명당혈 배꼽자리

어 있다.

   먼저 음·양의 천혈은 안채 우측의 담장 너머에 맺혀 있다. 양의 인혈이 맺힌 정혈처에는 안채가 한 치의 오차도 없이 배치되어 있고, 음의 인혈이 맺힌 곳은 안곳간채 뒷밭 안이다. 양의 지혈자리에는 안사랑채管理舍가 정확하게 정혈처에 배치되어 있으며, 음의 지혈자리 정혈처에는 대문채가 한 치의 오차도 없이 정확히 위치해 있다.

   일두고택은 비록 집안에 있는 네 개의 대명당혈자리 중에서 세 개의 혈자리에 맞추어 가상家相을 배치한 양택陽宅이지만, 필자가 수차례의 답사를 통해 보기에는 아쉬운 점이 없지 않다.

안채 앞마당과 우물

　첫째는 사랑채가 비혈자리에 지어졌다는 사실인데, 만일 사랑채가 현재 비어 있는 음의 인혈자리에 지어졌더라면 더할 나위없는 양택陽宅으로 남겨질 것이기 때문이다.

　둘째는 안채 앞마당에다 깊은 우물을 파놨다는 사실이다. 안채가 분명히 대명당혈자리에 배치되어 있음에도 불구하고 그 혈장穴場 안에다 우물을 깊게 파놓음으로써 안타깝게도 지기地氣가 누설되고 있다는 사실이다.

　물론 이 몹쓸 짓을 자행한 사람들이 일제 강점기 시절의 일본인들이라고는 하지만, 씁쓸한 뒷맛은 가실 길이 없다. 큰 인물이 태어난 생가터의 지기地氣를 누설시켜 땅의 지기를 못 받게 함으로서 앞으로는 이곳에서 정여창과 같은 인물이 태어나지 못하도록 이렇게 간교한 수작을 저질렀다는 것은 참으로 한심한 일이 아닐 수 없다. 지금이라도 하루빨리 지기가 누설되지 않도록 오염되지 않은 흙으로 우물을 매립해야 할 것이다.

한국 명문가의 양택

김동수 가옥 金東洙 家屋 • 정읍

전북 정읍시 산외면으로 가다보면 약 2.5km 지점에 '김동수 가옥金東洙 家屋'이라는 표지판이 서 있는데, 여기에서 왼쪽으로 꺾어 400m쯤 가면 울창한 느티나무 숲 속에 이 집이 있다. 산외면 오공리 814에 위치해 있는 이 가옥은 김동수의 6대조인 김명관(1755~1822)이 도승의 도움을 받아 1784년(정조 8년)부터 집을 짓기 시작해 10년 만에 완공한 집이라고 한다.

김명관은 건립 당시부터 이 집터가 최고의 명당으로, 그 기운이 최소한 12대까지는 이어질 것이라는 굳은 믿음을 갖고 있었다고 전해진다. 그래서 후손들에게 혹시라도 이 집이 화를 당해 무너지더라도 이곳을 절대 떠나지 말 것을 당부하고, 정확한 위치에 다시 지을 수 있도록 안채 땅 밑에다 표식을 만들어 두었다는 일화도 있다. 이것은 바로 대명당혈 배꼽자리를 식별 표시해 놓은 것이다.

정방형의 대지에는 주건물인 안채와 사랑채, 안사랑채가 모두 동남향을 뜻하는 건좌손향乾坐巽向을 하고 있는데, 대지의 중앙에는 'ㄷ자형'의 안채와 '튼ㅁ자형'의 중문간채가 자리를 잡고 있으며 안채의 우측에는 'ㅡ자형'의 안사랑채, 북쪽에는 작은 사당이 있다.

솟을대문을 들어서면 좁은 마당이 나오고 중문을 거치면 바깥 행랑채가 나온다. 다시 바깥행랑채의 솟을대문을 들어서면 아담한 사랑채가 보이고, 안행랑채의 안대문을 들어서면 여섯 칸 대청을 중심으로 좌우대칭으로 배치된 여러 방들이 보이며 좌우 앞쪽으로 돌출된 부분에 부엌을 날개처럼 배치한 특이한 형태의 안채가 있다. 안채의 서남쪽에는 안사랑채가 있다.

이 집은 풍수지리학 자연법상에 있어 음·양의 대혈과 소혈에 맞추어 완벽한 가상家相 배치를 하고 있는 대한민국 최고의 양택陽宅이다. 산 모양이 지네를

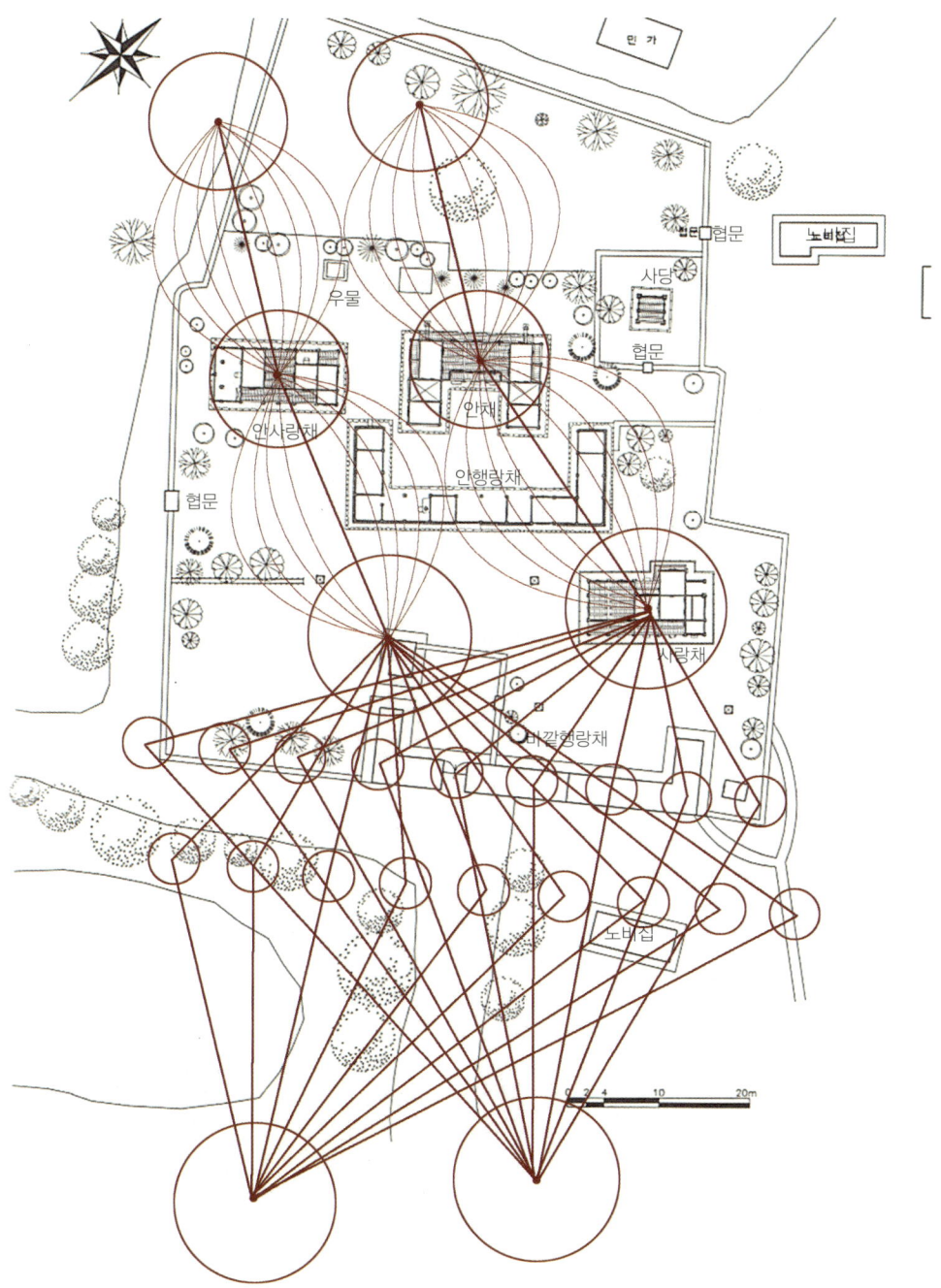

정읍 김동수 가옥 명당혈 도면 〈도면, 「민가건축Ⅱ」〉

한국 명문가의 양택 | 351

항공사진으로 본 김동수 가옥(사진, 「정읍 김동수 가옥 기록화 보고서」)

안사랑채

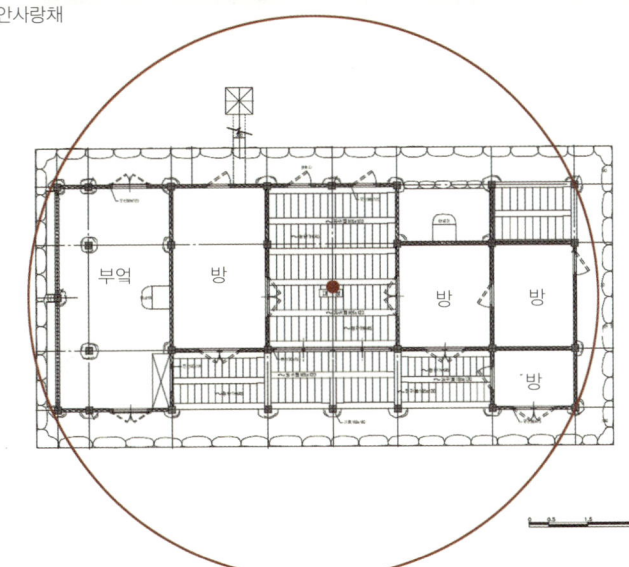

안사랑채 명당혈 도면 〈도면,「정읍 김동수 가옥 기록화 보고서」〉

안사랑채 대청마루에 대명당혈 배꼽자리

닮았다고 하는 창하산에서 내려온 용맥이 일단은 낮아졌다가 이 집터에 이르러 다시 솟구쳐 넓은 평지를 이루는데, 거기에 음·양의 기맥이 용맥을 타고 내려와 음·양의 천혈과 인혈, 지혈 그리고 소혈을 맺고 있다. 그곳에 안채와 안사랑채, 사랑채를 배치하고 소혈 아홉 개에 맞추어 바깥행랑채를 배치했다.

먼저 음·양의 천혈은 담장 넘어와 우물 뒤 화원에 나란히 맺혀 있다. 음의 천혈자리에서 아홉 개의 기맥선이 포물선을 그리며 내려가 합쳐진 곳에

안채

안채 대청마루에 대명당혈 배꼽자리

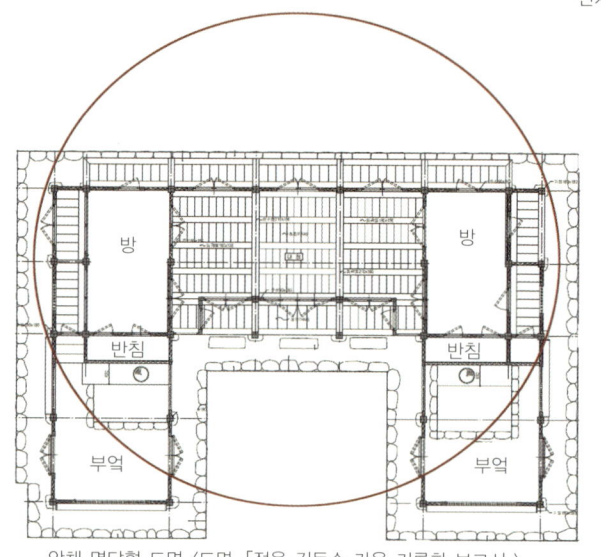

안채 명당혈 도면 〈도면, 「정읍 김동수 가옥 기록화 보고서」〉

    음의 인혈자리가 맺혀 있는데, 이곳에 안사랑채를 정혈처에 배치하고 음의 인혈 배꼽자리에는 안사랑채 대청마루의 중앙을 정확히 일치시켜 놓았다.
    또 양의 천혈자리에서 아홉 개의 기맥선이 포물선을 그리며 내려가 합쳐진 곳에는 양의 인혈자리가 맺혀있는데 이곳에 안채를 정혈처에 배치했고, 양의 인혈 배꼽자리에는 안채 대청마루의 중앙을 정확히 일치시켜 놓았다.
    음의 인혈자리에서도 아홉 개의 기맥선이 포물선을 그리며 내려가 외양간

사랑채

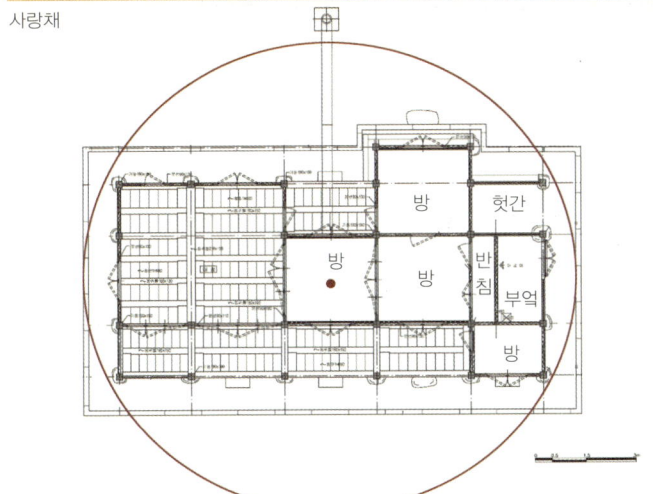

사랑채 명당혈 도면 〈도면, 「정읍 김동수 가옥 기록화 보고서」〉

사랑방 중앙에 대명당혈 배꼽자리

처마 밑에서 합쳐지며 음의 지혈자리를 맺고 있다.

그리고 양의 인혈자리에서도 아홉 개의 기맥선이 포물선을 그리며 내려가 합쳐진 곳에 양의 지혈자리가 맺혀 있는데 이곳에는 사랑채를 정혈처에 배치하고, 양의 지혈 배꼽자리에 사랑방의 중앙을 정확히 일치시켜 놓고 있다.

한편 음의 지혈자리에서 아홉 개의 기맥선이 뻗어내려 아홉 개의 소혈을 횡으로 맺고 있는데, 이들 소혈 아홉 개에 맞추어 대문을 포함한 바깥행랑채

바깥행랑채

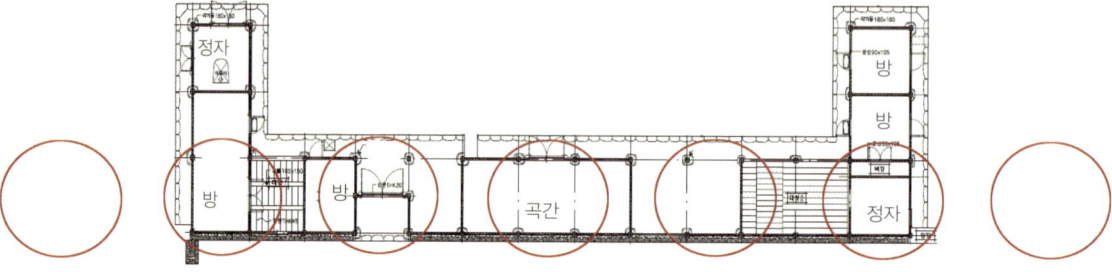

바깥 행랑채 명당혈 도면 〈도면, 「정읍 김동수 가옥 기록화 보고서」〉

를 배치했고 특히 대문은 정혈자리에 배치했다.

창하산이 지네를 닮았고 지네는 지렁이를 먹이로 하는 고로 집 앞에는 지렁이 형상의 연못을 만들었고, 안산案山이 화형산火形山의 모습을 보이는 고로 화기火氣를 잡기 위해서 연못을 판 것이라고 전해진다.

김명관은 집 앞에 느티나무 66그루를 반달 모양으로 심었는데, 이렇게 온 마을이 숲에 가려지도록 나무를 심은 까닭은 우선 지네라는 것은 습지에 사는 동물이므로 이를 숲으로 가려 주어야 한다는 생각 때문일 것이라는 것이 대체적인 사람들의 생각이다. 그러나 그뿐만 아니라 집 앞으로 불어오는 동진강 강바람이나 습기를 막자는 비보裨補 측면에서 식목을 했을 것이다.

아무튼 김동수 가옥은 풍수지리학 자연법 측면에서 한 치의 오차 없이 완벽하게 대혈자리 네 개와 소혈자리 아홉 개에 맞추어 완벽한 가상家相 배치를 이루고 있다. 한 가지 아쉬운 점은 안사랑채와 안채 사이 뒤편에 우물을 깊게 판 것이 지기地氣의 누설을 초래하고 있다는 것인데, 지금이라도 이를 방지하기 위하여 오염되지 않은 흙으로 매립할 것을 권하고 싶다.

정온선생 가옥 鄭蘊先生 家屋 • 거창

항공사진으로 본 정온선생 가옥 〈사진, 「정온선생 가옥 기록화 보고서」〉

    대꼬챙이 같은 성품으로 추사 김정희가 흠모했었다는 정온(1569~1641)은 대사간과 부제학 등을 지냈으며, 광해군의 실정을 담아 상소를 올렸다가 파직되어 제주도에 10년간 위리안치圍籬安置되었던 인물로, 병자호란 때에는 남한산성에서 화의和議에 반대하기도 했다. 그러나 인조가 산성을 나가 굴복하자, 자결하려다 실패하곤 벼슬에서 물러나 덕유산에 칩거하다가 삶을 마쳤다. 이후에 그 충절을 인정받아 영의정에 추증되었다.
    정온이 살았던 가옥은 경남 거창군 위천면 강천리 50~1에 위치하고 있으며, 가옥의 뒤로는 덕유산에서 흘러내린 산줄기가 조두산을 거쳐 시루봉을 이루며 버티고 서있다. 1820년 후손들에 의해 중창된 이 집은 사당, 안채와 사랑채, 동행랑채, 고방채, 대문채 등 모두 6동이 있는데, 안채는 남향으로

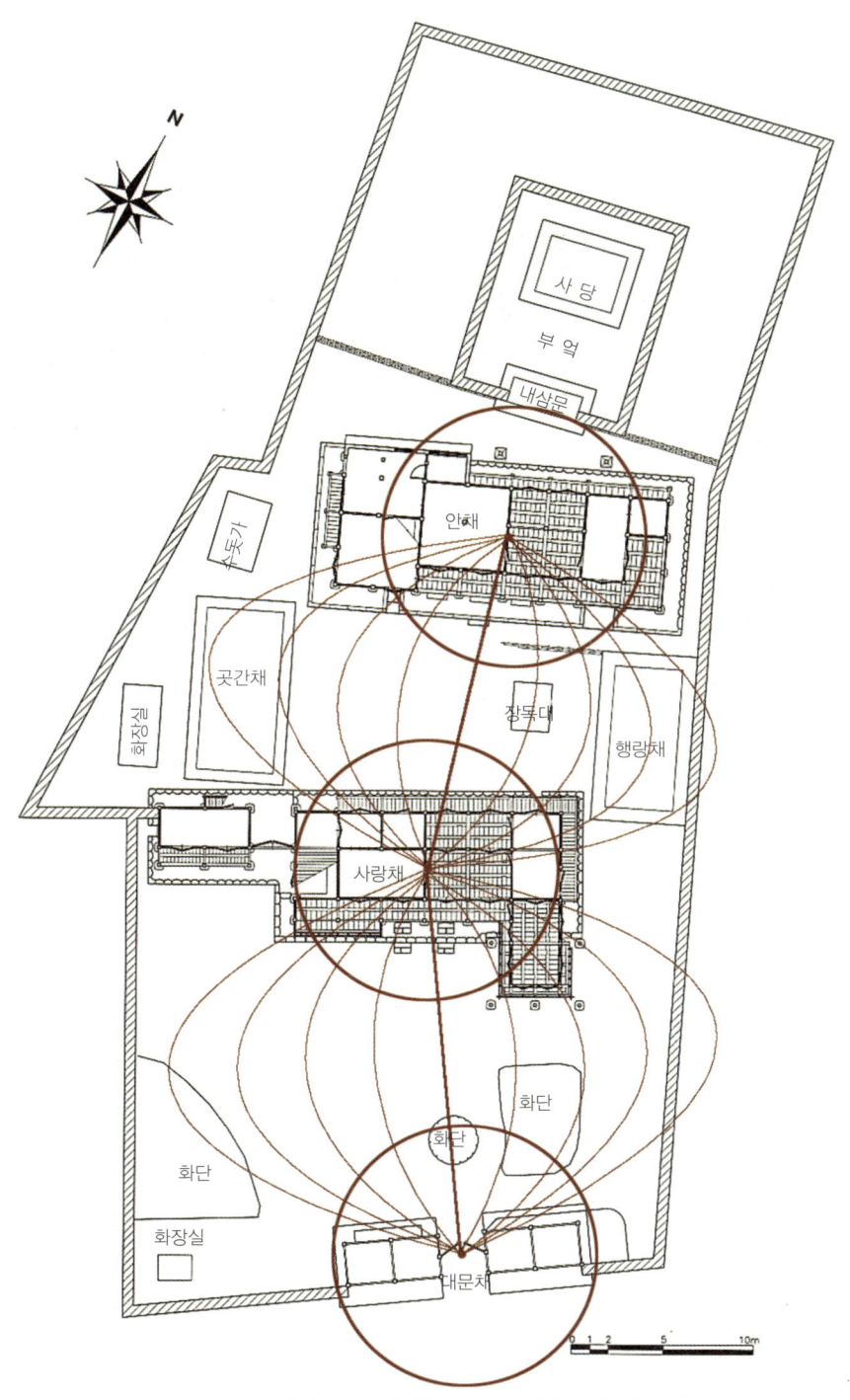

정온선생 가옥 명당혈 도면 〈도면, 「민가건축Ⅱ」〉

안채

안방 대명당 배꼽자리

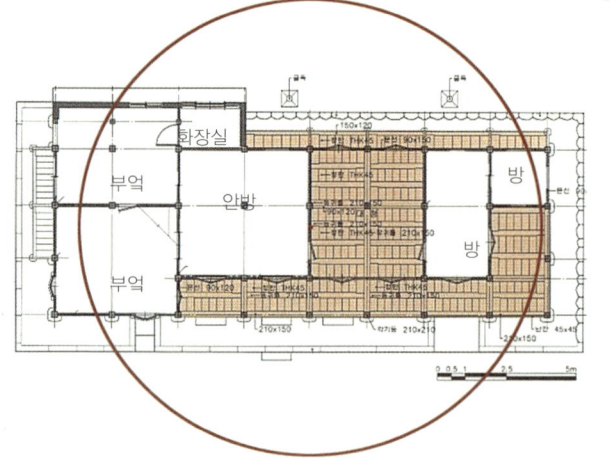

안채 명당혈 도면 〈도면, 「민가건축Ⅱ」〉

정면 여덟 칸, 측면 세 칸 반의 전후퇴前後退가 있는 집이다.

솟을대문의 대문간채를 들어서면 남향으로 사랑채가 있는데, 이는 'ㄱ자형' 평면으로 정면 여섯 칸에 측면 두 칸 반짜리로서 'ㄱ자'로 꺾어져 나온 내루內樓가 반 칸 규모로 있다. 마당의 동쪽에는 네 칸 규모의 동東아래채가 있고, 안채 뒤에 세 칸 규모의 사당을 두고 있다. 대문채에는 '문간공동계정온지문文簡公桐溪鄭蘊之門'이라는 인조가 내렸다는 정려현판旌閭懸板이 걸려있고, 사

사랑채

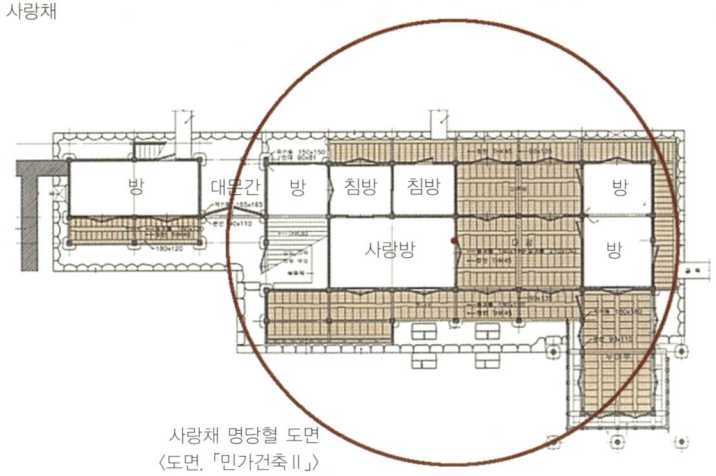
사랑채 명당혈 도면
〈도면, 「민가건축Ⅱ」〉

사랑방 대명당혈 배꼽자리

랑채 마루 벽에는 정조가 지었다는 어제시御製詩 현판이 걸려있다.

    정온선생 가옥은 풍수지리학 자연법을 완벽하게 적용하여 지은 최고의 가옥이다. 주산主山 시루봉에서 위이기복逶迤起伏하며 힘차게 하강한 용맥이 이 집을 향해 내려오는데, 용맥을 따라 바람을 피해가며 내려온 음·양의 기맥이 완벽한 보국保國을 갖춘 이 가옥에 이르러 음·양의 천혈과 인혈, 지혈을 맺고 있다.

    음의 천혈자리에는 안채가 정혈처에 한 치의 오차 없이 배치되어 있다. 그

한국 명문가의 양택 | 361

솟을대문

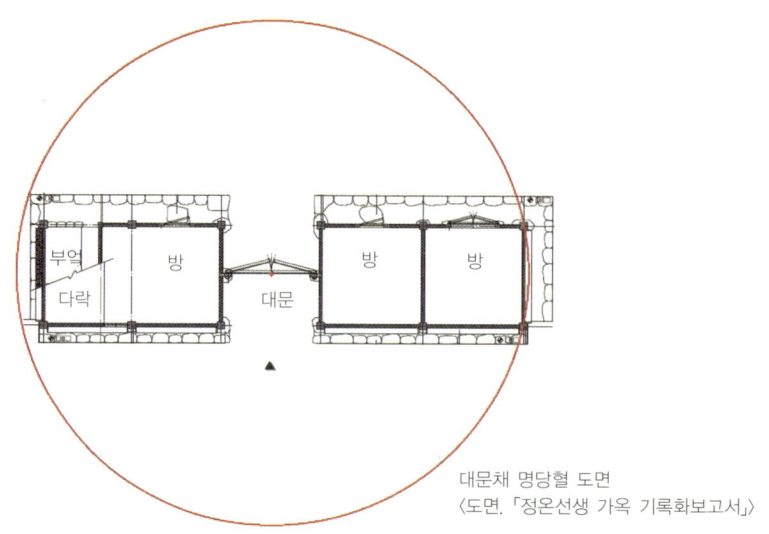

대문채 명당혈 도면
〈도면, 「정온선생 가옥 기록화보고서」〉

러나 안방과 대청마루 경계지점에 있는 음의 천혈 배꼽자리에 맞춰 안채를 배치했기에 다소 아쉬운 생각이 든다. 경주 최부잣집의 안채처럼 대명당의 혈 배꼽자리가 안방 안으로 들어가도록 배치했더라면 금상첨화일 터인데 말이다. 현재 종부宗婦의 친정이 경주 최부잣집이기에 언뜻 비교가 떠올랐다.

또 음의 인혈자리 정혈처에 사랑채를 배치했는데, 이 역시 안채의 경우와 마찬가지로 대명당혈 배꼽자리가 있는 사랑방과 대청마루 사이 경계지점에 사랑채를 배치했기에 아쉬움이 따른다.

마지막으로 음의 지혈자리 정혈처에는 대문채를 배치해놓고 있다.

본 가옥의 좌향은 자좌오향子坐午向으로 맞춰 배치하고 있는데, 안채와 사랑채, 대문채가 약간씩 다르게 되어있다고 해서 혹자는 이기법으로 보아 대황천살大黃泉殺을 범하고 있다고 평가하고 있으나 이는 참으로 잘못된 평가이다. 왜냐하면 우선 천혈에서 아홉 개의 기맥선이 뻗어 나와 포물선을 그리며 합쳐진 곳에 인혈이 맺히는 것이고, 인혈에서 아홉 개의 기맥선이 뻗어 나와 포물선을 그리며 합쳐진 곳에는 지혈이 맺히는 것임을 알아야 한다. 이때는 기맥이 지그재그로 용트림을 하면서 천혈, 인혈, 지혈을 맺으며 내려오는데 그 용트림 각도에 정확히 맞춰서 안채와 사랑채, 대문채를 배치하고 있다.

이렇게 정밀하게 땅의 지기를 파악한 것으로 보아 아마도 이 집을 점혈點穴한 이는 분명 득도한 도승임에 틀림없다 하겠다. 좁은 공간 안에서도 기맥의 흐름과 혈자리, 공간에너지의 흐름 등을 매우 정확히 감지하고 재혈裁穴했기 때문이다.

아무튼 정온선생 가옥은 풍수지리학 자연법의 진수를 보여주는 보기 드문 최고의 양택으로서 최근에는 한옥체험을 할 수 있도록 배려한다고 하니 관심 있는 분들은 대명당 정혈자리에 배치된 사랑채에서 양명한 기운을 체험하길 바란다.

이하복 가옥 李夏馥 家屋 • 서천

사랑채와 헛간채

청암靑菴 이하복(1911~1987)은 고려 말기의 문인이자 학자인 목은 이색의 후손으로 충남 서천군 기산면 신산리 120번지에 있는 이 집에서 태어났다. 지금의 경기중학교인 제1고등보교를 거쳐 일본 와세다대학 경제학과를 졸업한 후 지금의 고려대학교인 보성전문학교에서 교원으로 근무하다가, 1944년 일제의 학병입대 권유를 거부하고 고향으로 돌아와 농촌계몽운동을 벌였던 인물이다.

광복 후에는 사재를 털어 동강고등공민학교와 동강학원 등을 설립, 서천 지역의 교육환경 개선에도 힘썼다. 그가 태어난 이 가옥은 조선 말기의 주택으로 전형적인 농가 형태를 보이고 있는데, 목은 이색의 18세손이며 중추원

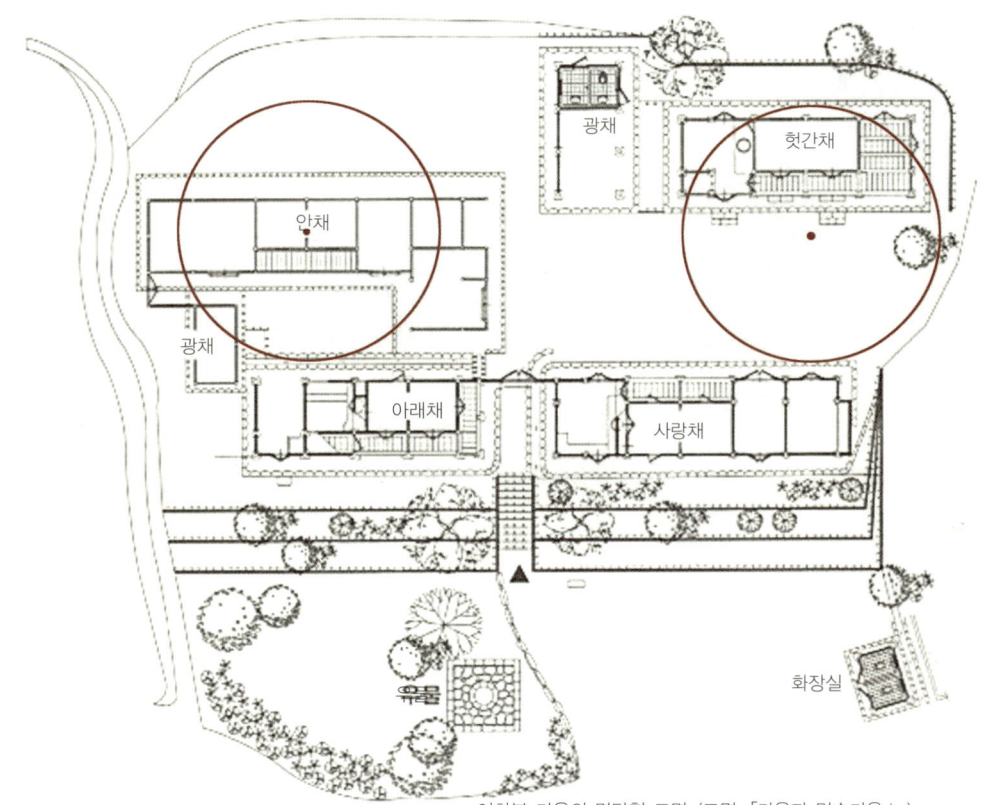

이하복 가옥의 명당혈 도면 〈도면, 「가옥과 민속마을 I」〉

위성사진으로 본
이하복 가옥 명당혈도

한국 명문가의 양택 | 365

안채

안방 중앙이 대명당혈 배꼽자리

　의관을 지낸 이병식(1785~1851)이 안채 세 칸을 건립한 것이 이 가옥의 시작이었다. 그후 아들인 이형규가 사랑채와 아래채, 위채 등을 증축하면서 지금의 전체적인 모습이 형성되었다.

　이 가옥이 들어서있는 마을은 북쪽은 높은 산이 막아 주고, 앞쪽으로는 크지는 않지만 들이 형성되어 앞이 트인 형국이다. 풍수적으로 보면 멀리 장군봉에서 이어진 진산鎭山이 동편으로 감돌아 우백호를 만들고 옥녀봉 줄기가 서편으로 감돌아 좌청룡을 만들어 주는 매우 좋은 양택陽宅 터다.

　마을 어귀의 화양산이 이 마을의 안산案山이 되어 풍수적으로 잘 형성된 국면을 보여 주는 이 집은 전통적인 초가집 분위기를 그대로 간직하고 있는 부

수구가 허해 소나무를 심은 모습

농가이다. 가옥은 안채와 아래채, 사랑채, 광채, 헛간채로 구성되어 있으며, 안마당을 중심으로 ㅁ자형 배치를 보여주고 있다.16)

  어쨌든 이 집 역시 명당의 혈자리를 잘 활용하여 지은 훌륭한 가옥이다. 뒷산으로부터 음·양의 기맥이 내려와 이 집에 도달해 음·양의 천혈과 인혈, 지혈을 맺고 있는데, 음의 천혈자리에 안채를 정확하게 맞춰서 배치했다. 특히 음의 천혈 배꼽자리에 두 칸짜리 안방의 중심을 정확히 맞춤으로써 가장 이상적인 가상家相 배치를 보이고 있다. 한편 양의 천혈자리는 사랑채와 헛간채 중간쯤에 있는 마당에 맺혀 있다.

  음의 인혈자리는 아래채 바깥마당 우물가에 맺혀 있고, 양의 인혈자리는 마당 화장실 근처 길 위에 맺혀 있으며 나머지 음·양의 지혈은 그 앞 논바닥에 맺혀있다.

  이하복 가옥의 장점으로는 안채의 가상家相 배치를 꼽을 수 있다. 대청마루를 작게 내고 안방을 대명당혈자리 중심에 정확히 가상家相을 배치함으로써

---

16) 「가옥과 민속마을 I」 p.297

천기天氣와 지기地氣를 받을 수 있도록 하였다는 것이다. 인걸은 지령인지라. 이곳에서 태어나 자란 여러 후손들이 훌륭한 인물이 되었음이 틀림없다 하겠다.

한국의 천년고찰

- 통도사 / 양산
- 해인사 / 합천
- 송광사 / 순천
- 불국사 / 경주
- 석굴암 / 경주
- 부석사 / 영주

"천년 고찰은 도승들께서 일행삼매 상태에서 행한 신묘한 재혈의 결과물로
풍수지리학 자연법의 극치를 보여주고 있다."

통도사 通度寺 • 양산

통도사 전경

영축산

경남 양산시 하북면 지산리 영축산에 소재한 통도사는 불보佛寶와 법보法寶, 승보僧寶로 일컬어지는 삼보三寶 중의 하나인 불보, 즉 부처의 진신사리眞身舍利가 모셔져 있는 불보사찰佛寶寺利로, 대한불교조계종 제15교구 본사다.

646년(선덕여왕 15년) 자장율사가 창건했다. 삼국유사의 기록을 살펴보면, 자장이 당나라에서 불법을 배우고 돌아와 신라의 대국통大國統이 되어 왕명에 따라 통도사를 창건하고 승려의 규범을 관장, 법식法式을 가르치는 등 불법을 널리 전하였다고 한다. 이때 부처의 진신사리를 안치하고 금강계단金剛戒壇을 조

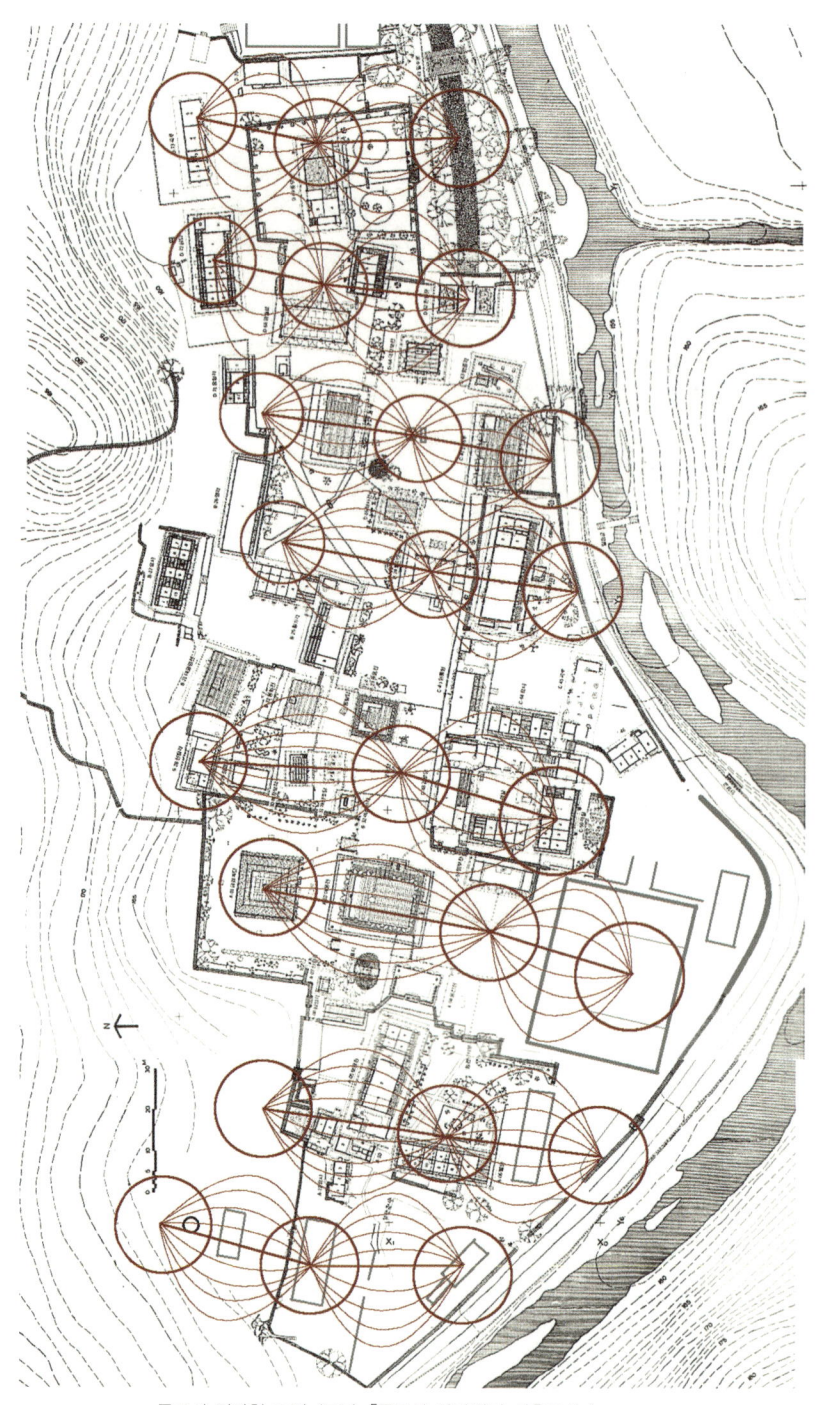

통도사 명당혈 도면 〈도면, 「통도사 가람배치 실측조사」〉

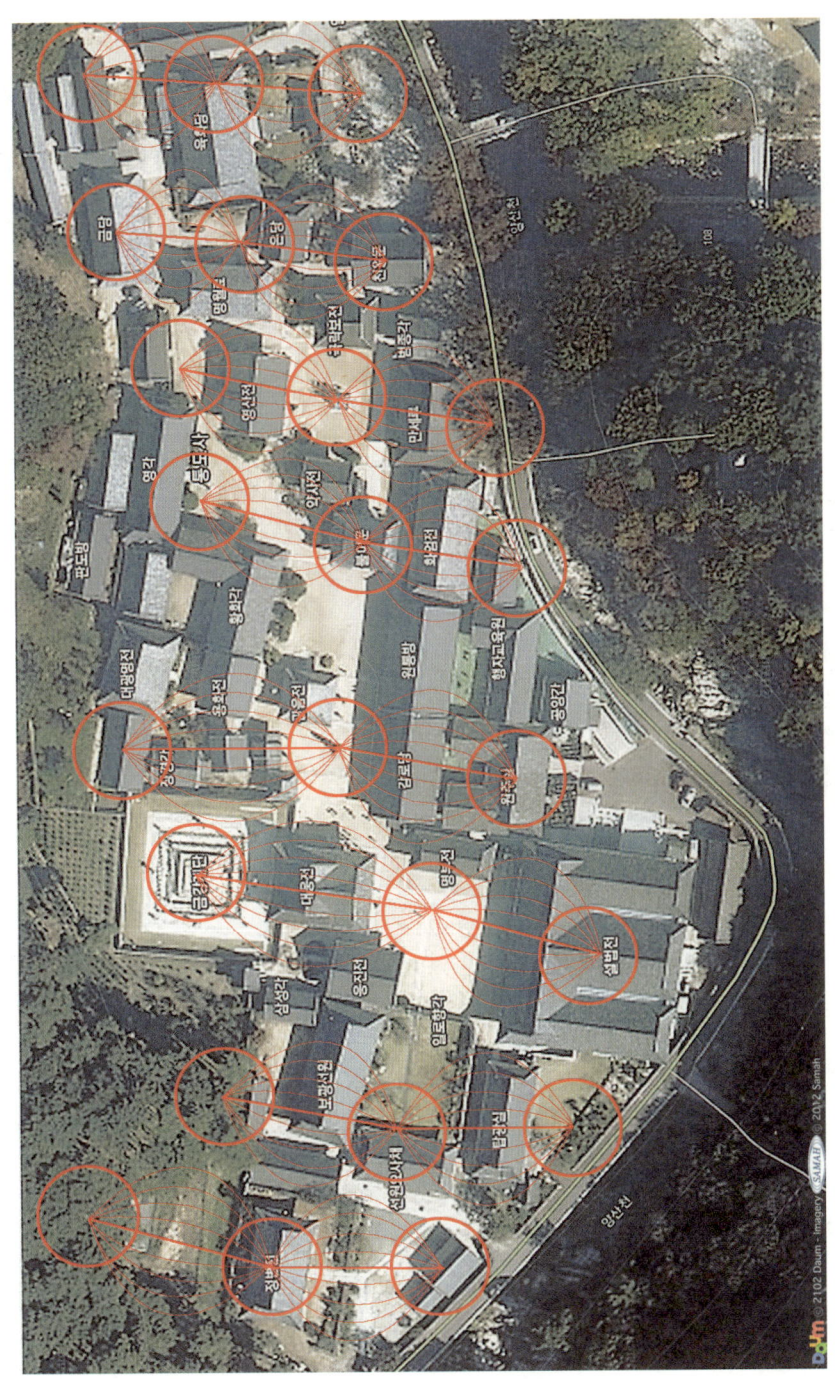

위성사진으로 본 통도사의 명당혈도

금강계단

정변전

성하여 승려가 되고자하는 수많은 사람들을 득도케 했다고 전해지는데, 이때부터 통도사는 신라 불교 계율의 근본도량으로 우뚝 서게 되었다.

특히 자장율사가 당나라에서 귀국할 때 가지고 온 불사리佛舍利와 가사袈裟뿐만 아니라 우리나라 역사상 최초로 대장경 400여 함函을 봉안하고 창건함으로써 창건 당시부터 매우 중요한 사찰로 부각되었다. 창건의 정신적 근거이며 중심인 금강계단은 자장과 선덕여왕이 축조하여 부처의 진신사리를 안치한 이후 오늘날까지 잘 보존되고 있다.

전향각

　통도사가 있는 산의 이름을 영축산靈鷲山이라 한 것은 산의 모양이 인도의 영축산과 모양이 매우 비슷하기 때문이라고 하는데, 그 옛 이름은 축서산鷲棲山이다. 사찰 기록에 따르면 통도사라고 이름을 붙인 것은, 이 절이 위치한 산의 모습이 부처가 설법하던 인도의 영취산 모습과 통하므로(此山之形通於印度靈鷲山形) 통도사라고 했고, 승려가 되고자 하는 사람은 모두 이 이곳의 금강계단을 통과해야 한다(爲僧者通而度之)는 의미에서 통도라고 했으며 모든 진리를 회통會通하여 일체중생을 제도한다는 의미에서 통도通道라고 했다고 기록하고 있다.

　아마도 창건 당시에는 오늘날과 같은 대찰이 아니라, 이후에 금강계단이라고 명명된 계단을 중심으로 몇몇 법당들이 존재했었을 것으로 미루어 짐작된다. 그 뒤 고려 초에 사세가 더욱 확장되어 절을 중심으로 사지석표四至石標 즉, 국장생석표國長生石標를 둘 만큼 대규모로 증축되었다. 특히 현존하는 중요 석조물들이 거의 고려 초기 선종宣宗 대에 조성된 것으로 보아 아마도 가람의

영산전 앞 3층탑

개산조당 앞 5층탑

정비는 이때 중점적으로 이루어졌을 것으로 추정된다.

통도사의 가람 배치는 신라 이래의 전통법식에서 벗어나 냇물을 따라 동서로 길게 향하고 있는데, 서쪽으로부터 가람의 중심이 되는 상로전과 중로전, 하로전 등으로 이어지고 서쪽 끝에는 보광선원이 자리를 잡고 있다.

통도사는 풍수지리학 자연법 측면에서 최고 길지에 위치하고 있는데 무려 26개에 달하는 대명당의 혈자리에 맞추어서 가람을 배치하고 있다. 영축산에서 통도사 경내로 다섯 개의 용맥이 하강하고 있는데, 그중 네 개의 용맥이 상로전에서 하로전까지 이르는 경내로 하강하고 나머지 한 개의 용맥은 지금의 성보박물관 쪽으로 내려오고 있다. 상기한 네 개의 용맥은 각각 네 개

금당

불이문

의 음·양 기맥을 동반하고 하강, 통도사 경내에 이르러 음·양의 천혈과 인혈, 지혈을 맺고 있어 모두 24개의 대혈을 맺고 있다.

첫 번째 기맥은 정변전과 보광선원 쪽으로 내려와서 음·양의 천혈과 인혈, 지혈을 맺고 있다. 음의 천혈자리에는 지하수 물탱크가 들어서 있고, 양의 천혈자리는 보광선원 바로 뒤에 맺혀 있다. 그리고 음의 인혈자리 정혈처에는 방장스님이 계시는 정변전이 배치되어 있고, 양의 인혈자리는 선원 요사채 앞뜰에 맺혀 있다. 음의 지혈자리에는 화장실 건물이 정혈처에 배치되어 있고, 양의 지혈자리는 탑광실 앞마당 화단에 맺혀 있다.

두 번째 기맥은 금강계단과 전향각 쪽으로 내려와서 음·양의 천혈과 인혈,

한국의 천년고찰 | 377

천왕문

지혈을 맺고 있다. 음의 천혈자리에 부처님 진신사리가 모셔진 금강계단이 배치되어 있고, 양의 천혈자리 정혈처에는 전향각이 배치되어 있다.

또, 음의 인혈자리는 대웅전과 명부전 앞마당에 맺혀 있고, 양의 인혈자리에는 개산조당開山祖堂 앞 5층탑이 정혈처에 배치되어 있음을 볼 수 있다.

음의 지혈자리에는 설법전이 정혈처에 배치되어 있고, 양의 지혈자리에는 원주실이 정혈처에 배치되어 있다.

세 번째 기맥은 영각 쪽으로 내려와서 음·양의 천혈과 인혈, 지혈을 맺고 있는데, 음의 천혈자리는 영각 우측 앞마당에 맺혀 있고, 양의 천혈자리는 응향각 우측 앞마당에 맺혀 있다.

또 음의 인혈자리에는 불이문이 정혈처에 배치되어 있고, 양의 인혈자리에는 영산전 앞의 삼층탑이 정혈처에 배치되어 있다.

음의 지혈자리는 화엄전 뒤편 담장에 맺혀 있고, 양의 지혈자리는 만세루 뒤뜰에 맺혀 있다.

한편, 네 번째 기맥은 금당金堂과 곡루穀樓 쪽으로 내려와서 음·양의 천혈

일주문

과 인혈, 지혈을 맺고 있는데, 음의 천혈자리에는 금당이 정혈처에 배치되어 있고, 양의 천혈자리에는 곡루가 약간 치우쳐 배치되어 있다.

음의 인혈자리는 명월로 앞마당에 맺혀있고, 양의 인혈자리는 육화당 좌측 끝단에 맺혀 있다.

그리고 음의 지혈자리에는 천왕문이 정혈처에 배치되어 있지만, 양의 지혈자리는 일주문 뒤편의 인도 위에 맺혀 있다.

다섯 번째 기맥은 성보박물관 쪽으로 내려와서 음·양의 혈을 맺고 있는데, 음의 혈자리에는 성보박물관이 정혈처에 배치되어 있고 양의 혈자리는 성보박물관 좌측의 주차장에 맺혀 있다.

통도사의 기맥 좌향은 자좌오향子坐午向을 이루고 있다.

결론적으로 이곳 경내와 최근에 지은 성보박물관에는 모두 26개의 대명당 혈자리가 존재하고 있는데, 통도사는 이들 정혈자리 곳곳에다 중요한 건축물과 가람을 배치하고 있어 역시 대한민국 최고의 사찰임을 입증하고 있는 것이다.

해인사 海印寺 • 합천

해인사 전경 〈사진. 법보종찰 해인사〉

경남 합천군 가야면 가야산 남서쪽에 위치해있는 해인사는, 신라 제40대 애장왕 3년이 되는 802년에 해동 화엄종의 초조初祖 의상대사의 법손法孫인 순응화상과 그 제자인 이정화상이 당나라에서 돌아와 우두산牛頭山, 지금의 가야산 대적광전 자리에 초당草堂을 지은 데서 비롯된다. 그때는 마침 왕비의 몸에 등창이 나 있었을 때였는데, 두 화상이 선정에 들어 그 병을 낫게 해주자, 이에 감동한 애장왕이 직접 가야산으로 와서 원당願堂을 짓고 정사를 돌보면서 해인사를 창건하도록 도와주었다.

918년 고려를 건국한 태조는 당시의 주지 희랑대사가 후백제의 견훤을 뿌리치게 해준 보답으로 이 절을 고려의 국찰國刹로 삼고, 해동 제일의 도량이

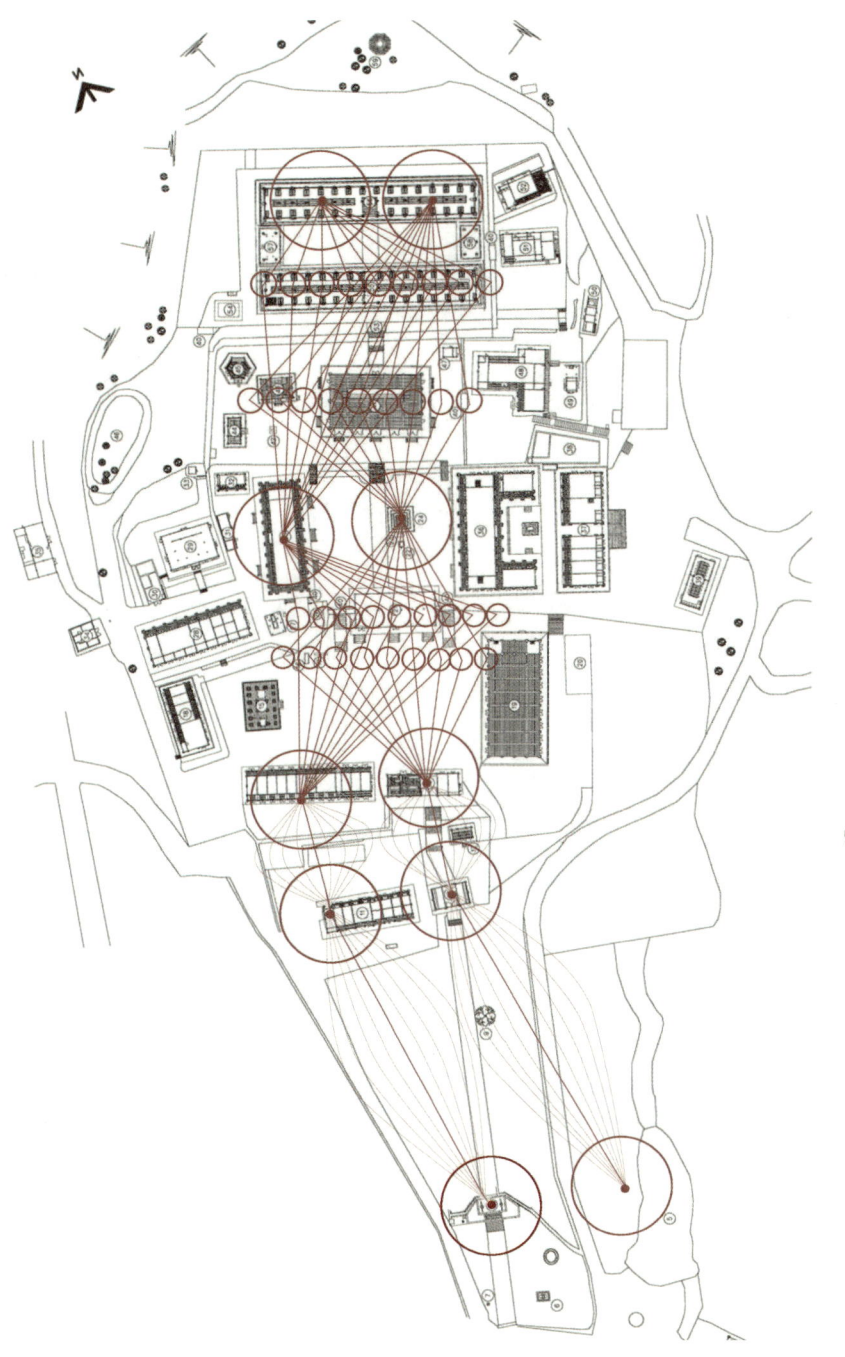

해인사 명당혈 도면 〈도면, 법보종찰 해인사〉

위성사진상으로 본 해인사 명당혈도

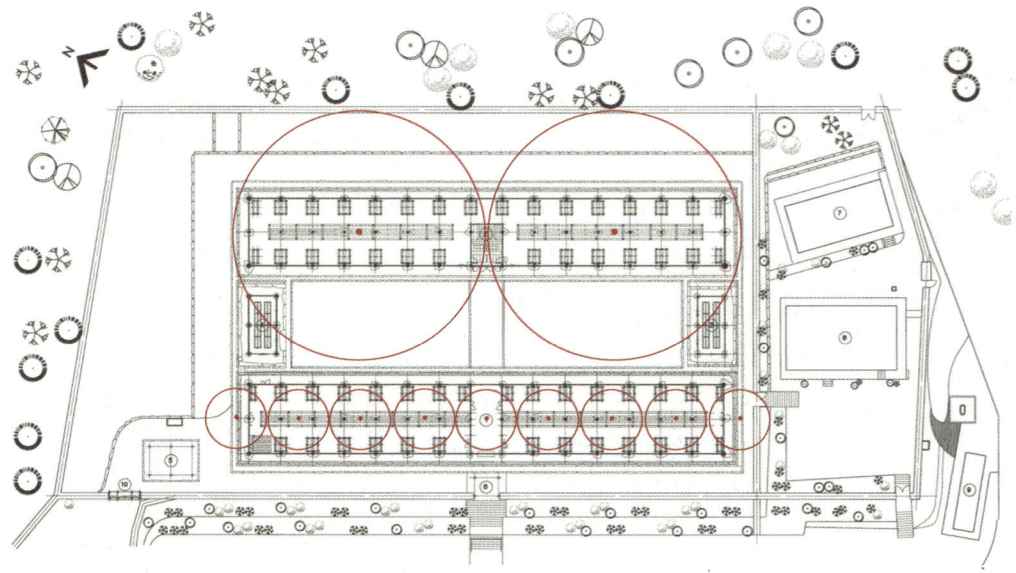

해인사 장경판전 명당혈 도면 〈도면. 「해인사 장경판전 실측조사보고서」〉

법보전 내부 모습 〈사진. 법보종찰 해인사〉   수다라장전 내부 모습 〈사진. 법보종찰 해인사〉

될 수 있도록 적극적인 지원을 아끼지 않았다. 1398년 강화도 선원사에 있던 팔만대장경판이 지천사支天寺를 거쳐 이듬해 다시 이곳으로 이운移運됨으로써 그때부터 호국신앙의 요람이자 법보사찰法寶寺刹의 면모를 갖추게 됐다.

해인사는 창건 이후 일곱 차례나 대화재를 만나 그때마다 중창되었는데, 현존하는 건물의 대부분은 조선 말기에 중건한 것들로 약 50여 동에 이르고 있다. 창건 당시의 유적

장경판전 전경 〈사진. 법보종찰 해인사〉

장경판전 입구 연화문 〈사진. 법보종찰 해인사〉

으로는 대적광전 앞뜰의 3층 석탑과 석등 정도가 있을 뿐이지만, 대장경판과 대장경판고 및 석조여래입상 등은 해인사를 대표하는 성보聖寶이다.

특히 불가사의한 일은 그동안 수차례의 화재를 당하면서도 팔만대장경판과 장경판전만은 어떤 화도 입지 않고 옛 모습 그대로를 간직하고 있다는 사실이다.

법보종찰인 해인사는 불보사찰 통도사와 승보사찰인 송광사와 더불어 한국의 3대 사찰로 꼽히는데, 한국 화엄종華嚴宗의 근본도량이자 한국인의 정신적인 귀의처로, 이 땅을 비추는 지혜의 등불이 되어 왔다. 해인사는 신라시대 화엄종의 도도한 정신적 기반을 확충하고 선양한다는 기치 아래 이른바 화엄십찰華嚴十刹의 하나로 세워진 가람이다.

대적광전과 정중삼층석탑

　화엄종의 근본 경전인 화엄경은 4세기 무렵 중앙아시아에서 성립된 대승경전의 최고봉으로 알려져 있는데, 그 본래 이름은 대방광불화엄경大方廣佛華嚴經으로서 동양문화의 정수라고 일컬어진다. 이 경전에 해인삼매海印三昧라는 구절이 나오는데, 해인사라는 이름은 바로 이 '해인삼매'에서 비롯되었다. 해인삼매란, 있는 그대로의 세계를 한없이 넓고 깊은 큰 바다에 비유, 거친 파도 곧 중생의 번뇌 망상이 비로소 멈출 때 우주의 갖가지 참된 모습이 그대로 물속[海]에 투영[印]되는 경지를 말한다. 이렇게 여실如實한 세계가 바로 부처가 지닌 깨달음의 모습이요 우리 중생 본래의 모습이니, 이것이 곧 해인삼매의 가르침이라는 것이다.

　어쨌든 화엄종은 해인사를 중심으로 신라시대를 거치면서 희랑대사를 위시하여 균여, 의천 등과 같은 빼어난 수많은 학승學僧들을 배출했다.

　해인사는 풍수지리학 자연법 측면에 있어 가장 완벽하게 대혈과 소혈자리에 맞추어 가람을 배치한 최고의 고찰이다. 특히 장경판전 건물의 배치방법

해탈문

은 풍수지리학 자연법의 극치를 보여준다. 가야산 우두봉으로부터 용맥이 서남향으로 하강, 두 갈래로 용맥이 갈라져서 우측 용맥은 장판각 쪽으로 내려오고 나머지 용맥은 부도탑이 있는 쪽으로 내려온다.

장경판전 쪽으로 힘차게 위이기복逶迤起伏하며 하강하는 용맥을 따라서 음·양의 기맥이 바람을 피해 내려오다가, 음·양의 대혈 2개가 나란히 맺은 곳에 법보전 건물을 정혈처에 배치했다. 필자가 앞에서 양택 가상의 배치법에서 언급했듯이 음·양 대혈이 최대로 확장된 혈장 크기에 한 치 오차 없이 맞추어 법보전을 건축한 것이 놀라울 따름이다. 또, 법보전 음혈陰穴자리에서 아홉 개의 기맥선이 뻗어내려 소혈 아홉 개를 맺은 곳에는 수다라장전을 한 치의 오차 없이 정혈처에 배치했다.

여기서 우리는 옛사람들의 놀라운 지혜를 엿보게 된다. 장경판전에 보관된 팔만대장경이 약 800여년 동안이나 변함없이 온전히 보존되어 오는 근본적인 원인은 저들이 풍수지리학 자연법을 100% 활용해 장경판전 건물을 한 치의 오차 없이 대혈 두 개와 소혈 아홉 개 혈자리에 정확히 맞추어 건축했기 때문이다. 지금까지 밝혀진 내용으로는 장경판전 바닥에 소금과 숯을 마사토와 섞어 다져넣고 창문의 크기를 아래와 위를 달리해서 통풍이 잘되도록 해서 조치했다는 것이 전부였다. 그러나 이것만으로는 팔만대장경을 온전히 유지토록 한 근본 요인이 못되고, 그보다는 대자연의 보고寶庫인 명당의 혈자리에 맞추어 장경판전 건물을 건축하고 그곳에 보관을 해왔기에 가능했다는 것이 더 정확한 추정이라고 할 수 있다.

지금까지는 그 누구도 어떤 원리에 의해서 팔만대장경이 지금까지 온전히 유지되고 있는지, 그 근본 요인을 잘 알지 못했고 또 명확하게 설명해 주는 이도 없었다. 혈자리는 무엇보다도 온·습도의 변화가 거의 없고 특히, 강한 생기生氣가 있는 곳에는 벌레나 곤충이 침범하지 못한다는 특징을 갖고 있다. 또한 지기地氣와 천기天氣가 뭉쳐진 생기生氣가 마치 텐트처럼 장경판전 건물을 에워싸고 있기 때문에 팔만대장경판 자체에 변형이 발생하지 않는다. 만약 주위에 화재가 발생한다고 해도 건물을 뒤덮은 생기生氣가 장경판전 건물을 보호하기 때문에 불길이 지붕을 넘어갈지언정 정작 장경판전 건물에는 불이 붙지 않는다. 이는 2008년 캘리포니아 산불과 2013년 6월 콜로라도 산불에서 명당 정혈자리에 있는 집만 화마를 비켜간 사례가 극명하게 설명해주고 있다.

법보전 양혈陽穴자리에서 아홉 개의 기맥선이 뻗어내려 아홉 개의 소혈을 맺는데, 여기에 대적광전과 비로전이 배치되었다. 소혈 네 개에 맞추어 대적광전이 배치되었고 소혈 두 개에 맞추어서는 비로전이 배치된 것이다. 비로전과 대적광전에 맺힌 아홉 개의 소혈에서 아홉 개의 기맥선이 뻗어내려 합쳐져서 양의 대혈을 맺은 곳에는 정중庭中 삼층석탑이 정혈처에 배치되었다.

이곳을 방문하는 사람이 이곳에서 기도하며 순수한 마음으로 소원을 빌면 필히 성취하게 될 것으로 필자는 확신한다.

수다라장전에 맺힌 아홉 개의 소혈에서 아홉 개의 기맥선이 뻗어내려 합

봉황문

일주문

쳐져 음의 대혈을 맺는 곳에는 궁현당을 정혈처에 배치하고 있다. 또, 궁현당 음의 혈자리에서 아홉 개의 기맥선이 뻗어내려 역시 아홉 개의 소혈을 맺고 있는데, 이곳에 맞추어서는 구광루 일곽을 배치했다. 예전에는 구광루 좌측 혈자리에 종각이 있었다고 스님이 전언傳言하는데, 지금은 종각 건물이 비혈非穴자리에 위치해 있다.

한편, 정중庭中 삼층석탑 양의 혈자리에서 아홉 개의 기맥선이 뻗어내려 만들어낸 아홉 개의 소혈은 모두 구광루 아래 마당에 맺혀 있다.

이곳 이후부터는 완벽한 보국保局을 갖춘 곳이기 때문에 풍수지리학의 꽃이라고 할 수 있는 음·양의 천혈과 인혈, 지혈인 대명당혈자리 6개가 연달아 맺고 있다. 구광루 일곽에 맺힌 아홉 개의 소혈에서 기맥선 아홉 개가 뻗어 내려오면서 합쳐져서 음의 천혈을 맺은 정혈처에는 사운당이 배치되어 있다.

그리고 구광루 아래 마당에 맺혔던 아홉 개의 소혈에서 기맥선 아홉 개가 뻗어 내려오면서 합쳐져 양의 천혈을 맺은 정혈처에는 해탈문이 배치되어 있다.

해탈문에 맺힌 양의 천혈에서 아홉 개의 기맥선이 포물선을 그리며 뻗어 내리면서 합쳐져 양의 인혈이 맺힌 곳에는 봉황문이 정혈처에 배치되어 있다.

또한 사운당에 맺힌 음의 천혈에서 아홉 개의 기맥선이 포물선을 그리며

한 치 오차 없이 정혈자리에
모신 퇴옹 성철 대종사 부도탑

뻗어 내리면서 합쳐져 음의 인혈을 맺은 곳에는 우화당이 들어섰다.

다음으로 봉황문에 맺힌 양의 인혈에서 아홉 개의 기맥선이 포물선을 그리며 뻗어 내려 이들이 합쳐져 만들어진 양의 지혈은 연못 영지靈池 바로 위쪽에 맺혀 있다.

우화당에 맺힌 음의 인혈에서 아홉 개의 기맥선이 포물선을 그리며 뻗어 내려 합쳐지면서 음의 지혈을 맺은 곳 정혈처에는 일주문이 들어섰다. 일주문 100m 아래 부도탑들이 있는 곳 상단에는 퇴옹 성철 대종사의 부도탑이 모셔져 있는데, 이 또한 대명당의 혈자리에 한 치의 오차도 없이 정혈처에 모셔져있음을 보게 된다.

결론적으로 해인사는 구례 화엄사와 비슷하게 하나의 용맥이 하강하고 이를 타고 내려오는 음·양의 기맥이 보국保局을 갖춘 곳에서 명당의 혈자리를 맺는 대자연의 이치에 맞추어, 대혈과 소혈들이 맺은 정혈처에 정확히 가람을 배치하고 있다.

해인사는 1,300년 전통이 말해주듯 수많은 대중들이 이곳을 즐겨 찾고 많은 기운을 받아 희망과 소망을 이루는 최고의 사찰로 위상을 확보하고 있다, 2007년 해인사 팔만대장경 판전이 유네스코 세계문화유산으로 당당히 등재된 것도 결국 따지고 보면 우리의 선현들이 풍수지리 자연법을 철저히 활용했기 때문에 가능했던 것이다.

송광사松廣寺 • 순천

송광사 전경 〈사진, 「송광사 주요목조건축물 정밀실측조사보고서」〉

전남 순천시 송광면 신평리 조계산에 소재하고 있는 송광사는 해인사, 통도사와 더불어 우리나라 삼보사찰 가운데 승보사찰僧寶寺刹로서 매우 유서 깊은 사찰이다.

'송광松廣'이라는 절 이름은 조계산의 옛 이름인 송광산松廣山에서 비롯되었다고 전해진다. 구전에 의하면 송광산이 장차 '열여덟 성인이 배출되어 불법을 널리 펼칠 훌륭한 장소'이기 때문에 송광이라고 했다고 하는데, 이는 소나무 '송松' 자를 '십팔공十八公'으로 파자破字하고 '광廣' 자를 불법광포佛法廣布의 뜻으로 해석한 데서 유래한다고 한다.

송광사 창건에 대한 정확한 자료는 없지만, '승평속지昇平續誌'의 기술대로

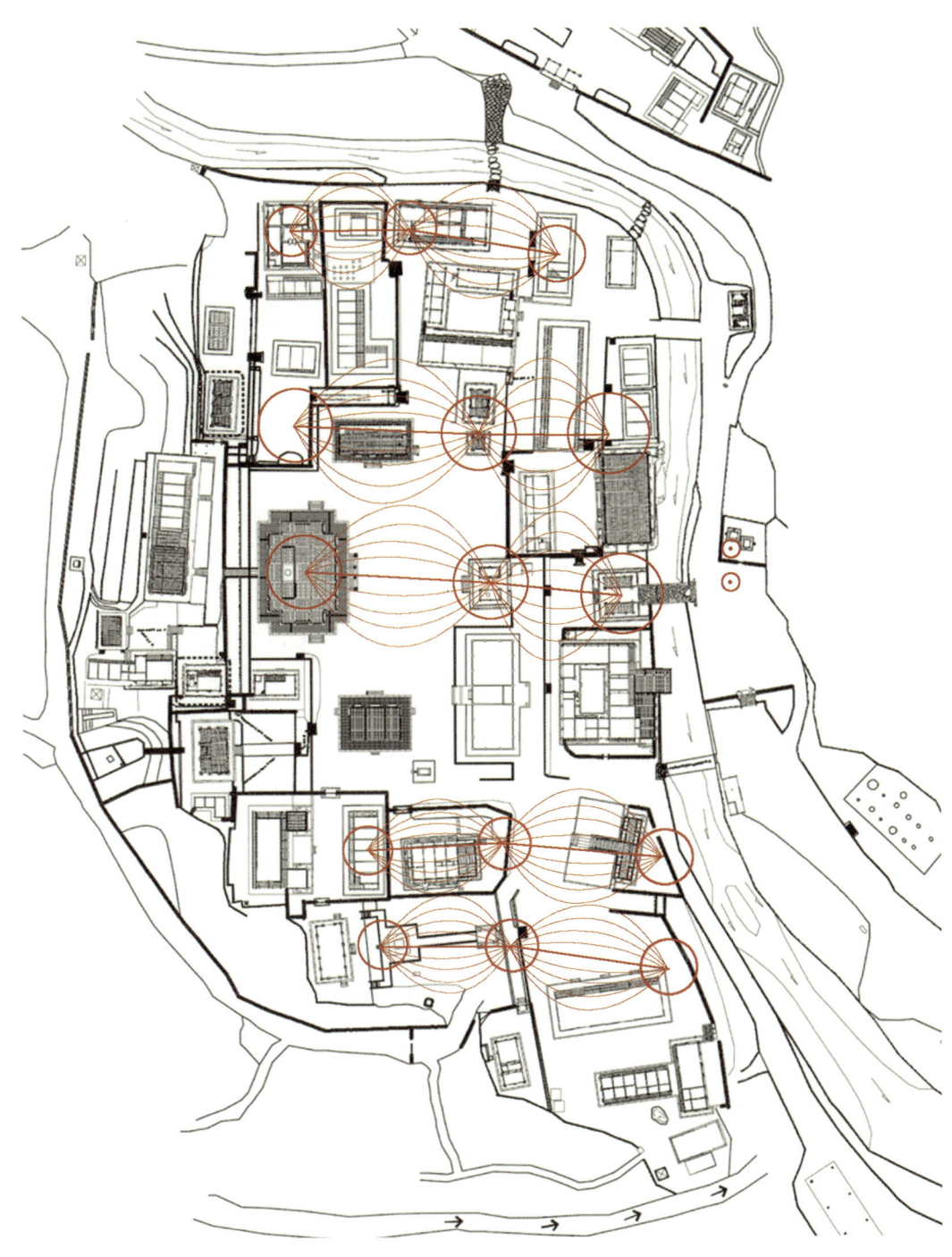

송광사 명당혈 도면 〈도면, 「송광사 주요목조건축물 정밀실측보고서」〉

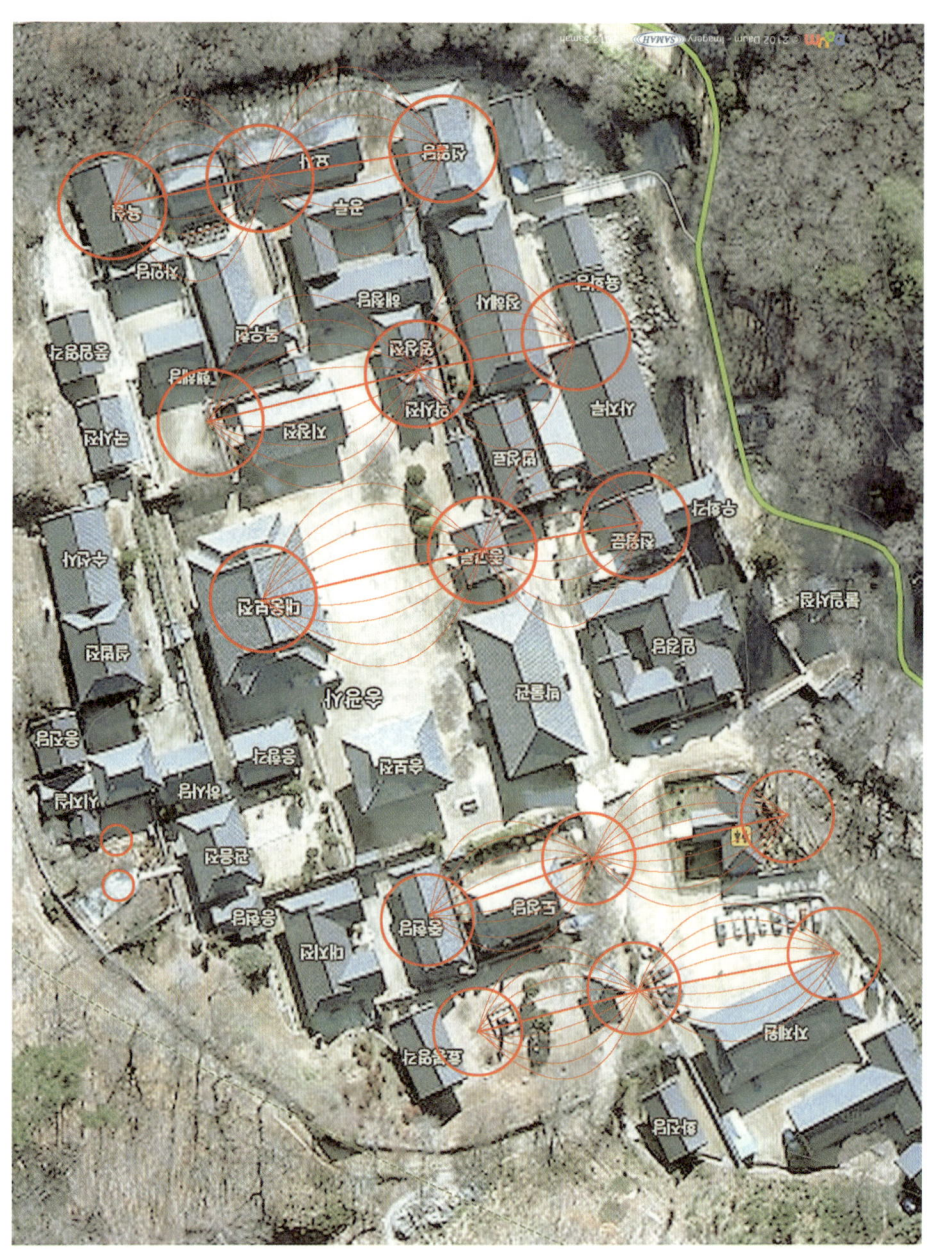

위성사진으로 본 송광사 명당혈도

392 | 월봉의 심혈 풍수지리

보조국사 부도탑

신라 말기에 체징에 의해서 창건되었다는 설도 있고, '송광사지松廣寺誌'의 기록에 따라 신라 말기 혜린이 창건했다는 설도 있다. 어쨌든 당시에는 절 이름을 길상사吉祥寺라 불렀고 사찰의 규모는 불과 100여 칸에 지나지 않았으며 승려의 수도 겨우 30~40명을 넘지 못했었다고 알려진다.

이후 1125년(고려 인종 3년)에 석조釋照가 대찰을 세울 뜻을 품고 인부를 소집하고 재목을 준비하다가 세상을 뜨자, 1197년(고려 명종 27년) 승려 수우守愚가 사우寺宇 건설을 시작하고 그 뒤 3년이 지난 뒤 보조국사 지눌이 정혜사定慧社를 이곳으로 옮겨와 9년 동안의 중창불사를 통해 절의 규모를 확장해 수선사修禪社라고 칭하고 도道와 선禪을 닦기 시작하면서 대찰로 중건되었다. 이로써 송광사는 한국불교의 새로운 전통을 확립한 근본도량으로 참선을 중요시 하는 선종사찰로 유명해졌다. 이 사찰을 안고 있는 조계산은 이때까지만 해도 송광산으로 불렀는데, 보조국사 이후 조계종의 중흥도량이 되면서부터 조계산으로 고쳐져 불렀다.

조계종은 신라 때부터 내려오던 구산선문九山禪門의 총칭으로, 1097년 대각국사 의천이 일으킨 천태종天台宗과 구별하여 이렇게 불렀다. 이후 진각국사가 보조국사의 법맥을 이어받아 조선 초에 이르기까지, 약 180년 동안 16명의 국사國師가 이곳을 중심으로 우리나라 선종을 이끌어왔다. 이와 같은 탁월한 후계자들이 있었기 때문에 송광사를 일컬어 승보사찰僧寶寺刹이라 지칭하는 것이다. 경내에는 이들 16국사의 진영眞影을 봉안한 국사전이 따로 있다. 그러나 수선사를 언제 송광사로 개칭했는지는 아직 밝혀지지 않고 있다.

임진왜란 때 일부가 소실된 뒤 한동안 폐사弊寺 상태였던 것을 응선應禪을 비롯한 승려들이 복원하고 부휴浮休를 다시 모셔 새 가람의 면모를 갖추기도 했지만, 1842년(현종 8년) 큰 화재가 일어나 모든 건물이 불타 없어지는 등 그동안 송광사는 수많은 소실과 중건을 거듭하며 이어져왔다. 1948년에는 여수 순천사건과 6·25전쟁으로 사찰의 중심부가 불탔는데, 이후 승려 취봉翠峰과 금당錦堂의 노력으로 대웅전을 비롯한 건물들이 복구되었고 이어 1983년부터 1990년까지 대웅전을 비롯해 30여 동의 전각과 건물을 새로 짓고 중수하여 오늘과 같은 승보종찰僧寶宗刹의 모습을 갖추었다.

송광사는 의상대사가 고안한 '화엄일승법계도華嚴一乘法界圖'의 모양을 따라 전각을 배치했다고 전해온다. 의상의 법계도는 방대한 화엄경의 핵심적인 가르침을 210자로 요약한 것으로, 668년 당나라 유학 중 7언 30구 210자字의 게문偈文을 45각角 인도印圖로 만든 복합적인 정방형 도형이다.

대웅전을 비롯한 여덟 동의 법당과 임경당을 비롯한 대형 승방 여덟 동, 기타 10여 동의 건물들이 현존하지만, 조선 말기까지만 해도 건물 80여 동이 줄지어 들어차 처마 밑으로만 다녀도 비를 맞지 않았다고 전해진다.

조계산에서 위이기복逶迤起伏하며 하강하는 여러 개의 용맥이 있는데 송광사 경내로 내려오는 용맥은 크게 보아 세 줄기다. 이 세 줄기의 용맥에는 각각 음·양의 기맥이 타고 내려오기 때문에 총 여섯 개의 기맥이 송광사 경내로 하강하여 천혈과 인혈, 지혈을 맺고 있다.

대웅전

중현당

송광사 경내의 우측에서부터 살펴보면 첫 번째 용맥이 효봉영각 방향으로 힘차게 내려오는 모습을 현장에서 볼 수 있다. 이 첫 번째 용맥을 따라 내려온 음·양의 기맥은 송광사 우측 경내에 도달하며 음·양의 천혈, 인혈, 지혈을 맺고 있다.

음의 천혈자리는 효봉스님 부도탑 뒤에 맺혀 있고, 양의 천혈자리에는 중현당을 정혈처로 배치하고 있다. 음의 인혈자리는 무무문 우측 잔디밭 앞에 맺혀 있고, 양의 인혈자리는 도성당 우측 끝단 담장에 맺혀 있다. 또, 음의 지혈자리는 자제원(현재 종무소) 우측 처마 밑에 맺혀있고, 양의 지혈자리는 해우소 아래 담장 안에 맺혀 있다.

두 번째 용맥은 설법전과 수선사 쪽으로 힘차게 내려옴을 볼 수 있다. 이 두 번째 용맥을 따라 내려온 음·양의 기맥이 송광사 중앙 경내에 이르러 음·양의 천혈과 인혈, 지혈을 맺고 있다.

음의 천혈자리에는 대웅보전이 정혈처에 배치되어 있고, 양의 천혈자리는 국사전 아래 공터에 맺혀 있다. 음의 인혈자리 정혈처에는 종고루가 배치되어 있고, 양의 인혈자리는 약사전에 맺혀 있다. 음의 지혈자리에는 천왕문이 정혈자리에 자리 잡고 있고, 양의 지혈자리는 사자루와 육화당 사이에 맺혀있다.

세 번째 용맥은 차안당과 욕실을 향해 힘차게 내려온다. 이 세 번째 용맥을 따라 내려온 음·양의 기맥이 송광사 좌측 경내로 도달하여 음·양의 천혈과 인혈, 지혈을 맺고 있다.

음의 천혈자리에는 욕실을 정혈자리에 배치했고, 양의 천혈자리는 하천 건너 길 위에 맺혀 있다. 또한 음의 인혈자리에는 요사채가 배치되어 있고, 양의 인혈자리는 하천 건너 길 위에 맺혀있다. 음의 지혈자리에는 선열당이 정혈자리에 배치되어 있고, 양의 지혈자리는 양의 인혈이나 천혈과 마찬가지로 하천 건너 길 위에 맺혀 있다.

결론적으로 송광사 경내에는 18개의 대명당혈자리가 존재하는데, 그중에 15개 대명당혈자리에 맞추어 정혈자리에 주요 가람을 배치하고 있음을 볼 수 있다.

보조국사 사리탑 앞에 횡으로 아홉 개 소혈자리가 존재하고, 우화각 앞 고향수枯香樹가 있는 지점을 중심으로 횡으로 또 아홉 개의 소혈자리가 존재한다.

송광사 가람의 배치 좌향은 묘좌유향卯坐酉向으로 기맥선의 흐름과 공간에너지 흐름에 정확히 맞추고 있다.

송광사에서는 불가사이한 고향수라는 나무가 있다.

종고루

고향수

    우화각 앞에는 껍질은 삭아 없어진 채 약 6.7m 높이로 우뚝 솟은 나목裸木 한 그루가 있으니 일명 불생불멸不生不滅이라고 부르는 고향수枯香樹다. 현재 서울대학교 규장각이 소장하고 있는 '순천송광사사적'과 '조계산송광산유산록', 그리고 절에 내려오는 구전 등에 의하면 1200년경 수선사를 중창하여 정혜결사를 결성한 보조국사가 향나무 지팡이를 꽂아 놓은 것이 잎이 피고 가지가 무성했는데, 보조국사가 입적하기 전에 이 나무에 대한 다음과 같은 시를 지어 대중에게 보였다고 한다.

너하고 나하고 생사를 같이 하자.	爾我同生死 이아동생사
내가 떠날 때 너 또한 마찬가지이려니	我謝爾亦然 아사이역연
어느 봄날 너의 잎이 푸름을 보면	會看爾靑葉 회간이청엽
바야흐로 나 또한 그렇게 부활한 줄 알라.	方知我亦然 방지아역연

보조국사가 입적한 후 이 향나무 또한 따라서 말라죽으니 고향수枯香樹라고 부르게 되었고, 800여년이 지난 후에도 나무 가운데 줄기는 썩지 않고 홀연히 하늘을 찌를 듯 남아있기에 불생불멸이란 별명까지 부쳐졌다.[17]

필자가 송광사를 답사하면서 이곳 대경스님으로부터 관련 자료를 건네받고 그 자리로 가보니 아니나 다를까, 고향수가 심어진 그 자리가 바로 소혈의 정혈처였다. 이미 800년 전에 말라 죽었으나 나무줄기는 썩지 않고 일정 수분을 머금으며 곧바로 새싹이 돋아날 듯 의연한 모습으로 당당히 서있는 고향수를 보면서, 풍수학인의 입장에서 역시 만고불변의 풍수지리학 자연법에 감탄할 따름이다.

우리네 인간들도 살아서든 죽어서든 정혈자리에서 생활하고 묻힌다면 육신이든 영혼이든 불생불멸에 근접하지 않을까싶다.

---

17) 송광사 「참 나를 찾아서」

불국사 佛國寺 • 경주

불국사의 연화교와 청운교

경북 경주시 진현동 토함산 기슭에 위치해있는 불국사는 대한불교조계종 11교구본사로 1995년 세계문화유산으로 등재된 우리나라 불교예술의 극치를 보여주는 대표적인 사찰이다.

불국사 창건에 대하여는 두 가지 설이 전해지는데, 그중 하나는 '불국사고 금창기佛國寺古今創記'에 따르는 설로, 여기에 보면 528년(법흥왕 15년) 법흥왕의

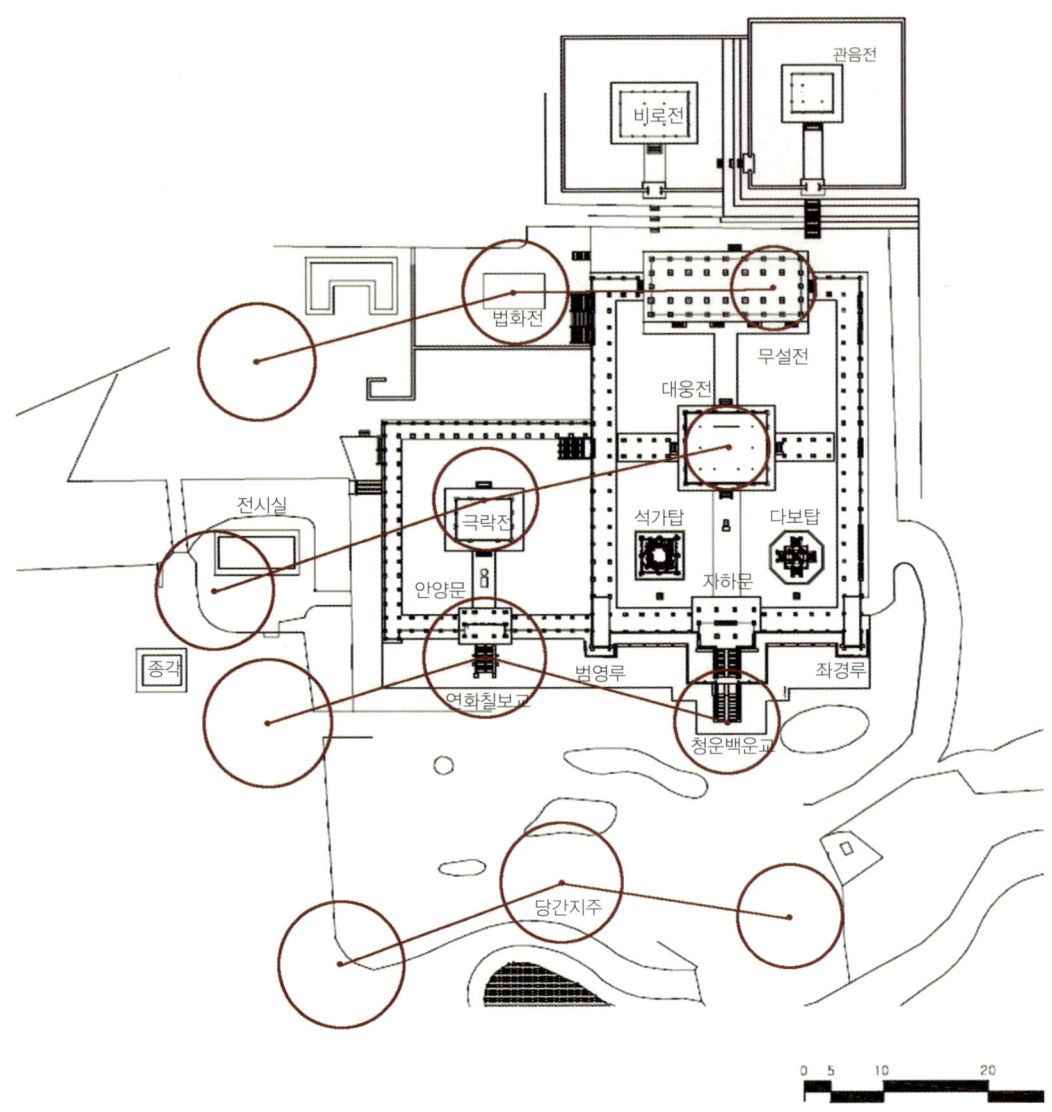

불국사 명당혈 도면 〈도면.「불국사 다보탑 수리 보고서」〉

400 | 월봉의 심혈 풍수지리

위성사진으로 본 불국사 경내 명당혈도

어머니인 영제부인의 발원으로 창건되었고, 574년 진흥왕의 어머니인 지소부인이 나중에 이 절을 크게 중건하면서 비로자나불과 아미타불을 주조하게 하여 봉안했다는 설이다.

또 한 가지 설은 '불국사사적佛國寺史籍'에서 나타나는데, 불국사는 이보다 연대가 앞선 눌지왕 때 아도화상이 창건했고 경덕왕 때 재상이었던 김대성(700~774)에 의해 크게 3창되었다는 설이 있다. 이상으로 미루어 처음에는 소

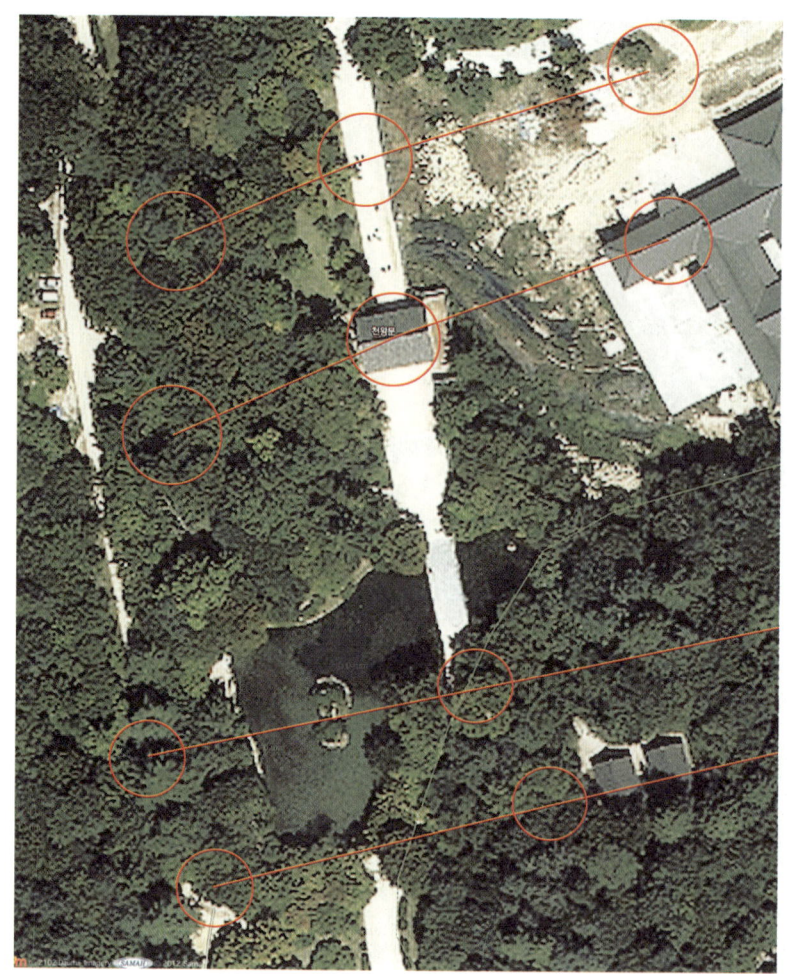

위성사진으로 본 불국사 천왕문 지역 명당혈도

규모로 창건되었던 불국사가 김대성에 의해서 대대적으로 확장된 것만큼은 확실해 보인다.

 삼국유사에 따르면 경덕왕 10년 김대성이 전세의 부모를 위하여 석굴암을, 현세의 부모를 위하여 불국사를 창건했다고 기록하고 있는데, 김대성이 공사에 착공하여 완공을 못 보고 사망하자 국가에 의해 완성을 보았으니, 꼬박 30여년의 세월이 소요되었다고 전하고 있다.

당시의 건물로는 25칸의 대웅전과 다보탑, 석가탑, 청운교, 백운교 그리고 12칸의 극락전과 무설전 32칸, 비로전 18칸 등 무려 80여 종의 건물 약 2천 칸이 있었다고 한다.

신라의 고도 경주에서 가장 중요한 자리를 차지하고 있는 불국사는 신라인들이 그리던 불국佛國, 이상적인 피안의 세계를 옮겨놓은 것이라고 볼 수 있다. 불국을 향한 신라인의 염원은 세 가지 양상으로 이곳에 나타나는데, 하나는 법화경에 근거한 석가모니불의 사바세계이고, 다른 하나는 무량수경에 근거한 아미타불의 극락세계이며, 또 다른 하나는 화엄경에 근거한 비로자나불의 연화장세계이다.

이 세 가지의 염원은 각각 대웅전을 중심으로 하는 일곽과 극락전을 중심으로 하는 다른 일곽, 그리고 비로전으로 종합되는 전체 구성을 통해 그 특징적인 표현을 이루고 있다.

불국사는 풍수지리학 자연법을 최대한 활용하여 건축한 대한민국 최고의 불교 건축물이다. 토함산에서 서쪽으로 네 개의 용맥이 하강하여 불국사 경내로 진입, 각각의 용맥에는 음·양의 기맥이 따라와 완벽한 보국保局을 갖춘 불국사 경내에 도달해 음·양의 천혈과 인혈, 지혈을 맺고 있다.

따라서 불국사는 24개의 대명당혈자리에 맞추어 주요 가람을 배치하고 있는 사찰이다. 제1번 음·양의 기맥은 무설전과 대웅전 쪽으로 하강하여 음·양의 천혈, 인혈, 지혈을 맺고 있다.

음의 천혈자리에는 무설전을 배치하고 있고, 양의 천혈자리에는 대웅전을 정혈처에 배치하고 있다. 다음으로 음의 인혈자리에는 법화전를 정혈처로 배치하고 있고, 양의 인혈자리에는 극락전을 앞으로 조금 내어 배치하고 있다. 음의 지혈자리는 종무소 밖 우측 뜰에 맺혀 있고, 양의 지혈자리는 유물보존

대웅전

법화전

무설전

각 우측 마당에 맺혀 있다.

    제2번 음·양의 기맥은 청운교 앞마당으로 하강하여 음·양의 천혈, 인혈, 지혈을 맺고 있다.

    음의 천혈자리에는 청운교 첫 번째 계단을 혈심으로 정혈자리에 배치하고 있고, 양의 천혈자리는 청운교 앞마당 매점 좌측면에 맺혀 있다. 다음으로 음의 인혈자리에는 연화교와 칠보교가 정혈자리에 배치되어 있고, 양의 인혈자리에는 당간지주가 정혈자리에 배치되어 있음을 볼 수 있다. 음의 지혈자리는 종각 좌측 마당에 맺혀 있고, 양의 지혈자리는 당간지주 우측 아래쪽 인도

극락전

청운교

연화교와 칠보교

에 맺혀 있다.

한편, 제3번 음·양의 기맥은 천왕문 쪽으로 하강하여 음·양의 천혈, 인혈, 지혈을 맺고 있다.

음의 천혈자리는 부도탑 아래에 맺혀 있고, 양의 천혈자리는 불국사 박물관에 맺혀 있다. 음의 인혈자리는 천왕문 뒤편 인도에 맺혀 있고, 양의 인혈자리에는 천왕문을 정혈자리에 배치하고 있다. 또한 음의 지혈자리는 음의 인혈자리 아래 나무숲에 맺혀 있고, 양의 지혈자리는 천왕문 아래 나무숲에 맺혀있다.

제4번 음·양의 기맥은 해탈교 연못 연지蓮池 쪽으로 하강하여 음·양의

천왕문

당간지주

천혈, 인혈, 지혈을 맺고 있다.

    음의 천혈자리는 해탈교 연못 상단의 대나무 숲에 맺혀 있고, 양의 천혈자리는 해탈교 연못 위 화장실 건물 위쪽에 맺혀 있다. 음의 인혈자리는 해탈교 못미처 도로상에 맺혀 있고, 양의 인혈자리는 양의 천혈 아래 나무 숲속에 맺혀있다. 또한 음의 지혈자리는 해탈교 연못 연지 아래 인도에 맺혀 있고, 양의 지혈자리는 해탈교 연못의 초입 인도에 맺혀 있다.

    도면에서 보듯이 불국사의 가람 배치를 보면 모두 음·양의 24개의 대명당혈자리에 주요 가람을 정확히 맞추어 한 치의 오차 없이 정혈처에 배치하고 있다. 그러나 혈자리의 좌향은 묘좌유향卯坐酉向인데 비해 가람의 배치는 자좌오향子坐午向으로 하고 있다.

전국에 산재해 있는 폐사된 절터를 답사해 보면 대개가 풍수지리학 자연법 측면에서 벗어난 흉지이거나, 명당의 혈자리가 분명히 주위에 있음에도 불구하고 가람을 잘못 배치한 경우가 대부분이었다. 이러한 사실은 비단 불교 건축물에만 국한되는 것이 아니라 현시대에서도 얼마든지 볼 수 있는 흔한 경우다. 풍수지리 자연법을 잘 활용한 기업체의 사옥이나 공장, 점포, 개인주택, 종교시설 등은 어떠한 고난에도 크게 번성하고 있으니 이것이 어찌 과학이 아니냐고 묻고 싶다.

불국사는 이미 1,500년 전에 풍수지리학 자연법의 신묘함을 만끽하고 거기에 맞추어 찬란한 불교문화와 극락정토의 꿈을 실현하는 고찰古刹이자, 유네스코가 세계 10대 유적지로 선정한 자랑스러운 우리의 세계문화유산이다.

석굴암 石窟庵 • 경주

석굴암

　　경북 경주시 진현동 토함산에 세워진 한국의 대표적인 석굴 사찰로, 신라인들의 신앙과 염원, 뛰어난 건축미와 성숙한 조각기법 등으로 유네스코 세계문화유산으로 지정된 우리의 역사적인 유적이다. 일연의 삼국유사에 따르면, 석굴암은 통일신라 751년(경덕왕 10년)에 김대성이 불국사를 중창할 때 왕명에 따라 착공한 것으로 당시에는 석불사石佛寺라고 불렸다.

　　불국사에서 3km 위쪽 토함산 기슭에 위치한 석굴암은 석불인 본존불本尊佛을 제외한 나머지 천부상天部像과 보살상, 나한상, 사천왕상 등이 화강암 벽면에 부조로 조각된 것이 특징이다. 신라 불교예술의 전성기에 만들어진 작품으로 건축과 수리학, 기하학과 종교, 그리고 예술이 결합된 최고의 걸작으로 평가를 받고 있다.

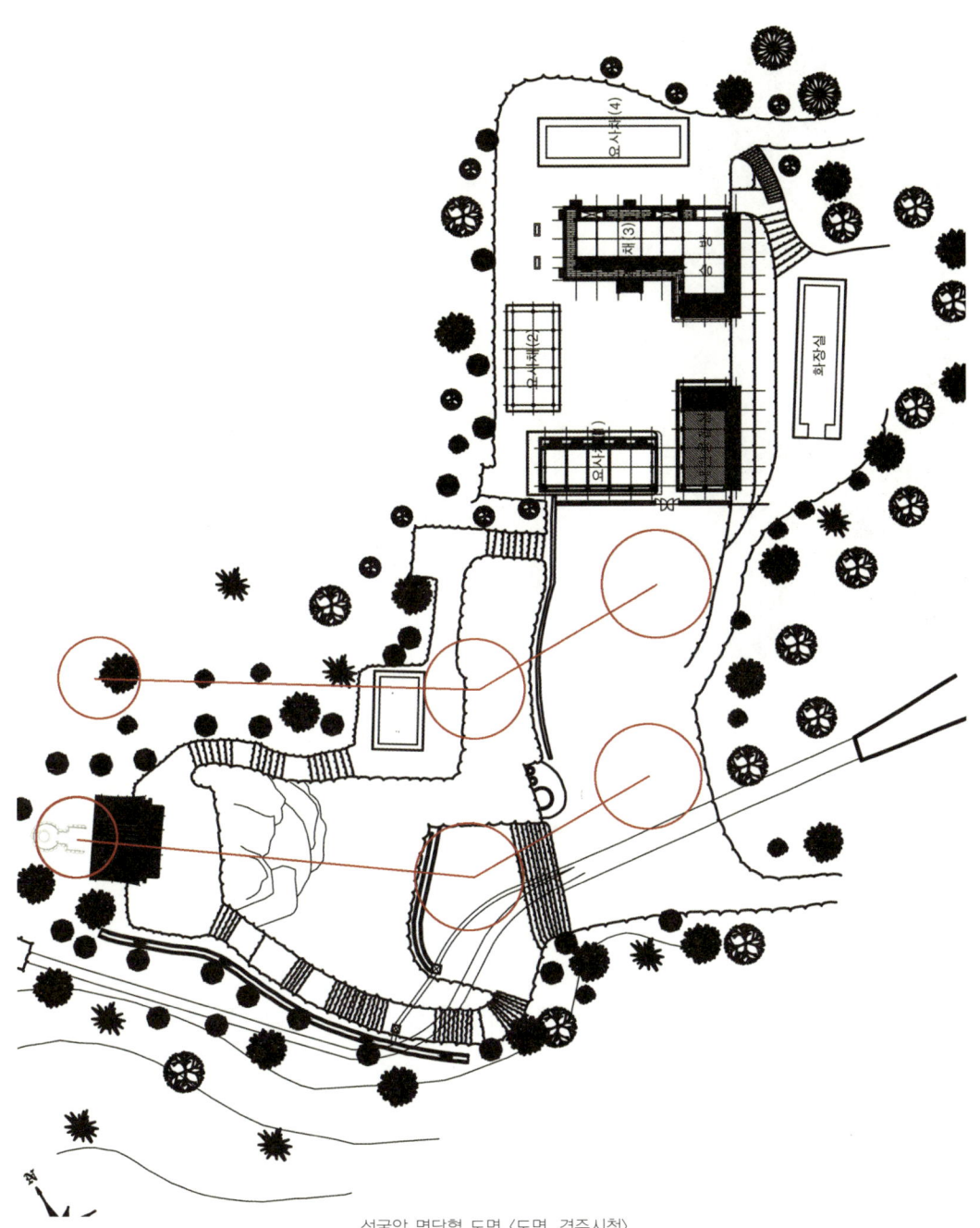

석굴암 명당혈 도면 〈도면. 경주시청〉

한국의 천년고찰 | 409

위성사진으로 본 석굴암 명당혈도

석굴암 내부 모습

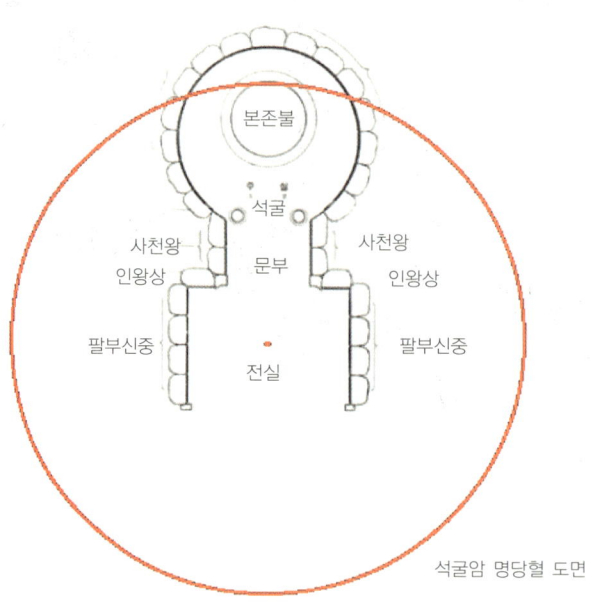

석굴암 명당혈 도면

석굴암 바로 아래에 있는 혈자리로 혈심은 돌이 세워있는 자리임

직사각형의 전실前室과 원형의 주실主室로 나누어진 구조로, 사천왕상이 조각되어 있는 전실을 지나면 왼편으로 본존불이 모셔진 원형의 주실이 있는데, 천부상天部像과 보살상, 나한상이 호위하는 가운데 정교하게 조각된 십일면관음보살상을 뒤로 하고 온화하고 부드러운 미소를 띤 본존불이 모셔져 있다.

동해 바다를 바라보고 앉아 있는 본존불은 총 높이 326cm에 대좌 높이 160cm, 기단 상대석上臺石 폭 272cm의 거대한 불상으로, 그 고요하고 자연스러운 모습은 석굴 전체에서 풍기는 은밀한 분위기와 더불어 신비로움을 더해주며 그 미소 또한 더없는 자비로움을 전해준다.

석굴암을 풍수지리학 자연법 측면에서 살펴보면 토함산에서 동쪽으로 음·양의 기맥이 하강, 완벽한 보국保局을 갖춘 곳에서 음·양의 천혈, 인혈, 지혈이 맺혀 있다

음의 천혈자리에 석굴암을 배치했는데 특히, 음의 천혈 배꼽자리에 전실의 중앙을 배치시킴으로써 스님이나 신자들이 예불하는 공간에 맞추고 있다.

한국의 천년고찰 | 411

그러나 현재는 필자가 직접 답사해보니 스님이 예불하는 자리가 본존불 바로 앞에 위치해 있어 잘못 배치되어 있었다. 더구나 일반인들이 전실 안으로 입장할 수 없도록 유리로 막아놓고 있어 아쉬움이 크다.

음의 천혈자리에서 9개 기맥선이 포물선을 그리며 내려가 합쳐져 음의 인혈이 맺혀 있는데 석굴암 바로 아래 공터에 맺혀 있다.

물론 엄청난 예산과 시일이 소요되겠지만 차제에 이곳 대명당 인혈자리에 맞추어 석굴암과 똑같이 전실과 주실, 본존불을 만들어 일반 국민들이 석굴암을 직접 체험하고 느낄 수 있도록 해주면 어떨까 싶다.

다음으로 음의 인혈자리에서 9개 기맥선이 포물선을 그리면 내려가 합쳐져 음의 지혈이 맺혀 있는데 음의 지혈은 감로수 샘 앞 광장에 맺혀 있다. 한편 양의 천혈, 인혈, 지혈자리는 음의 천혈, 인혈, 지혈자리와 나란히 옆에 맺혀있다.

축조된 지 무려 1,262여년이나 지났음에도 불구하고 아직까지 빛바래지 않는 극치의 불교예술로 수많은 사람들의 사랑을 독차지하고 있는 석굴암은 어떻게 그 유구한 역사를 지탱하여 왔을까. 필자는 그 오랜 세월동안 변함없이 보존되어오면서 세계인의 사랑을 받고 있는 석굴암은 결국 한 치의 오차도 없이 대명당의 혈자리에 맞춰 건축되었기 때문이라고 확신한다.

부석사 浮石寺 • 영주

부석사 전경

　경북 영주시 부석면 북지리 봉황산 중턱에 위치한 부석사는 우리나라 화엄종華嚴宗의 총본산으로 676년(신라 문무왕 16년) 의상대사가 왕명에 따라 창건, 화엄의 큰 가르침을 펴던 곳이다.

　우리나라에 현존하는 가장 오래된 목조건물인 무량수전을 포함하여 다섯 점의 국보와 세 점의 보물을 소장하고 있다. 한국 전통건축의 특징을 가장 잘 표현하고 있는 사찰 중의 하나로 독특한 공간구조와 장엄한 석축단石築壇, 당당하면서도 우아한 건물 등을 볼 수 있다. 특히 건축물과 더불어 사찰 앞에 펼쳐진 자연경관은 보는 이의 마음을 무아無我의 경지에 이르게 한다.

삼국유사에 따르면 이곳 부석사의 창건과 관련된 설화가 있는데, 의상대사(625~702)가 절을 지을 수 있도록 도와주었던 여인 선묘善妙가 이곳에 있던 다른 종파의 스님들을 바위로 변해 물리친 후 무량수전 뒤에 내려앉았다고 전해진다. 그래서인지 무량수전 뒤에는 '부석浮石'이라고 새겨져 있는 바위가 있다.

의상이 한때 당나라 유학 중 산동반도 북쪽 등주登州라는 곳에 머무른 적이 있는데, 그가 머물던 집은 독실한 불교신도 집안이었다. 이 집에는 아름다운 처녀 선묘가 살고 있어 훗날 의상과 인연을 맺게 되지만, 의상이 여자를 멀리하므로 두 사람은 끝내 만나지 못하고 헤어지게 된다. 의상이 적산赤山에 있는 법화원法華院으로 옮겨 머무르는 동안 아침저녁으로 탁발을 나설 때마다 선묘가 의상을 흠모하여, 의상에게 마음을 전하려 했으나 의상이 끝내 받아들이지 않았던 것이다.

얼마 후 의상은 당나라 수도 장안으로 떠나, 화엄종의 대가였던 지엄대사智嚴大師의 문하로 들어가 화엄학을 수학했다. 공부를 마친 의상이 신라로 귀국하려하니 지엄은 화엄종을 널리 전할 것을 당부하였다.

한편 의상이 신라로 돌아가기 위해 등주登州 항구에 나타났다는 소문을 들은 선묘는 손수 지은 법복法服을 전해주고자 바닷가로 갔으나, 이미 의상을 태운 배는 항구를 떠나고 있었다. 선묘는 그토록 그리워하던 의상에게 법복이 무사히 전달되기를 마음으로 빌면서 배를 향해 법복을 던졌는데 희한하게도 법복이 의상의 품안으로 떨어졌다.

의상이 떠나자 함께 할 수 없게 된 선묘는 부디 자신이 용이 되게끔 해달라고 하늘에다 빌면서 바다에 몸을 던졌다. 하늘이 이에 감응하여 선묘는 용이 되었고, 용이 된 선묘는 의상이 탄 배를 호위하면서 신라까지 무사히 보살

폈다고 한다.

　이런 사실을 모르고 신라로 돌아온 의상은 매사 뜻하는 일이 잘 이루어지는 것을 이상하게 여겼는데, 나중에서야 용이 된 선묘가 보살펴주었다는 것을 깨닫게 된다.

　의상이 신라로 돌아온 후 처음으로 세운 절이 양양의 낙산사이고, 그 다음이 태백산 근처 봉황산 아래 지은 부석사였다. 문무왕의 부름을 받고 경주로 내려가 명산대천에 사찰을 지으라는 분부를 받고 절터를 정한 곳이 곧 이곳 부석사였다.

　의상은 676년(문무왕 10년) 이 자리에 절을 지으려고 했으나 이미 이곳에 와서 절을 짓고 사는 오백여 명의 다른 종파宗派의 승려들이 크게 반발하였다. 의상이 마음속으로 부처님에게 어려움을 호소하자 갑자기 하늘에서 바위로 변한 선묘의 용이 나타나 삼일 동안이나 공중에 머물면서 반대하는 승려들을 향해 내리칠 듯 위협을 가하니, 그들 일부는 두려워서 달아나고 종국에는 모두가 굴복해 새 절을 짓는데 협조하게 되었다.

　선묘의 넋이 의상을 보호하고 불법佛法을 지키는 수호룡守護龍이 된 것이었다. 이후 선묘가 바위가 되어 땅에 내려앉은 바위를 부석浮石이라 이름하고, 선묘의 도움으로 지어진 이 절이라 하여 이름을 부석사라 지었다고 한다. 지금까지도 부석사에는 선묘의 전설을 전하는 부석浮石과 선묘각 선묘상을 모신 사당, 선묘정善妙井, 석룡石龍 등이 있다.18)

　무량수전 아래 묻혀 있는 석룡石龍은 부석사의 수호신으로 받들어지고 있는데, 아미타불상 아래에 용머리가 묻혀 있고 절 마당 석등 아래에는 꼬리가 묻혀있다고 전해진다. 근세에 들어 절을 보수할 때 비늘이 새겨져 있는 석룡

---

18) 「아름다운 절 부석사」 p.44

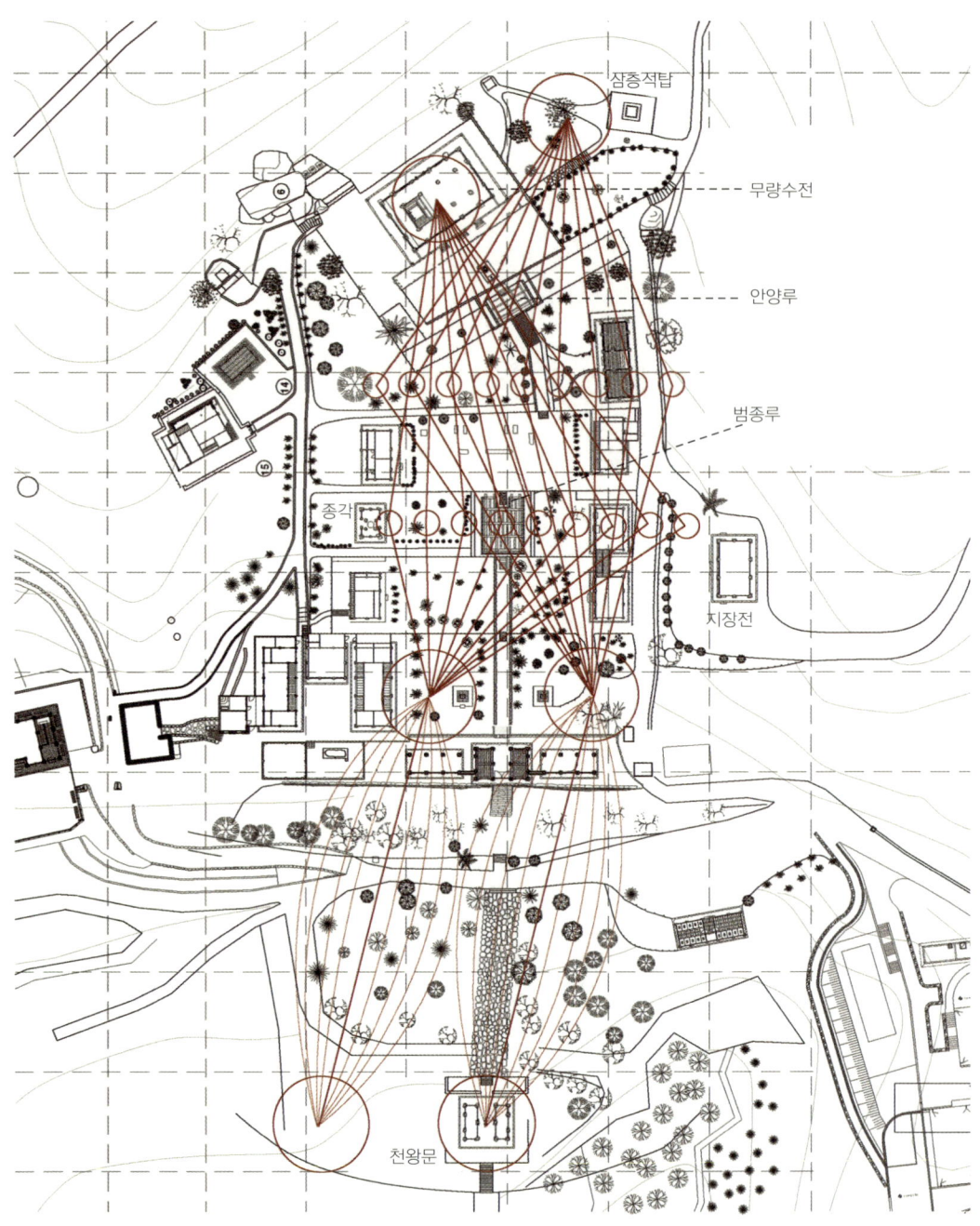

부석사의 명당혈 도면 〈도면. 영주시청〉

무량수전

아미타불상

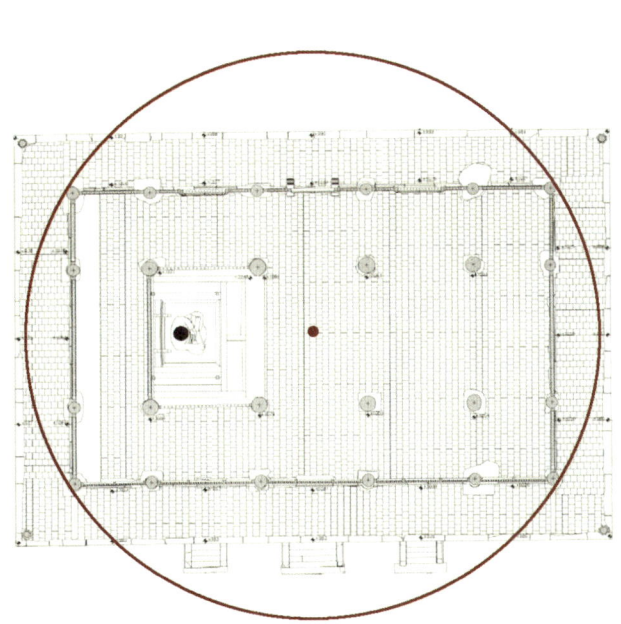

부석사 무량수전 명당혈 도면 〈도면, 「부석사 무량수전 실측조사보고서」〉

선묘각

부석

이 묻혀있는 것을 보았다는 말도 있고, 당시 무량수전 앞뜰에서 절단된 용의 허리부분이 발견되었다는 소문도 있다.

임진왜란 때 원군을 이끌고 들어왔던 명나라 장수 이여송이 우리나라의 명산을 찾아다니며 인재가 태어날 곳의 지맥地脈을 많이 끊어놓았다고 하는데, 석룡의 허리가 잘린 것도 그 무렵으로 전해진다.

봉황산의 주용맥主龍脈을 따라 음·양의 기맥이 좌측으로 횡룡橫龍하면서 하강하여 음·양으로 대혈을 맺은 곳의 음혈 쪽은 무량수전이 정혈자리에 배치되어 있고, 양혈은 나란히 삼층석탑 앞에 맺혀 있다. 그러나 1916년과 1919년 사이 대대적인 보수 당시의 사진을 보면 분명히 이 양혈자리에 건물이 있었음을 사진으로 확인할 수가 있다.

다음으로 음·양의 기맥이 무량수전과 안양루를 지나 30도 우측으로 횡룡橫龍하면서 내려오기 때문에 굴절각을 그대로 살려 가람을 배치하고 있음을 볼 수 있다. 그 이유는 기맥의 흐름에 맞춰 가람을 배치함으로서 절을 찾는 사람들로 하여금 생기生氣를 충만히 받도록 배려했던 것이다.

삼층석탑 앞에 있는 양의 대혈에서 아홉 개의 기맥선이 내려와 안양루 밑

양 대혈자리가 비어 있는 모습

안양루 올라가는 길

에 횡으로 소혈 아홉 개를 맺고 있다.

무량수전 음의 대혈자리에서 내려온 아홉 개의 기맥선이 멈춰 소혈 아홉 개를 맺은 곳에는 범종루을 정혈자리에 맞춰 배치했다.

부석사에서 가장 보국保局을 완벽하게 갖춘 곳은 범종각 밑에서부터 천간지주天干支柱 근처 사이로, 이곳에는 음·양의 천혈과 인혈, 지혈의 대혈이 연달아 6개가 맺혀 있다.

서쪽과 동쪽 석탑 좌우로는 음·양의 천혈이 맺혀 있고, 회전문을 지나 양의 인혈자리에는 천왕문이 한 치의 오차 없이 배치가 되어 있다.

음의 인혈은 양의 인혈과 나란히 맺혀 비어 있고, 천왕문을 지나 당간지주 바로 위에는 음·양의 지혈이 맺혀있는데 이 또한 비어 있다.

부석사는 기맥선과 음·양의 대혈, 소혈 등에 정확히 맞추어 가람을 배치함으로써, 일주문에서부터 무량수전까지 매우 가파르고 먼 거리임에도 불구하고 중심기맥선의 생기터널에 맞추어 길을 내어, 마치 생기生氣를 받으며 걷기에 전혀 힘들다는 생각이 들지 않고 편안하게 발걸음을 옮길 수 있도록 하고 있다. 풍수지리학 자연법을 온전히 활용해 가람을 배치한 옛 도승들의 지

범종루

천왕문

혜가 존경스러울 따름이다.

    필자가 이곳의 명당 혈도면을 그리면서 느낀 점은, 현대 건축물들도 얼마든지 부석사처럼 풍수지리학 자연법을 활용할 수 있는데 대부분이 그러지를 못하기에 아쉽다는 점이다. 또한 김지하 시인은 '동북아 생명공동체와 새문화의 창조'라는 글에서 풍수지리학 자연법을 활용한 에코시티, 에코타운의 건설 등 생명공동체 창출을 강조하고 있는데 부석사의 가람배치는 이에 시사하는 바가 크다 하겠다.

명문사학 서원

- 도동서원 / 달성
- 도산서원 / 안동
- 병산서원 / 안동
- 필암서원 / 장성

"서원(지금의 사립학교)은 모두 다 풍수지리학 자연법에서 말하는
최고 길지에 위치하였기에 수많은 인재를 양성하였다.
인걸은 지령이란 말을 확증하고 있는 것이다."

도동서원道東書院 • 달성

도동서원 전경 〈사진. 「달성 도동서원 정밀실측조사보고서」〉

　서원이란 지금으로 말하자면 사립학교와 같은 곳으로 지방의 국립교육기관인 향교鄕校와 비교되기도 한다. 지방의 교육을 담당하는 동시에 유생들이 모여서 지방정치에 관여하며 지역질서를 형성해온 곳으로서, 서원에는 저마다 각각 배향配享된 인물들이 있어 그들을 기리고 그들의 학풍을 이어가는 역할을 수행했다.

　경북 대구시 달성군 구지면 도동리 35번지에 위치한 도동서원은 조선 초기의 유학자 한훤당寒暄堂 김굉필(1454~1504)의 학문과 덕행을 숭앙하기 위해 세운 서원이다. 원래는 1568년 지방의 유림들이 비슬산 동쪽 기슭에다 이 서원을 세워 쌍계서원雙溪書院이라 칭했는데, 임진왜란 때 소실되어 개축, 1605

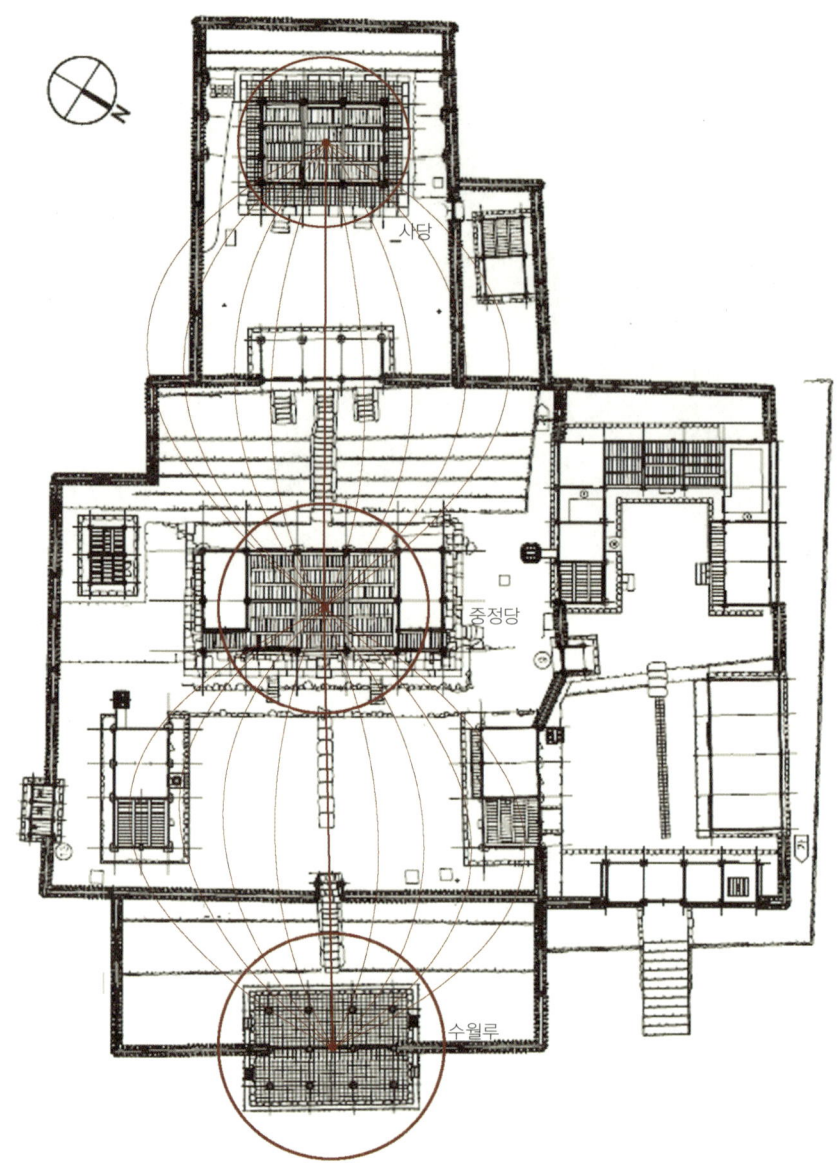

도동서원의 명당혈 도면 〈도면, 「달성 도동서원 정밀실측조사보고서」〉

위성사진으로 본 도동서원 명당혈도

년부터는 보로동서원甫勞洞書院이라고 불렸다. 그러나 김굉필을 두고 동방도학지종東方道學之宗이라고 칭송하던 퇴계 이황에 의해 1607년 '도동道東'으로 사액賜額이 되었는데, 이는 공자의 도가 동쪽으로 왔다고 해서 붙여진 이름이라고 전해진다.

김굉필은 점필재 김종직의 수제자로 정몽주, 김종직으로 이어지는 조선 성리학의 큰 맥을 이은 유림의 거두였다. 26세 때 과거에 급제, 관직생활을 시작했으나 1498년(연산군 4년) 무오사화 때 김종직의 일파로 지목되어 평안도 회천으로 유배되었다. 이후 전라도 순천으로 이배移配되었다가, 1504년 갑자사화 때 사약을 받았으나, 중종반정 이후에 명예를 회복했다.

도동서원은 대니산의 주용맥을 타고 음·양의 기맥이 내려와 음·양의 천혈, 인혈, 지혈이 맺혀있는 정혈처에 자리를 잡고 있다.

서원을 구성하는 건물들은 반듯하게 설정한 중심축을 따라 사당, 중정당, 수월루 등이 차례로 배열되어 있는데, 이들 모두가 천혈과 인혈, 지혈 세 개의 대혈자리에 한 치

명문사학 서원 | 425

중정당

사당

의 오차도 없이 맞추어져 있어 가장 규범적이며 전형적인 모습을 보이고 있다.

　먼저 음의 기맥이 내려와 맺힌 음의 천혈자리에는 사당이 정확하게 들어서 있다. 그 밑에 있는 음의 인혈자리에는 중정당이 정혈처에 배치되어 있으며, 조금 더 내려가서 음의 지혈자리 정혈처에는 수월루를 배치하고 있다.

　양의 기맥에서 내려와 맺힌 천혈과 인혈, 지혈은 활용하지 않고 비어 있다. 전국에 산재해있는 서원들 중에서 풍수지리학 자연법에 따라 천혈과 인혈, 지

수월루

중정당에서 수월루를 향해 내려다 본 전경

혈 모두를 제대로 활용해 건축한 서원은 필암서원과 이곳 도동서원이 아닌가 생각된다. 이곳에서 많은 인재가 배출된 것은 당연한 결과라 할 것이다.

도동서원의 좌향은 곤좌간향坤坐艮向으로, 기맥선과 공간의 에너지 흐름에 정확히 맞춰 배치해놓고 있다.

도산서원 陶山書院 • 안동

도산서원 전경

경북 안동시 도산면 토계리에 있는 서원으로 퇴계 이황(1501~1570)의 학덕을 추모하기 위하여 그의 문인과 유림이 세웠다. 원래는 퇴계가 57세 때인 1557년 이곳에다 도산서당을 짓고 유생을 가르치며 학덕을 쌓던 곳이다.

퇴계 본인이 도산서당의 터를 점혈點穴하고 1558년 서당의 설계도인 옥사도자屋舍圖子를 그렸으며 건물공사는 승려가 맡아 1560년에 완성시켰다. 퇴계가 서거한 지 4년만인 1574년 봄, 지방 유림과 제자들이 모여 선생의 학문을 이어나갈 서원을 짓기로 뜻을 모으고 도산서당 위쪽에 강학講學 공간과 제사祭祀 공간 및 부속건물 등을 갖추어 전형적인 서원으로 완성했다.

따라서 현재의 도산서원은 퇴계가 생전에 성리학을 궁구하며 후학을 양성했던 도산서당 시기와 퇴계의 사후 선생의 학문을 잇고 학덕을 기리기 위해 지은 도산서원 시기로 나눌 수 있다. 서원의 건축물들은 일반적인 민가처럼 전체적으로 간결, 검소하게 꾸며져 있어 퇴계의 품격과 선비의 자세를 잘 보여준다.

도산서당은 영지산을 조산祖山으로, 도산을 주산主山으로 하여 왼쪽은 청량산에서 흘러나온 동취병東翠屛이 오른쪽에는 영지산에서 흘러나온 서취병西翠屛이 감싸면서 남으로 내려오는, 낙동강이 내려다보이는 조그마한 골에 자리를 잡고 있다. 도산으로부터 내려온 중심용맥에 음·양의 기맥이 타고 내려와 대혈과 소혈이 맺힌 정혈자리에 도산서원 건물을 배치했다.

도산서원에 있는 명당 혈자리를 중심으로 살펴보면 다음과 같다. 도산에서 중심용맥이 우선룡右旋龍하면서 하강, 상덕사尙德祠 담 너머 공터에 도달할 때까지 음·양의 천혈과 인혈, 지혈을 연달아 맺고 있지만 현재 그곳들은 모두 비어 있다.

음의 지혈에서 기맥선 아홉 개가 내려와 상덕사 건물 라인에 횡으로 소혈 아홉 개를 맺고 있는데, 그중 소혈 정혈자리에 상덕사가 위치해 있다.

또 양의 지혈에서 내려온 기맥선 아홉 개는 전교당典敎堂 건물 라인에 횡으로 소혈 아홉 개를 맺고 있는데, 전교당이 그 소혈자리에 정확히 맞추어져 배치되었다.

한편, 옥진각玉振閣 건물 앞마당에는 상덕사 라인에 맺혀있던 소혈 아홉 개가 기맥선을 타고 내려와 대명당 음의 혈자리를 맺고 있다.

다음으로 전교당 라인에 맺혀 있던 소혈 아홉 개가 아홉 개의 기맥선을 타고 내려오면서 합쳐져 대명당 양의 혈자리를 맺은 곳에는 도산서당이 한 치의 오차 없이 배치되어 있다.

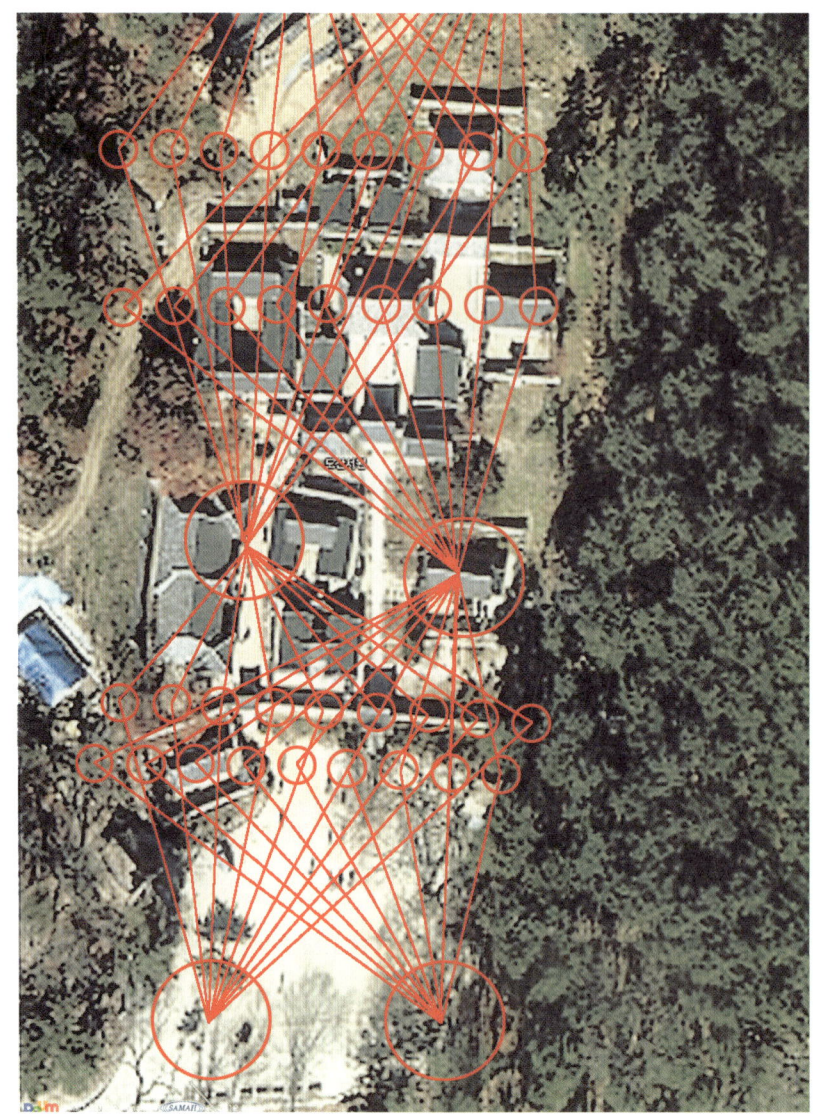

위성사진으로 본 도산서원 명당혈도

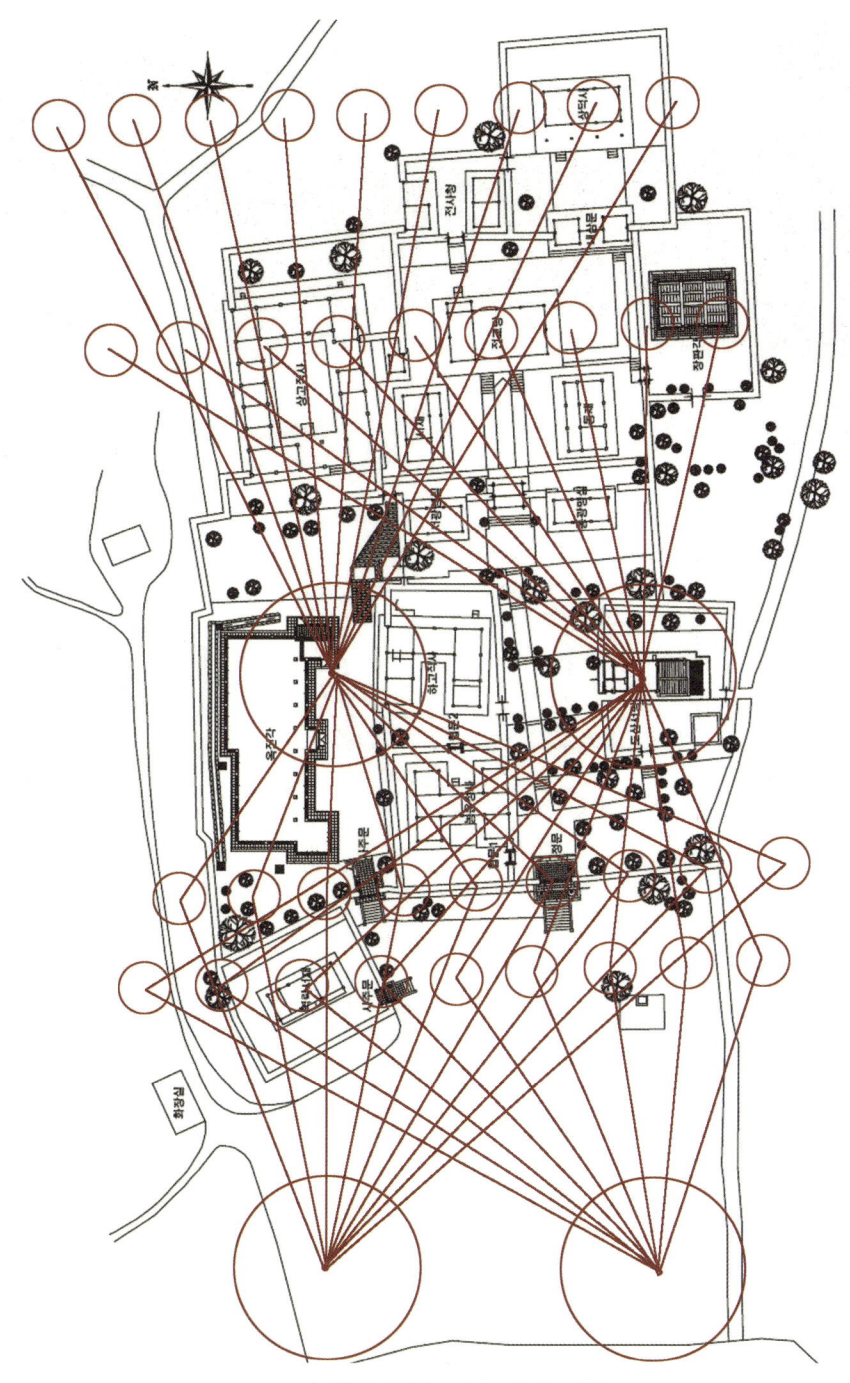

도산서원의 명당혈 도면 〈도면. 안동시청〉

명문사학 서원 | 431

상덕사 내삼문

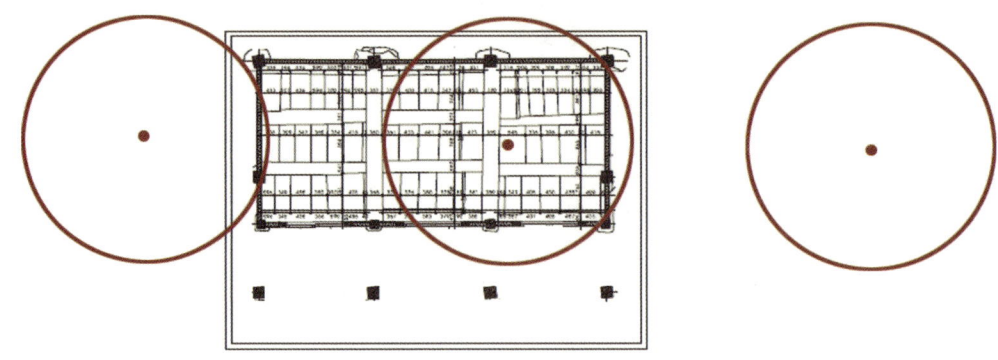

상덕사 명당혈 도면 〈도면.「안동 도산서원 정밀실측조사보고서」〉

    도산서당은 퇴계가 몸소 거처하면서 제자들을 가르치고 수많은 저술활동을 했던 곳으로, 당시 거처하던 방 이름이 완락재玩樂齋이고 마루 이름은 암서헌巖栖軒이다. 그런데 완락재가 바로 대명당혈의 배꼽자리 정혈처에 정확히 배치해 있다는 것이다.

    이는 곧 퇴계가 바로 그런 자리에서 생활하고 연구에 몰두했기에 조선 성리학의 대부가 될 수 있었다는 것을 의미한다.

    현시대에도 마찬가지로 어느 분야든 최고의 작품이나 최고의 것을 만들어

전교당

전교당 소혈 배꼽자리

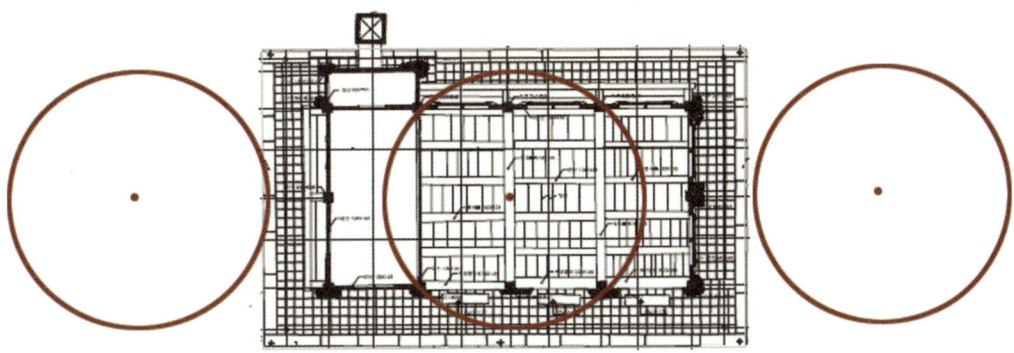

전교당 명당혈 도면 〈도면, 「안동 도산서원 정밀실측조사보고서」〉

도산서당

도산서당 완락재 대명당혈 배꼽자리

도산서당 명당혈 도면
〈도면, 「안동 도산서원 정밀실측조사보고서」〉

　내고 싶다면 누구든 대명당의 정혈자리에 공간을 배치하고 그곳에서 당해 분야를 깊이 연구하면서 일상생활을 영위해 보길 권하고 싶다. 그리만 한다면 절대 성공이 보장될 것이라고 필자는 감히 단언한다. 왜냐하면 그곳은 제로 자장화 되어 있어 땅으로부터 어떠한 나쁜 파동도 올라오지 않고 생기가 충

암서헌

정문

만한 공간이며, 삼라만상과 기氣의 네트워크로 연결된 자리이고 태초 이래 인류의 모든 정보를 접할 수 있는 곳이기 때문이다.

다음으로 옥진각 건물 앞에 맺힌 대혈자리에서 아홉 개의 기맥선이 내려와 도산서원 정문 라인에 횡으로 소혈 아홉 개를 맺고 있는데 특히, 소혈 배꼽자리에 정문을 정확히 배치하고 있다는 점이 눈에 띈다.

다음으로 도산서당 내에 있는 대혈자리에서 아홉 개의 기맥선이 내려와 역락재亦樂齋 라인에 횡으로 소혈 아홉 개를 맺고 있다.

그리고 도산서원 정문라인에 있는 소혈 아홉 개에서 아홉 개의 기맥선이 내려와 합쳐져 도산서원 앞마당에 음의 대혈을 맺고 있고, 역락재 라인에 있는 소혈 아홉 개에서 아홉 개의 기맥선이 내려와 합쳐져서는 도산서원 앞마당에 양의 대혈을 맺고 있음을 볼 수 있다.

퇴계가 생전에 지은 건물로는 도산서당과 하고직사上庫直舍, 농문정사籠文精舍, 역락재 등이 있으며 그의 사후에 지어진 것으로는 상덕사와 전교당 및 기타 건물들이 있는데, 이는 분명히 풍수지리 자연법을 완벽히 깨친 어느 이가 비어있는 혈자리를 최대한 활용해 추가 건물을 완벽히 배치했던 것으로 보인다. 이로써 대혈 4개와 소혈 36개가 밀집되어 있는 최고의 명당혈자리에 도산서원이 세워지게 된 것이다.

이 서원의 좌향은 계좌정향癸坐丁向으로 되어 있는데, 보다 올바른 좌향은 간좌곤향艮坐坤向이다. 어디까지나 공부하고 수양을 하는 곳이다 보니 좌우사신사左右四神砂가 바르도록 낙동강 정면을 바라보고 지었을 것이다.

병산서원 屛山書院 • 안동

병산서원 전경

　경북 안동시 예천면 병산동에 있는 서원으로, 본래 이 서원의 전신은 고려 말 풍산현에 있던 풍악서당豊岳書堂으로 풍산 유씨豊山柳氏의 교육기관이었는데, 1572년(선조 5년) 유성룡이 이곳으로 옮긴 것이다. 이후 1863년(철종 14년) '병산屛山'이라는 사액賜額을 받아 서원으로 승격했다. 병산서원은 선현들의 배향과 지방교육의 일익을 담당하면서 수많은 학자들을 배출했는데, 1868년(고종 5년) 대원군 이하응의 서원철폐령이 있었을 당시에도 훼철되지 않고 존속했던 47개 서원 중의 하나다.

　병산서원은 화산을 주산主山으로 하여 그 산자락에 남향을 바라보고 자리를 잡고 있는데, 서원 앞으로는 낙동강이 유유히 흐르고 강 건너에는 병풍처럼 펼쳐진 병산이 있다. 물론 병산屛山이라는 이름은 이 산의 형상에 따라 붙

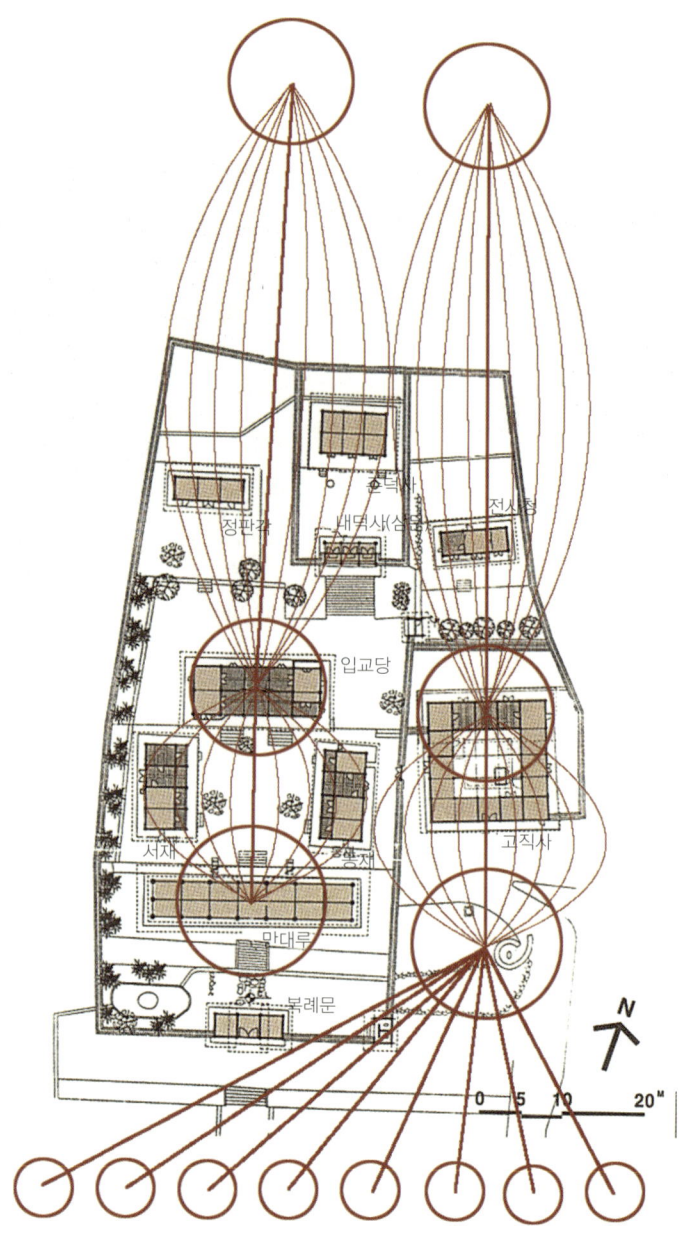

병산서원의 명당혈 도면 〈도면, 「조선시대 서원건축의 공간구성에 관한연구」〉

입교당

여진 이름이다.

병산서원은 자연환경과 조화를 이루어 거기에 적합한 건축을 배치함으로써 자연과 하나가 되는 빼어난 공간의식을 보여준다.

서원의 건물배치를 보면, 정문인 복례문復禮門을 지나 만대루晚對樓가 있고 그 위의 좌우 마당에는 동재東齋와 서재西齋가 있으며, 그 맞은편에는 강당건물인 입교당立教堂이 있다. 입교당은 '가르침을 바로 세운다'는 뜻에 걸맞게 서원에서 가장 중요한 위치에 자리를 잡고 있다.

입교당 뒤에는 유성룡을 주벽主壁으로 그의 아들 유진의 위패가 배향되어 있는 사당 존덕사尊德祠가 있다. 이외에도 신문神門과 전사청典祀廳, 장판각藏板閣, 고직사庫直舍 등이 있다.

병산서원은 풍수지리학 자연법에 기초하여 음·양의 혈자리를 매우 잘 활

입교당에서 바라보는 만대루

용해 지은 건축물이다. 화산에서 내려온 중심용맥에는 음·양의 기맥이 따라 내려오는데 존덕사 담장 밖 위쪽의 소나무로 둘러싸인 곳에 음·양의 천혈자리가 나란히 맺혀 있다.

음의 천혈자리에서 내려온 아홉 개의 기맥선이 포물선을 그리며 내려와 합쳐진 곳에는 음의 인혈이 맺혀 있는데, 이곳에 입교당이 한 치의 오차도 없이 정혈처에 배치되어 있음을 볼 수 있다. 그리고 양의 천혈자리에서 내려온 아홉 개의 기맥선이 포물선을 그리며 내려와 합쳐진 곳에는 양의 인혈이 맺혀있는데, 그곳에는 고직사가 정혈처에 배치되었다.

또한 입교당에 맺힌 음의 인혈자리에서 아홉 개의 기맥선이 포물선을 그리며 내려와 다시 합쳐져 음의 지혈을 맺은 정혈처에는 만대루가 정확하게 배치되었다.

고직사에 맺힌 양의 인혈자리에서도 아홉 개의 기맥선이 포물선을 그리며 내려오는데 다시 합쳐져 양의 지혈이 맺힌 곳에는 화장실이 배치되어 있다.

만대루

만대루 바닥 모습

    결국, 병산서원은 화산에서 남쪽으로 뻗어 내려온 중심용맥을 따라 음·양의 기맥이 바람을 피해가며 따라오면서 여러 혈자리를 맺는데, 그중에서도 가장 양명한 기운이 감도는 곳으로 천혈과 인혈, 지혈의 혈자리가 맺힌 곳에 위치하고 있다. 그중에서 음·양의 인혈, 음·양의 지혈자리에 한 치의 오차도 없이 자좌오향子坐午向에 맞추어 서원을 배치했다는 것이다.

    병산서원은 아름다운 자연환경에 정확한 풍수지리학 자연법이 절묘하게 조화를 이루는 몇 안 되는 훌륭한 건축물이다.

필암서원 筆巖書院 • 장성

필암서원

전남 장성군 황룡면 필암리에 소재하고 있는 필암서원은 1590년(선조 23년) 호남의 유림들이 하서河西 김인후(1510~1560)의 도학道學을 추모하기 위해 이곳에다 사우祠宇를 창건해 위패를 모신 것으로부터 출발한다.

김인후는 퇴계 이황과 함께 성균관에서 공부하고 과거에 급제하여 인종仁宗의 세자 시절 스승으로 명성을 얻기도 했지만, 인종이 죽고 나자 고향으로 내려와 다시는 벼슬길에 오르지 않고 오로지 학문을 하고자 하는 사람들과만 교류하면서 평생을 지냈다고 전해진다.

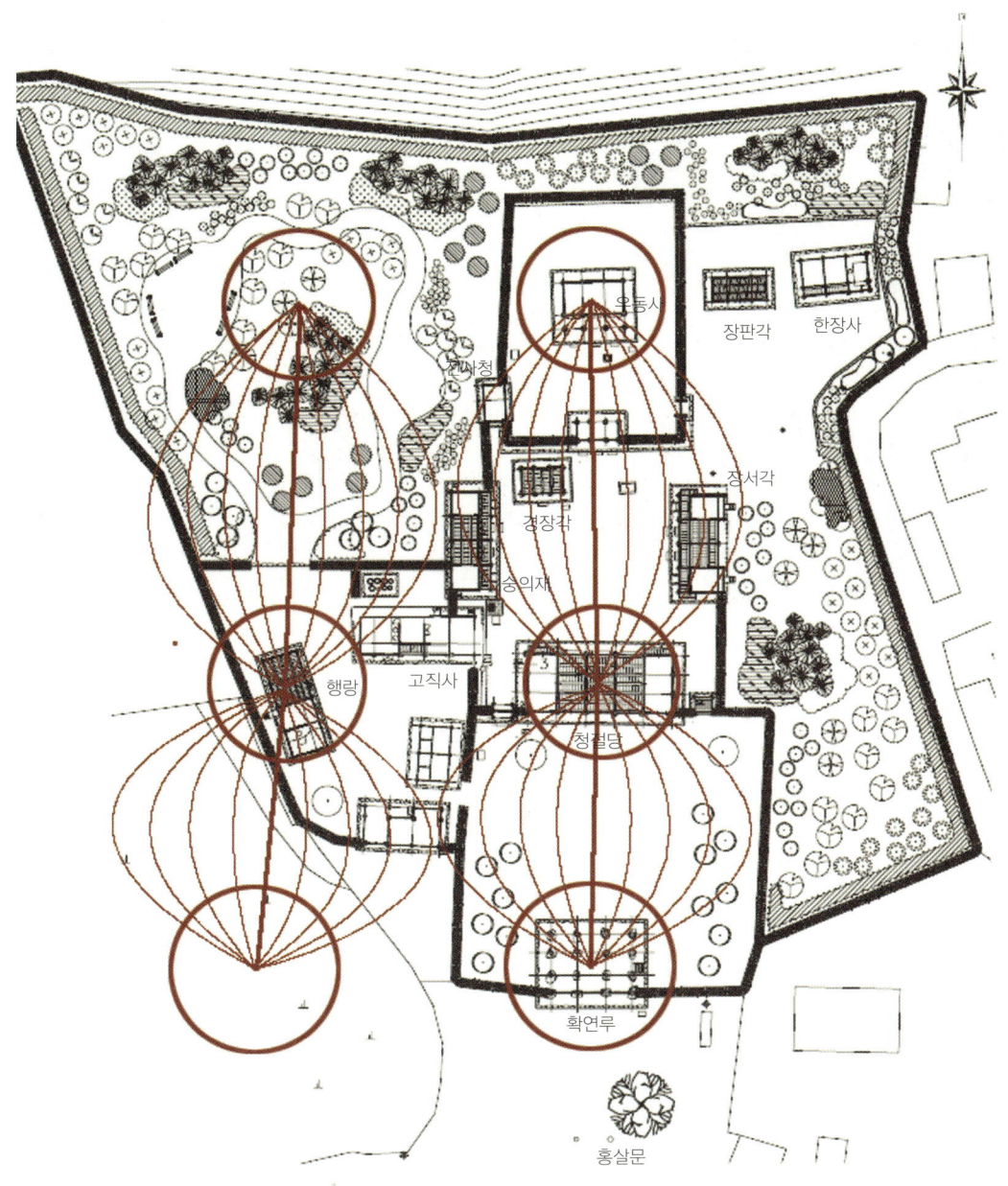

필암서원 명당 혈도면 〈도면. 장성군청〉

위성에서 바라본 필암서원 (음·양) 천, 인, 지혈도

　1597년 정유재란으로 소실되었으나 1624년에 복원됐으며, 이후 1662년(현종 3년) 지방 유림들의 청액소請額疏에 의해 '필암筆巖'이라고 사액賜額이 되어 서원으로 승격되었다. 1672년 현재의 위치로 이건移建하였으며, 1786년에는 김인후의 사위 양자징을 추가 배향하기도 했는데, 이곳 역시 대원군의 서원철폐령에도 훼철되지 않은 47개 서원 중의 하나다.

　필암서원은 남북 자오선子午線을 중심축으로 하여 중요 전각들을 좌우 대칭으로 배치하고 있는데, 정면 중앙에 누문인 곽연루廓然樓를 두고 있으며 그 중심축선상 북쪽에는 청절당淸節堂을 배치해놓고 있다.

　강당講堂 뒤쪽 좌우로 대칭되는 곳에는 동재東齋와 서재西齋를, 그 북쪽의 따로 쌓은 담장 중앙에는 내삼문內三門을 두고 안쪽에 사당인 우동사를 건립함으로써 전형적인 전학후묘前學後廟의 배치법을 이루고 있다. 전학후묘란 공부하

444ㅣ월봉의 심혈 풍수지리

우동사

는 곳을 앞에 두고, 제사 지내는 곳을 뒤에 자리하게 만든 형식을 말한다.

풍수지리학 자연법 측면에 있어 필암서원은 완벽한 배치를 보이고 있다. 서원이 있는 주산主山의 용맥이 마치 살아 움직이듯 위이기복逶迤起伏하면서 힘차게 뻗어 내리다 결인結姻한 후, 약간 머리를 들고 곧장 하강한 산진처山盡處에 음·양의 천혈과 인혈, 지혈을 맺고 있는데, 양의 천혈과 인혈, 지혈에 맞추어 서원의 주요건물들을 배치시켰다.

즉 양의 천혈자리에는 사당인 우동사佑東祠를 정혈자리에 배치했고, 양의 인혈자리에 강당인 청절당淸節堂을 정혈자리에 배치했으며, 양의 지혈자리에는 누문인 곽연루를 정혈처에 배치시키고 있다.

그러나 음의 천혈, 인혈, 지혈자리는 이용되지 않고 그냥 서원 우측에 맺혀 그대로 비어 있다. 이곳 필암서원의 좌향은 자좌오향子坐午向으로, 기맥과

청절당

공간에너지의 흐름에 정확히 일치시켜 배치하고 있음을 볼 수 있다.

필암서원은 달성의 도동서원과 마찬가지로 세 개의 대명당혈자리인 천혈과 인혈, 지혈을 이용해 건물을 배치한 최고의 서원으로 꼽힌다.

필자는 서원과 향교를 답사하면서, 우리의 옛 선조들이 학생들을 가르치는 장소를 최대한 풍수지리학 자연법에 맞춰 배치했던 것을 알게 됐는데, 필자는 그것이 곧 그곳에서 생기生氣를 듬뿍 받고 공부한 많은 선비들이 큰 인물이 되어 그동안 이 나라를 지탱해왔던 근간이 되었으리라 확신한다.

반면 요즈음 지은 학교 건물들을 보면, 대부분이 풍수지리학 자연법은 완전히 등한시한 채 주위에 명당혈자리가 널려있음에도 불구하고 엉뚱한 곳에다 건물을 지음으로써, 아이들의 정서발달과 인생행로에 큰 지장을 초래하고 있음을 보게 된다.

철저히 명당혈자리의 기운氣運을 외면한 건축물에서 공부를 하게 되니 자연히 학생들의 성적이 오르지 않음은 물론이요 소위 비행청소년들만 양산하는 교육의 우를 범하게 되는 것이라고 판단된다. 이를 입증이라도 하듯 학교

곽연루

건물을 명당의 정혈자리에 정확히 배치하고 올바른 좌향에 맞춰 지은 임실 삼계초등학교와 춘천 서면 금산초등학교 등에서는 지금도 수많은 인재들이 배출되고 있다. 지금부터라도 학교의 건물배치를 풍수지리학 자연법에 맞출 수 있도록 국가적 차원에서라도 지원해주어야 할 것이다.

한국의 옛 다리

- 진천 농다리 / 진천
- 고막천 석교 / 함평
- 주남 돌다리 / 창원

"얼기설기 돌을 쌓아 놓은 다리가 천년을 넘게 유지하는 비밀은 바로
풍수지리학 자연법의 핵심인 명당혈 자리를 정확히 활용했기 때문이다."

진천 농다리 鎭川 籠橋 · 진천

소혈 9개에 맞추어 축조된 농다리

    농다리는 충북 진천군 문백면 굴치마을 앞을 흐르는 세금천洗錦川에 축조된 일련의 석교石橋로서, 일반적인 징검다리와 널다리의 중간형태를 보이고 있는 매우 특이한 구조를 가진 전체길이 93.6m, 28칸의 경간徑間으로 축조된 다리이다.

    1933년에 간행된 진천지방의 읍지 상산지常山誌에 따르면, 1100여년 전인 고려초 임희林曦 장군이 음양을 배합하여 자석으로 상응 28수를 따라 수문水門 28간間을 구성하는 농다리를 자신의 출생지인 구곡마을 굴치 앞에 놓음으로써 그 연혁이 시작되었다고 전해진다.

    '농籠다리'라는 이름은 이 다리에는 밟으면 움직이고 당기면 돌아가는 돌이 있어서 그런 이름이 붙여졌다고 전해진다. 한편 이 다리는 임진왜란과 한

물에 잠긴 농다리 〈사진. 농다리 지킴이 임영은〉

일합방 등 국난이 있을 때는 어김없이 울었다는 전설을 갖고 있기도 하다.

교각의 폭은 대체로 4m~6m 범위로 일정한 형태를 갖추고 있지만 두께는 0.7m에서 2.4m에 이를 정도로 매우 큰 차이를 보이고 있는데, 상단으로 올라갈수록 좁아지고 있어 가능한 한 물의 영향을 덜 받도록 했던 배려가 돋보인다.

교각과 교각 사이 순경간純徑間의 길이는 약 0.8m 정도인데, 교각 위에는 길이 170cm, 너비 80cm, 두께 20cm 정도가 되는 장대석 한 개나 또는 길이 130cm, 너비 60cm, 두께 16cm 정도의 장대석 두 개를 나란히 얹었다.19)

교각에 사용된 석재는 대체적으로 가로 30cm, 세로 40cm 정도의 사력암砂礫岩류의 돌인데, 고기비늘처럼 반대편 안쪽에서 돌의 뿌리가 서로 엇갈려 물리도록 돌을 쌓되 틈새는 오직 자갈로만 메웠다. 이처럼 줄눈이나 속을 채

---

19)「우리의 옛다리」p.279

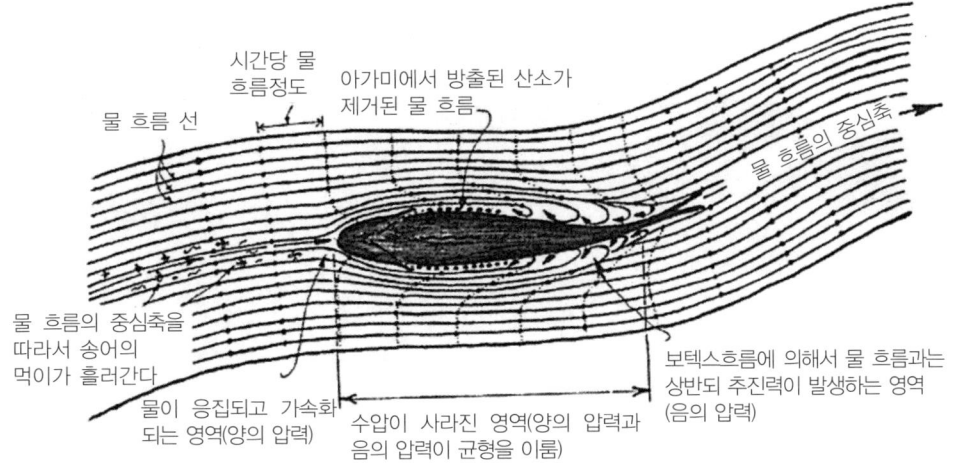

휴식을 취하고 있는 송어 〈그림. 「살아 있는 에너지」〉

우는 석회와 모르타르mortar도 없이 돌만으로 메쌓기 방식으로 축조했는데도 아직까지 어떠한 홍수에도 유실되지 않고 형상을 유지하고 있는 것이 신기할 따름이다.

농다리는 일종의 잠수교 형식으로 홍수 때에는 물이 다리 위를 넘치도록 하고 있지만, 수많은 세월동안 아직도 유실되지 않고 유지되어 온 것을 보면 그 뛰어난 축조기술에 경탄이 절로 나온다. 때문에 현대의 토목공학적 측면에서도 그 유래가 매우 드문 특이한 석교로 알려져 있어 많은 연구의 대상이 되고 있는데, 필자는 여기서 그 특이함의 요인을 명쾌히 밝히고자 한다.

진천 농다리의 축조 비밀이 놀랍게도 풍수지리학 자연법을 완벽하게 활용했다는 사실이다. 필자가 앞에서 혈의 생성과 구성원리를 설명했듯이 기맥선은 아홉 개가 흩어지고 모이게끔 마련인데, 이들이 모이게 되면 대혈을 이루고 흩어져서 벌어지게 되면 아홉 개의 소혈이 맺히게 된다. 그런데 이 농다리가 바로 그 소혈 아홉 개 전부를 완벽하게 활용하고 있다는 것이다.

또한 교각이 놓인 좌향은 간좌곤향艮坐坤向으로 즉, 혈자리 좌향으로 공간에너지 흐름에 정확히 맞춰져 있어 교각 자체를 생기生氣 혈장穴場이 튼튼히

혈자리 좌향과 일치하는 교각의 모습

　보존토록 하고 있으며, 교각의 모양 또한 송어松魚의 형상을 띠게 함으로써 물의 저항을 최소화할 수 있도록 만들었다는 사실이다.
　조금 더 상세히 설명해 보자면, 송어가 거세게 흐르는 물속에서도 떠내려가지 않는 이유는 그 형상 자체가 유선형인데다가 아가미로 산소를 내뿜을 때, 꼬리부분에서 물의 흐름과 상반된 추진력이 발생하게 됨으로써 아무리 세게 흐르는 물속에서도 뒤로 떠내려가지 않는다는 것이다.
　마찬가지로 농다리 또한 교각을 송어처럼 유선형으로 만든 데다 교각을 돌로 쌓아 만들었기 때문에, 그 사이로 물이 흘러내려가 마치 송어가 산소를 내뿜을 때 물의 흐름과 상반되는 추진력을 얻는 것과 같은 원리를 활용한 것이, 천년 동안이나 아직도 떠내려가지 않고 유지되고 있는 또 하나의 요인이다.
　예로부터 이 농다리를 건너면서 무심無心의 상태에서 소원을 빌면 반드시 소원이 성취된다는 전설이 전해 내려오는데, 이 다리에 맺힌 소혈 아홉 개의 중심을 신심信心을 다해 관통해서 걷다보면 당연히 이루어지는 것이다. 왜냐

대명당 정혈자리에 맞추어 축조된 노르웨이 Terland Klopp 다리 〈사진. 임충섭〉

하면 명당의 모든 혈자리는 삼라만상과 기氣의 네트워크로 세상 모두를 연결하고 있기 때문이다. 보통사람들 눈에는 보이지 않지만 럭비공 형태의 아홉 개의 소혈장小穴場인 둥근 타원형의 생기체生氣體가 지금까지 이 다리를 보호하여 천년 유지가 가능했던 가장 큰 요인인 것이다.

하지만 유감스럽게도 큰 장마가 있을 때는 끝단에 있는 두 개의 교각이 가끔 유실되기도 한다는데, 필자의 판단으로는 그 끝단의 교각 두 개는 혈장穴場에서 벗어난 비혈非穴자리에 있기 때문이므로 어쩌면 당연한 결과라는 생각이다. 오늘날 아무리 토목기술이 고도로 발달했다고 해도 풍수지리 자연법을 제대로 활용하지 못한다면 얼마든지 사상누각이 된다는 사실을 직시해야 할 것이다.

위 사진은 노르웨이 Terland klopp 다리로 길이 60m, 교각이 21칸으로 구성된 석교로 대명당 정혈자리에 맞추어 축조된 다리이다. 동서양을 막론하고 다리 하나를 놓아도 풍수지리학 자연법을 100%활용하여 축조했다는 사실에 놀라움을 금할 수 없다.

고막천 석교 古幕川 石橋 • 함평

명당혈자리에 맞춘 고막천 석교

    전남 나주군 문평면과 함평군 학교면의 경계에 있는 고막원천古幕院川을 동서로 가로지르고 있는 다리다. 똑다리, 떡다리, 또는 고막교, 고막돌다리라고도 불리는 이 다리는 1273년(고려 원종 14년) 당시 덕망 높았던 무안 법천사法泉寺의 도승 고막대사古幕大師가 도술로 가설했다고 전해진다.

    총길이 20.7m에 너비는 제방측이 약 3.0m이고 하천측이 약 3.5m이며 다리의 높이는 약 2.1m~2.5m 정도에 이르고, 경간徑間의 길이는 각각 다른데 약 1.8m~3.96m에 달하고 있다. 다섯 개의 교각에 여섯 칸 경간徑間으로 이루어진 이 다리는 현재 유일한 고려시대의 다리다.[20]

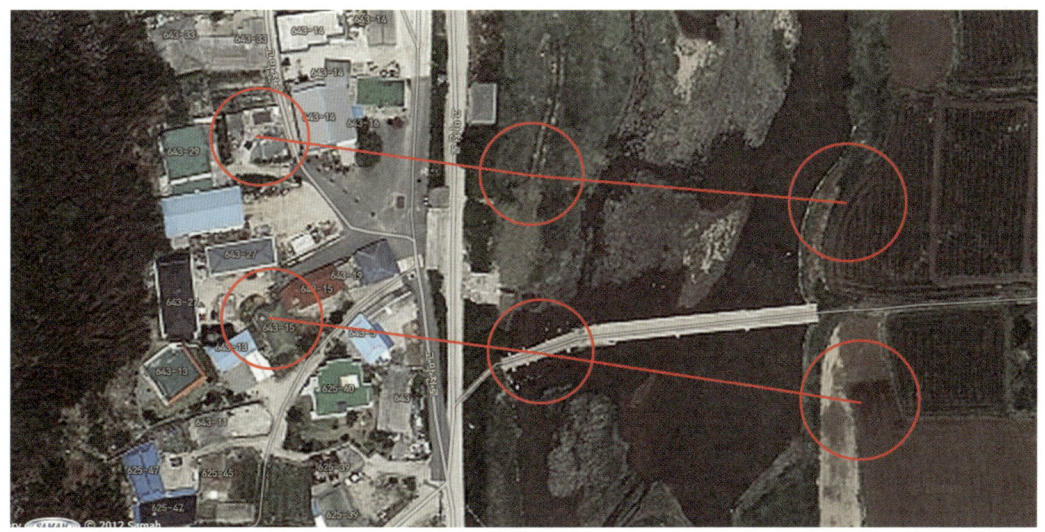

위성지도에서 본 함평 고막천 석교의 명당혈도

　다듬거나 모양을 내지 않은 화강암 석재 네다섯 개를 척척 포개서 교각을 만들고, 네모난 돌 한두 개를 받쳐 굄돌로 삼아 그 위에다 다시 시렁돌을 올렸고, 교각 위에는 넙적한 돌을 얹어 노면을 만들었으며, 양쪽 가에는 난간돌을 여섯 개씩 놓고 그 사이에는 두 줄로 빈틈없이 판석板石을 깔아 놓았다.

　오랜 세월 풍화로 깎이고 패었지만 이 다리는 아직도 마을에서 들로 드나드는 유일한 통로 역할을 하고 있다. 마을사람들은 이 다리가 도술에 의해 만들어졌기 때문에 홍수 때 고막천이 범람하더라도 끄떡없이 견딜 수 있다고 믿고 있는데, 720여년이 지나도록 아직까지 이 다리가 본래의 모습을 그대로 유지하고 있는 것 또한 도술의 힘이라는 것이다. 한데 그보다 더 신기한 일은 여름에 이 다리에 앉아 있으면 절대로 뱀이나 모기에 물리지 않는다는 사실이다.

　그러나 보다 깊숙이 파고들어 이런 제반의 역량들을 분석해보면, 공사기법

---

20) 「우리의 옛다리」 p.262

소용돌이 모습

도 기법이려니와 무엇보다도 이 석교가 풍수지리학 자연법에 맞추어 완벽하게 명당의 혈자리를 100% 활용해서 축조했다는 데서 그 요인을 찾을 수 있다.

고막천 석교는 마을 뒷산으로부터 내려오는 음·양의 기맥이 고막천에 이르러 음·양으로 대명당 혈자리를 맺은 곳의 음의 인혈자리에 맞추어서 축조되었다. 음의 인혈 배꼽자리에 석교의 중앙지점을 일치시켜 배치하여 다리 전체를 명당의 혈장穴場 안에 포함되도록 함으로써 다리 전체가 생기生氣가 가득한 일종의 돔Dome식으로 둘러싸일 수 있도록 축조했다는 것이다. 또한 석교 방향을 고막천과 수직으로 놓지 않고 공간에너지 흐름에 정확히 일치시켜 혈자리 좌향인 유좌묘향酉坐卯向에 맞추어 축조했다는 것도 눈여겨볼 대목이다.

일반적으로 다리를 최단거리로 축조하기 위해서는 다리를 하천과 수직으로 축조하는 것이 보통이나, 고막천 석교는 풍수지리학 자연법에 있어 중요한 에너지의 흐름을 이용, 물의 흐름과 공간에너지의 흐름이 마주쳐 물 흐름이 갈무리돼 매끄럽게 흐르도록 한 것이다. 결국 유속流速을 느려지게 함으로써 다리에 무리가 가지 않도록 축조했으니, 그 많은 세월이 지나도록 아직까

혈자리 좌향에 정확히 일치시킨 고막다리와 건너편에 파손된 현시대에 축조한 다리 모습

지 온전한 모습 그대로를 보이고 있는 것이다.

다리 중간에 서서 흐르는 물을 보면 좌회전하면서 소용돌이치는 모습을 수없이 목격하게 되는데, 이는 물의 흐름을 갈무리하는 것으로 그 자리가 바로 혈자리라는 것을 반증하는 것이다.

앞에서도 언급했듯이 이 다리에서는 한여름 밤에도 뱀이나 모기에 물리지 않는다거나, 다리에서 사람이 떨어져도 다치지 않지만, 이 다리의 돌을 빼가거나 돌을 옮기게 되면 여지없이 그 사람이 다치거나 그 집안에 변고가 생긴다는 전설이 생긴 것은, 모두 이 다리가 혈자리에 정확히 맞추어져서 축조되었기 때문이다.

그러기에 예로부터 소위 '다리 밟기'를 나라의 큰 행사처럼 권장해왔던 이유가 그 다리의 명당 생기운生氣運를 받아 보다 건강하고 행복함을 누리도록 하기 위함이었다. 마을사람들은 이 고막천 석교에서 기도를 하면 소원이 이루어진다고 믿고 있는데, 이는 삼라만상과 기氣의 네트워크로 연결된 곳이 바로 혈의 중심자리이므로 이곳에서 기도하면 정말로 이루어질 수 있으리라 확신한다.

고막천 석교 너머에는 방향을 틀어 하천의 흐름과 수직으로 설치된 콘크리트 석교石橋가 있는데, 필자가 큰 장마가 지나간 일주일 후에 그곳을 답사했을 때는 이미 새로 지은 교각 난간이 물에 휩쓸려 파손된 사례를 목격할 수 있었다.

여기서 중요한 사실은, 옛 사람들은 웬만한 다리 또는 길을 만들어도 어김없이 풍수지리학 자연법을 활용함으로써, 오랫동안 자연의 힘으로 내구성을 유지할 수 있었고 아울러 이곳을 이용하는 사람들에게 최대한 생기生氣를 받고 복을 누릴 수 있도록 명당의 혈자리와 기맥선에 맞추어 축조했다는 사실이다. 풍수지리학 자연법을 활용한 옛 선인들의 선견지명과 지혜가 감탄스러울 따름이다.

주남 돌다리 • 창원

명당 대혈자리에 한 치 오차 없이 축조한 주남 돌다리

　주남 돌다리는 경남 창원시 동읍 판신마을과 대산면 주남注南마을 사이에 흐르는 주천강에 자리하고 있는 800년 된 돌다리다. 옛날에는 주천강을 건너는 많은 사람들이 교통로로 이용했으나 일제강점기에 이 다리에서 200m쯤 떨어진 곳에 주남교가 새로 세워지면서 다리의 기능을 상실하게 되었다.

　1967년 집중호우로 다리가 붕괴되었지만 1996년 창원시가 역사교육의 장으로 활용하고자 복원해 오늘에 이르고 있다. 주남 돌다리는 일명 '주남새다리'라고도 불리는데, 철새들의 낙원이라고 하는 주남저수지에서 낙동강으로 흐르는 주천강 상에 놓인 다섯 경간徑間으로 축조된 돌다리다.

　석재는 화강암과 점판암을 쓰고 있으며, 4m 간격으로 교각을 만든 다음

한국의 옛 다리 | 461

위성사진으로 본 혈자리에 맞춘 주남 돌다리

그 위로 여러 장의 평평한 돌이 올려져있는 형태다. 총길이 16.1m에 너비가 최소 1.4m, 최대 2.2m에 달하는 이 다리의 높이는 중앙의 가장 높은 곳이 약 3.2m에 이르고 있다.

교각을 나무장작을 쌓는 방법으로 쌓은 다음 상단에 물의 흐름과 평행이 되도록 하나의 장대석長大石을 놓아 머릿돌로 삼고, 그 위에 자연석인 점판암으로 된 장대판석長大板石을 얹음으로써 결국, 다리의 전체적인 모양이 교대橋臺측은 낮고 다리의 중앙부분은 높게 보이도록 둥그렇게 만들었다.[21]

이 다리가 생긴 시기와 경위는 정확히 알 수 없지만 항간에 다음과 같은 이야기가 전해온다.

옛날 주천강을 사이에 두고 마주한 마을사람들은 비가 올 때마다 큰 불편

---

[21] 「우리의 옛다리」 p.295

주남 돌다리
중앙지점 대명당혈 배꼽자리 모습

을 겪기 일쑤였다. 이에 마을사람들은 동읍 덕산리 정병산에서 돌을 운반해 다리를 세우기로 하고 정병산 봉우리로 올라가서 마땅한 돌 두 개를 발견해, 그 중 한 개의 돌만 운반하고자 했지만 웬일인지 돌이 움직이지 않았다. 많은 사람들이 힘을 모아도 마찬가지였는데, 두 개의 돌을 한꺼번에 움직였더니 돌이 쉽게 들리므로 두 돌을 다 운반해 다리를 만들 수 있었다고 한다. 돌에도 자웅석雌雄石이 있다는 사실을 설명하고 있다 하겠다.

이 지역 주민들은 주남 돌다리를 오래전부터 새다리라고 불러 왔는데, 이는 새로 지은 다리가 아니라 주천강 사이에 있는 다리, 즉 '사이 다리'란 말이 줄어들어 '새間다리'가 된 것이라고 전해온다.

주남 돌다리 역시 800여년 전 당시 도승의 도움을 받아 풍수지리 자연법을 완벽하게 활용해 축조한 것이다. 명당혈자리를 측정해보니 다리가 있는 주천강 바로 중앙에 대혈자리가 있고, 다리 건너 강둑 위에 또 다른 대혈자리가 음·양으로 나란히 맺혀 있다. 그리고 대명당혈의 배꼽자리에 다리의 상

큰 장마에도 끄덕없는 주남 돌다리

 판上板 중앙을 일치시킴으로써 다리 전체가 혈장穴場 안에 놓이도록 설계했다.
 혈자리의 좌향은 손좌건향巽坐乾向인데 교각 방향이 기맥선과 공간에너지의 흐름에 정확히 맞아떨어지고 있다. 다리의 시작 지점부터 다리가 끝나는 지점까지 생기生氣가 마치 돔의 형태로 감싸고 있어, 다리가 견고하고 웬만한 지진에도 무너지지 않을 뿐더러 이 다리를 이용하는 사람들에게 생기生氣를 제공해 주고 있다. 다리 하나를 세우더라도 이를 이용하는 사람들에게 오복을 받도록 배려했던 선조들의 지혜가 놀라울 따름이다.

- 스톤헨지 / 영국
- 앙크로 와트 / 캄보디아
- 보로부드로 사원 / 인도네시아
- 타지마할 / 인도
- 피사의 사탑 / 이탈리아

유네스코 세계문화유산

"세계 10대 불가사의로 선정된 세계문화유산의 비밀은 바로
풍수지리학 자연법의 핵심인 명당혈자리를 한 치 오차 없이 활용했다는 것이다."

스톤헨지 Stonehenge • 영국

스톤헨지 전경 〈사진. 움쓰님〉

　스톤헨지는 세계 10대 불가사의 가운데 하나로 약 4,000~5,000년 전에 건립된 것으로 추정되는 영국 최대의 환상열석環狀列石이다. 높이 8m, 무게 50톤에 이르는 거대석상 80여개가 세워져 있는 스톤헨지는 영국의 수도 런던에서 서쪽으로 130Km 정도 떨어진 월트셔 솔즈베리Wiltshire Salisbury 평원에 존재하고 있다.

　'공중에 걸려서 있는 돌'이라는 뜻을 갖고 있는 스톤헨지는 거대하지만 구조는 단순하다. 가장 바깥에는 도랑을 파서 만든 둑이 있고 그 안쪽에는 30개의 거석들이 줄지어 원을 이루는데, 그 중심에는 50톤이 넘는 다섯 쌍의 삼석탑三石塔이 말발굽 모양으로 늘어서 있다. 이와 같이 스톤헨지는 원형으로

위성사진으로 본 스톤헨지의 (음·양) 천, 인, 지혈도

배치된 거대한 입석立石 구조물 유적으로, 직경 98m에 폭 6m, 깊이 1.4m의 도랑에 둘러싸여 있는 원형광장을 지칭한다.

   그 구성은 둥근 고리 모양으로 줄지어 서 있는 거대한 입석과 동북 방향으로 U자 형태로 벌어진 거대한 돌의 조합으로 이루어져 있다. 스톤헨지에 사용된 석재는 대사암大砂岩과 블루스톤Blue stone 즉, 회록암輝綠岩과 유문암流紋岩인데, 이 두 종류의 암석으로 이루어진 스톤헨지는 바깥쪽 원을 셰일서클Shale circle, 안쪽 원을 블루스톤서클Blue stone circle이라고 부른다.

   바깥쪽 셰일서클은 셰일 30개를 세운 다음 그 위에 돌을 가로로 눕혀서 원을 그리도록 배치했으며, 안쪽의 블루스톤서클은 돌을 세우거나 눕히지 않고 바깥쪽의 셰일과 비교해 크기가 작고 형태도 불규칙한 돌들을 사용해 만

하늘에서 바라본 스톤헨지

들었다. 블루스톤서클 안에는 말발굽 형태로 배치된 셰일 삼석탑三石塔 다섯 기가 있으며, 그 안쪽에 있는 블루스톤 입석도 말발굽 형태를 띠고 있다.

근래 영국의 언론들은 신석기시대의 유적인 스톤헨지가 '무덤'이라는 결론이 나왔다고 보도했다. 연구팀의 조사결과 스톤헨지가 500년 동안이나 이 지역을 다스리던 유력 가문의 무덤으로 쓰였다는 것이다. 마치 우리나라의 고인돌과 같은 유적으로 훨씬 더 대규모의 모습을 보이는데, 이곳에서 150~240구의 유골이 발견되었다는 것이다.

현실적으로 무려 4,000여년 동안이나 매장된 시신의 유골이 아직까지 남아 있을 수 있는 곳은 오직 명당의 혈자리 이외는 없다. 필자가 스톤헨지가 있는 유적지의 대하여 구글Google이 제공하는 사진으로 측정해본 결과, 이 고대유적이 풍수지리학 자연법에 한 치의 오차도 없이 대명당 정혈자리에 축조되어있다는 사실을 확인할 수 있었다.

스톤헨지를 중심으로 해서 음·양의 천혈, 인혈, 지혈이 맺혀 있는데, 스톤헨지는 양의 천혈자리에 정확하게 축조되어 있었다. 양의 천혈자리 혈핵장

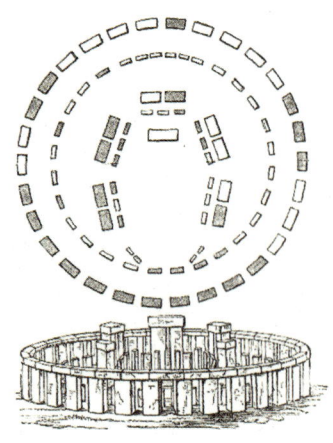

스톤헨지 복원도

　직경이 30m인데, 정확히 이 크기에 맞춤으로써 스톤헨지가 혈장穴場 내에 들어가도록 만든 것이다.
　참으로 놀라운 사실이 아닐 수 없다. 우리나라에 있는 고인돌도 청동기시대의 유적으로 당시에 최고 권력을 가진 족장의 무덤인데, 스톤헨지 또한 당대 최고 지배계층의 무덤으로 대명당 정혈자리에 모신 것에서 볼 수 있듯이, 규모는 다르지만 동서양 공히 시공을 초월하여 같은 마음자리에서 자연을 보고 정확한 혈자리를 찾아냈던 것이다. 놀라울 따름이다.

앙코로 와트 Angkor Wat · 캄보디아

앙크로와트 전경 〈사진. 아이엠스톡〉

　세계 7대 불가사의의 하나로 꼽히는 앙코르와트는 12세기경에 축조된 세계 최대의 석조건축물이다. 거대한 규모와 돌마다 새겨진 정교한 조각으로 그 장엄함을 더하는 앙코르와트는 한때 동남아를 지배했던 크메르 제국의 앙코르 왕조가 세웠는데, 앙코르는 '도읍都邑' 와트는 '사원寺院' 이라는 뜻을 갖고 있다. 9세기부터 16세기까지 당시 동남아를 통치하던 거대제국이었던 크메르 제국은 지금의 시엠립Siem Reap에 백만 명이 거주하는 수도를 건설하고

앙크로와트 3D입체 모습

여러 사원을 지어 세력을 과시하고 있었는데, 그중에서도 가장 대표적인 것이 바로 31년간(1119~1150)에 걸쳐서 조성한 앙코르와트다.

크메르족은 왕이나 왕족이 죽으면 그들이 신神과 똑같아진다는 믿음을 갖고 있었기 때문에, 당시의 왕들은 신이 주재하는 사원을 건립하는 풍습이 있었다. 앙코르와트도 앙코르 왕조의 전성기를 이룩한 수리아바르만 Suryavarman 2세가 브라만교 주신主神의 하나인 비슈누와 합일하기 위해서 건립한 힌두교 사원이다.

앙크로와트 사원은 외곽이 폭 190m에 이르는 인공호수로 둘러싸여 있다. 남북의 길이는 1300m, 동서는 1500m이다. 인공호수의 내측을 따라서 복도

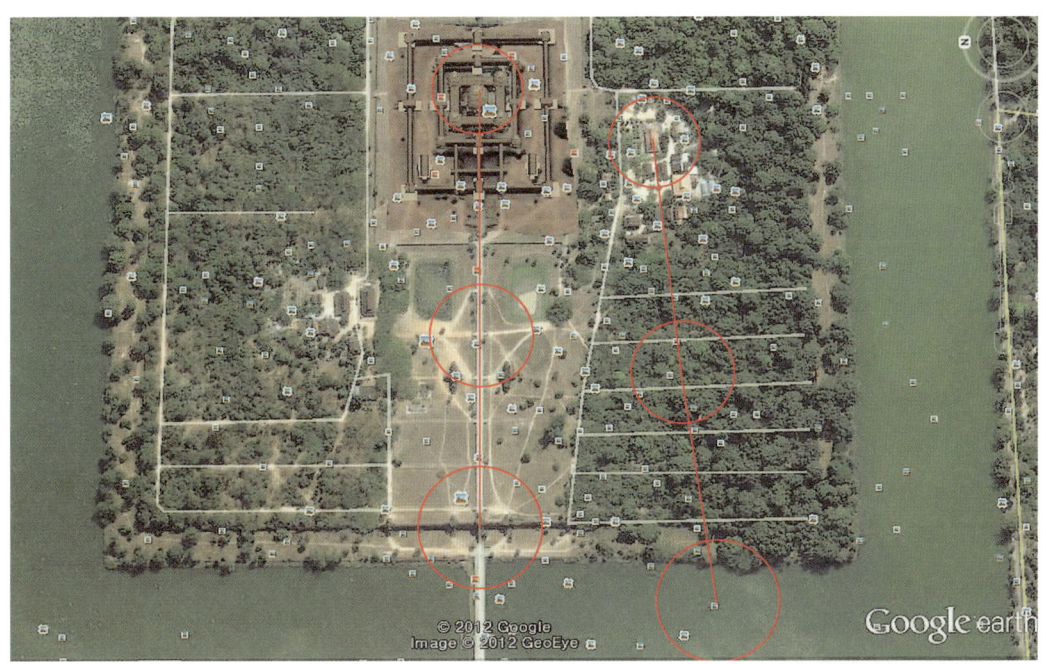

앙크로와트- (음·양) 천, 인, 지혈도

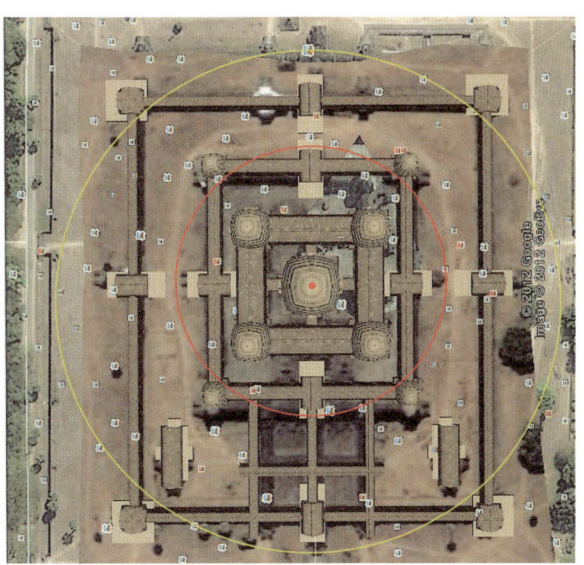

앙크로와트 대명당 혈핵장(적색)과 최대로 확장된 혈장의 모습(노란색)

유네스코 세계문화유산 |473

공중혈 배꼽자리에 한 치 오차 없이 모신 와불상

가 있고, 입구가 있는 서쪽에서 들어와서 제1복도(남북 180m, 동서 200m)가 나타난다. 다시 그 내측에 제2복도(남북 100m, 동서 115m)가 있다. 제2복도의 내측은 높은 기단으로 된 앙코르 와트의 중심부에 해당하며, 그 기단 위에 제3복도(1변, 60m의 정방형)가 있으며, 이 제3복도의 내측 중앙에 비슈누 신상을 안치한 중앙탑당(지상고 65m)이 서 있다. 최초에는 힌두교 신인 비슈누 신이 모셔져 있었는데, 캄보디아가 불교국가로 변신하면서 기존 신상이 파괴되고 와불상 부처님이 모셔져 있다.

앙크로와트는 풍수지리학 자연법에 맞추어 건축한 최고의 건축물로 꼽힌다. 앙크로와트 유적지를 중심으로 음·양의 천혈과 인혈, 지혈이 맺혀있는데, 바로 음의 천혈자리에 앙크로와트가 한 치의 오차도 없이 배치되어 있음을 보게 된다. 특히 제2번째 단은 동서 길이가 115m인데 실제 혈핵장의 지름은 120m가 되고 확장시에는 240m 이상이 되므로, 오후 해질녘에는 앙크로와트 건물 전체가 생기로 꽉 찬 상태가 되니 참으로 감탄할 일 아니겠는가.

즉 대명당 음천혈핵장陰天穴核場에 한 치 오차 없이 정혈자리에 중앙탑상을 세운 것이다. 여기서 더욱 놀라운 사실은 와불상 부처님 하단전 자리가 정확히 공중혈空中穴의 배꼽자리라는 것이다.

다음으로 양의 천혈자리에는 앙크로와트 부속건물이 정혈자리에 배치되었고, 음의 인혈자리에는 앙크로와트 중앙 진입로 중심을 맞추고 있다. 음의 지혈자리에는 앙크로와트 정문을 정혈자리에 배치했다.

현대 학자들의 말에 의하면 보통의 사원은 종교적 의식 때문에 동쪽으로 짓는데, 앙크로와트는 서쪽으로 지어져 의문을 자아낸다고 하며 아직도 정확한 이유를 밝혀내지 못했다고 하는데, 이것은 풍수지리학 자연법의 원리를 모르기 때문에 하는 말이다. 이는 음·양의 천, 인, 지혈자리의 좌향이 정확히 서쪽卯坐酉向을 향하고 있기 때문에 기맥선과 공간에너지 흐름에 일치시킨 것으로 참으로 놀라울 따름이다.

보로부드로 Borobudur 사원 • 인도네시아

보로부드로 전경 〈사진. 아이엠스톡〉

　　인도네시아의 자바섬Pulau Jawa에 소재하고 있는 세계 3대 불교유적지 중의 하나인 불교사원으로 세계문화유산에 등재된, 그 유례를 찾아볼 수 없는 장대하고 정교한 불교건축물이다.

　　벽면에는 석가모니의 일대기가 부조로 조각되어 있는 이곳은 약 1,200여 년 전에 건축된 불교 최고의 건축물로서 수많은 탑이 집합체를 이루고 있으며, 전체 모양 또한 온전한 탑의 형상을 띠고 있다.

　　천연 구릉인 게도우 분지 위에 안산암安山岩 100만 개를 쌓아올려 약 12,000㎡ 넓이로 구축한 것으로, 한 변의 길이가 112m에 이르고 높이는 약

수많은 종탑으로 구성된 보로부드로 〈사진. 아이엠스톡〉

31.5m에 달한다. 이중의 기단 위에다 방형으로 5층, 원형으로 3층을 건조해 8층으로 만들었는데, 그 맨 꼭대기에 커다란 종 모양의 탑을 덮어씌움으로써 언뜻 보아서는 모두 9층인 것처럼 보이고 있다. 불상과 부도, 장식 등의 조각이 대단히 훌륭하며, 그 수법 또한 매우 섬세하여 마치 밀교의 만다라와 같은 고안법考案法을 보인다.

이 보로부드로 사원은 거대한 화산으로 둘러싸인 쿠두Kudu 평원의 중앙에 위치해 있어 풍경이 아름답기로도 유명한데, 건립자가 누구인지는 아직 분명히 밝혀지지 않고 있지만 8세기 전반, 중부 자바에서 번영한 샤일렌드라 불교 왕조시대Shailendra dynasty에 건립된 것으로 추정되고 있다.

보로부드로 사원은 풍수지리학 자연법 측면에서 대명당혈자리에 한 치의 오차 없이 배치되었다. 사원을 중심으로 음·양의 천혈과 인혈, 지혈이 맺혀있는데, 이 중에 음의 인혈자리에 보로부드로 사원이 정혈자리에 배치되어 있다.

여기서 놀라운 사실은 보로부드로 사원이 위치해 있는 음의 인혈자리 혈장穴場의 직경이 무려 145m나 된다는 사실인데, 아마도 이 혈장이 최대한 확

위성사진으로 본 보로부드로 (음·양) 천, 인, 지혈도

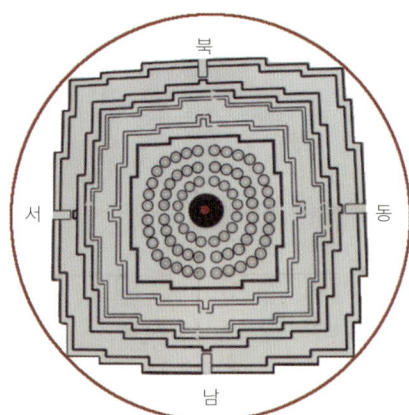

보로부드로의 대명당혈도

장될 때는 그 직경이 그 두 배 크기인 약 290m 정도가 되리라 짐작된다. 참으로 어마어마한 혈자리임에 틀림없는데, 이는 지금까지 필자가 측정해온 명당의 혈자리들 중에서 가장 큰 것으로 생각된다.

이와 같은 거대한 명당의 혈자리 정혈처에 장엄한 불교사원을 정확히 들어맞게 세울 수 있었던 능력을 가진 사람이라면 분명 심안이 열린 풍수지리 자연법을 통달한 도승이었을 것이다. 한국의 천년고찰을 세웠던 고승들의 능력과 결코 다를 바가 없겠는데, 결국 동서양을 불문하고 시공을 초월하여 마음의 눈으로 심혈心穴하는 것이 얼마나 중요한지를 새삼 일깨워준다.

타지마할 Taj Mahal · 인도

타지마할 전경 〈사진. 아이엠스톡〉

　타지마할은 인도 아그라Agra의 남쪽, 자무나Jamuna 강가에 자리 잡은 궁전 형식의 묘지로 1983년 유네스코에 의해 세계문화유산으로 지정된 인도의 대표적인 이슬람 건축물이다. '빛의 궁전'으로 불리는 타지마할은 무굴제국의 제5대 황제 샤 자한(Shah Jahan, 1592~1666)이 사랑하는 왕비이자 페르시아 여인이었던 뭄타즈 마할Mumtaz Mahal을 위해 세운 무덤이다. 무굴제국은 물론 이

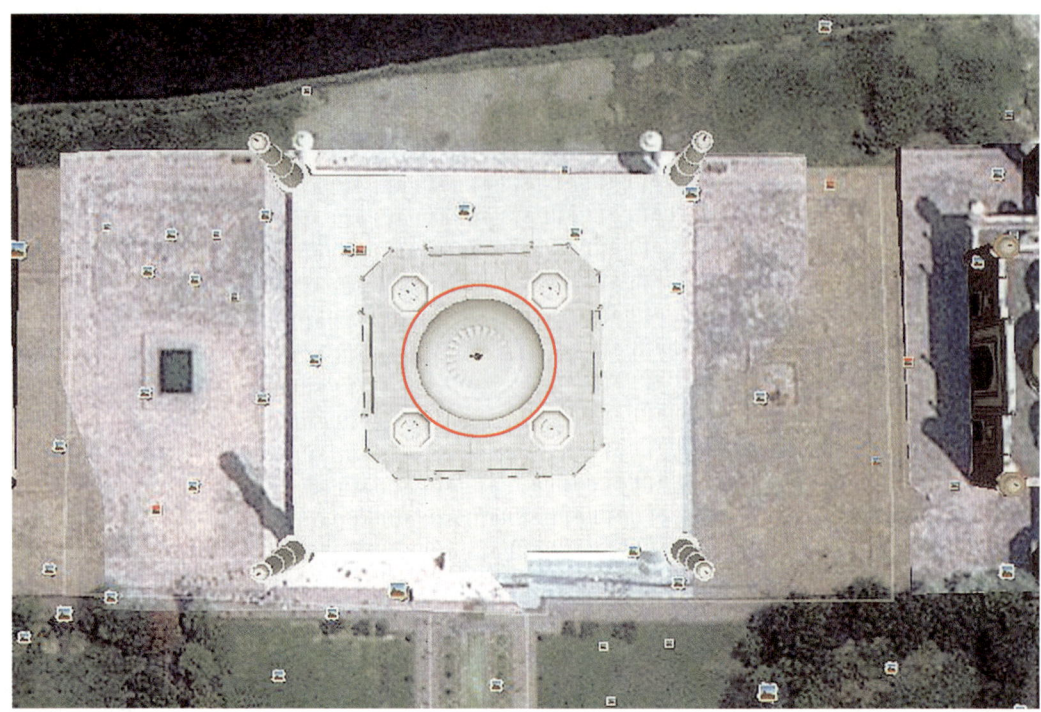
양의 지혈자리에 한 치 오차 없이 건축된 타지마할

탈리아와 이란, 프랑스를 비롯한 외국의 건축가들과 전문기술자들을 대거 초청하고, 기능공만도 무려 2만여 명을 동원하여 22년간의 대공사 끝에 완성하였다고 한다.

최고급 대리석과 붉은 사암은 인도 현지에서 조달되었지만, 궁전의 내외부를 장식한 보석과 준보석들은 모두 터키나 티베트, 미얀마, 이집트, 중국 등지에서 수입한 것들로서 국가재정에 막대한 영향을 줄 정도였다고 전해진다.

인도 이슬람 예술의 걸작인 타지마할은 20년이 넘도록 아내의 죽음을 애도한 시공을 초월한 사랑 때문인지는 몰라도 그야말로 시공을 초월한 절대적인 아름다움을 보여준다. 순백의 대리석은 태양의 각도에 따라서 하루에도

위성사진으로 본 타지마할의 천, 인, 지혈도

    몇 번씩 빛깔을 달리하며 보는 사람들의 넋을 빼놓고 웅장한 건물은 중압감은커녕 오히려 공중에 떠있는 듯 신비롭게 느껴지며, 건물과 수로 및 정원의 완벽한 좌우대칭은 그 균형미와 정갈함에 저절로 탄복케 한다. 내부와 외부의 벽면은 보석과 준보석으로 정교하게 장식되어 있는데, 여기에는 대리석에 무늬를 박아 넣는 소위 피에트라 듀라Pietra dura 모자이크 기법이 활용되었다.

    붉은 사암으로 된 아치형 정문을 통과하면 넓은 뜰에 일직선으로 뻗어있는 수로水路가 양옆의 나무를 비춰 초록빛을 띠면서 우유 빛깔의 대리석 돔dome과 절묘한 조화를 이루고 있다. 백색 대리석 벽돌로 정교히 쌓아 올린 중앙 돔은 네 개의 작은 돔들이 장식하고 있으며, 역시 네 개의 원형 첨탑minaret이 건물의 네 방향에서 솟아있다. 양파 모양을 한 둥근 지붕과 네 모서리에 세워진 41m 높이의 미나레트 역시 모두가 흰색 대리석인데, 바깥쪽 대리석 면에는 흑색과 노란색의 등의 여러 빛깔의 귀석貴石들이 박혀 있다.

또한, 길이가 약 300m에 이르는 수로 중앙에는 연꽃 모양의 수조水槽가 있고 분수가 물을 뿜고 있는데, 수로에 비친 타지마할의 모습 또한 환상적이어서 수많은 사진가들은 여기서 많은 시간을 보낸다.

샤 자한과 뭄타즈 마할의 관棺은 대리석을 그물 모양으로 조각한 이중 장치를 통해 햇빛이 돔 내부에 이르도록 설계된 곳에 나란히 남북으로 안치되어 있는데, 머리를 서쪽 메카Mecca 방향으로 향하게 함으로써 이슬람 묘지의 전통을 보이고 있다. 그러나 1층의 무덤은 그저 상징적인 것이고, 실제 무덤은 이곳 지하층의 똑같은 위치인 대명당정혈자리에 놓여 있다는 사실이다.

타지마할은 풍수지리학적 자연법에 맞추어 한 치의 오차 없이 양의 천혈, 인혈, 지혈자리에 맞추어 건축한 최고로 아름다운 무덤 건축물이다. 양의 천혈자리에 타지마할 정문으로 들어가는 출입문 건물이 정혈자리에 배치되어 있으며, 양의 인혈자리에는 타지마할 정원의 중심점이 정혈자리에 배치되어 있다. 그리고 양의 지혈자리에는 타지마할 건물을 정혈자리에 배치하고 있다.

양의 지혈 배꼽자리에는 타지마할 중심건물의 커다란 돔을 이곳 중심에 정확히 일치시켜 건축하였다. 바로 그 돔의 수직 일직선 아래의 지하공간에 무굴제국의 제5대 황제 샤 자한과 그의 왕비 뭄타즈 마할의 시신이 정혈자리에 모셔져 있다.

이렇게 정혈자리에 건축을 했기 때문에 해가 저물 때 타지마할 건물을 바라보면 명당혈자리에서 발산하는 환한 서기瑞氣가 빛을 발하며 아름다움의 극치를 보여 주는 것이다. 타지마할은 풍수지리 자연법에 따라 최고의 장인에 의해 점혈點穴되고 시공된, 영원한 사랑의 징표이자 영혼이 깃든 건축물이다.

피사의 사탑 Leaning Tower of Pisa • 이탈리아

세례당과 대성당, 피사의 사탑 〈사진. 아이엠스톡〉

유네스코 세계문화유산 | 483

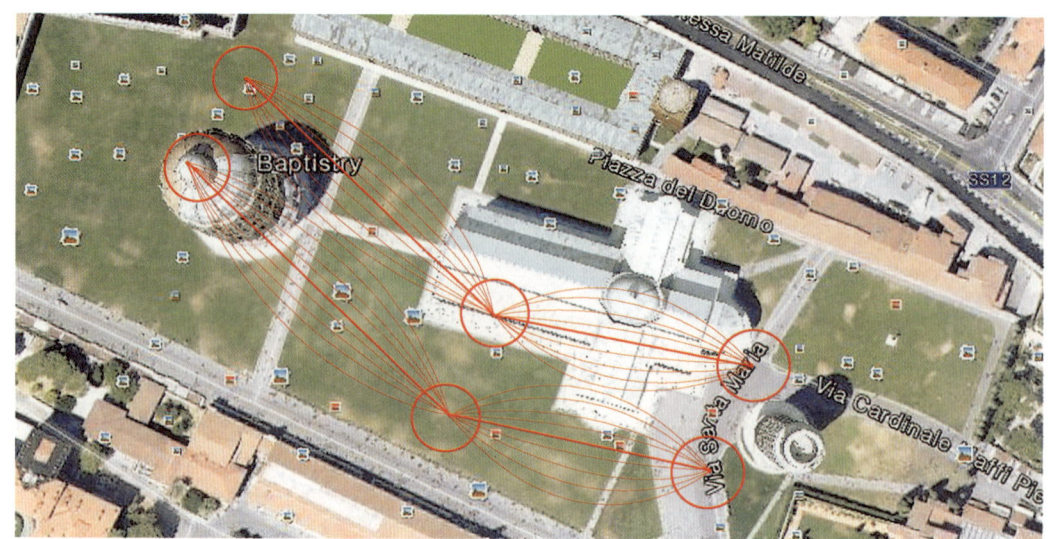
위성사진으로본 피사의 사탑 명당혈도

　이탈리아 토스카나주 피사시티의 피사 대성당Duomo di Pisa에는 세 개의 큰 건물이 있는데 세례당과 대성당, 그리고 피사의 사탑이 그것이다.

　세간에 기울어진 종탑鐘塔으로 유명한 이 탑은 중세 도시국가 피사가 팔레르모 해전에서 사라센 함대에 대승한 것을 기념하기 위하여 1173년에 착공, 약 200년 동안의 공사 끝에 완성한 탑이다.

　피사의 사탑은 이탈리아의 천재 건축가 보나노 피사노Bonanno Pisano가 설계했는데, 탑을 3층까지 쌓아올렸을 때에서야 지반地盤의 한쪽이 붕괴되고 있다는 사실을 알았다고 한다. 책임기술자였던 보나노 피사노는 기울어진 모양을 보정하기 위해 새로운 층을 올릴 때 기울어져 짧아진 쪽을 더 높게 했으나, 추가된 석재의 무게 때문에 건물은 더욱 가라앉게 되었다. 결국 피사의 사탑은 1350년 기울어진 채 완공됐지만, 건축 당시부터 의도적으로 기울어진 탑을 세운 것은 물론 아니다. 매년 1mm씩 기울어진 탑의 기울기는 1990년 한계치에 근접하여 붕괴위험에 처하다보니, 이탈리아 정부는 2400만 달러가

소요되는 보수작업을 결행했고, 장장 10년 동안 이루어진 보수작업은 2001년에야 완료되었다. 현재 탑의 기울기는 약 5.5°에서 멈춰져 있는 상태이다. 1987년 이 탑이 있는 두오모 광장Piazza del Duomo과 함께 유네스코 세계문화유산으로 등재되었다.

그러면, 피사의 사탑은 왜 기울었는지, 풍수지리학 자연법 측면에서 확실하게 살펴보자. 피사의 대성당 전체 부지를 놓고 보면 이 성당의 부지는 음·양의 천혈과 인혈, 지혈의 대혈자리 여섯 개가 맺혀있는 최고의 길지다.

음의 천혈자리에는 한 치의 오차 없이 세례당이 정혈자리에 배치되어 있으며, 양의 천혈자리는 세례당 옆 잔디광장에 나란히 맺혀있다. 다음으로 음·양의 천혈자리에서 각각 아홉 개의 기맥선이 포물선을 그리며 내려가 다시 합쳐져서 음·양의 인혈을 나란히 맺고 있는데, 양의 인혈자리에는 대성당 건물이 일부 물려 건축되었고 음의 인혈자리는 역시 잔디광장에 맺혀 있다. 다시 음·양의 인혈자리에서 각각 아홉 개의 기맥선이 포물선을 그리며 내려가 피사의 사탑이 있는 곳에 못미처 다시 합쳐져 음·양의 지혈을 나란히 맺고 있다.

피사의 사탑이 기울어진 근본적인 이유가 바로 여기에 있다. 대명당의 혈자리에는 반드시 큰 지하수가 혈장穴場 경계를 가로질러 흐르게 되어 있고, 개중에는 명당수明堂水가 용출하는 경우도 있다.

이는 명당의 혈자리를 보호하기 위해서 팔방에서 물이 감싸 흐르고 있기 때문인데, 그러기에 대명당 혈장穴場의 경계 바깥은 물로 가득 차있어 대단히 위험한 곳으로 간주된다. 따라서 피사의 사탑이 있는 이곳의 토양은 너무 습하고 너무 물러서 하중을 받는 건물이 그 위에 세워지게 되면 자연히 침하가 될 수밖에 없다.

와이어wire로 묶는다든지 혹은 침하되는 지반을 아무리 많은 콘크리트로 매설한다고 해도, 이는 임시방편에 그칠 뿐 원천적으로 자연의 힘을 이길 수

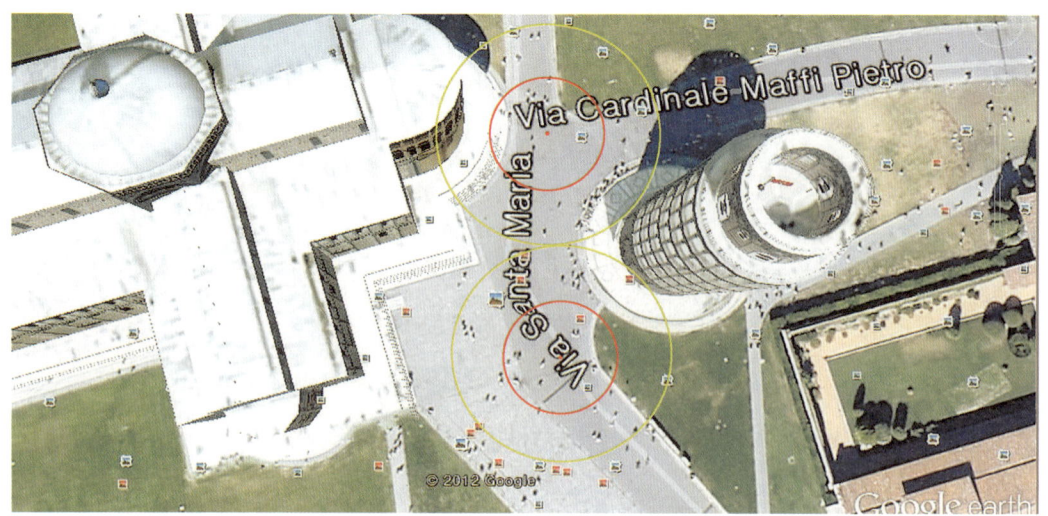

대혈 경계지점에 위치한 피사의 사탑

는 없는 것이다. 결국 피사의 사탑을 풍수지리학 자연법 측면에서 보면 점혈點穴을 아주 잘못한, 완전히 실패한 건축물이라고 할 수 있다.

이를 입증이라도 하듯이 동시대에 함께 건축된 근처의 세례당은 한 치의 오차 없이 정혈자리에 배치되어 있으므로, 어떠한 기울임도 없이 아직도 온전히 그 자리에 버티고 있음을 볼 수 있다.

경주 첨성대가 단지 돌을 쌓아 세운 것임에도 불구하고 천년이 넘도록 아직까지 그 자리에서 전혀 기울어지지 않고 자리를 지키고 있는 근본적인 요인도 바로 대명당의 혈자리 정혈처에 한 치의 오차 없이 들어서있기 때문이다.

피사의 사탑을 보면서 양택陽宅을 지을 때 가장 중요한 것이 명당의 혈자리 혈장穴場 내에 정확히 가상家相을 배치해야 한다는 것을 더욱 절감하게 된다. 대명당 정혈자리에 건물을 지으면 큰 지진이 일어난다 해도 끄떡없이 견딜 수 있는 것이다. 그 이유는 정혈자리는 수분이 없고 지반이 단단할 뿐더러 땅속 마그마와 우주의 별과 기氣가 연결되어 생기에너지가 감싸 보호하기 때문이다.

　오늘날에는 많은 풍수가들이 엘로드 등을 이용해 점혈點穴하는 경우가 대부분인데, 그럴 때는 피사의 사탑처럼 매우 위험한 혈장穴場의 경계지점을 혈심으로 오판하고 재혈裁穴하는 경우가 거의 9할을 차지한다.

　한 치의 오차도 없이 점혈點穴하기 위해서는 어떤 도구도 필요치 않고 그저 무심無心한 상태에서 마음의 눈으로 자연을 바라볼 때만 가능하다. 다시 한 번 주장하지만 심안心眼이 확실히 열리지 않는 한 완벽한 점혈點穴은 할 수 없다는 것이 필자의 지론이다.

현대 건축물

- 금산초등학교 / 춘천
- 삼계초등학교 / 임실
- 명동성당 / 서울
- 여의도순복음교회 / 서울
- 삼성그룹 서초동 사옥 / 서울
- 백악관 / 워싱턴
- 인민대회당 / 베이징
- 나로우주센터 / 고흥
- 애플 본사와 신사옥 「애플 캠퍼스2」 / 캘리포니아

"시공을 초월하여 현대건축물 역시 풍수지리학 자연법을 활용한 곳은
부(富)와 흥(興)과 인재를 낳고 있다."

금산초등학교·춘천

본관 교실 정면 모습

강원도 춘천시 서면 금산리 467번지에 소재하고 있는 금산초등학교는 1932년에 개교하여 2012년까지 모두 4,522명의 졸업생을 배출했다. 그런데 여기서 주목할 일이 있으니, 2012년 현재 금산초교를 졸업한 학생들 중에서 박사학위를 취득한 이들의 수가 무려 134명에 달하고 있다는 사실이다.

평범한 농촌마을의 학교이지만 1963년 제1호 의학박사 송병덕을 시작으로 경제학 박사이자 국무총리를 역임한 한승수 등 수많은 인재들을 배출한

위성사진으로 본 금산초교 명당혈도

    곳이 바로 금산초등학교다. 이곳 서면이 이렇게 소위 박사마을로 전국에 알려지자 주민들과 관계기관이 뜻을 모아 1999년에는 '박사마을 선양탑'을 건립하기도 했다.
    이에 필자가 호기심이 발동하여 금산초교를 방문, 풍수지리학 자연법 측면에서 조사를 해보니 매우 놀라운 사실이 발견되었다.
    학교의 모든 시설물들이 학교 내에 있는 네 개의 대명당 혈자리와 18개의

대명당 혈자리에 정확히 배치된 병설유치원 건물

박사마을 선양탑

소혈자리에 맞추어서 배치되었다는 사실이다. 금산초등학교의 건물 구성은 체육관을 빼고 본관 교실과 급식실, 병설유치원 등 모두 세 개의 건물로 구성되어 있는데, 이 학교 뒤편으로부터 음·양의 기맥이 내려와 학교 내에서 음·양의 대혈을 나란히 맺고 있었다.

 양의 대혈이 맺힌 곳에는 병설유치원 건물을, 음의 대혈이 맺힌 자리에는 급식실 건물을 정혈자리에 배치하고 있었다. 그리고 양의 대혈에서 아홉 개의 기맥선이 뻗어내려 아홉 개의 소혈이 횡으로 맺혀 있는데, 그곳 아홉 개의 소혈 전부에 맞추어서 모든 교실건물을 정혈자리에 배치하였다.

 그리고 화단 위에는 음의 대혈자리에서 아홉 개의 기맥선이 뻗어내려 횡으로 아홉 개의 소혈이 맺혀있다. 이 소혈자리에서 아홉 개의 기맥선 다발이 각각 내려와 학교운동장에 음·양의 대혈을 나란히 맺고 있다. 건물의 좌향은 건좌손향乾坐巽向으로, 기맥선과 공간에너지 흐름에 정확히 맞추었다.

현대건축물 | 493

풍수지리학 자연법에 맞춘 이 학교의 건물 배치 수준은 도산서원이나 병산서원 못지않게 정확한 명당혈자리에 건물을 배치하였으니 가히 놀라울 따름이다.

특히 병설 유치원의 경우, 대명당혈의 배꼽자리가 병설 유치원 건물 중앙에 위치해 있음으로써 건물 전체가 생기生氣 에너지로 꽉 차도록 되어 있어, 전국 병설 유치원 중에서는 가장 좋은 터에 자리 잡고 있는 것으로 보인다. 1학년부터 6학년까지 모든 학생들이 공부하는 교실은 물론 교무실까지 소혈자리에 정확히 들어있어 공부와 연구에 몰두할 수 있는 최적의 공간을 이루고 있다.

따라서 이곳에서 공부한 어린이들은 양명한 천기天氣와 지기地氣를 받아 생체리듬과 지성리듬이 최고조로 발달, 걸출한 인물로 탄생하게 된 것이다. 이는 유치원이나 초등학교의 어린 시절에는 백회와 송과선이 굳지 않은 상태이므로 명당의 혈자리 기운氣運을 받고 자란 학생은 총명한 학생으로 성장하여 후에 걸출한 인물이 된다는 사실을 분명히 증명하는 것이다.

물론 농사를 지으며 자식을 키운 부모들의 교육열도 큰 몫을 담당했겠지만, 무엇보다도 최고의 명당 기운이 서린 이 학교의 터 때문에 그와 같은 결과를 가져왔을 것이라고 필자는 확신한다. 옛 선인들이 왜 인걸人傑은 지령地靈이라고 했는지, 그네들의 말에 한 치의 거짓이 없음을 이 금산초등학교를 보면서 다시 한 번 실감한다.

하지만 오늘날에 와서는 유감스럽게도 학교건물이 명당의 혈자리에서 벗어나 엉뚱한 곳에 지어지는 경우가 대부분이다. 차제에 교육부 관계자들은 금산초등학교의 사례를 거울삼아 향후 학교를 신축하거나 개축하는 경우, 도처에 맺혀있는 명당의 혈자리에 맞추어 건축할 수 있도록 사전에 심도 있게 검토하고 힘써주길 당부 드린다.

삼계초등학교 • 임실

삼계초등학교 정면 전경

　삼계초등학교는 전북 임실군 삼계면 삼계리에 있는 공립학교로, 1919년 삼계 사립보통학교로 개교하여 1922년 삼계 공립보통학교로 개칭한 후 1988년에는 삼계동초등학교를 분교로 병합한 학교인데, 2013년 현재까지 5,481명의 학생들을 졸업시키고 그중에서 무려 162명의 박사를 배출했다.
　사회학자이자 서울대 교수인 한상진과 중문학자이자 전 고대 교수였던 허세욱 등 수많은 석학들을 배출하기도 했다.
　그렇다면 조그만 시골학교가 춘천의 금산초교와 쌍벽을 이루면서 전국에서 가장 많은 박사학위자들을 배출하게 된 근본이유는 무엇일까. 필자가 학교를 방문하여 답사한 결과 놀라운 사실을 발견할 수 있었다.

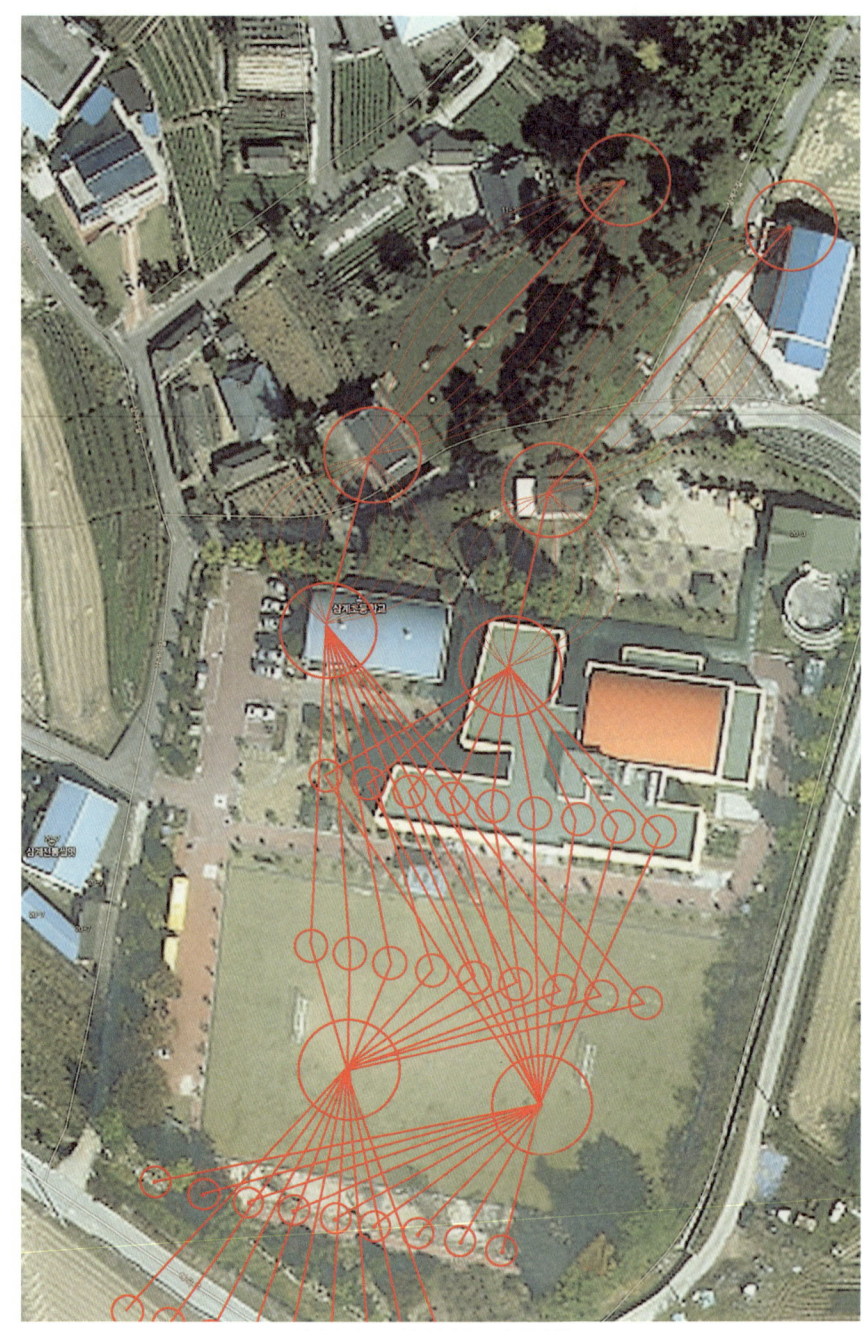

위성사진으로 본 삼계초교의 명당혈도

대명당 혈자리에 배치된 다목적실

　삼계초등학교는 다목적실인 강당과 전면 2층의 본관 교실, 그리고 급식실 등 세 개의 건물로 구성되어 있었는데, 이 세 개 동의 건물들이 모두 혈자리에 맞추어 지어져 있었다는 사실이다. 건물의 구성이나 점혈點穴된 상태나 모두가 춘천의 금산초등학교와 빼닮은 듯 꼭 닮았다는 것이 놀라울 따름이다.

　학교 뒤편 미산米山으로부터 음·양의 기맥이 내려와서 음·양의 천혈과 인혈, 지혈을 맺고, 소혈과 대혈이 연달아 맺혀 있는 최고의 길지에 삼계초등학교가 위치해 있다.

　음·양의 천혈과 인혈, 대혈은 학교 뒤에 맺혀 있는데 특히, 양의 인혈자리에는 관사館舍가 정혈자리에 배치되어 있었고, 음·양의 지혈이 나란히 맺힌 곳에는 다목적실 강당과 급식실이 정혈자리에 배치되어 있었다.

　양의 지혈에서 아홉 개의 기맥선이 내려와 아홉 개의 소혈이 횡으로 맺혀 있는 곳에는 교실이 배치되어 있는데, 각 교실들이 전부 소혈자리에 맞추어

현대건축물 | 497

대명당 혈자리에 배치된 급식실

배치되어 있었다. 특히 2층에는 고학년이 공부하는데 교실마다 중앙 공중에 공중혈이 맺혀있음을 확인할 수 있었다. 참으로 기가 막히게 학교건물을 혈자리에 맞추어 배치한 것이다.

    학교 운동장 상단에도 음의 지혈에서 아홉 개의 기맥선이 내려와 아홉 개의 소혈을 맺고 있었고, 운동장 중앙에는 음·양의 대혈이 맺혀 있으며 운동장 하단 운동시설이 있는 곳에는 또 다른 소혈 아홉 개가 맺혀 있었다. 이곳에 나무가 횡으로 서있고 그 나무들 위에는 일정한 높이에 맞추어 까치집이 여러 개 둥지를 틀고 있었다. 생기가 뭉친 공중혈자리에 정확히 둥지를 틀고 생활하고 있었던 것이다. 마치 학생들이 양명한 생기가 뭉친 혈심에서 공부하고 생활하듯이 말이다. 현재 운동장은 잔디구장으로 조성되어 있는데 운동장 전체가 지기와 천기로 둘러싸여 마치 생기로 꽉 찬 돔경기장과 흡사하였다.

    결과적으로 삼계초등학교는 대혈 다섯 개와 소혈 27개가 맺혀있는 최고의 길지 정혈자리에 학교를 배치했기 때문에, 이곳에서 양명한 정기를 받고 공부한 학생들이 이후에 훌륭한 인물로 거듭나게 되었던 것이다

2층 교실 중앙에 맺힌 공중혈 모습

공중혈이 맺혀있는
혈심에 둥지를 튼 까치집

    건물의 좌향은 자좌오향子坐午向으로, 기맥선과 공간의 에너지 흐름에 정확히 맞추고 있다.

    삼계초등학교 역시 춘천의 박사마을 금산초등학교에 조금도 뒤지지 않게 명당의 혈자리에 학교를 배치시킴으로써 훌륭한 인재를 많이 배출하였던 것이다. 근처에 있는 삼계중학교 역시 대명당 정혈자리에 학교건물을 배치해놓고 있어 필자의 기대를 더한다.

현대건축물 | 499

명동성당 • 서울

명동성당 전면 전경

　서울특별시 중구 명동 2가 1~8에 소재해있는 명동성당은 한국 천주교 서울대교구 주교좌성당으로, 프랑스 신부 고스트(한국명 고의선)가 설계하여 1898년에 완공된 한국 천주교의 대표적인 교회당 건물이다. 종현鐘峴성당 또는 명동천주교당으로도 불리는 한국 가톨릭의 상징이자 총본산이다.

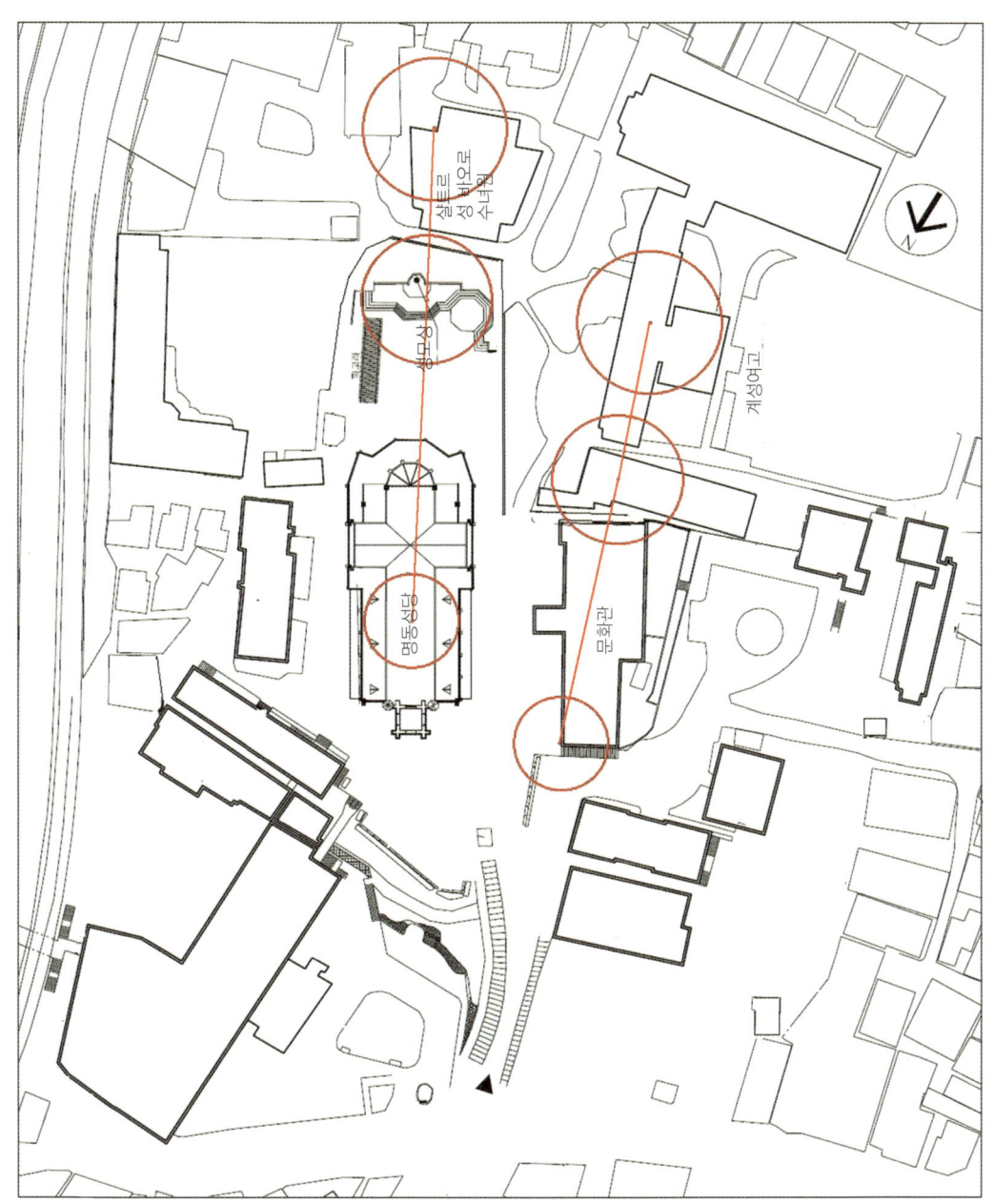

명동성당 명당혈도면 〈도면. 문화재청 「명동성당 실측조사보고서」〉

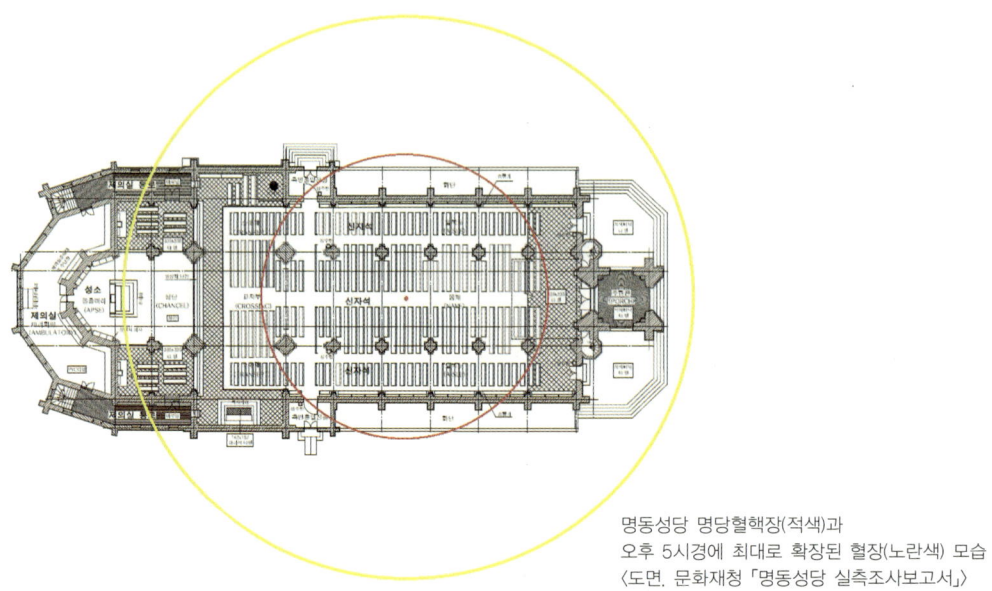

명동성당 명당혈핵장(적색)과
오후 5시경에 최대로 확장된 혈장(노란색) 모습
〈도면. 문화재청 「명동성당 실측조사보고서」〉

원래 이 터는 판서를 지낸 윤정현의 저택이 있던 곳으로, 바깥채만 60여 칸이 되는 대형주택을 처음에는 그대로 이용하다가 이를 헐고 언덕을 깎아내 대지를 만들었다고 한다. 1892년(고종 29년)에 정초식定礎式을 거행했지만 청일전쟁과 코스트 신부의 영면으로 잠시 중단이 되었다가, 위돌박朴道行 신부에 의해 1898년 축성식을 거행, 완공하게 되었다.

성당의 총 부지는 14,421㎡, 건평이 1,498㎡인데, 평면은 길이 69m, 너비 28m로 대체적으로 길쭉하고, 지붕의 높이는 23m, 종탑의 높이는 45m이다. 전체적으로 볼 때는 라틴 십자형 삼랑식三廊式의 장중한 고딕양식의 건물이다. 내부로 들어서면 거룩하고 경건한 나머지 신비로움마저 느끼게 되는데, 이곳의 지하 성당에는 1900년의 병인박해와 1926년의 기해교난 등에서 순교한 가톨릭 순교자의 유해 79위가 모셔져 있다.

명동성당은 풍수지리학 자연법을 활용하여 정확히 건축한 건물이다. 명동성당의 도면을 보면 음·양의 천혈과 인혈, 지혈이 맺혀있는 명당혈자리에 성

명동성당 내부 모습 (화살표 지점이 명당혈 배꼽자리)

당을 배치했는데 특히, 양의 천혈 정혈자리에 본관 건물을 배치한 것이 돋보인다.

  앞에서 언급했듯이 명동성당의 평면은 라틴 십자형 삼랑식으로, 본관 건물을 상공에서 바라보면 십자가 형태로 보인다. 만일 그 십자가에 예수님이 누워 있다고 가정하면 으레 하단전 자리에 있게끔 마련인데, 본관 건물을 바로 그 하단전 자리 즉, 양의 천혈 배꼽자리가 되는 그 지점에 정확히 일치시켜 건축했다는 것이다. 참으로 놀라운 배치법이라고 아니할 수 없다.

  이곳 명당의 혈자리 중심은 신도들이 앉아 미사를 보고 기도하는 성당의 중앙부분에 해당한다. 오후 시간이 되면 혈장이 확장되어 성당 내부 전체가 양명한 생기로 꽉 차게 되어 기도하는데 최적의 환경을 보장해 주는 것이다. 한 가지 아쉬운 점은 여의도 순복음교회처럼 회랑 상공에 있는 공중혈심에

현대건축물 |503

꼬스트문화관   성모상

스피커를 설치했더라면 하는 아쉬움이 남는다.

음의 천혈자리는 꼬스트 문화관 건물의 좌측 끝 면에 맺혀 있고, 양의 인혈자리에 성모상을 배치하였다. 이곳에서 무심하게 기도한다면 정말로 소원 성취되는 기도도량이 될 것임을 확신한다.

나머지 음의 인혈은 계성여고 우측 교실 건물에 맺혀 있고 음의 지혈은 계성여고 본관 건물 중앙에 맺혀 있고 양의 지혈은 샬트르 바오로 수녀원 건물에 맺혀 있다. 성당 입구 대문에는 횡으로 소혈 아홉 개가 맺혀 있다.

대한민국 최초의 현대식 고딕양식 건물로 지어진 명동성당은 이처럼 대명당혈자리에 맞추어 건축하였기에 지금도 많은 가톨릭 신자나 비신자들에게 안식과 평화, 위안을 주는 카톨릭의 성지로 자리매김하고 있는 것이다.

여의도순복음교회 • 서울

여의도 순복음교회 전경

　서울특별시 영등포구 여의도동에 위치해있는 여의도순복음교회는 2012년 현재 신도 수 75만여 명에 교역자 수만 628명에 이르는 한국기독교총연합회 회원교단인 '기독교에 대한 하나님의 성회聖會' 소속 교회다.
　1958년 전도사 조용기와 그의 장모가 되는 최자실 등이 서울특별시 은평구 대조동에서 천막교회로 출발, 1962년 조용기가 목사안수를 받으면서 교회의 명칭도 순복음중앙교회로 바꾸었다가, 1984년에 지금의 명칭으로 변경하

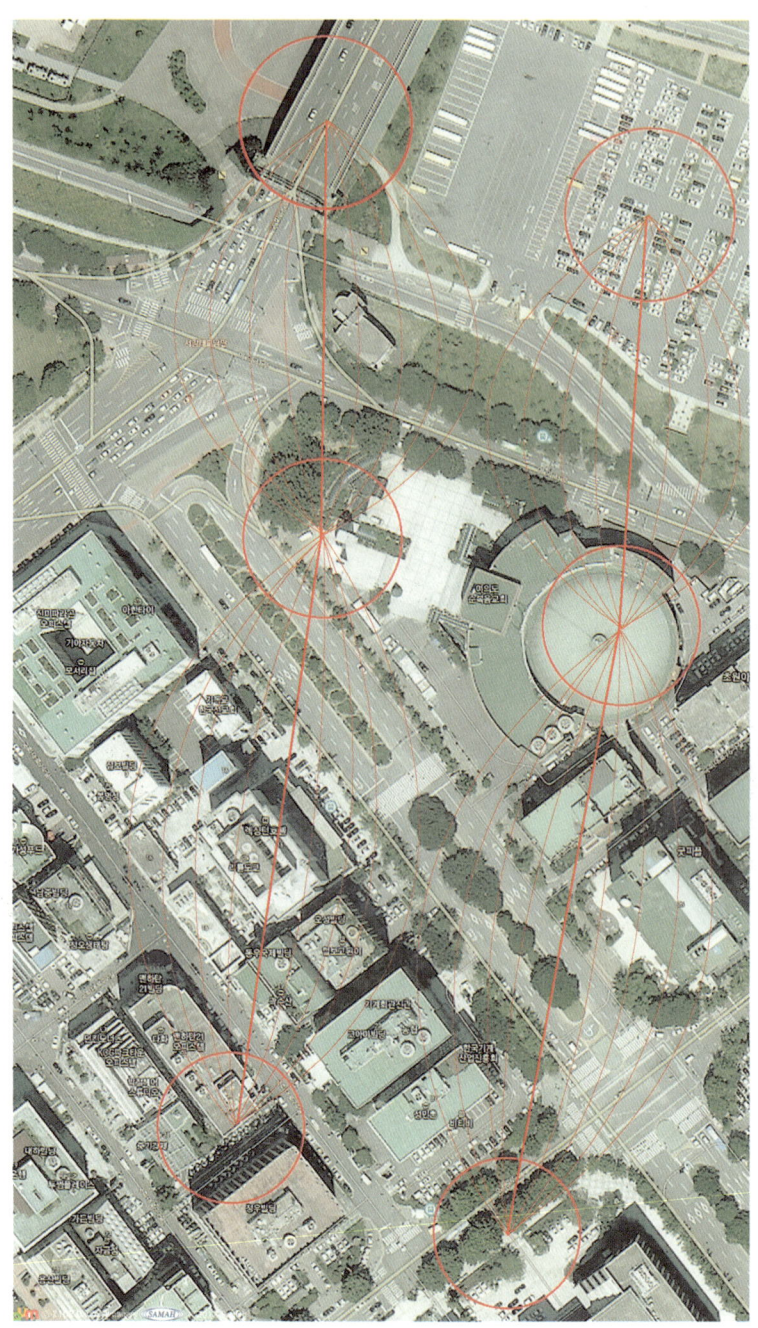

위성지도로 본 순복음교회 명당혈도

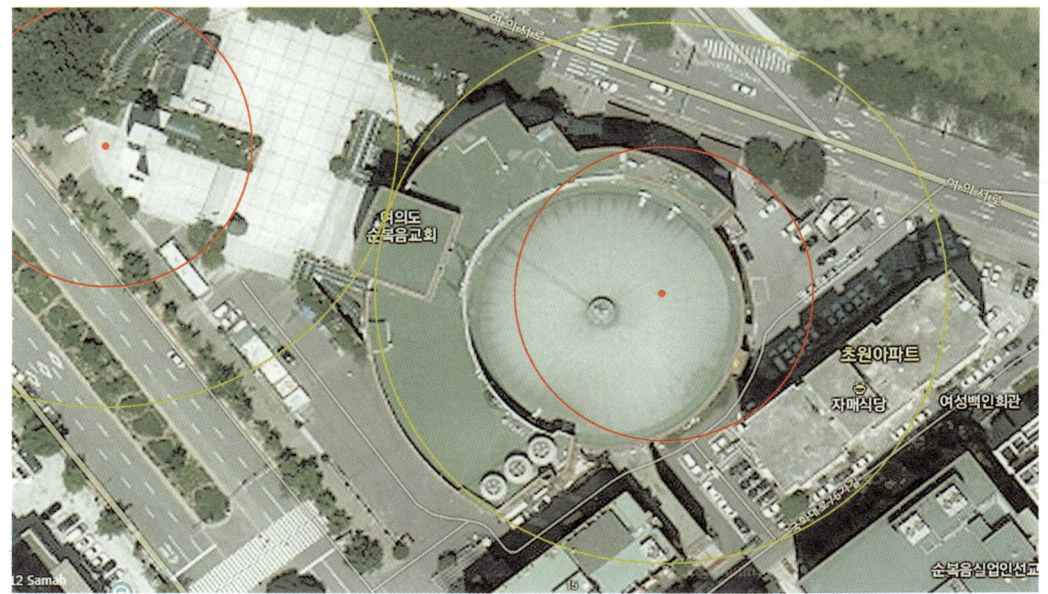

순복음교회 명당혈핵장(적색)과 오후 확장된 명당혈장(노랑색)

였다. '순복음純福音'이란 성경의 가르침에 충실한 순수한 복음을 의미한다.

　방언과 예언, 신유神癒 등 성령의 은사隱事를 핵심으로 하는 교리를 주장하고 철저한 구역조직과 남녀 전도회를 기반으로 하여 폭발적인 성장을 거듭했다. 방송과 문서를 통한 선교에도 힘을 기울여 1967년부터 월간지 신앙계를 비롯하여 각종 출판물을 발간해오다가 1988년에는 국민일보를 창간, 일간지까지 발행하는 등 국내외를 대상으로 매스컴 선교도 활발히 벌이고 있다.

　명당혈 도면을 보면 잘 나타나듯이 여의도순복음교회는 풍수지리학 자연법을 가장 잘 활용해 지은 현대 최고의 종교건축물이다. 음·양의 천혈, 인혈, 지혈 중에 음의 인혈 정혈자리에 맞추어서 교회성전건물을 배치했고, 양의 인혈자리에 교회 출입문大門을 정확히 맞춰 배치했다.

　보다 자세히 들여다보면 음의 인혈자리에는 본관의 성전을 정혈로 배치하고, 특히 음의 인혈 배꼽자리 근처에 마이크가 설치된 연단을 배치하여 설교

대성전 천정 공중혈 배꼽자리에 설치한 스피커 모습

 를 할 수 있도록 하였다. 이는 마치 천년고찰 대웅전에서 큰스님이 법문하는 자리와 똑같이 대혈의 배꼽자리 근처에 연단을 배치한 것이다.
 여기서 더욱 놀라운 사실은 성전의 연단 아래에 음의 인혈 배꼽자리가 위치하는데, 그 자리에서 바로 위를 쳐다보면 상공에 커다란 스피커들이 매달려 있고, 스피커들이 있는 공중의 바로 그 지점이 공중혈 배꼽자리인 것이다.
 연단에서 목사가 설교를 하면 대자연의 지기地氣와 천기天氣, 인기人氣가 스피커 음성을 통해 신도들에게 전해지도록 설계된 것이다. 그럼으로써 신도들에게 본연의 강한 생기生氣와 힘이 동시에 전달되는데다, 성전이 돔형으로 되어 있어 성전의 내부는 전체적으로 생기生氣 에너지로 꽉 들어차게 된다. 그런 상황에서는 신도들이 설교에 더 크게 감화를 받게 되고 몰입도 극히 자연스럽게 이루어짐으로써, 그 자리에서 기도를 하면 응당 응답이 있을 것이라는 믿음이 더욱 확고히 생기게 되므로, 점점 더 많은 신도들이 모이게 되는 것이다.

이로 볼 때, 단일 교회로는 세계 최대의 신도 수를 자랑한다는 여의도순복음교회의 성공 요인은, 무엇보다도 교회 성전을 대명당의 혈자리에 한 치의 오차 없이 배치했으며, 아울러 음향시스템을 공중혈空中穴의 중심자리에 정확히 설치했기 때문이라는 게 필자의 판단이다.

물론 이곳에 터를 잡고 교회를 일으킨 조용기 목사의 헌신적인 설교와 운도 크게 한 몫을 했다고 보이는데, 이 또한 우연이란 없다는 진리에 그 바탕을 두고 싶다.

조용기 목사의 증조부모와 조부모의 산소를 보면 대명당혈자리 정혈처에 정확하게 모셔져 있는 것을 볼 수 있는데, 역시 조상으로부터 큰 음덕을 받았기에 그런 역사가 가능했던 것이다. 생가 또한 대명당혈자리에 정확히 배치되어 있다.

여의도순복음교회는 서울 한복판에 세워진 한국의 대표적인 현대 기독교 종교시설로, 천년고찰 통도사와 해인사, 송광사 등과 함께 풍수지리학 자연법을 최대한 이용한 훌륭한 종교건축물로 꼽을 수 있다.

차제에 공공시설이나 종교시설 등 대중집합시설을 설계할 때는 여의도순복음교회처럼 가급적 지하의 혈자리뿐만 아니라 공중의 혈자리까지 정확히 활용할 줄 아는 지혜를 모아야 할 것으로 판단된다.

삼성그룹 서초동 사옥社屋 • 서울

　삼성그룹은 이병철 회장이 창립하여 삼성전자와 삼성생명 등 수많은 회사들을 계열로 하고 있는 대한민국의 대표적인 재벌그룹이다. 1938년 대구에서 '삼성상회'라는 이름으로 시작하여 2013년 현재 재계 서열 1위의 거대 재벌로 성장했으며 세계적으로도 랭킹 10위 안에 드는 대기업이다.

　서초동의 이른바 삼성타운은 대한민국 서울시 서초구를 중심으로 삼성그룹의 핵심 계열사들이 모여 있는 대단위 오피스 단지를 가리키는데, 건물의 연면적만 해도 무려 110,800m²에 달하고 이곳에 상주하는 인원도 22,000여 명에 달한다. 현재 사옥의 35층 A동에는 삼성생명이, 31층 B동에는 삼성물산이 입주해 있으며, 최고층인 42층 C동은 삼성전자가 사용하고 있다.

　필자는 삼성그룹 서초동 사옥은 풍수지리 자연법에 한 치의 오차도 없이 건축한 세계 최고의 사옥이라고 감히 단언한다. 강남구 역삼역에서 강남역으로 흐르던 음·양의 중출기맥이 강남역 사거리에 와서 음·양의 천혈을 맺고, 다시 흘러 삼성전자 사옥에 음·양의 인혈을 맺은 후 또 다시 흘러 삼성물산 사옥과 삼성생명 사옥에 음·양의 지혈을 맺고 있다.

　자세히 살펴보면 음의 천혈자리는 강남역 사거리 로터리에 맺혀 있고, 양의 천혈자리는 메리츠타워 우측 모서리에 걸쳐져 맺혀 있다. 그리고 음의 천혈자리에서 아홉 개의 기맥선이 포물선을 그리며 내려와 합쳐져서 삼성전자 사옥 앞 광장에 음의 인혈자리를 맺고 있다.

　양의 천혈자리에서 아홉 개의 기맥선이 포물선을 그리며 내려와 합쳐져서 양의 인혈자리가 맺혀진 정혈자리에는 삼성전자 사옥을 정확하게 배치했다.

　다음, 음의 인혈자리에서 아홉 개의 기맥선이 포물선을 그리며 내려와 합쳐져 음의 지혈이 맺힌 정혈처에는 삼성생명 사옥을 배치해놓고 있다.

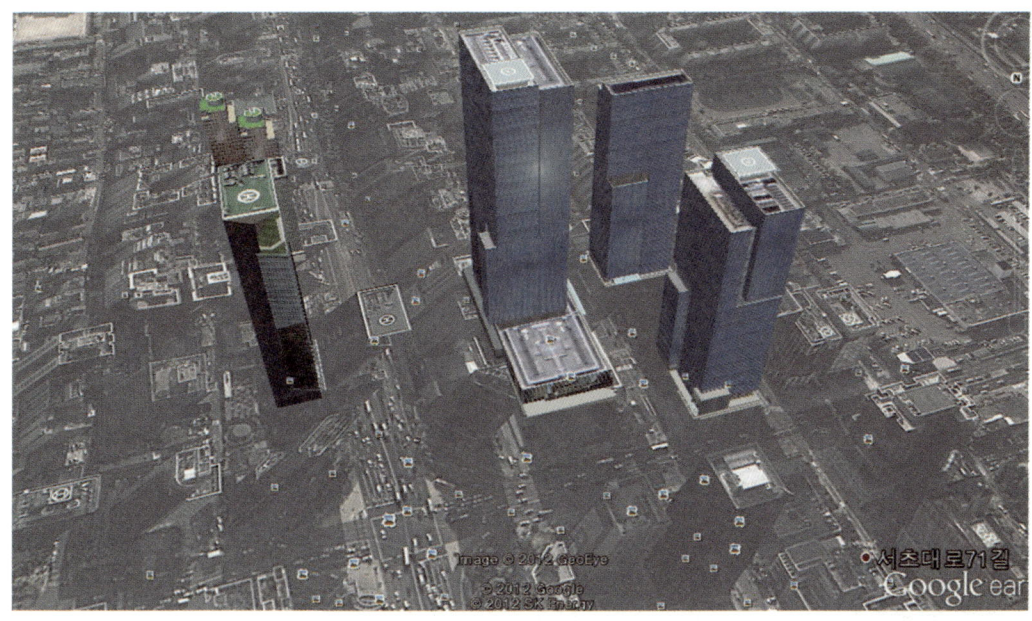

삼성 서초사옥 3D 입체 모습

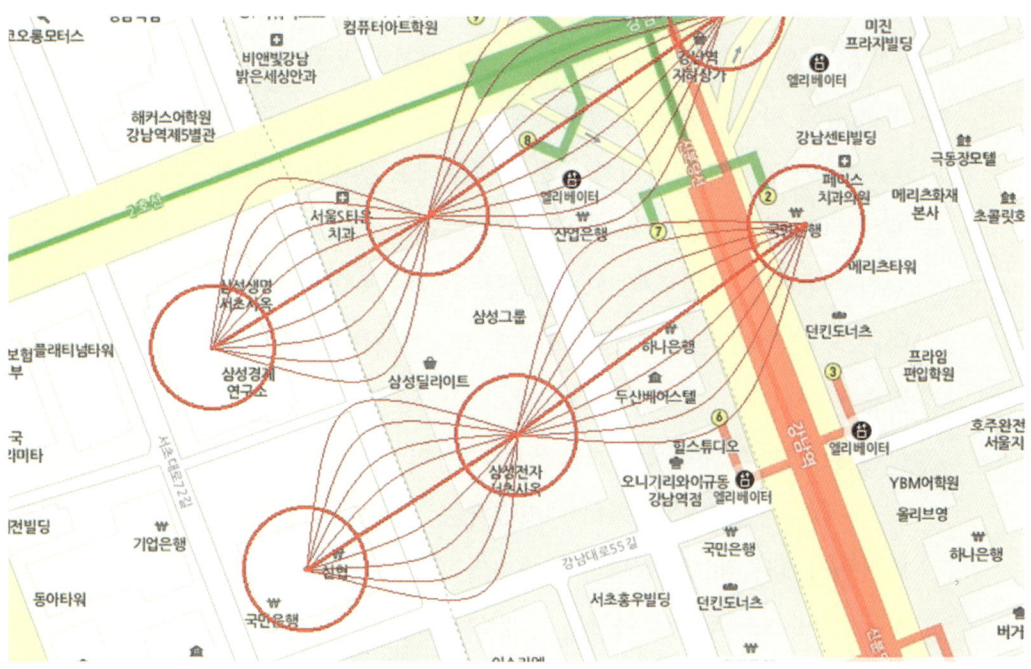

삼성그룹 서초사옥 (음·양) 천, 인, 지 명당혈 도면

현대건축물 | 511

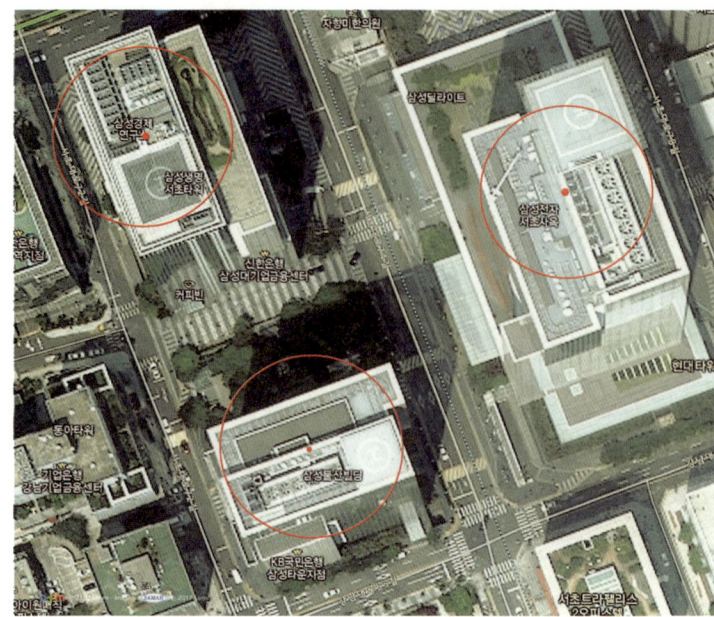

대명당 혈자리 3개에 맞추어 배치된 삼성 그룹 서초사옥. 한 치 오차 없이 정혈자리에 배치

또, 양의 인혈자리에서 아홉 개의 기맥선이 포물선을 그리며 내려와 합쳐져서 양의 지혈이 맺힌 정혈자리에는 삼성물산 사옥이 정확히 배치됐다.

지하에 명당의 혈자리가 있듯이 공중에도 분명히 명당의 공중혈자리가 존재하는데, 삼성그룹 사옥의 경우 공중혈의 중심자리에 그룹 회장실이나 전략수립부서 또는 기획부서 등 기업활동에 있어 중요한 핵심부서나 조직을 배치하게 되면 아마 삼성그룹은 전세계 최고의 천하무적 기업으로 거듭나게 될 것을 확신한다.

최근 지어진 대형 건축물로서 이와 같이 대명당의 혈자리 세 개에 모두 맞추어 세 동의 사옥을 정확히 배치했다는 사실이 믿기지 않을 정도로 놀랍다. 대한민국에서 최고로 잘나가는 세계의 일등기업 삼성그룹이 최근에 승승장구하는 것이 결코 우연이 아님을 알게 되었다.

새로 공장이나 사옥빌딩을 건축하여 세계적인 기업으로 성장하고자 하는

삼성생명 사옥

삼성물산 사옥

회사나 개인이라면, 아무쪼록 풍수지리학 자연법에 한 치의 오차도 없이 맞추어 지은 삼성그룹 서초타운의 사례를 벤치마킹해 볼 것을 권하고 싶다.

삼성전자 사옥

백악관白堊館 • 워싱턴

백악관 3D 입체 모습

　백악관은 미국의 수도인 워싱턴Washington에서 가장 오래된 건물로, 백악관을 포함한 주위 부지가 모두 72,000㎡에 이르는 엄청난 규모의 미국 대통령의 거주지이자 집무실이다. 미국의 제2대 대통령인 J.애덤스 시절인 1800년에 완공, 1814년 대영전쟁 때 소실되었다가 다시 지은 후 건물의 외벽을 모두 하얗게 칠했다고 해서 보통 백악관白堊館으로 불렸는데, 제26대 루스벨트 대통령 때 이 이름이 정식으로 채택되었다.

　현재 대통령은 백악관 관저 2층에서 가족들과 함께 살고 있는데, 백악관은 방 수만 해도 무려 130개가 넘는다고 한다. 백악관은 행정부 건물을 비롯하여 백악관 서쪽에 위치한 대통령의 집무공간인 캐비닛룸과 루스벨트룸, 상황실 등을 갖추고 있는 웨스트윙West Wing, 그리고 타원형으로 생긴 대통령의 개인 사무실이자 방문객을 접견하는 오벌오피스Oval Office, 백악관 동쪽에 위치해 있으며 영부인의 집무공간이자 사회담당비서와 백악관 직원들의 사무실, 극장 등으로 구성되어 있는 이스트윙East Wing 등 수많은 공간으로 구성되어 있다.

이외에도 백악관 한가운데에 위치한 곳으로 대통령 가족들의 거주공간인 중앙관저와 웨스트 콜로네이드West Colonnade, 로즈가든Rose Garden, 이스트 콜로네이드East Colonnade, 그리고 재클린 케네디가든Jacqueline Kennedy Garden 등이 있는데 특히, 일반방문객들이 가든룸Garden Room과 이스트윙East Wing의 일부를 견학할 수 있도록 만들어 놓은 것이 이채롭다. 댄스파티와 리셉션 등이 거행되는 이스트윙East Wing 또한 일반인들의 참관이 허용된다. 이렇듯 백악관은 관저로서의 기능을 수행할 뿐 아니라 예산국 등 직속관청들도 이 건물 안에 배치되어 있다.

대통령의 집무실인 백악관은 풍수지리학 자연법에 맞추어 건축한 이 시대 최고의 건축물로 꼽을 수 있다.

필자는 구글Google 사진과 백악관 홈페이지에 게시된 평면도를 통해 풍수지리의 핵심인 명당혈자리를 측정하면서 참으로 놀라운 사실에 탄성이 절로 나왔던 기억이 난다. 바로 백악관의 본관건물이 음·양의 천혈, 인혈, 지혈자리에 정확히 맞추어져 건축되었다는 사실이다.

먼저 양의 천혈자리는 백악관 중앙관저 윗 건물 옆에 맺혀 있고 음의 천혈자리에는 백악관 우측의 중앙관저를 맺혀 있다. 음의 인혈자리에는 백악관의 중심 얼굴이랄 수 있는 돔의 중심을 한 치의 오차도 없이 딱 들어맞게 배치하였다. 다시 말하면 백악관 현관 리셉션룸인 블루룸The Blue Room을 음의 인혈 배꼽자리에 정확히 맞추어 놓았다는 것이다. 이 어찌 놀라운 배치가 아니라 할 수 있겠는가.

국내외 귀빈이 백악관에 초청되어 현관으로 들어서면 자기도 모르게 강한 생기生氣 터널로 빨려 들어가 양명한 명당의 혈기운에 감싸이고 편안한 느낌

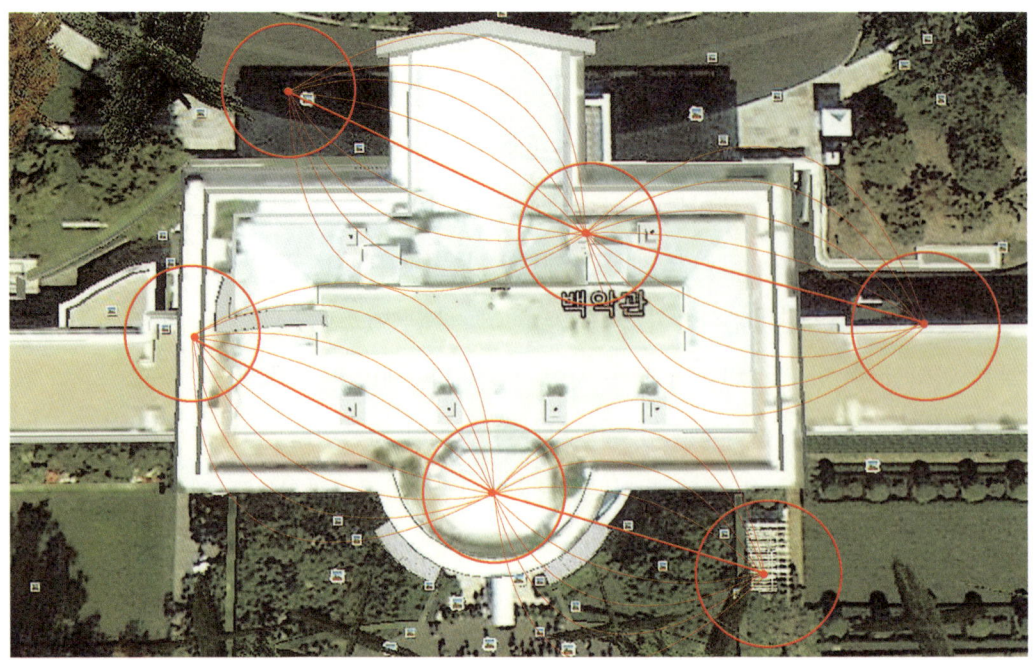

(음·양) 천, 인, 지혈에 맞추어 건축된 백악관 본관건물

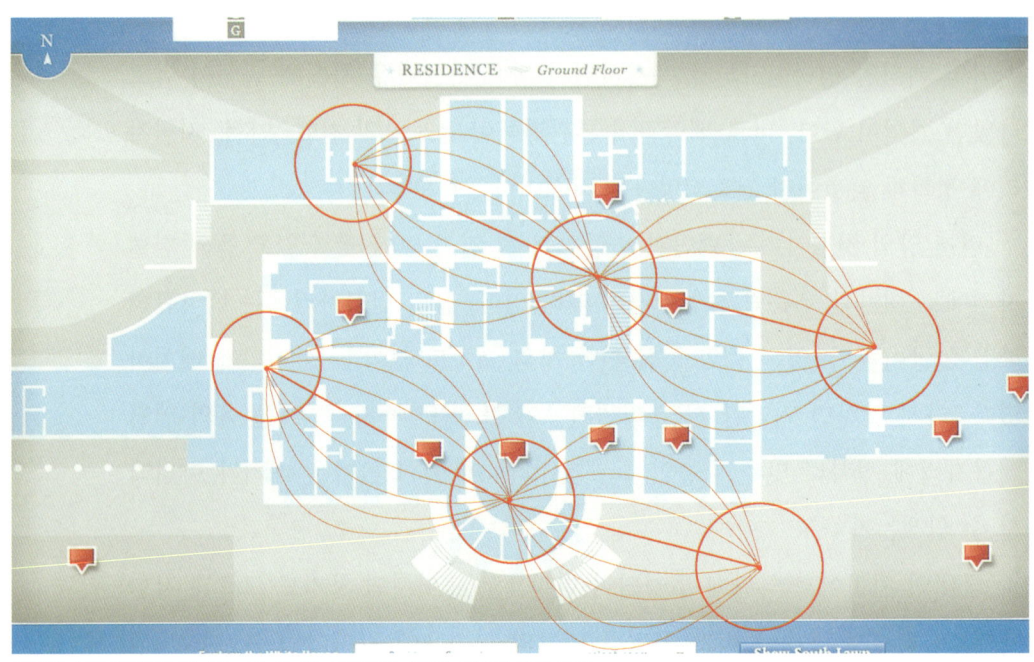

백악관 본관 평면도상의 (음·양) 천, 인, 지혈도면 〈도면. 백악관 홈페이지〉

불루룸 대명당혈 배꼽자리에서 대통령취임 선서하는 오마바 대통령 〈사진. AP연합〉

을 받게 된다. 이러다 보니 주제가 회담이든 협상이든 상대방은 그 기운에 눌려 자연스럽게 이곳 백악관의 주인이 주도권을 쥐게 되는 것이다.

얼마 전 오바마대통령이 재선되어 블루룸The Blue Room에서 대통령 취임선서를 하는 광경이 신문에 보도되었는데, 사진을 보니 정확히 대명당혈 배꼽자리에서 취임선서를 하는 것을 확인할 수 있었다. 미국 대통령이 두 번째 임기를 시작함에 있어서 생기가 충만하고 성스러운 적멸보궁 장소인 대명당혈심에서 행사를 진행하는 것을 보고 깜짝 놀랄 수밖에 없었다. 역시 세계 일등의 선진국은 무엇이 달라도 아주 많이 다르다는 생각이 들었다.

다음, 양의 인혈자리에는 백악관 좌측의 중앙관저를 배치했고, 다음으로 음의 지혈자리에는 재클린 케네디가든을 배치했으며 양의 지혈자리에는 백악관

현대건축물 | 517

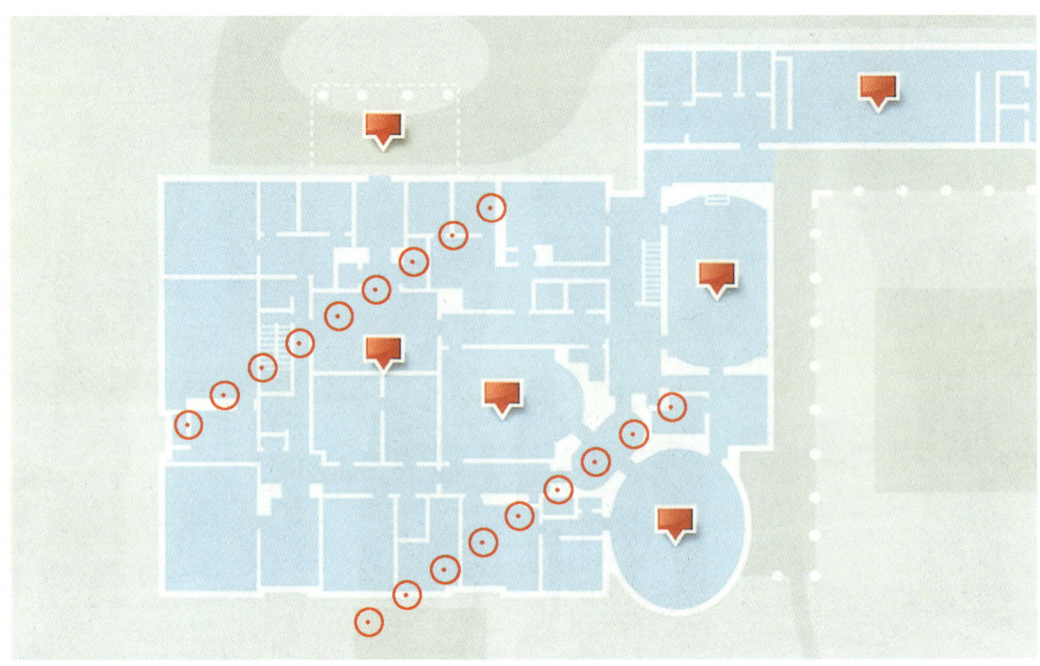

대통령직무실이 있는 웨스트윙에 맺혀있는 18개의 소혈도면 〈도면. 백악관 홈페이지〉

동쪽의 주랑柱廊건물을 배치했다. 결국 음·양의 천혈과 인혈, 지혈자리인 여섯 개의 대명당혈자리가 미국 백악관 본관 중심건물에 맞춰져 있다는 말이 된다.

대통령의 집무실인 웨스트윙West Wing 건물에도 18개의 소혈이 맺혀 있고 이곳 18개 기맥선이 내려와 백악관 본관 앞 잔디 광장에 또 다른 음·양의 천, 인, 지혈 6개가 나란히 맺혀 있다.

이로써 세계 최고의 힘을 갖고 있는 미국이란 나라의 힘의 근원은 바로 대명당혈자리에 정확히 배치된 백악관 있다는 사실을 여실히 증명하고 있다고 필자는 자신한다. 필자는 이른바 사대주의자가 절대로 아니지만, 옳고 그른 것만은 동서고금을 막론하고 명확히 할 필요가 있다고 본다.

풍수지리학 자연법 측면에 있어 필자로서는 대한민국 대통령의 집무실인 청와대와 미국 대통령의 집무실인 백악관 간에 참으로 큰 격차를 보이고 있어 그저 안타까울 따름이다. 청와대 본관의 경우에도 백악관 못지않게 6개의 대혈자리가 맺혀 있는데 실수로 배치를 잘못했고, 대통령 관저의 경우도 역시 마찬가지로 6개의 대혈이 맺혀있는데 안타깝게도 정혈자리에 배치하지를 못했다.

백악관 대통령 집무실 〈사진. AP연합〉

다행히 대통령 관저 건물과 지척에 대명당혈자리가 있어 기존관저를 조금만 개조한다면 대통령이 기거하는 공간을 생기가 넘치는 양명한 주거 공간으로 바꿀 수 있다고 필자는 확신한다. 그런 곳에서 대통령이 생활한다면 생체리듬과 지성리듬이 최상의 상태를 유지할 것이며, 최선의 판단력이 발현되어 대통령께서 목표한 국정철학과 비전을 실현할 수 있을 것이고 결국 성공한 대통령으로 역사에 길이 남을 것임을 확신하는 바이다.

우리나라도 빠른 시일 내에 청와대의 위치를 지기地氣와 천기天氣가 왕성한 대명당혈자리로 이전시킴으로써 대한민국이 미국처럼 세계를 리드하는 민족으로 세계에 우뚝 서기를 대한민국 국민의 한 사람으로서 기원해 본다.

인민대회당 人民大會堂 • 베이징

중화인민공화국 창립 10주년 기념의 일환으로 만들어진 중국 인민대회당은 전국 각지 건축가들의 설계안을 기초로 1959년 지원노동자들에 의해 완공되어, 현재 베이징 톈안먼광장天安門廣場 서쪽 가장자리에 위치해 있다. 중국 공산당의 중요한 회의나 행사, 컨퍼런스 등이 열리는 이곳은 톈안먼 광장과 중국역사박물관, 민족문화궁, 베이징잔中央驛 등과 함께 현대 중국 건축을 대표하는 건물 중의 하나다.

중국 인민대회당은 건축면적 171,800㎡에다 산자형山字形 평면을 이루고 있는데, 중앙의 큰 홀 뒤쪽으로는 정면 너비 76m, 안쪽은 길이 60m가 되는 탁 트인 인민대표회의 회의장이 들어서있다. 14,000여 명을 수용할 수 있고 5,000여 명을 수용할 수 있는 대연회장도 갖추고 있다.

인민대회당은 크게 보아 중앙에 있는 만인대회당萬人大會堂과 북쪽에 있는 연회홀, 그리고 남쪽에 위치한 인민대표대회 상무위원회 사무소 빌딩 등 세 부분으로 구성되어있다고 볼 수 있다. 본관은 녹색과 황색 유약을 입힌 기와지붕을 덮었으며, 여러 개의 청동문을 내는 동시에 앞으로는 열주식列柱式 포르티코Portico를, 양쪽으로는 거대한 윙Wing을 설치해 놓고 있다. 우리가 가끔 매스컴을 통해 볼 수 있는 중화인민공화국의 상징인 붉은 깃발은 정문 위에 걸려있다.

동문을 통해 내부로 들어가 보면 300개가 넘는 컨퍼런스홀과 회의실, 라운지, 사무실 등이 있는데, 중국 정부의 대인민 발표가 이루어지는 곳이 바로 이곳이다. 인민대회당에서는 매년 3월, 전국인민대표회의와 중국인민정치협상회의가 2주에서 3주에 걸쳐 행해지는데, 전국인민대표회의는 10,000석을 갖춘 대회의장에서 개최되고 그 별실에서는 전국인민대표대회 상무위원회가

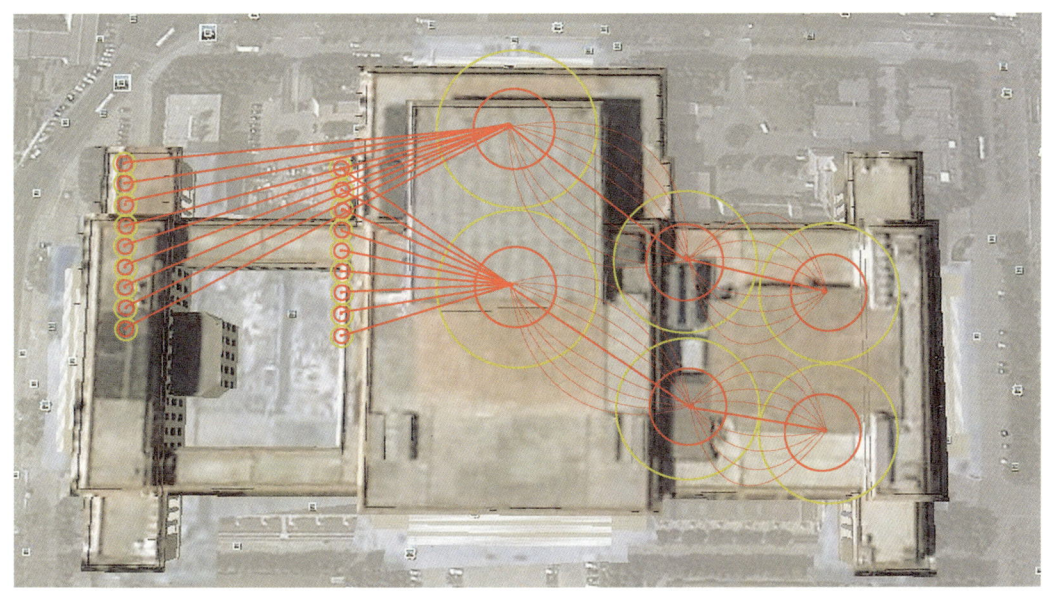

인민대회당의 명당혈도

인민대회당 3D 입체 모습

인민대회당 내부 모습 〈사진. 아시아뉴스통신〉

열린다. 또 인민대회당의 중앙홀에서는 5년에 한 번씩 중국공산당총회가 열리고 있다.

인민대회당은 풍수지리학 자연법 측면에서 최고의 길지에 건축한 건물로, 6개의 대혈과 18개의 소혈이 밀집해 맺힌 곳에 위치해 있다. 자금성에서 내려온 음·양 두 개의 기맥이 보국을 갖춘 인민대회당이 위치한 곳에 와서 음·양의 천혈과 인혈, 지혈 여섯 개를 맺은 다음, 음·양의 지혈에서 각각 아홉 개의 기맥선이 내려가 각각 소혈 아홉 개씩 총 18개의 소혈을 인민대회당 내에 맺고 있다.

특히 거대한 음·양의 지혈 두 개의 대혈자리에 맞추어 중앙의 만인대회당 건물을 한 치의 오차 없이 정혈자리에 배치했다.

중국의 10대 건축물의 하나로 꼽히고 있는 중국인민대회당은 현대적 건축물이면서도 풍수지리학 자연법을 제대로 활용한 매우 훌륭한 건축물이다.

나로우주센터 Naro Space Center • 고흥

나로우주센터 전경

　전남 고흥군 봉래면 예내리에 건설된 우주발사체 발사기지로, 한국이 자체 기술로 인공위성을 우주 공간으로 쏘아 올리기 위해 건설된 한국 최초의 우주발사체 발사기지이다. 1999년부터 부지와 안전성 등 정밀조사를 거쳐 2001년 이곳 고흥군 봉래면 외나로도(하반마을)를 최종 건설기지로 선정하고, 2002년부터 본격적인 공사에 들어가 2009년 준공식을 가졌다.

　이로써 우리나라는 세계 13번째로 우주센터 보유국이 된 것인데, 이곳의 주요시설로는 발사대와 추진기관시험동, 조립시험시설동, 추적레이더동과 발사통제동, 광학장비동, 발전소동, 그리고 숙소동 등으로 구성되어 있다. 나로우주센터는 21세기 우주기술 선진국 진입이란 국가 목표달성과 함께 미래 우주시대를 개척하기 위한 우주개발의 전초기지이자 우주를 향한 대한민국의

조립동 부지

꿈과 희망이 어린 역사적인 장소이다.

그런데 이곳에서 쏘아올린 나로호가 2009년 1차 발사에서는 페어링fairing 미분리로 위성궤도 진입에 실패했고, 그 이듬해 있었던 2차 발사에서는 1단 로켓의 폭발로 추락해 실패했으며 2012년에는 3차 발사 카운트다운 과정에서 두 번에 걸친 부품의 이상발생으로 발사가 중단되었다. 그리고 2013년 1월 30일 3번째 발사만에 나로호 우주선 발사에 성공하였다.

이에 필자는 나로호 발사를 지연시키는 잠재적인 문제점을 풍수지리 자연법 측면에서 검토해 보았다.

필자가 구글 지도와 인터넷포털 네이버 지도 등을 통해 나로우주센터 부지 전체를 검토해보니 중대한 문제점을 발견할 수 있었다. 나로우주센터가 들어선 입지 조건을 보면 양명한 생기가 뭉쳐있고 우주선 발사시 제반 안전 조건을 고려하여 제대로 부지는 선정하였으나, 실제 점혈을 잘못하여 혈자리에서 벗어나 주요 시설물을 건설함으로써 풍수지리 자연법을 철저히 무시하고 건설했다는 사실이다.

더구나 주변에 명당의 대혈자리가 널려 있는데도 불구하고 마치 일부러 그런 것처럼 혈자리를 모두 피해가며 주요 시설물들을 지었다는 것이다.

먼저 발사체 종합조립동과 위성시험동, 고체모터동으로 구성되어 있는 조립 및 시험시설이 있는 부지를 보면, 이곳의 부지는 원래 계곡을 매립해서 조성한 곳으로, 무기맥無氣脈 땅인데다 강한 수맥파가 존재하는 최악의 흉지 터라는 사실이다.

필자는 풍수지리 전문가 이전에 모 기업에서 품질과 환경, 안전부문 등의 전문가로 활동한 바가 있기 때문에, 터에 생기가 없고 대수맥파가 흐르는 흉지인 경우 그곳에 있는 정밀기계나 부품들이 자주 고장 나고 기대수명을 채우지 못하는 사례를 수없이 보아 왔다.

반면, 명당혈자리에 배치된 정밀기계나 부품은 전혀 고장이 나지도 않고, 본연의 정밀도를 그대로 유지하는 한편 설비부품의 기대수명이 적어도 두 배 이상은 더 연장되는 효과가 있음을 보아 왔다. 이와 같은 연구결과는 이미 일본에서도 발표되어 실제로 지금은 일반적인 가정이나 각종 사업현장 등지에서 활용되고 있는 것으로 알고 있다.

이는 사람의 경우도 마찬가지로 적용된다. 암이나 고질병에 걸린 사람들은 예외 없이 모두가 수맥파가 강하게 흐르는 곳에 기거하는 사람인 반면, 아무런 질병도 없이 건강하게 장수하는 사람들은 모두 생기 왕성한 명당혈의 배꼽자리에서 기거하는 사람들이다.

생기가 전혀 없고 수맥파가 강하게 흐르는 곳에 정밀부품이나 기계를 놓게 되면 기대수명을 못 채우는 것은 물론, 자주 고장이 나며 정밀도도 떨어져 부품의 품질열화品質烈火가 가속화된다.

발사체 종합조립동 건물이 위치한 곳이 계곡 하천부지를 매립한 매립지인 고로, 생기가 전혀 없고 강한 수맥파에 노출되기가 십상이기 때문에 정밀부

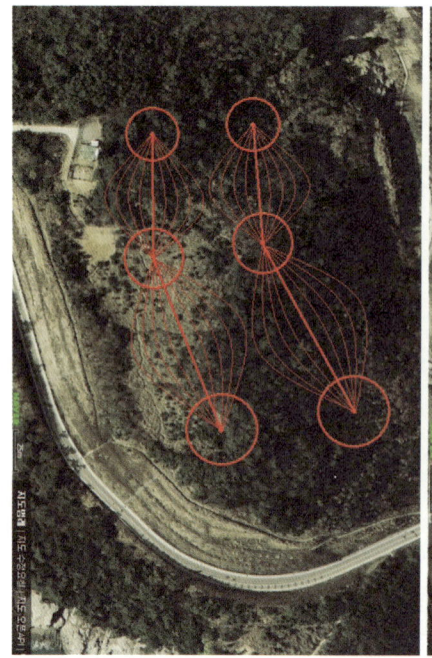 

조립동 백호 방향의 (음·양) 천, 인, 지혈자리   조립동 좌청룡 방향의 (음·양) 천, 인, 지혈자리

품이나 장비의 품질열화品質烈火뿐만 아니라 이곳에서 발사체를 조립하는 기술자들에게도 엄청난 피로감을 유발시키게끔 마련이다. 따라서 오조립사고가 다분히 발생할 소지가 있는 것이다.

이것과 관련하여 2012년 11월 15일 발생한 블랙이글 항공기 추락 사고를 예로 들 수 있다. 정기점검 과정에서 점검 후 뽑아야 할 차단선을 뽑지 않아 항공기의 수평날개를 조종할 수 없게 되어 이륙 후 바로 추락한 사고인데, 필자가 보기에 해당 비행기를 정비하던 곳이 나로호 종합조립동처럼 흉지터에 위치하여 정비사가 정비 와중에 급격한 피로에 휩싸이면서 정비 후 차단선을 뽑지 않는 실수를 한 것으로 보인다.

실제 기업체의 생산현장에서도 만성불량 발생의 많은 원인이 바로 작업장 터의 지기地氣와 관계가 깊다는 것이다. 또한 병원의 의료사고 역시 해당 수술이 이루어진 터의 지기地氣의 영향이 크다고 필자는 확신한다.

따라서 모든 분야에서 터의 지기 상태를 사전에 전문가에게 의뢰 후 터를 선정하는 일이 반드시 이루어져야 하고, 그렇게 함으로써 많은 무고한 인명과 재산의 손실을 예방할 수 있을 것이라 확신한다.

향후 미래를 위해서는 이곳의 시설은 근처에 위치한 백호, 청룡 방향에 있는 최고의 길지 터로 반드시 이전해야 할 것이다. 이를 위해 필자는 청룡, 백호 부지에 각각 여섯 개의 대명당혈자리를 위성지도사진상에 표시해 놓았다.

다음으로 발사통제동이 있는 부지를 살펴보면, 이곳은 음·양의 천혈과 인혈, 지혈의 대혈자리가 여섯 개나 맺혀있는 최고의 길지임에도 불구하고, 양의 인혈 한 개에만 발사통제동 건물입구를 물려 짓고 나머지 다섯 개의 대명당혈자리는 주차장과 도로에 그대로 방치해 놓고 있다.

건물 크기로 보아 대명당혈자리 두 개의 정혈자리에 물려서 배치해야만 했는데, 이 또한 큰 아쉬움이 남는다.

한편 발사대가 위치한 터를 살펴보자면, 이곳은 음·양의 천혈과 인혈, 지혈의 대혈자리 6개와 소혈 18개가 맺혀있는 최고의 길지 터에 속한다. 그런데 이곳 역시 주요시설을 모두 다 혈장穴場에서 벗어난 위치에 배치했다.

대명당혈의 배꼽자리는 우주의 별과 기氣가 네트워크로 연결된 지점으로, 소위 하늘이 열리는 자리다. 실제로 깜깜한 밤, 대명당혈 배꼽자리에서 하늘을 쳐다보면 하늘에서 수많은 별이 생생하게 쏟아지는 느낌을 받게 된다. 여기서 발사대를 대명당의 혈 배꼽자리 정혈처에 배치했더라면 얼마나 좋았을까 하는 안타까운 생각이 든다.

그 외에 추적레이더동이나 직원숙소동 역시 명당혈자리와는 거리가 멀다.

나로우주센터의 전체 부지 터는 분명 훌륭한 길지라고 볼 수 있지만, 유감

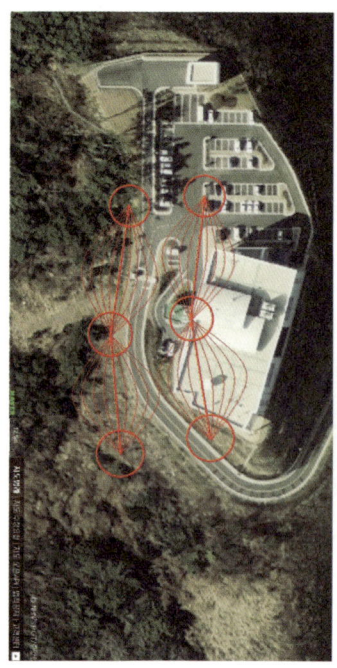
통제동 부지 내에 있는
(음·양) 천, 인, 지혈자리

발사대 (사진. 연합뉴스)

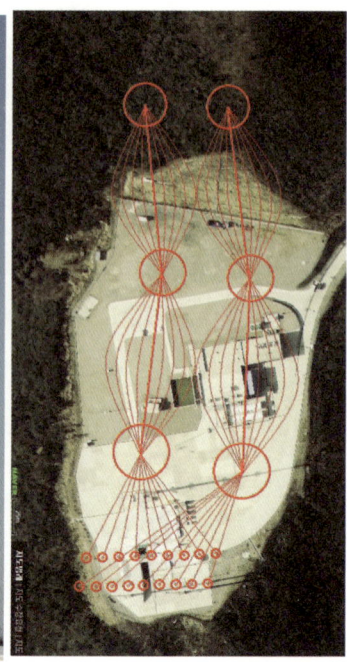
발사대 부지 내에 있는
(음·양) 천, 인, 지혈과 소혈자리

스럽게도 이곳에 들어선 주요시설물들은 명당의 혈자리를 철저히 외면하여 배치되어 있는 상황이다. 건립 당시 심안이 열린 풍수사가 관여해 생기가 충만한 적합한 자리에 시설물을 배치하고 운용했다면, 아마도 그동안 있었던 수많은 실수와 실패는 훨씬 줄었을 것이란 생각이다. 필자가 지적한 내용을 참조하여 시정한다면, 나로우주센터가 소기의 목표를 달성함과 아울러 보다 창의적이고 획기적인 아이디어로 우주발사체 강국으로 도약하는데 결정적인 도움이 되리라 확신한다.

한편 2012년 12월 12일, 북한은 평북 철산군 동창리 로켓발사장에서 은하 3호 장거리 로켓을 발사하여 성공했다고 발표했다. 필자가 호기심이 발동하여 구굴지도를 통해 동창리 발사장의 지기地氣를 심안心眼으로 확인해 보니 참

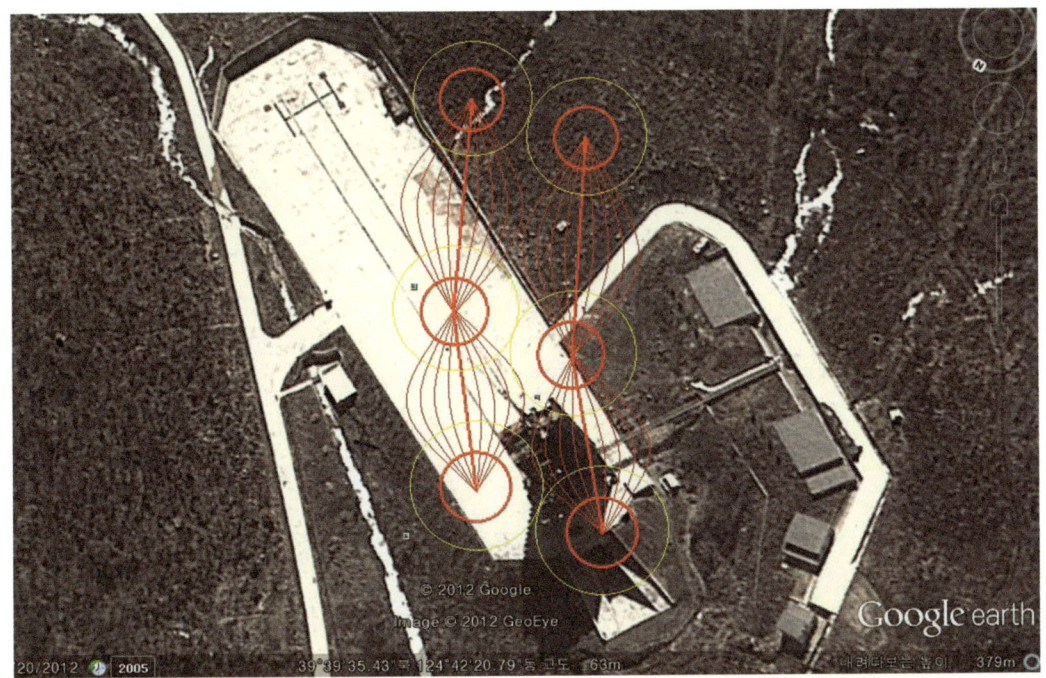

북한 동창리 로켓 발사대 부지의 (음·양) 천, 인, 지혈자리

으로 놀라운 사실이 있었다. 위 사진에서 보듯이 동창리 발사장에는 음·양으로 천혈, 인혈, 지혈 6개의 대명당혈자리가 맺혀있는 최고의 길지에 배치해 있다.

특히 놀라운 것은 로켓이 세워져 있는 바로 그 자리가 양의 지혈 혈핵장穴核場 내에 정확히 배치되어 있다는 사실이다. 발사 대기상태인인 그 자리는 우주와 기氣의 네트워크로 바로 연결된 대명당 혈자리이기에 지기地氣와 천기天氣가 감싸서 로켓비행체 내의 모든 부품들이 최적의 기능을 발휘했음이 틀림없어 보인다.

필자가 우리의 나로우주센타 발사장과 북한의 동창리 발사장을 풍수지리학 자연법측면에서 비교 검토해보니 참으로 안타까운 마음 금할 수 없다.

현대건축물 | 529

애플 본사와 신사옥 「애플 캠퍼스2」·캘리포니아 쿠퍼티노

애플사는 고인이 된 스티브잡스와 워즈니악에 의해 1976년 창업하여 세계 최고의 창조기업으로 대한민국의 삼성전자와 스마트 전자제품을 놓고 쌍벽을 이루면서 경쟁하고 있는 미국기업이다. 필자는 애플사가 세계 최고의 창조기업으로 거듭난 이유가 분명히 풍수지리학 자연법 측면에서 무엇인가 있다고 확신했지만 정확한 위치를 몰랐기에 궁금하던 차에 최근 확정된 「애플 캠퍼스2」의 조감도와 기존 본사의 정확한 정보를 보고 현재와 장래의 애플의 미래를 감히 논할 수 있게 되었다.

애플은 캘리포니아 쿠퍼티노에 위치한 HP건물 부지를 매입하여 18만 평 대지 위에 우주선이 착륙한 형태의 지하 4층, 지상 4층 구조에 13,000명이 근무하는 초대형사옥인 「애플캠퍼스2」를 발표했다. 총사업비 50억불을 들여 녹지공간이 80%나 차지하는 친환경설계방식으로 건축하는 이 공사는 2014년부터 시작하여 2016년에 완공하여 입주예정이다.

필자는 애플의 기존 본사와 신축예정인 「애플캠퍼스2」에 대해 풍수지리학 자연법 측면에서 나름의 심안(心眼)으로 구글어스에 명당혈도를 그려서 살펴보았다.

먼저 기존 본사 건물은 타원형 형태로 크게 6개의 건물군으로 구성되어 있는데 놀랍게도 3개의 대명당혈자리에 3개 건물이 정확히 정혈자리에 배치되어 있었고, 북쪽에 위치한 건물은 대명당혈자리에 50%가 걸쳐 배치되어 있었다. 나머지 건물은 18개 소혈이 밀집된 곳에 배치해 놓고 있었다. 애플 본사가 이처럼 정확히 명당혈자리에 배치되어 있기에 이곳에서 근무하는 구성원들이 양명한 정기를 받고 근무함으로써 세계 최고의 창조제품을 개발, 생산하는 기업으로 거듭날 수 있었다고 필자는 확신한다.

애플 기존본사 명당혈도

　다음으로 신사옥 「애플캠퍼스2」에 대해 살펴보자. 구글어스를 통해 애플의 신사옥인 「애플캠퍼스2」가 들어설 전체 터의 지기를 측정해 본 필자는 놀라움을 금치 못했다. 신사옥 부지의 전체 터는 두 개의 기맥이 유좌묘향酉坐卯向으로 내려와서 각각의 기맥이 음,양으로 천, 인, 지혈 6개의 대명당혈자리가 맺어서 모두 12개의 대명당혈자리가 뭉친 최고의 길지였다. 필자가 해당 명당혈도 위에 우주선 모양의 「애플캠퍼스2」조감도를 대응시켜 보니 거대한 「애플캠퍼스2」 건물 내에 북쪽과 남쪽에 4개의 대명당혈자리가 있고, 신사옥 중심부 빈 녹지공간에 4개 대명당혈자리가 위치해 있었다. 나머지 4개의 음, 양천혈은 건물 밖에 있었다. 이같은 건물배치 방식은 풍수지리학 자연법 측면에서 보면 많은 아쉬움을 갖게 한다. 명당혈자리가 있는 곳에 정확히 건물

현대건축물 | 531

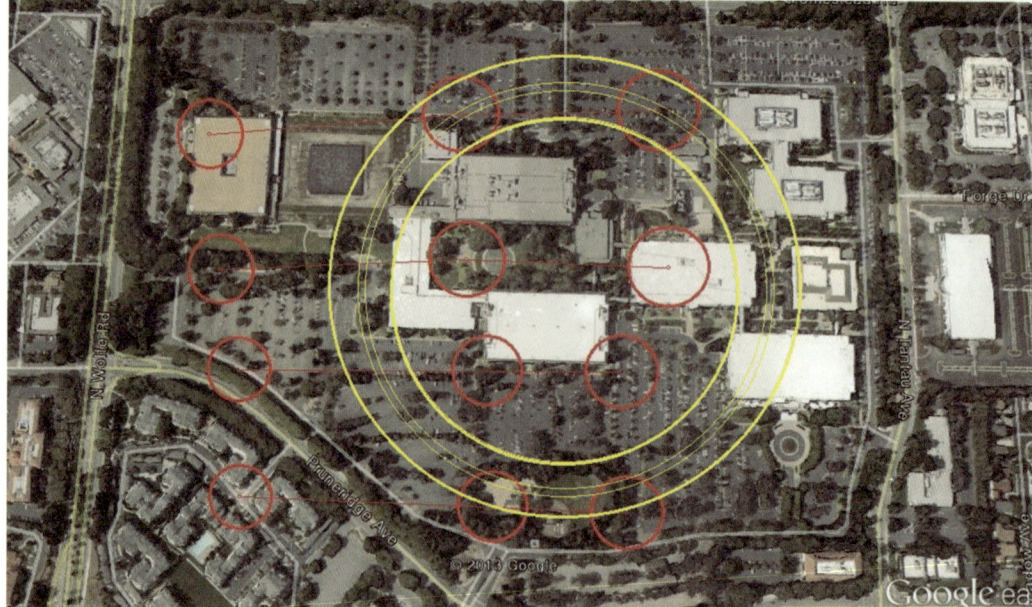

애플캠퍼스2 조감도와 해당터의 명당혈도

을 배치해야 하는데 건물 모양이 우주선 형태의 일체형 건물이다 보니 한계가 있던 것으로 보인다. 그리고 신사옥에서 남동쪽 아래에 4개의 건물로 이루어진 연구개발센터 빌딩 자리는 생기가 전혀없는 비혈非穴자리였다.

따라서 애플이 신사옥「애플캠퍼스2」를 완공하여 입주한다면 아마도 지금처럼 최고의 창조제품을 개발, 생산하는데 다소 어려움이 있을 것으로 사료된다.

필자가 앞에서 양택가상 배치법에서 언급했듯이 먼저 해당 터의 정확한 대명당혈자리를 측정하고 대명당혈자리에 맞추어 사옥을 설계, 배치해야 하는데 애플 신사옥의 경우에 풍수지리학 자연법을 충분히 이해하지 못한 것으로 보인다.

마지막으로 덧붙이고 싶은 말은 명당혈자리가 지하에만 맺히는 것이 아니라 지상에도 일정간격으로 공중혈이 맺혀 있는 것이다. 따라서 고층화된 사옥의 경우 공중혈자리를 제대로 활용해서 기업의 CEO사무실이나 연구개발부서 등 핵심부서를 이곳에 배치할 때 세계 최고의 창조적 성과를 내는 기업으로 거듭날 것임을 확신하는 바이다.

명재고택 명당혈도

| 에필로그 |

인간으로서 어찌 우주대자연의 원리를 다 알 수 있겠냐만 수천 년 동안 우리 인류는 나름의 체험과 징험을 통해 대자연의 이치를 하나씩 이해하고 활용해옴으로써 보다 편안하고 안전한 인간생활을 영위해 왔다.

그 대자연의 이치가 함축된 것이 바로 풍수지리학 자연법이라고 필자는 확언한다. 풍수지리학 자연법은 인간의 삶을 보다 편안하고 안락하게 해주면서 건강과 부富함과 귀貴함을 동시에 보장해준다. 다시 말해 풍수지리학 자연법의 핵심은 다름이 아닌 명당혈자리에 있는 것으로서, 사람이 그곳에서 생활하고 거주함으로써 오복五福을 보장받는 것이다.

자고로 오복이란 인생의 바람직한 조건인 수壽와 부富, 강령康寧과 유호덕攸好德, 그리고 고종명考終命 등 다섯 가지의 복을 말한다. 오복이란 용어가 문헌상에 나타난 것은 '서경書經'의 '홍범편洪範篇'인데, 그 이후에도 여러 경전을 통해 인간의 오복五福에 대한 말이 나오고 때로는 시인詩人들의 작품에도 제법 많이 등장한다.

오복의 첫째가 수壽인 것은 인간의 소망이 무엇보다도 장수를 원하기 때문이고, 둘째가 부富인 것은 장수와 더불어 부유하고 풍족하게 살기를 바라는 간절한 소망 때문이며, 셋째가 강령康寧인 것은 그렇게 일생동안 건강하게 살고자 하는 욕망 또한 중요하기 때문이다. 덕을 좋아한다는 의미의 유호덕攸好

德을 네 번째로 삼은 것은 풍족하게 오래살고 몸마저 건강할 바에는 이웃이나 다른 사람을 위해서 보람 있게 봉사를 해보라는 것으로, 선을 권하고 악을 뿌리치는 일련의 선본사상善本思想의 발로라고 생각된다. 마지막으로 고종명考終命은 깨끗한 죽음을 맞이하자는 소망으로, 모든 개인적 소망을 달성하고 사회적으로 봉사한 뒤에는 객지가 아닌 자기 집에서 편안히 일생을 마치기를 바라는 소망이 담겨있다.

하지만 이와 같은 다섯 가지 바람은 여느 소망과는 약간 차이가 나는 것으로, 흔히 정치가나 학자 또는 지도계층의 소망이라고 보아야 할 것이다.

우리네 민간 차원에서 바라보는 오복은 '통속편通俗編'에 나오는데, 수壽와 부富, 귀貴와 강령康寧, 그리고 자손중다子孫衆多로 '서경書經'에 나오는 그것과는 다소 차이를 보이고 있다.

여기서 유호덕攸好德이 귀貴로, 고종명考終命이 자손중다子孫衆多로 바뀐 것은 그럴만한 이유가 있는데, 서민이나 천민의 입장에서는 자신이 귀하게 되는 것이 남을 위해 봉사하는 것이라고 생각했고, 자손이 많은 것이 고종명考終命보다 낫다고 생각했기 때문이다.

어쨌든 오복이라는 말은 한국 사람들이 예로부터 즐겨 써오는 말로, 가장 행복한 삶을 말할 때 '오복을 갖추었다'라고 말하는가 하면, 새로 집을 건축하고 상량上梁할 때 대들보에 연월일시年月日時를 쓰고 그 밑에다 '하늘의 세 가지 빛에 응하여 인간세계엔 오복을 갖춘다應天上之三光 備人間之五福'라고 쓰는 것이 전통적인 관례가 될 정도다.

그런데 사람들이 이토록 원하는 오복을 보장해주는 장소가 있으니, 바로 풍수지리학 자연법에서 말하는 명당의 혈자리가 그곳이다. 더구나 명당의 혈자리는 살아있는 사람에게만 소중한 것이 아니라 작고한 고인에게도 똑같이 소중하고 귀한 것이니, 이 어찌 보물같이 귀하다 아니할 수 있겠는가.

명당혈자리에 모셔진 영혼은 지수화풍의 생기生氣로 둘러싸여 보다 더 편안한 영면을 누릴 수 있고, 또 유골은 생기파동生氣波動을 받아 후손에게 끝없는 생기를 불어넣어줌으로써 후손들이 오복을 누릴 수 있도록 절대적으로 보장해준다. 이렇듯 명당의 혈자리에 정혈로 모신 후손들은 누구나가 한사람도 예외없이 오복을 보장받게 되는 것이다.

풍수지리학 자연법을 확연히 통달하기 위해서는 무엇보다 마음의 눈 즉, 심안心眼이 열려야 한다. 오직 심안이 열린 사람만이 자연의 명당혈자리를 한 치의 오차 없이 직시할 수 있는 것이다.

필자는 소위 잘나가던 경영컨설턴트의 길을 접고 수년에 걸쳐 풍수지리학 자연법을 더 연구하고 내 몸같이 하기 위해 오로지 이 학문에만 몰입했다. 그

간 수많은 시간을 자연과 끝없이 교류하면서 대자연 속에서 늘 평상심으로 성명쌍수를 닦는 몸과 마음수련을 하다 보니 어느 날 심안이 열리고, 그 눈으로 우리의 문화유적지를 비롯한 세계 곳곳의 문화유산을 보다 확실하게 간파할 수 있었다. 지구상에 찬란한 문화유산을 이룩한 민족은 분명히 풍수지리학 자연법을 확실히 터득한, 미래지향적인 민족이었다.

회고해 보면 대자연과 더불어 맨발로 전국을 답사하면서 대자연과 동등한 마음자리에서 그 심오한 이치를 조금은 이해했다는 사실에 끝없는 희열감을 느낀다. 앞으로 필연이든 우연이든 어떻게든 인연이 되는 국가나 사람들에게 그 대자연의 절대적 이치, 본문과 같은 필자 나름의 월봉의 심혈 풍수지리학 자연법을 부단히 전파해 드림으로써 인류사회를 밝게 하고 생명을 살리고 모든 이들의 공영발전에 조금이나마 일조할 수 있기를 희구해 본다.

월봉月峰　권고범權高凡

참고문헌 및 자료출처

「가옥과 민속마을Ⅰ,Ⅱ,Ⅲ」문화재청
「강릉선교장 기록화보고서」문화재청
「고헌 박상진의사의 발자취를 따라서」울산매일신문사
「구례운조루 기록화보고서」문화재청
「궁궐,유교건축」이상해
「그림으로 보는 시간의 역사」스티브 호킹
「김두규교수의 풍수강의」비봉출판사
「남원몽심재 기록화보고서」문화재청
「대한민국 인명사전」
「도산서원 정밀실측조사보고서」문화재청
「독락당 실측조사보고서」문화재청
「두산백과」
「명당과조상과 자손」심산 이익중
「명동성당 실측조사보고서」문화재청
「미술대사전」
「민가건축Ⅰ,Ⅱ」대한건축사협회
「보은 선병국가옥 기록화보고서」문화재청
「보이지 않는것을 과학한다」사사끼 시께미,물병자리
「부석사 무량수전 실측조사보고서」문화재청
「불교건축」김봉렬
「불국사 다보탑 수리 보고서」국립문화재연구소 경주시
「브리태니커 백과사전」
「살아있는 에너지」콜럼코츠
「삼국유사」
「생명학1,2」김지하
「선교장」열화당
「세계 인명사전」
「송광사 주요목조건축물 정밀실측보고서」문화재청
「송소고택 기록화보고서」문화재청

「시공불교사전」

「아름다운절 부석사」 부석사

「안동 임청각 정침군자정 실측보고서」 문화재청

「안동 의성김씨종택 실측조사보고서」 문화재청

「양동 서백당 실측조사보고서」 문화재청

「영축총림통도사」 통도사

「우리의 옛다리」 오제택

「육영수여사 생가 지지표조사보고서」 옥천군, 충주대학교 박물관

「윤증선생고택 기록화보고서」 문화재청

「정온선생가옥 기록화보고서」 문화재청

「종교학대사전」

「참나를 찾아서」 松廣寺

「천년 후 다시 다리를 건너다」 송광섭

「코스모피아 빛의수련」 김지호

「통도사 실측조사보고서」 문화재청

「통도사 가람배치실측조사」 울산대학교 건축대학

「퇴계선생 일대기」 권오봉

「하회 양진당 실측조사보고서」 문화재청

「한국 건축이야기 1, 2, 3」 김봉렬

「한국고전용어사전」

「한국미韓國美의 재발견」

「한국민족문화대백과」

「한국불교미술대전」

「함양 일두고택 기록화보고서」 문화재청

「해인사 장경판전 실측조사보고서」 문화재청

「향단 실측조사보고서」 문화재청

「향토문화대전」

「조선시대 서원건축의 공간구성에 관한연구」 유인호 금호공대 건축공학과 박사 학위 논문 2004

구읍지 상산지|舊邑誌 常山誌

불국사고금창기|佛國寺古今創記

불국사사적佛國寺史籍

송광사사고松廣寺史庫 산림부山林部

송광사지松廣寺誌

송광산 유산록松廣山 遺産錄

순천송광사사적順天松廣寺史籍

승평속지昇平續誌

원불교사상연구원

전라구례오미동가도

택리지 복거총론擇理誌 卜居總論

통도사지通度寺誌

한국역대인물종합정보

국내외 각 당해장소 Internet Site

문화재청 문화재정보

문화재청 헤리티지채널Heritage channel

정부 관련부처 및 관계기관 증언

필자의 현지답사 및 현지인 증언

Goole earth

Internet Portal, Daum

Internet Portal, Google

Internet Portal, Naver

월봉의 심혈 풍수지리	2013년 8월 2일 초판 발행

지은이 | 권 고 범
펴낸이 | 김 동 금
펴낸곳 | 우리출판사

등 록 | 제9-139호
주 소 | 서울특별시 서대문구 충정로3가 1-38호
전 화 | (02) 313-5047 · 5056
팩 스 | (02) 393-9696
이메일 | wooribooks@hanmail.net
홈페이지 | www.wooribooks.co.kr

ISBN 978-87-7561-314-2 03180
정가 35,000원

ⓒ 권고범
본서의 내용과 관련하여 저작권자의 서면허락이 없는 무단전재와 복제를 금합니다. 특히 이 책에 수록된 명당혈 도면은 저자의 무한 노력의 결과물이므로 임의 이용을 절대 금합니다.